Max Streibl

Verantwortung für alle

Max Streibl

Verantwortung für alle

Die Freiheit
fordert jeden

Seewald Verlag
Stuttgart

Schutzumschlag: Franz Wöllzenmüller
Satz: Fertigsatz GmbH München
Druck: Carl Gerber GmbH München
Gebunden bei: Grimm+Bleicher, Großbuchbinderei
Printed in Germany
ISBN 3 512 00601 9

Inhalt

Einleitung 11

I. Standortbestimmung 17

Die Lektion der letzten 35 Jahre 19

Die Welle des Wohlstands 20
Vom »Bildungsnotstand« zur Studentenrevolte 23
Orientierungslos im Wohlstand 26
Ohne Wachstum geht es nicht 28
Auf der Suche nach dem Glück 31

Noch einmal: Abschied vom Laissez-faire 35

»Reich« und »zahlreich« 35
Exklusivität im Wohlstand 39
Keine »Wegwerf«-Kultur 41
Gesellschaftspolitische Infrastruktur 45
Das »Bayerische Modell« 47

Im Zweifel für die Selbständigkeit 49

Gratwanderung zwischen den Extremen 49
Wenn der Markt nicht greift 51
Das Strickmuster der Sozialisten 53
»Demokratisierung« als Täuschung 56
Selbständigkeit gegen Gleichmacherei 57
Infrastruktur für Chancengerechtigkeit 60

II. Herausforderungen in Deutschland 63

Sicherung der Umwelt 67

Fehlentwicklungen führten zur Einsicht 68
Keine Verplanung des Menschen 70
Einheit: Umwelt und Landesentwicklung 72
Keine passive Sanierung 75

Umweltpolitik als Chance 79

Vorbeugender Umweltschutz 79
Das Verursacherprinzip 81
»Gemeinlastprinzip« als Regulativ 83
Umweltschutz schafft Arbeitsplätze 85
»Gemeinschaftsaufgabe« für alle 87
Bayerisches Naturschutzgesetz beispielhaft 89

Der Irrtum der »Grünen« 93

Keine Chance der »anderen Republik« 94
Vertreter moderner Morgenthau-Pläne 96
Warum immer so negativ? 98
Kein Zurück – kein blindes Vorwärts 100

Die Ausbeutung des Bürgers 103

Das Märchen vom »armen« Staat 104
Atemberaubende Verschuldung 105
Griff in die Tasche des Bürgers 107
Noch nie so geschröpft wie heute 111
Steuersystem als Leistungsbremse? 112
Jede zweite Mark über öffentliche Kassen 114
Drei Punkte einer Steuerreform 115
Wachstumsfreundliches Steuerrecht 117
Direkte und indirekte Steuern 118
Vereinfachung mit kleinen Schritten 121

Die Inflation der Staatsaufgaben 125

Problem erkannt, aber . . . 127
Neue Aufgaben des öffentlichen Dienstes 127
Bürokratisches Ungetüm: Kinderbetreuungsbetrag 129
Nicht schon gut, weil vom Staat 130
Gefahren jenseits von Mark und Pfennig 132
Reform des öffentlichen Dienstes 134
Dezentralisierung als Ansatz 137

Gesunde Staatsfinanzen 141

Von der Inflation zur Verschuldung 141
Scheinargumente für Schuldenmacherei 143
Verfehlte Konjunkturpolitik 145
Der Bund lebt über seine Verhältnisse 147
Handlungsunfähig auch außenpolitisch 149
Konsequenzen aus der Staatsverschuldung 150
Subventionen verderben den Charakter 152
Verfehlte »Schuldentilgung« 153
Sieben Punkte zur Finanzpolitik 155

Die Länder –
Nothelfer des Bundes? 157

Es geht um die Umsatzsteuer 158
Flurbereinigung Bund–Länder notwendig 160
Der Zugriff des Bundes 162
Finanzhilfen als Einflußinstrument 164
Mißbrauchter »kooperativer« Föderalismus 166
»Gemeinschaftsaufgaben« abschaffen 168

Fortschritt bei geringerem Wachstum 171

Kein Mangel an Rohstoffen 171
Weniger ist heute mehr 174
Konkurrenzfähig trotz hoher Kosten 175
Besinnung auf Leistungsbereitschaft 177
Neue Anforderungen an die Tarifpartner 179

Drei Thesen zur Vermögenspolitik 180
Mehr Eigenkapital für die Unternehmen! 185
Forschungsförderung besser indirekt 187
Mobilisierung der Bildungsreserven 188
Nicht am Markt vorbei! 191
Die Jugend hat große Chancen 193

Keine soziale Demontage 197

Die soziale Demontage der Bundesregierung 199
Was muß jetzt geschehen? 201
Langfristiges Sanierungsprogramm 203
Statt »Maschinensteuer« mehr Eigenvorsorge 205
Jenseits der Tages-Sozialpolitik 209
Sozial heißt eigentlich »frei« 210
Sozialfall Familie? 212
Schlimme Folgen für uns alle 213
Hilfe für die Familien 214
Geld allein genügt nicht 217
Familienpolitische Irrwege von SPD und FDP 218

III. Herausforderungen an Deutschland 221

Abhängigkeit vom Ausland 227

Wirtschaftsriese ohne Rohstoffe 228
Heißes Problem: Energieversorgung 230
Entscheidung für die Kernenergie 233
Des Risikos bewußt 237
Versäumnisse der Bundesregierung 239

Erinnerung an unsere Freunde 243

Entwicklungshilfe – Teil der Gesamtpolitik 243
Eine neue Weltwirtschaftsordnung 245
Internationale Soziale Marktwirtschaft 249
Nord-Süd-Konflikt und Ost-West-Konflikt 252
Hilfe für unsere Freunde 254

Solidarität mit dem Westen 257

Zweifel an der Westorientierung 257
Deutschland an der Nahtstelle 260
Gefährliches Spiel zwischen Ost und West 262
Die alten Ziele der Sowjetunion 266
Europa keine »Insel der Seligen« 268

Warten auf Europa 271

Die Dimension Europas 271
Begeisterung und Ernüchterung 274
Anfang mit der Wirtschaft 276
Neuer Schwung für Europa 279
Keine Chance für die Sozialisten 282

Realistische Entspannungspolitik 285

Entspannung – worum geht es? 285
»Afghanistan« war kein Unfall 287
Der Wandel der Entspannungspolitik 290
Mahnung an Europa 292
Die »Ostpolitik« und ihre Kosten 294

Im geteilten Land 297

Offenhalten der deutschen Frage 297
Der »psychotherapeutische Ansatz« 298
Versäumte rechtliche Absicherung 300
Deutschland – ein abgehaktes Problem? 302
Die Basis einer Deutschlandpolitik 303
Was wir tun können 308

IV. Von Bayern aus 313

Hort des Föderalismus 317

Für das ganze Deutschland 321

Bastion gegen den Sozialismus 325

Einleitung

Jedes Handeln, insbesondere jedes politische Handeln, ist in seiner Entscheidung Ausdruck der geistigen Heimat des Handelnden. Bewußt oder in jüngster Zeit auch unbewußt, ist das politische Handeln geprägt von Idealen, Ideologien oder dem Bekenntnis und dem Glauben des einzelnen. Die vom Handelnden anerkannten Grundwerte ergeben die politischen Ziele und prägen die politischen Maßnahmen des einzelnen oder ganzer Gruppierungen. Heute kann man wohl endgültig behaupten, daß die Zeit der Endideologisierung der Politik vorbei ist, ja daß es sie nie gegeben hat und nie geben wird. Meist verpflichten sich die Gruppen den Grundwerten oder Grundzielen, die einzelne geprägt, entwickelt und formuliert haben.

So ist das Grundprinzip des Sozialismus der Kollektivismus, der Glaube, daß das Paradies auf Erden nicht durch den einzelnen und dessen Egoismus, sondern nur von einer Gemeinschaft zu erreichen sei. Der einzelne hat dann auf seine Einzelinteressen und Rechte zu verzichten und nur dem Ganzen zu dienen. Diese Grundtendenz ist Inhalt eines jeden Sozialismus, gleich welcher Art und Ausprägung.

Geschieht der Verzicht auf die einzelnen Interessen und Rechte freiwillig als auf sich genommener Dienst am Menschen, so verdient dies höchsten Respekt und große Anerkennung. Zweifellos sind auf diese Weise in Orden, Glaubensgemeinschaften und Klöstern höchste Werte der menschlichen Kultur entstanden. Auch viele großartige soziale Leistungen und Errungenschaften haben hierin ihren Ursprung.

Anders liegen die Dinge, wenn der Verzicht auf die Rechte des einzelnen nicht freiwillig geschieht. Aus dem Glauben an das Paradies auf Erden durch Kollektivismus nimmt ein Großteil der sozialistischen Systeme die Rechtfertigung, den einzelnen zur kollektiven Lebensführung zwingen zu dürfen. Meist verspielen die Menschen durch eine einmalige und oft in ihrer Konsequenz nicht absehbaren Entscheidung (Wahlen und Revolutionen) für ganze Generationen ihre personalen Rechte. So große soziale und kulturelle Errungenschaften durch freiwillige kollektive Leistungen geschaffen wurden, so unsozial, unnatürlich und unrecht ist es, den einzelnen zu kollektivem Leben und Handeln zu zwingen. Erzwungener Kollektivismus ist unrecht und ist unsozial.

Der verhängnisvollste Irrtum unserer Tage ist, daß viele Menschen Sozialismus und sozial verwechseln. Die größten sozialen Fortschritte sind stets von freien, marktwirtschaftlich ausgerichteten, ja konservativen Gesellschaftssystemen erbracht worden und nicht von Sozialisten. Als Beispiele sind die Sozialgesetze von Bismarck bis zu den Lastenausgleichsbestimmungen unter Adenauer und zur dynamischen Altersrente unter der CDU/FDP-Regierung zu nennen. Soziale Prinzipien, wie gleiches Recht für alle, Start- und Chancengleichheit, Sorge für Alter, Arbeitslosigkeit und Krankheit, sind meist in kollektivistischen Systemen am wenigsten verwirklicht.

Jeder Sozialismus ist auf kollektive Grundprinzipien zurückzuführen. Die Wurzel eines jeden Kollektivismus ist gleich; das bedeutet nicht, daß soziale Demokraten mit Nazis oder Bolschewiken gleichzusetzen sind, im Gegenteil, die härtesten und blutigsten Auseinandersetzungen ergeben sich oft innerhalb der gleichen Ideologien. Aber die Uridee des Kollektivismus als Verzicht auf personale Rechte, wie Eigentum, Verantwortung, Ertrag und Leistung, ist gleich. Unterschiedlich ist die Art der Durchsetzung: Freiwillig z. B. durch Wahlen oder mit Gewalt durch Revolution oder Annektion. Was ich dem Sozialismus vorwerfe, für den so viele idealistische Opfer erbracht werden, ist, daß er nicht der Natur des Menschen entspricht.

Sicher ist es vielen Menschen heute höchst bequem, wenn der Staat ihm alle Sorgen abnimmt. Man nimmt gerne den Sozialismus in Kauf, der für alles sorgt von der Wiege bis zur Bahre. Geburtshilfe, Mutterschaftsgeld, staatliche Kindererziehung vom Hort über die Schule bis zur Hochschule, staatlich verschulte Lehrlingsausbildung, Schutz vor Arbeitslosigkeit, Staatshilfe bei Krankheit, Alter, Wohnungsnot oder schlechter Konjunktur. Staatliche Sorge auch für Ernährung, Erholung, Sport, Freizeit, Familiengründung usw. Es ist so bequem, den Staat für alles sorgen zu lassen.

Damit sind heute viele Stimmen zu gewinnen. Gefälligkeitsdemokraten, die jedem alles versprechen, gewinnen bei uns leichter die Wahlen als jene, die noch Selbstverantwortung für das eigene Leben und Leistung für die Gemeinschaft verlangen.

Eines wird allerdings übersehen, mit jeder Verantwortung, die vom einzelnen auf den Staat oder ein anderes Kollektiv übertragen wird, wird ein Teil der persönlichen Freiheit übertragen. Deshalb gilt nach wie vor die Alternative Freiheit oder Sozialismus. Im übrigen hat die Geschichte gezeigt, daß es absolute Gleichheit auch im Kollektivismus nicht gibt, einige sind immer gleicher. Auch im Kollektivismus entsteht eine neue Klasse; die Privilegien und Vorrechte der Nomenklatura in der Sowjetunion zeigen, daß gerade unter der Flagge des erfüllten Sozialismus das größte Ausbeutungssystem der Geschichte geschaffen wurde.

Politik für den Menschen hat von der Natur des Menschen auszugehen. Der Mensch ist nicht nur als Glied der Gemeinschaft und für die Gemeinschaft geschaffen, sondern ebenso als Person, als Individuum mit seinen unverwechselbaren Eigenschaften und Eigenheiten. Er wird als Person geboren, und kein Kollektiv nimmt ihm ab, sein Leben zu gestalten, sich zu freuen, zu leiden und zu sterben. Und weil wir Christen glauben, daß der Mensch sich am Ende seines Lebens auch persönlich zu verantworten hat, kann unser Hauptziel in der Politik nur sein, die Voraussetzungen dafür zu schaffen, daß jeder Mensch sein Leben in möglichst freier Gestaltung führen kann. Daß er »nach seiner Fasson selig werden kann«, daß er sich frei zu seinem Schöpfer bekennen kann und in Freiheit Gott antworten kann mit seinem Leben.

Grundidee christlicher Politik ist es deshalb, dem Menschen den Freiheitsraum zu schaffen oder zu erhalten, den er braucht, um in freier Entscheidung als Person sein Leben zu gestalten. Die von der Natur oder, wie wir meinen, von Gott gegebenen Grundwerte leiten sich daraus ab:

Freiheit, Schutz des einzelnen und der Familie, Eigentum, Glaubens- und Gewissensfreiheit, Eigenverantwortung für die Gestaltung des eigenen Lebens, von der Erziehung der Kinder bis hin zur Art und zum Ort der Arbeit, zur Alters- und Krankheitsvorsorge.

Mit Nachdruck möchte ich der These von Bundeskanzler Helmut Schmidt widersprechen, die er vor der Katholischen Akademie in Hamburg anläßlich der Tagung »Grundwerte in Staat und Gesellschaft« vertreten hat. Er führte aus:

»Der Staat schafft die Grundwerte nicht, sondern findet sie in der Gesellschaft vor.« Und weiter: »Die Rechtsordnung muß einen Wandel des tatsächlich vorhandenen Ethos berücksichtigen.« »Wenn bestimmte ethische Auffassungen in der Gesellschaft nicht mehr vorhanden sind, dann verliert das Recht seine demokratische Legitimation.«

Nach dieser Äußerung, die Schmidt als einen ideologisch Befangenen und in der Wolle rot gefärbten Sozialisten ausweist, können alle Grundwerte im Kollektiv begründet und manipuliert werden. Wir befinden uns hier auf einem gefährlichen Weg, der in Teilbereichen schon beschritten wurde. Beispiele sind: Pornographie, Abtreibung und die sich jetzt anbahnende Diskussion über Sterbehilfe. Zunächst führte man in der Gesellschaft den Wandel des »Ethos« herbei, und dann schaffte man die Strafbarkeit solcher Handlungen ab. Mit dem Wandel des »tatsächlich vorhandenen Ethos« hat nach Schmidt das Recht seine Legitimation verloren, was zur Änderung der gesetzlichen Strafbestimmungen führte. Gerade im Zeitalter der Massenmedien bietet eine solche Auffassung der Grundwerte die Möglichkeit, jegliches Recht nach Belieben zu manipulieren. Aus einer solchen Grundhaltung ist wohl auch nur die Sprachverwirrung zu erklären, die heute zwischen Ost und West herrscht, wobei die Grundwerte Menschlichkeit, Freiheit, Demokratie im Osten einen ganz anderen Inhalt haben als im Westen. Daraus erklärt sich aber auch, daß Sozialisten in unserem Land diese Wertverschiebungen als selbstverständlich hinnehmen.

Zum Wesen einer Person gehört also die Freiheit der Entscheidung über sein eigenes Leben. Freiheit der Entscheidung aber bedeutet Verantwortung. Die edelste Aufgabe einer Politik aus christlicher Grundhaltung oder auch aus Respekt vor der Natur des Menschen ist die Schaffung von Räumen für Freiheit und Verantwortung. Eine Staatsform der Freiheit bedeutet auch Verantwortung für alle.

Reizvoll wäre es, nun der Frage nachzugehen, ob es statthaft ist, die Freiheit und Verantwortung aufzuheben und anderen zu übertragen. Auch hier gibt das Personalitätsprinzip die Antwort: Für jede einzelne Person steht auch die Entscheidung frei. Nicht kann man allerdings für andere auf deren Freiheit verzichten. Sollte in Staaten eine Mehrheit auf Teile von Freiheiten verzichtet haben, so muß es den Andersdenkenden freistehen, sich aus dem System zu entfernen. Freizügigkeit ist eine logische Folge des Personalitätsprinzips; ebenso wie die persönlichen Menschenrechte sich aus dem naturgegebenen Personalitätsprinzip ableiten.

Also: Ein radikales Bekenntnis zum Naturrecht, zu Freiheit und Verantwortung für alle, mit allen sich daraus ergebenden Folgen, Rechten und Pflichten.

Um aber nicht in eine Gesellschaft der Egoisten, der Ausbeutung der Schwächeren, des radikalen Leistungs- und Eliteprinzips und der Unterdrükkung der sozial Schwächeren zu gelangen, bedarf dieses Bekenntnis zur persönlichen Freiheit gewisser Grenzen und Regeln.

Ein für die im politischen Leben Handelnden unverzichtbares Prinzip ist das der Subsidiarität. Die Gesellschaft soll dem einzelnen helfen. Hilfe zur Selbsthilfe ist das Stichwort. Was der einzelne selbst leisten kann, darf ihm nicht von der Gesellschaft abgenommen werden. Erst wo seine Kräfte nicht mehr ausreichen, kann und soll die Gesellschaft tätig werden. Wenn man sich den gesellschaftlichen Aufbau von der Persönlichkeit über die Familie, Sippe, Kommune, Land, Bund bis hin zur europäischen Gemeinschaft vorstellt, so hat zu gelten, daß die übergeordnete Gemeinschaft erst dann und nur so lange eingreifen darf, wie der einzelne oder die kleinere Gemeinschaft das anstehende Problem nicht selbst lösen kann. Das beginnt bei der Erziehung der Kinder, dem naturgegebenen Recht und der Pflicht der Eltern, die nicht vom Staat übernommen werden kann; andererseits ist die Verantwortung für die Kinder auch den Eltern nur so lange zuzumuten und zuzugestehen, als die Kinder dieses Recht nicht selbst wahrnehmen können. So wenig Staat wie möglich, so viel Staat wie nötig. Das Subsidiaritätsprinzip verweist auf die Grenzen des Staates. Das Subsidiaritätsprinzip gilt aber auch im föderalistischen Staatsaufbau, wo der Bund nicht eingreifen soll, solange die Länder ihre Aufgaben lösen und die Länder die Selbstverwaltung und damit die Selbstverantwortung der Kommunen zu respektieren haben. Subsidiarität richtet sich gegen jeden staatlichen Dirigismus, Totalitarismus und jede Zentralisierung. Sie verlangt eine Gesellschaft, die auf Eigenverantwortung, Eigenvorsorge, Risikobereitschaft und eigener Initiative aufbaut. Sie steht einer Gesellschaft der verwalteten Menschen entgegen, einer übermächtigen Bürokratie, die den Menschen und sein Leben verplant, die den Menschen zu seinem Glück zwingt, weil die Dinge wie Wirtschaft, Bildung und Freizeit für sie zu wichtig sind, als daß man sie der begrenzten Einsicht des einzelnen überlassen könnte. Subsidiarität geht also von der Person und deren Rechten und Pflichten aus, von der Person aus baut sich die Gesellschaft auf.

Von hier aus ist auch das weitere Grundprinzip einer christlichen Soziallehre zu sehen, die Solidarität. Auch sie setzt bei der Person an und zeigt ihre Verantwortung für die Gemeinschaft für den Nächsten, für das Gemeinwohl auf. Solidarität verträgt sich weder mit dem Klassenkampfdenken des Marxismus noch mit einem egoistischen »Ohne mich«-Denken all derer, die sich von ihren Verpflichtungen gegenüber der Gemeinschaft zurückziehen. Im politischen Leben bedeutet Solidarität nicht nur, die Voraussetzungen zu schaffen für Hilfen, die der in Not Geratene braucht, z. B. bei Krankheit, Arbeitslosigkeit oder im Alter. Es bedeutet Hilfe für in Not geratene Völker. Auch hier gilt Hilfe zur Selbsthilfe! Es bedeutet das Mühen für mehr Gerechtigkeit und Wohlstand für alle. Es bedeutet das Schaffen von Chancengerechtigkeit auf den Gebieten Bildung, Ausbildung, Beruf, Verkehrsanbindung, Versorgung, Infrastruktur, wie wir es im Landesentwicklungsprogramm anstreben. Es bedeutet ebenso Verteilungsgerechtigkeit, die gerade auch in der Frage der gerechten Besteuerung der Bürger eine Rolle spielt. Solidarität steht gegen Gleichmacherei, Vermassung und Entpersönlichung. Von der Personalität ausgehend bedeutet sie nicht, daß der Staat und seine Bürokratie den Bürger voll versorgt oder gar verplant, sondern daß sie ihm dort hilft, wo er unverschuldet zurückbleibt. Solidarität ist auch der Grundgedanke, der allen Bestrebungen zugrunde liegt, den Bürger möglichst weitgehend teilhaben zu lassen an den Entscheidungen der Gemeinschaft, die auch oder gerade ihn betreffen. Solidarität ist es auch, die uns unter dem Gedanken der Teilnahme und Mitwirkung Ja sagen läßt z. B. zur Mitbestimmung oder zur Vermögensbildung.

Wenn wir allerdings Mitbestimmung sagen, meinen wir personale, individuelle Mitbestimmung des Arbeitnehmers in seinem Betrieb. Es soll in seinem Betrieb bei den ihn betreffenden Fragen mitreden können. Wir meinen aber nicht eine Mitbestimmung, in der die Gewerkschaft oder ein anderes Kollektiv für den Arbeitnehmer die Mitbestimmung ausübt. Das ist dann nicht Mitbestimmung, sondern Fremdbestimmung.

Wenn wir Vermögensbildung sagen, meinen wir eine Beteiligung an den Produktionsmitteln, über die der einzelne selbst verfügen kann, und nicht den Anteil an einem Fonds, den die Gewerkschaft verwaltet.

Personalität, Subsidiarität und Solidarität sind Teile einer naturrechtlich begründeten christlichen Soziallehre. Diese wollte nie ein geschlossenes System darstellen. Es handelt sich dabei auch nicht um praktische Verhaltens- und Handlungsanweisungen, sondern um Grundsätze, die dem Handelnden helfen sollen, menschengerechte Ziele, Wege und Lösungen in der Politik zu finden. Alle diese Grundsätze gehen davon aus, daß es Aufgabe des Menschen ist, in Freiheit seinem Schöpfer Antwort zu geben, mit seinem Tun und Lassen, mit seinem Leben. Dieser Verantwortung, die jeder für sich und andere zu tragen hat, soll nach meiner Meinung von der Politik ein genügender Freiraum offengehalten werden. Auch und gerade in einer Zeit der steigenden Sachzwänge und der zunehmenden Vermassung ist dieser Freiraum zu bewahren und womöglich auszubauen. Jeder hat Verantwortung zu tragen. In diesem Sinne fordere ich Verantwortung für alle.

München, im September 1980

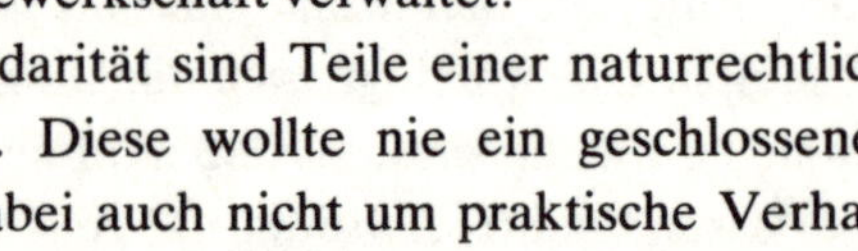

I. Standortbestimmung

Die Lektion der letzten 35 Jahre

Wir waren noch nie so reich, wir waren aber auch noch nie so unsicher über den richtigen Weg in die Zukunft.

Nun: »Die Menschen erleben den Zeitabschnitt, der für sie ›Gegenwart‹ bedeutet, immer als Krisis«, wie es Eduard Spranger ausdrückte, denn: »Die Gegenwart hat etwas von der Unheimlichkeit der Schwelle. Blickt der Mensch rückwärts, so spürt er den Kontrast zu der Geborgenheit seiner Kindheit. Hingegen die Zukunft ist noch unbestimmt; niemand weiß, ob sie eine Wendung zum Schlechteren oder Besseren nehmen wird. Der Zeitpunkt aber, in dem sich Vergangenheit und Zukunft ›scheiden‹, dieser Zeitpunkt, der unablässig mit den Menschen wandert, trägt die Benennung Gegenwart. Er hört niemals auf, bedrohlich zu sein . . .«

Entsprechend nennt jeder seine Gegenwart eine kritische Zeit. Das bedeutet, nicht das Krisenempfinden ist also neu; neu ist die Intensität, mit der sich dieses Empfinden bei den Menschen eingräbt. Man scheint zu spüren, daß die notwendigen Veränderungen in Neuland hineinzuführen scheinen, das zu betreten mehr Unsicherheit auslöst, als der Aufstieg Deutschlands vor 35 Jahren aus seiner größten Katastrophe; ein Aufstieg, der in Wirklichkeit nichts anderes war als ein Wiederaufbau. Man baute wieder auf, man wußte dabei durchaus – wie auch zu Beginn unseres Jahrhunderts –, wohin die Reise gehen würde: heraus aus der Not, heraus aus Hunger und Elend, und hin zu einem menschenwürdigen Dasein. Die Notwendigkeiten waren so elementar, daß der breite Grundkonsens in der Gesellschaft nicht umstritten war. Nach den Zerstörungen des Krieges galt es primär, dafür zu sorgen, daß wieder jeder ein Dach über den Kopf bekam, sich wieder sattessen konnte und wieder einen Arbeitsplatz fand.

Man beachte das Wörtchen »wieder«. Es ging um Dinge, um Schritte, die man tun mußte, um Aufgaben, die zu bewältigen waren, die es aber im Grunde genommen schon immer gegeben hatte. So schwer sie für den einzelnen auch waren, so bewegte man sich doch, was die Ideen anbelangte, auf einigermaßen bekanntem Terrain. Das galt sowohl für die Wirtschaftsordnung, die in den Nachkriegsjahren zwangsläufig im Vordergrund stand und sehr viel mit dem einstigen Liberalismus zu tun hatte, wenngleich der Sozialen Marktwirtschaft neue Elemente nicht fehlten. Das galt auch für die Staatsform der Demokratie, zu der man sich nach mißglücktem Weimarer Versuch und bitteren Erfahrungen mit einem auf zwölf Jahre geschrumpften tausendjährigen Reich erneut bekannte. Neu war die Dimension des Erfolges.

»Im Kern stammt die Krise aus dem Erfolg; diesem historisch beispiellosen, von niemandem vorhergesehenen Erfolg während der zwei Jahrzehnte seit 1948«, schreibt Golo Mann und fügt hinzu: »Solange der Erfolg noch mäßig war, mit jedem Jahr ansteigend, aber langsam und langatmig wirkend, in Konrad Adenauers Hoch-Zeit, fühlten die ›Unternehmer‹ sich wohl und die ›Arbeitnehmer‹ auch; woraus die Sozialdemokraten mit ihrem Godesberger Programm – Anerkennung der freien Marktwirtschaft, nicht mehr Klassenpartei, sondern Volkspartei – die praktische Konsequenz zogen.«

Die Welle des Wohlstands

Zehn Jahre, nachdem Ludwig Erhard die Soziale Marktwirtschaft eingeführt und in der Bundesrepublik Deutschland durchgesetzt hatte, schien die bundesrepublikanische Welt noch oder wieder in Ordnung. Der Grundkonsens zwischen den großen politischen Parteien schien auf neuer Basis wiederhergestellt zu sein, wie er nach 1945 in der gemeinsamen Überzeugung bestanden hatte, daß man an der Wende vom liberalen zum sozialen Zeitalter stand. Unter dem Eindruck des Erfolges der »Multiplikation des Sozialprodukts statt seiner Division«, wie ihn Erhard mit seiner Sozialen Marktwirtschaft predigte und sicherte, verschwand bei der CDU das Ahlener Programm in der Versenkung. Arnold Gehlen frohlockte 1955, die außerordentliche Produktivität der Industriegesellschaft sei fähig, die »Klassengegensätze im Wohlstand zu ertränken«, und Helmut Schelsky sprach schon 1953 von der »nivellierten Mittelstandsgesellschaft«, die ebensowenig proletarisch wie bürgerlich sei, sondern »durch den Verlust der Klassenspaltung und sozialen Hierarchie« gekennzeichnet werde.

Mit dem Gang nach Godesberg verschrieb sich 1958 auch die SPD dem »Wirtschaftswunder« und wurde zu der Partei, die für lange Jahre eine Politik hohen und ständigen Wachstums befürwortete, forderte und dann auch zu betreiben versuchte. Unterschiede gab es allenfalls in der Methode, wie dieses Wachstum am besten zu erreichen sei. Während die Union und die FDP Planung und Lenkung als Sünden wider die Marktwirtschaft und als Gift für den wirtschaftlichen Erfolg betrachteten, argumentierte die SPD nach dem Godesberger Programm, mehr öffentliche Planung und Lenkung seien notwendig, um höheres Wachstum zu erreichen. So stellte sich das zumindest für den Bürger dar. Es war ihm ja auch so dargestellt worden. Herbert Wehner war mit seiner Strategie zur Erringung der Macht für die SPD erfolgreich.

Der angeblich erreichte Grundkonsens beschränkte sich ja nicht nur auf den Erfolg der Wirtschaftsordnung, die ihren größten Triumph in der Festigung der Demokratie hatte. Wachsender Wohlstand bereitete der zweiten deutschen Republik den Humus für ihr unangefochtenes Gedeihen. Wahrscheinlich ist es das über alle Zweifel erhabene Verdienst der Sozialen Marktwirtschaft jenseits von Mark und Pfennig, daß sich in der Bundesrepublik Deutschland Weimarer Verhältnisse nicht wiederholten, obwohl die Ausgangsbasis für Bonn in vielfacher Weise schlechter war als für Weimar. Der scheinbare Abschied der SPD von der Klassenpartei mit Godesberg hatte auch einen engen Zusammenhang mit der Annäherung der Sozialdemokratie an die Deutschland-, Europa- und Sicherheitspolitik Adenauers. Der wachsende Wohlstand schien nicht nur die Klassengegensätze zu ertränken, um noch einmal mit Arnold Gehlen zu sprechen, er schien die Gegensätze überhaupt auszulöschen.

Die uralten Ängste der Menschheit – Hunger und Elend – brachte in der Bundesrepublik Deutschland die sich konsolidierende Wohlstandsgesellschaft in kurzer Zeit zum Verschwinden. Auf die Freßwelle folgte die Bekleidungswelle, auf sie die Möbel- und Autowelle, auf sie die Reisewelle. Der von Erhard verheißene »Wohlstand für alle« steigerte sich zur Orgie des Konsums, des Mehr und Mehr und in die Überzeugung: »Alles ist machbar!« Aber je mehr die alten Ängste, die nach der Katastrophe des Zweiten Weltkriegs wieder nach Deutschland gegriffen hatten, aus dem Blickfeld verschwanden, um so stärker traten die Fragen nach den menschlichen Inhalten der sich mehr und mehr durchorganisierenden Gesellschaft hervor; zaghaft zuerst, versteckt und verklausuliert, im Nachhinein in ihren Anfängen nur schwer erkennbar unter der verdeckenden Vordergründigkeit aktueller Probleme.

So erklärte Ludwig Erhard, der Architekt des »Wirtschaftswunders«, schon 1955, daß das Streben nach immer mehr materiellen Gütern nicht der Weisheit letzter Schluß sein könnte. Erhard nahm die Warnung vor Überforderung zu Hilfe, als er sagte: »Solange man auf der politischen Ebene nach dem Motto verfährt: Laßt uns weniger arbeiten, auf daß wir mehr konsumieren können!, sind wir auf dem falschen Wege. Wenn der angestoßene Entfaltungsprozeß aber in dem Sinne verläuft, daß unser Volk neben dem unverzichtbaren Wert auf Sicherung materieller Lebensführung in steigendem Maße eine geistige und seelische Bereicherung als nützlich und wertvoll erachtet, dann werden wir in ferneren Tagen auch zu einer Korrektur der Wirtschaftspolitik kommen müssen. Niemand dürfte dann so dogmatisch sein, allein in der fortdauernden Expansion, d. h. im Materiellen, noch länger das Heil erblicken zu wollen.«

Erhard bereits 1955. Aber niemand wollte es hören. Die Öffentlichkeit oder das, was sich dafür hielt, einschließlich der relevanten Kräfte der Parteien, schienen am Ende weder Ludwig Erhard verstanden noch Müller-Armack, den Vater des Theoriegebäudes der Sozialen Marktwirtschaft, zu Ende gelesen zu haben. Man war höchstens so weit vorgestoßen, um die Soziale Marktwirtschaft als die zweifellos effektivste Form des Wirtschaftens zu begreifen, machte sich aber keine Gedanken mehr darüber, wofür das Feuerwerk der Wohlstandsmehrung abgebrannt wurde und wird.

In den fünfziger und bis weit in die sechziger Jahre überwog der entschlossene Wille, eine schreckliche Vergangenheit und ihre katastrophalen wirtschaftlichen und sozialen Folgen zu überwinden. Infolgedessen hatten in dieser Zeit ökonomische Probleme absoluten Vorrang. Sie wurden vergleichsweise hervorragend gelöst. Die Krise hat als Ursache den Erfolg! Daß diese Lösungen zugleich den Blick verstellten für die notwendige Aufgabe, dem materiellen Vordergrund den adäquaten geistigen Hintergrund zu verschaffen, ist ebensowenig zu bestreiten. Es ist geradezu bezeichnend für den Geist dieser Zeit, daß in dem Bereich, in dem sich als erstem die Wiederentdeckung der alten Weisheit abzeichnete, daß der Mensch nicht vom Brot allein lebt, auch hier dieses erste Unbehagen vor allem wirtschaftlich motiviert worden war.

Vom »Bildungsnotstand« zur Studentenrevolte

Im Frühjahr 1964 sprach Georg Picht von der »Bildungskatastrophe« in der Bundesrepublik Deutschland unter dem Aspekt: »Der bisherige wirtschaftliche Aufschwung wird ein rasches Ende nehmen, wenn uns die qualifizierten Nachwuchskräfte fehlen, ohne die im technischen Zeitalter kein Produktionssystem etwas leisten kann. Wenn das Bildungswesen versagt, ist die ganze Gesellschaft in ihrem Bestand bedroht.« Erst im zweiten Anlauf versuchte man, die Bildungsfragen von den wirtschaftlichen Motiven zu lösen, wofür sich Ralf Dahrendorf zum Sprecher machte: »Der Reichtum ist nur ein Element der Freiheit. Und frei kann ein Land weder werden noch bleiben, wenn es seinen Menschen die Chancen verschließt, die Schulen und Hochschulen ihnen bieten. Die Bundesrepublik ist dabei, auch für diesen Satz den Beweis anzutreten. Darum ist eine aktive Bildungspolitik radikaler Reform nötig, deren Wirkungen nicht weit von einer Bildungsrevolution entfernt sein dürfen.«

Auch das ist bezeichnend für den Geist dieser Zeit, daß nur allzu leicht das Augenmaß verlorenging, sobald man glaubte, in der allgemeinen Unsicherheit und Verunsicherung durch den wachsenden Wohlstand und dem Unbehagen daran einen Zipfel höherer Wertigkeit erfaßt zu haben. Die Lautstärke und der Lärm, mit dem Dahrendorfs Forderung nach »Bildung als Bürgerrecht« vorgetragen wurde, war ebenso unverhältnismäßig wie die Lösungsvorschläge, die in ihrer radikalen Geschäftigkeit weit über das Ziel hinausschossen.

In Bayern, Baden-Württemberg und Nordrhein-Westfalen hatten bereits Anfänge einer neuen Schulpolitik begonnen, die mit den Namen der Kultusminister Huber, Hahn und Mikat verbunden waren. Aber in der Übersteigerung der bildungspolitischen Notwendigkeiten bis zur Bildungseuphorie wurden die ursprünglich verfolgten Ziele immer mehr von anderen Zielsetzungen überlagert. War man vom engen Zusammenhang zwischen Bildungs- und Beschäftigungssystem ausgegangen, wie es der Motivation Pichts eigentlich auch entsprochen hätte, so traten allmählich Forderungen nach regionaler und sozialer Umverteilung, die Vorstellung von Bildung als Selbstzweck, als Selbstverwirklichung des einzelnen unabhängig von Beruf und Bedarf, in den Vordergrund.

Bei aller wirtschaftlichen Motivation, im Zusammenhang mit der Diskussion des »Bildungsnotstandes« kündigte sich etwas an, was schließlich in der

Studentenrevolte der späten sechziger Jahre kumulierte. Nicht, daß die Studentenrevolte monokausal auf den diagnostizierten »Notstand« unseres Bildungssystems zurückzuführen wäre. Die bildungspolitische Diskussion und Auseinandersetzung spielte in Verbindung mit den überkommenen Verhältnissen an den Universitäten nur die Rolle des Zunders, an dem sich das Feuer des Konflikts entfachte, in dem vieles zusammenwirkte: Importiertes und Hausgemachtes.

Zu einem Gutteil war die Studentenrevolte international: Von San Franzisko wanderte sie schnell über den amerikanischen Osten und über Westeuropa bis nach Tokio. Aus Nordamerika bezog sie als Hintergrund die Auseinandersetzung um den Vietnamkrieg und die Rassendiskriminierung. Für Deutschland kamen als spezielle Stimulantien neben der Änderung der herkömmlichen Strukturen an den Universitäten und in anderen Bereichen hinzu: die Auseinandersetzung um die Notstandsgesetze, die Anerkennung der Oder-Neiße-Linie und der DDR, der Eintritt der SPD in die Regierung, die Große Koalition, der vor allem die studentische Jugend politische Unbeweglichkeit unterstellte, weil eine wirksame parlamentarische Opposition fehlte. Nomen est omen: die »APO«, die außerparlamentarische Opposition. 1967 hatte die Bundesrepublik zudem ihre erste wirtschaftliche Rezession erlebt, in deren Folge die rechtsradikale NPD Zulauf erhielt.

Trotzdem bleibt die Frage, ob dies alles und noch einiges mehr, was sich hier zu einer explosiven Mischung verdichtete, am Ende nicht doch mehr Gelegenheit und Anlaß war, als letzter Grund? »Die fälligen Reformen unserer Bildungspolitik verdanken wir nicht den Herausforderungen der neuen akademischen Jugend- und Intellektuellenbewegung. Die Überzeugung vom Gegenteil hat sich allerdings weit verbreitet. Es ist deswegen inzwischen eine Sache der historischen Gerechtigkeit festzustellen, daß weder im Schulbereich noch im Hochschulbereich die Reformpolitik erst in Antwort auf die Protestbewegung der späten sechziger Jahre in Gang gekommen ist. Die Sache verhält sich umgekehrt: Die Jugendrevolte ist nicht eine Reaktion auf Stagnation und verkrustete Traditionen gewesen. Sie war vielmehr eine Revolte Desorientierter inmitten eines längst in Gang gekommenen Prozesses sozialer und institutioneller Veränderungen von größter Dynamik.« Soweit Hermann Lübbe.

In der Tat, der letzte Grund liegt tiefer. Nicht von ungefähr fiel die damalige dramatische Entwicklung in der Bundesrepublik Deutschland mit dem Ende des eigentlichen »Wiederaufbaus« zusammen; symbolisiert nicht zuletzt durch den Rücktritt Ludwig Erhards im Jahr 1966, der als Vater des Wirtschaftswunders die Nachfolge von Konrad Adenauer als Bundeskanzler angetreten hatte. Der »Wieder«-Aufbau war endgültig zu Ende. Sein Erfolg hatte eine Dimension erreicht, die nicht mehr alte Antworten auf alte Fragen verlangte, sondern neue Fragen aufwarf und neue Antworten erforderte. Um noch einmal an Golo Mann zu erinnern: »Im Kern stammt die Krise aus dem Erfolg . . .«

Die Dimension des Erfolges ließ Quantität in Qualität umschlagen. Der Wohlstand produzierte nicht nur immer mehr Wohlstand, er produzierte als solcher neue Probleme, eine neue Lage. Man fand sich in Neuland, und man suchte nach Orientierung. Der »Wieder«-Aufbau war historisch und für die nachgewachsene Generation auch bereits uninteressant. Das »Wirtschaftswunder« hatte sich übererfüllt. Weil man anderes nicht mehr kannte, wandte man sich gelangweilt, ja angewidert ab. War man nicht ausgezogen und angetreten, um Freiheit, Selbstverwirklichung, Geborgenheit, Liebe zu suchen? Und was hatte man gefunden? Als Produkt der Anstrengung blieben nicht selten Unsicherheit, Gewalt, neue Abhängigkeiten, und wenn man es nur subjektiv so empfand inmitten einer hoch effektiven, aber auch komplizierten und raffinierten, letztlich kaum mehr durchschaubaren Arbeitsteiligkeit nicht nur im ökonomischen, sondern ebenso im sozialen und politischen Bereich.

Ausbeutung, Entfremdung, Leistungsdruck, relative Verarmung, Egoismus, Neid, Mißbrauch wirtschaftlicher Macht, Konzentration, monopolistischer Spätkapitalismus, Manipulation, Zerstörung – das waren die Bannflüche, die dem System entgegengeschleudert wurden, denn die Jünger Herbert Marcuses und seiner Sozialphilosophie, die für einige Jahre der herrschenden Stimmung die wirksamste Ausdruckskraft gab, glaubten erkannt zu haben: »Das System macht dich kaputt!« Entsprechend wandten sie sich als Systemveränderer und Systemüberwinder an dic Adresse der Bevölkerung, die – so die gängige Version –, der Manipulation des Systems ausgesetzt, ihre wahre Lage nicht erkennen konnte, sondern erst zum richtigen Bewußtsein geführt werden mußte.

Gerade die Kompliziertheit des Zusammenlebens, die vielfältige Verflechtung unserer Ordnungsstrukturen, die aufeinander einwirken und rückwirken, der Verbund einer Vielzahl von Kräften in dem dynamischen Prozeß permanenter Veränderung, die Komplexität der Wirklichkeit – damit hängt die Faszination zusammen, die immer wieder empfunden wird, wenn die komplexen Probleme des zwanzigsten Jahrhunderts mit den Lösungen aus dem 19. Jahrhundert versehen werden. Diese Faszination gilt für die aktiven »Problemlöser« ebenso wie für die Claque, die sie beim Hantieren mit ihren relativ einfachen und monokausalen Modellen unterstützt.

Der Vorzug dieser Modelle ist es nämlich, daß sie eine erdachte Wirklichkeit verständlich und in logischer Geschlossenheit beschreiben. Hiermit vermitteln sie bereits ein hohes Maß an Sicherheit in der allgemeinen Verunsicherung. Diese angebliche Sicherheit des »Gewußt, wie!« drängt den Nachteil dieser Modelle in den Hintergrund, daß sie weit – buchstäblich ein ganzes Jahrhundert – von der Realität entfernt sind. So wandelte sich in der Argumentation der Linken Marxens Unterkonsumptionsklage über den Hunger der Armen aus dem 19. Jahrhundert in die Verfluchung des »Konsumterrors« in den sechziger Jahren des 20. Jahrhunderts.

Orientierungslos im Wohlstand

Es ist das zweifelhafte Verdienst der SPD, den Vertretern dieser Richtung politische Heimat geboten, sie in ihre Reihen weitgehend integriert zu haben mit allen Konsequenzen für den politischen Kurs dieser Partei, die zusammen mit der FDP seit 1969 die Richtlinien der Politik in Bonn bestimmt. Die SPD, die 1958 ihren Abschied von der Klassenpartei und ihre Hinwendung zur Volkspartei genommen zu haben schien, hat nicht zuletzt unter dem Einfluß der »Neuen Linken«, und was sie von ihr aufsog, einen Prozeß der Reideologisierung durchlaufen. Herbert Wehners Saat und Rechnung waren aufgegangen, die SPD zeigt wieder ihr wahres Gesicht.

In der Antwortlosigkeit auf die neuen Fragen in neuer Lage verfiel man erneut auf alte Losungen und Lösungen. Man stürmte unter dem Vorwand der Gleichheit, die man hinter dem Schlagwort der Gerechtigkeit verbarg, in eine Reformeuphorie, um sich alsbald in der Sackgasse der Überforderung von Bürgern, Wirtschaft und Staat zu verfangen. Man proklamierte soziale Reformen und züchtete die Anspruchsmentalität, man predigte gegen die »Wegwerfgesellschaft« und produzierte mit Inflationsraten von über sieben Prozent die Flucht in den Konsum, man verkündete Beschäftigungsgarantien und erreichte mit über einer Million Arbeitslosen die höchste Arbeitslosenquote seit den fünfziger Jahren, man wollte mit der Demokratie erst richtig anfangen und bescherte dem Bürger eine Mitbestimmung der Funktionäre, man sprach von mehr Freiheit und schröpfte den Bürger über Steuerprogression und heimliche Steuererhöhungen wie nie zuvor, man sprach vom mündigen Bürger und belastete ihn mit einer Staatsquote in nie gekannter Höhe, man beschwor die Sicherheit der Renten und kürzte ihren dynamischen Zuwachs, man verpflichtete sich der Jugend und verfrühstückte über eine exorbitante Staatsverschuldung ihre Zukunft, man bekannte sich zur Entspannung und landete in gespannter Krise, man wollte den Frieden sicherer machen und stellte fest, daß der Frieden kaum je unsicherer war. Der Bundeskanzler verglich die Situation 1980 mit der von 1914, als der Erste Weltkrieg ausbrach.

Orientierung hat die SPD nicht geboten! Ihr Aufbruch endete in der Orientierungslosigkeit, wie er ja auch letztlich seinen Anstoß von einem Häufchen Desorientierter erhalten hatte, die in den sechziger Jahren ihre Protestbewegung starteten, von der am Ende kaum mehr geblieben ist als Schäden, die mühsam repariert werden mußten und müssen. Ein solcher Schaden, der besonders ins Gewicht fällt angesichts seiner Langzeitwirkung, ist die spürbare Schwächung der Reformbereitschaft in der deutschen Bevölkerung. Die Maßlosigkeit des Reformanspruchs hat dazu ebenso beigetragen wie die dazu in keinem Verhältnis stehenden Ergebnisse. Die Berge kreißten und gebaren die sprichwörtlichen Mäuslein, was – Umfrageergebnisse beweisen es – ein tiefes Mißtrauen bei der Bevölkerung gegenüber allem auslösen, was »Reform« genannt werden kann. Für eine dynamische Gesellschaft aber, die von der ständigen Veränderung lebt, kann es kaum etwas Verhängnisvolleres geben als ein Defizit an Bereitschaft zu Wandel und Verbesserung.

An der Orientierungslosigkeit und der Erschöpfung in einem kurzatmigen Krisenmanagement änderte auch nichts der Paukenschlag, mit dem sich internationale Wissenschaftler im Jahr 1972 zu Wort meldeten, als das Unbehagen am Wohlstand dabei war, in eine Ratlosigkeit im Überfluß umzuschlagen. »Der Spiegel« hatte diagnostiziert: »Die Zukunftsforscher, die vor wenigen Jahren noch in ihren Kristallkugeln eine glückliche, fast unsterbliche, reiche Menschheit des 21. Jahrhunderts erblickten, sind schwermütig geworden.« Der »Club of Rome«, ein Verein von Wirtschaftsführern und Wissenschaftlern, den der italienische Olivetti-Vizepräsident und Fiat-Manager Aurelio Peccei gegründet hat, lieferte dem allgemeinen Unbehagen den begierig aufgenommenen Ausdruck. Der »Club of Rome« ließ sich von einem Team des Massachusetts Institute of Technology (MIT) die Zukunft elektronisch berechnen. Das Ergebnis war die inzwischen berühmt-berüchtigte MIT-Studie, die Dennis Meadows zusammen mit anderen Wissenschaftlern durchführte. Ihr Inhalt: Falls das Wirtschaftswachstum nicht spätestens 1985 gestoppt wird, gerät die Welt noch vor dem Jahr 2100 in eine große Katastrophe, die die Zivilisation des Westens unter Milliarden von toten Menschen auslöscht.

Der »Club of Rome« selbst hat mittlerweile unter Verrenkungen in Form weiterer Studien mit der Selbstkorrektur der forschen MIT-Botschaft begonnen. Es sei hier nur an den zweiten Bericht an den Club of Rome »Menschheit am Wendepunkt« von Mihailo Mesarovic und Eduard Pestel 1976 erinnert. Aber entscheidend war doch, daß die im Grunde banale Aussage der Studie über »Die Grenzen des Wachstums« weithin als – wie es E. F. Schumacher ausdrückte – »Zeitwende« angesehen wurde: die Begrenzung des Menschen in einer endlichen Welt! Und die Botschaft wurde weithin geglaubt, weil sie im Überdruß der Überflußgesellschaft wieder einen moralischen Anspruch erhob.

»Die Grenzen des Wachstums« – im Klartext der Verzicht auf weiteres Wachstum oder das Bekenntnis zum »Nullwachstum«, um im Jargon der ersten siebziger Jahre zu bleiben –, war dies nun die neue Antwort auf die neuen Fragen, die sich mit der Explosion des Wohlstands und im Übergang zum Überfluß stellten?

Ohne Wachstum geht es nicht

In der Tat, Wohlstand und – sollte es ihn bereits geben – Überfluß sind nicht gleichbedeutend mit Glückseligkeit. Das menschliche Gefühl hängt auch von anderen Dingen ab. Aber Menschen, die im Elend leben, die Krankheit, Hunger, Not hilflos erdulden müssen, sind weder glücklich noch können sie sich körperlich und geistig entfalten. Und der größte Trugschluß in der Botschaft von Meadows und Genossen ist wohl die zumindest indirekt damit verbundene Annahme, eine Insel der Zufriedenen und Satten könnte auf die Dauer existieren, während Armut und Rückständigkeit das natürliche Schicksal der Dritten Welt sei, die sich in diesem Zustand alles andere als in einem goldenen Zeitalter des Gleichgewichts begrenzter Bedürfnisse befindet. Hunger ist nicht Gleichgewicht, Not hat mit begrenzten Bedürfnissen nichts zu tun, Elend fühlt sich von einer solchen Botschaft nachgerade verhöhnt.

Aber nicht nur im Hinblick auf die Dritte Welt: Die Ideologie des Wachstumsverzichts bedeutet nicht Fortschritt, sondern Rückschritt im Sinn einer selbstsüchtigen Verweigerung von Zuwachs für die kommenden Generationen. Die Festschreibung des materiellen Ist-Zustandes und der Betrug an der Jugend um ihre Chance wird verbrämt mit der glückverheißenden Befreiung von der Versklavung durch die Technik und einer angeblich möglichen dauerhaften Harmonie von Mensch und Natur. Ein Fetzen Rousseau mischt sich mit dem Räucherduft fernöstlicher Heilslehren, nicht selten begleitet von verständnisinnigem, wenn nicht sogar zustimmendem Kopfnicken katholischer und evangelischer Kirchenkreise, die im Wohlstand aller Laster Anfang sehen. In Wirklichkeit liefert die Banalität von den »Grenzen des Wachstums« einem Heer von lebensuntüchtigen Aussteigern und des Wohlstands überdrüssigen Verweigerern den ideologischen Unterbau dafür, an den tatsächlichen Problemen vorbeizugehen. Alternatives Leben ist keine Alternative, weil es keine Probleme löst, sondern allenfalls dazu beiträgt, die Jugend um ihre Chance in der Zukunft zu prellen.

Tatsächlich muß es sinnvoller erscheinen, statt über den Weltuntergang nachzusinnen, sich Gedanken über die Lösung der Probleme zu machen, die wir wirklich kennen:

1. Jährlich pumpen die Kraftwerke, Chemieunternehmen, Stahlküchen und Autos allein in der Bundesrepublik 3,5 Millionen Tonnen Schwefeldioxyd und 4,5 Millionen Tonnen giftiges Kohlenmonoxyd in die Luft; Folge: Die Giftgase, dazu noch Staub, Kohlenwasserstoffe und Bleiverbindungen schädigen die Gesundheit der Menschen, der Tiere und die Vegetation.
2. Jährlich schütten allein der westdeutsche Kohlenbergbau, die Chemie und die Kaliindustrie acht Millionen Tonnen anorganische Salze in die Gewässer, dazu noch etwa 560 000 Tonnen organische Stoffe, die von Bakterien zwar abgebaut werden können, wobei aber dem Wasser Sauerstoff entzogen wird; Folge: Die Herstellung von Trinkwasser, einst ein freies Gut, kostet bereits immense Summen; der Sauerstoffgehalt der Meere sinkt, die Fischbestände schwinden.
3. Jährlich müssen in der Bundesrepublik 50 Millionen Tonnen Müll und Schrott auf Deponien abgelagert werden. Folge: Die Kulturlandschaft, die sowieso schon durch die Bebauung verringert wird, schwindet weiter.

Diese konkret gefaßten Probleme sind zweifellos nur ein Teilaspekt im Teilbereich des Umweltschutzes. Das Problemfeld ist umfassend, die Krise im Kern eine Folge des Erfolges. In der Tat hängt der weitaus größte Teil unserer Problempalette mit dem Erfolg des »Spätkapitalismus« zusammen: Zersiedelung der Landschaft, Zerstörung alter, bewährter und begehrter Lebensräume auf dem Land und in den Städten, Bodenpreisexplosion, Inflation, Verkehrschaos, Probleme der Gastarbeiter, Leistungsverfall, Leistungsverweigerung, Streß, Überforderung vieler Kinder in den Schulen, Drogenprobleme – dies und noch vieles mehr ist kein futurologischer Schnickschnack, sondern ein weites Aufgabenfeld, das es zu bearbeiten gilt. Aber in den zuerst konkretisierten Umweltproblemen zeigt sich auch deutlich, daß es sich bei all den Fragen, die sich uns heute aus der enormen Wohlstandsmehrung stellen, um konkrete und deshalb auch durchaus lösbare Probleme handelt. Allerdings sind sie gewiß nicht lösbar durch den von mancher Seite propagierten Wachstumsverzicht.

Tatsächlich würde durch bloßen Wachstumsverzicht kein Gramm weniger Gift in die Luft geblasen oder ins Wasser gepumpt werden als bisher. Die Umwelt würde nicht sauberer, der Himmel nicht blau. Und in der Konsequenz gäbe es auch nicht mehr Kindergärten, nicht mehr Krankenhäuser, nicht mehr öffentliche Verkehrsmittel, nicht mehr Chancengerechtigkeit, bezogen auf die Wohn- und Standorte der Menschen in den Ballungszentren und auf dem Land. Eine schönere und reinere Umwelt, gesündere Lebensverhältnisse, eine besser ausgebaute Infrastruktur, sagen wir es ruhig: »Mehr Qualität des Lebens« ist gerade nur durch das denkbar, was die Propheten der Apokalypse abschaffen wollen: durch Wachstum und technischen Fortschritt.

Nun muß hier eingeräumt werden, daß die Verfechter des »Nullwachstums« und die Prediger gegen weiteren industriellen Fortschritt bei der SPD und bei der FDP an den extremen Flügeln angesiedelt sind. Speziell für die SPD wäre angesichts ihrer Geschichte, die eng mit der sozialen Frage des 19. Jahrhunderts verbunden ist, eine andere Konstellation auch absurd. Auf eines muß jedoch hingewiesen werden. Die Gegner des Wachstums haben auf die SPD und die sie führenden Politiker immerhin einen so starken Einfluß, daß im Endeffekt eine wachstumsbehindernde oder wachstumsverhindernde Politik die praktische Konsequenz ist. Als Beispiel sei hier nur die friedliche Nutzung der Kernenergie angeführt, in der sich die sozialdemokratisch geführte Bundesregierung als handlungsunfähig erweist. Was Energiemangel aber am Ende für eine Wirtschaft bedeutet, braucht wohl nicht besonders ausgemalt zu werden.

Dabei machen alle Wachstumspessimisten oder diejenigen, die sich am Ende für die Ziele der Wachstumsgegner einspannen lassen, den einen entscheidenden Fehler: Sie verstehen, wenn von »Wachstum« die Rede ist, stets nur »mehr Konsumgüter«. Als würde der Mensch im Jahr 2000 drei Autos gleichzeitig fahren und pro Tag zehn Schnitzel verzehren. In Wirklichkeit wird das Wachstum zunehmend qualitativ bestimmt, ändern sich auch die Formen und Inhalte dessen, was wächst, was Wachstum bringt. Saubere Luft, sauberes Wasser, gepflegtere Landschaft, wohnlichere Städte – das sind die Produkte, die das künftige Wachstum tragen werden. Wenn der Bedarf an Konsumgütern gedeckt ist, tauchen andere Bedürfnisse auf: Bildung, schönere Umwelt, Freizeit, Gestaltungsmöglichkeiten. Und ist das nicht die eigentliche Lektion der Jahre seit 1945, die uns Ermutigung, Auftrag und Verantwortung zugleich sein kann?

Auf der Suche nach dem Glück

Wir waren noch nie so reich, wir waren aber auch noch nie so unsicher über den richtigen Weg in die Zukunft! Im Gefühl der Krise – ist diese Unsicherheit nötig? »Der Satz, daß die Menschen zwar reicher, aber nicht glücklicher werden, überzeugt nahezu alle«, hat Gerhard Schmidtchen einmal festgestellt. Daraus freilich den Schluß zu ziehen, wie es alternative Gruppen und Grüppchen tatsächlich tun und wesentlich stärkere Kräfte zumindest im Innersten eigentlich gutheißen, daß man nur in Armut glücklich sein könnte – das ist falsch. Zumindest: Die Sache ist doch etwas komplizierter. Glück hängt nämlich offenbar direkt weder mit Reichtum noch mit Armut zusammen.

Da gibt es eine Umfrage, Allensbach hat sie unter dem Titel »Werden wir alle Proletarier?« veröffentlicht. Das Ergebnis ist zunächst erschreckend, zeigt sich doch darin, daß die Arbeiter zwar im materiellen Bereich verbürgerlichen, daß sie in bezug auf Besitz und Sicherheit einen durchaus bürgerlichen Lebensstandard erreicht haben. Aber parallel zu dieser erfreulichen materiellen Entwicklung ergibt sich im geistigen Bereich umgekehrt eine Anpassung an Unterschichtenmentalitäten: Arbeitsunlust, Ausweichen vor

Anstrengungen, statt langfristiger Zielsetzung unmittelbare Befriedigung, sinkender Leistungswille, Zweifel an der Möglichkeit, durch eigene Anstrengung den eigenen Status zu verbessern.

Das sind gewiß nicht gerade verlockende Aussichten einer allgemeinen Entwicklung. Deshalb auch der Titel »Werden wir alle Proletarier?« und die These, die Elisabeth Noelle-Neumann an das Untersuchungsergebnis knüpft: Der allzu einfache Gedanke, über soziale Errungenschaften, die Erleichterung der Arbeit, die Verbesserung der materiellen Lebensumstände lasse sich Lebensqualität erreichen, muß korrigiert werden!

Wo aber liegt nun das Glück? Auf der Suche nach einem Schlüssel stieß man auf die Erkenntnis, daß die Arbeit in diesem Zusammenhang sehr wichtig ist, vor allem die Beziehung zur Arbeit. Fündig auf der Suche nach dem »Glück« wurden die Meinungsforscher in der Tat, als die Hypothese getestet wurde, es sei der Freiheitsraum, die relativ große Chance, die Dinge nach eigenem Urteil, nach eigener Entscheidung zu tun, die die Zufriedenheit der Selbständigen begründe. Der berufstätigen Bevölkerung wurde im Sommer 1973 die Frage gestellt: »Jeder Berufstätige kann ja bei seiner Arbeit manches frei entscheiden, und in anderem ist er abhängig. Es fragt sich nun, wie frei der einzelne sich fühlt. Wie geht es Ihnen selbst?« Von den berufstätigen Arbeitern mit subjektiv empfundenem großem Freiheitsraum bei ihrer Arbeit wirkten 28 Prozent eher unglücklich, von denen mit mittlerem Freiheitsraum 34 Prozent, von denen mit wenig Freiheitsraum 41 Prozent.

Um es ganz klar zu machen: Eine andere Umfrage erbrachte auf die Frage »Für welche Ziele sind Sie bereit, sich anzustrengen?« an der Spitze aller Antworten und von 85 Prozent der Bevölkerung so benannt: »Für persönliche Unabhängigkeit!«

Damit aber ist klar: Das Verlangen nach einem individuellen Freiraum und das Bedürfnis, sinnvoll tätig zu sein, ist den meisten Deutschen noch weitaus wichtiger als der Wunsch nach sozialer Sicherung. Konsum- und freizeitbezogene Ziele nehmen erst die dritte Position in der Rangliste ein. Und hier liegt ein wesentlicher Ansatzpunkt, wenn nicht überhaupt der Ansatz für die neuen Antworten auf die neuen Fragen, die uns die neue Situation des Wohlstandes stellt. In der ersten Phase des Wiederaufbaus ging es nur um die Quantität. Der Erfolg führte uns zur Qualität. Das ging nicht ohne »Geburtswehen«. Aber das Ziel wurde klar: die sinnvolle Nutzung des Wohlstands für den einzelnen im Sinne von weniger Abhängigkeit und mehr Selbständigkeit.

Hier liegt aber auch der Grund dafür, warum die SPD keine Antworten auf die neuen Fragen weiß, warum sie auf der Suche nach ihrer Lebensqualität immer wieder in der Quantität landet. Sozialistische Verteilung und Zuteilung sind spätestens dann ungeeignet, wenn es um weniger Abhängigkeit und mehr Selbständigkeit geht. Darum aber geht es – jenseits von Mark und Pfennig . . .

Noch einmal: Abschied vom Laissez-faire

»Jeder hat das Recht auf die freie Entfaltung seiner Persönlichkeit, soweit er nicht die Rechte anderer verletzt und nicht gegen die verfassungsmäßige Ordnung oder das Sittengesetz verstößt.« So steht es als Grundrecht im Grundgesetz der Bundesrepublik Deutschland.

Als die Väter unseres Grundgesetzes diesen Artikel 2 formulierten, dachten sie wohl kaum daran, daß eine Zeit kommen würde, in der es mit der formalen Garantie der freien Entfaltung der Persönlichkeit nicht mehr getan sein könnte. Mit der Überwindung von Not und Elend, mit dem Sturm in die Wohlstandsgesellschaft kam dieser Zeitpunkt jedoch unübersehbar.

»Reich« und »zahlreich«

Was Jean Fourastié schon in den frühen sechziger Jahren prognostiziert und diagnostiziert hatte, ist für die Bundesrepublik Deutschland längst und in deutscher Gründlichkeit eingetreten: »Der Mensch wird reich!« Ebenso trifft für die Bundesrepublik Deutschland aber auch die zweite Feststellung zu, die Fourastié seiner ersten Aussage gegenüberstellte: »Die Gesellschaft wird zahlreich.«

In diesem Zusammenhang darf man nicht an der rein numerischen Aussage hängenbleiben, wenngleich Fourastié durchaus auf die wachsende Erdbevölkerung verweist. Gewiß wird diese globale Entwicklung nicht ohne Auswirkungen auch auf die Bundesrepublik bleiben. Sorgen bereitet bei uns aber eher ein für die nächsten Jahrzehnte zu erwartender Bevölkerungsrückgang. Davon wird noch zu sprechen sein. Trotzdem: Auch bei reduzierter Geburtenrate erleben wir in der Bundesrepublik Deutschland als einem hochentwickelten und wohlhabenden Industriestaat das Phänomen einer immer »zahlreicher« werdenden Gesellschaft.

Anders ausgedrückt: Auch wenn in der Bundesrepublik heute weniger

Menschen auf dem Quadratkilometer leben als noch vor einigen Jahren – die Tatsache ist wohl nicht zu bestreiten, daß auch diese wenigeren Menschen in immer größeren Massen auftreten. Denken wir nur an die Verkehrsprobleme, die jedes Wochenende auf Autobahnen, Zufahrtsstraßen und sonstigen Verkehrswegen zu den begehrten Ausflugszielen und zurück auftreten. Denken wir an die Massenstarts in den Urlaub per Auto, Bahn und Flugzeug. Oder denken wir an die überfüllten Badestrände der Seen, die Flotten von Segelbooten und anderen Wasserfahrzeugen, den Ansturm der Skifahrer auf die Pisten oder an die massenhaften Gipfelstürmer, die jedes Wochenende von den Bergbahnen in die einst so gepriesene Bergeinsamkeit verfrachtet werden. Mancher Wanderweg und mancher Steig in Höhen über 2000 Meter wird zu »Stoßzeiten« schon im Gänsemarsch begangen.

Die Tatsache, daß wir heute vielfach das Gefühl haben, einer trete in unserer Gesellschaft bereits dem anderen auf die Füße, hängt nur bedingt mit der Bevölkerungszahl zusammen. Der eigentliche Grund dieser Verdichtung der Gesellschaft, der Grund dafür, daß »die Gesellschaft zahlreich« wurde, liegt in ihrem gewachsenen Wohlstand und der daraus folgenden Mobilität. Als wir gerade so wohlhabend waren, daß wir uns einen geruhsamen Sonntagsspaziergang leisten konnten, gab es auch noch keine Verkehrsprobleme, weder für den Spaziergänger noch für den vielleicht Wohlhabenderen, der zur Fortbewegung schon nicht mehr auf seine Beine angewiesen war, sondern ein Auto oder ein Motorrad besaß. Mit allgemein wachsendem Wohlstand aber entdeckten immer mehr Menschen die landschaftlich schönen Plätze, die Betätigungsmöglichkeiten, die vormals einer nur kleinen Schicht von Wohlhabenden vorbehalten waren.

Der Mensch wird reich – die Gesellschaft wird zahlreich! Der wohlhabende Mensch konsumiert, besitzt und beansprucht viel mehr Raum als der arme oder weniger wohlhabende Mensch. Und je breiter der Wohlstand gestreut ist, je mehr Menschen an ihm teilhaben, um so stärker und zahlreicher wird auch ihr Ansturm auf jene Bereiche des Lebens, die bisher Privilegien des Wohlstands waren. Der Mensch okkupiert in seiner Vielzahl diese einstmaligen Privilegien als Selbstverständlichkeiten.

Damit aber verändert sich das gesamte Umfeld des Menschen. Damit entsteht die neue Situation. Wir sind eben nicht nur immer wohlhabender geworden oder wir werden eben nicht nur immer wohlhabender auch weiterhin. Dieser wachsende Wohlstand hat zugleich weiterreichende Auswirkungen, die über das persönliche Bankkonto, das Sich-Leisten-Können hinausgehen. Und zwar in mehrfacher Weise und durchaus keineswegs nur negativer, wie es vielfach glauben gemacht wird. Im übrigen ist es eine Binsenweisheit, daß negative Einflüsse und Auswirkungen eben immer stärker ins Bewußtsein zu dringen scheinen als die positiven.

Nehmen wir wieder einige Beispiele: Wir sind alle wohlhabend genug, um unseren Urlaub, unsere Freizeit in der unberührten, ursprünglichen Natur verbringen zu wollen. Aber zugleich sind wir auch wohlhabend genug, dort Häuser zu bauen, Hotels zu errichten, Freizeitmaschinen in Gang zu setzen, Kofferradios und Kassettenrekorder lärmen zu lassen. Oder anders herum: Der Wunsch nach einem Auto, nach einem Fernsehgerät, nach einem Surfbrett, nach einem Segelboot, nach einem Motorboot, nach einem Ferienhäuschen rührt nicht selten aus dem Verlangen her, mehr als der andere zu sein. Spätestens auf der verstopften Autobahn aber beweist dann die wohlhabend gewordene Gesellschaft dem frischgebackenen Autobesitzer, daß er sich durch seinen Autokauf keineswegs zum Privilegierten emporgeschwungen hat.

Hier wird deutlich, daß es ein Trugschluß wäre, etwa anzunehmen, daß die Wohlstandsgesellschaft lediglich ein Abklatsch der gesellschaftlichen Verhältnisse »ärmerer Zeiten« auf höherem Niveau sei. Im Gegenteil! Die wohlhabend gewordene Gesellschaft stellt neue Aufgaben, ist eben etwas Neues, hat ganz neue Verhältnisse geschaffen, und entsprechend müssen auch neue Problemlösungen gefunden werden.

Wir sehen und spüren es jeden Tag, daß es die breite Wohlstandsmehrung unmöglich macht, etwa die von der Persönlichkeit des einzelnen geprägte Idylle »ärmerer Zeiten« auf die heutigen Verhältnisse zu übertragen. Der traditionelle Mensch lebte abseits der großen Masse und hatte in der kleinen, lokalen Gruppe, wo er als Person bekannt war, seinen festen Platz. Mit sozialem Wandel und wachsendem Massenwohlstand tritt eine tiefgreifende Veränderung ein. Der Mensch hat nun nicht mehr nur mit Personen zu tun. In immer stärkerem Maß steht er Organisationen gegenüber. In der traditionellen Gesellschaft etwa konnte man seine Steuerangelegenheiten in persönlichem Kontakt mit dem Steuerbeamten erledigen. Heute, wer kennt heute noch den Beamten persönlich, der seine Steuererklärung bearbeitet? Erkannte Probleme freilich lassen sich lösen. Im speziellen Fall: Bei den Finanzämtern soll dem Steuerzahler der »Ansprechpartner« zur Information und Hilfe zur Verfügung stehen.

Oder werfen wir einen Blick auf die neuen Medien, die vor Jahrzehnten nur zögernd, auf der Woge des Wohlstands nunmehr im Sturmschritt unsere Büros und Wohnzimmer erobern: nach Telefon, Radio und Fernseher, gewissermaßen die »konventionellen« Instrumente der Kommunikation, nunmehr neue Möglichkeiten in Form von Kabelfernsehen, Satellitenfernsehen, Bildschirmtext per Telefon, Videotext aus der Luft oder über Kabel, TV-Einbahnstraße und Zweiweg-Kommunikation, Abrufen und stummer Dialog. Mit einem kleinen Tastengerät in der Hand hält der Mensch Verbindung zu einer schrankenlosen elektronischen Außenwelt.

Man kann mit Albert Camus warnen: »Der Dialog wird durch das Kommuniqué ersetzt.« Aber sind nicht gerade die neuen Medien ein besonders anschauliches Beispiel, daß sich in dem Maß, in dem der breite Wohlstand wächst, die gesamte Umwelt verändert? Wenn wir die vorhin angeführten Beispiele noch einmal betrachten, so scheint es geradezu so, als ob wachsender breiter Wohlstand eben nur um den Preis einer Entpersönlichung des einzelnen in einer administrierten, technisierten, automatisierten und anonymisierten Umwelt zu erreichen ist. Aus diesem Anschein rührt gewiß ein hohes Maß des weit verbreiteten Unbehagens an unserer Gesellschaft und ihrem Zustand her.

Der wachsende Wohlstand hat eine Welle der Reiselust entfacht. Das damit verbundene Bedürfnis nach schnellen und ausreichenden Verkehrsverbindungen aber ist zu einem tragbaren Preis nur über das Instrument des Massenverkehrs zu lösen. Die massenhaften Ferienwünsche sind nur über den Massentourismus zu befriedigen. Und selbst das Auto, das sich als individuelles Verkehrsmittel so großer Wertschätzung erfreut, wird in seiner Funktion bereits zum Massenverkehrsmittel. Die Autoschlangen an den Wochenenden demonstrieren, daß die Ausflugsziele so vieler gleich sind.

Nicht nur im Sommer verwandelt sich die wohlhabende bundesrepublikanische Bevölkerung in ein fahrendes Volk mit bevorzugten Zielen in südlicher Richtung. Wir sind heute auch wohlhabend genug, um in Massen zum Wintersport aufzubrechen. Eine Folge: Aus Gründen der Sicherheit muß der »Skiverkehr« auf den Pisten nach festen Regeln ablaufen. Außerdem: Um den Massenansturm nicht nur auf den Pisten bewältigen zu können, bedarf es einer organisierten Infrastruktur rund um die glitzernden Skihänge mit der zwangsläufigen Folge unpersönlicher, verwalteter, organisierter Massenabfertigung, angefangen von der standardisierten Anreise bis zur standardisierten Abreise.

Exklusivität im Wohlstand

Vereinheitlichung, Standardisierung, Monotonie – das scheint der unabwendbare Preis einer Gesellschaft zu sein, die es zu breit gestreutem Wohlstand gebracht hat. Noch können sich nicht alle alles leisten. Aber zu Ende gedacht bleibt das Fazit: Wenn sich alle alles leisten können, dann scheint es eben nur noch Einheitsbefriedigung zu geben. Die Sehnsucht nach der Exklusivität endet in der Wohlstandsgesellschaft in zunehmendem Maß in der Erkenntnis, daß es Exklusivität in immer weniger Fällen zu geben scheint. Dabei scheint die wahre Köstlichkeit des Wohlstands erst in der Relation, im Vergleich, in der individuellen Befriedigung individueller Wünsche zu liegen.

Vereinheitlichung, Standardisierung, Monotonie – endet die wohlhabend gewordene Gesellschaft tatsächlich in dieser Sackgasse der Unmenschlichkeit, nachdem wachsender Wohlstand zunächst dem einzelnen Menschen nach Überwindung des Diktats der Not ungeahnte Entfaltungsmöglichkeiten verhieß? Erstickt der »reiche Mensch« in der »zahlreichen« Gesellschaft? Haben die Systemveränderer am Ende doch recht, wenn sie sagen, das System macht uns kaputt?

Es ist richtig: Je breiter der Wohlstand gestreut ist und je mehr er wächst, um so schwieriger erscheint es auf den ersten Blick, daß sich der einzelne Bürger das so geschätzte Stückchen Exklusivität bewahrt oder sichert. Aber es erscheint eben nur so auf den ersten Blick. Und Resignation bis zur Revolution, die heute auf der Palette der an unserer Gesellschaft irre Gewordenen stehen, sind letztlich nichts anderes als die Ergebnisse sehr oberflächlicher Betrachtungsweisen.

Wenn man Exklusivität sehr vereinfacht gleichsetzt mit unterschiedlichem Verbrauch oder unterschiedlicher Betätigung, dann wird es in einer wohlhabenden Gesellschaft in der Tat schwierig, Individualität, Persönlichkeit zu verwirklichen. Um es noch einmal deutlich zu machen: Der Besitz eines Autos, eines Segelbootes oder der Urlaubsaufenthalt im Ausland vermitteln nicht mehr den Hauch der Exklusivität, des Besonderen, des Originären, des Individuellen, weil diese Dinge schon bei so vielen Menschen üblich geworden sind. Aber darauf kommt es am Ende auch gar nicht an.

Der Schlüssel liegt vielmehr darin: Bei allem Verlust an Exklusivität, wie sie im Zusammenhang mit Konsum und Betätigung aufgezeigt wurde – nicht betroffen von diesem Verlust ist die Exklusivität der persönlichen Entscheidung des einzelnen, dies und nicht das zu tun, dies und nicht das zu verbrauchen, überhaupt über einen bestimmten Grundbedarf hinaus zu konsumieren oder lieber zu verzichten, sich so und nicht anders zu verhalten. Und darin unterscheidet sich auch der wohlhabende Mensch grundsätzlich vom »armen« Menschen. Darin unterscheidet sich aber auch grundlegend die wohlhabende Gesellschaft von der »armen« Gesellschaft.

Das ist es: Die Exklusivität wird in der wohlhabenden Gesellschaft nicht mehr durch den Konsum gewährleistet. Wenn sich viele vieles und bald alle alles leisten können, dann liegt die Exklusivität in der persönlichen Entscheidung des Bürgers begründet, was er tun will, was er sich leisten will, wie er den Wohlstand individuell für sich nutzen will. Der einzelne hat die Wahl. Der einzelne hat aber auch die Verantwortung für diese neuen Freiheitsräume, die sich mit den Entscheidungs- und Dispositionsmöglichkeiten eröffnen. Verantwortung erschließt Wahlmöglichkeiten, Wahlmöglichkeiten aber sind Freiheitsräume. Diese Freiheitsräume gilt es nicht nur zu gewährleisten. Hier muß die Gemeinschaft, die Gesellschaft, der Staat mithelfen, sie möglichst und nach Kräften auszuweiten, die Wahlmöglichkeiten und Freiheitsräume für den einzelnen erst relevant zu machen. »Die freie Entfaltung der Persönlichkeit« hat man entsprechend der im 19. Jahrhundert und in der ersten Hälfte des 20. Jahrhunderts dominierenden liberalistischen Grundeinstellung in einer Art Laissez-faire zu gewährleisten versucht. Alles laufen lassen! Man erkannte zwar, daß die Freiheit des einzelnen ihre Schranken in den Rechten der anderen hat. Aber der Staat sollte sich aus der Gesellschaft, aus ihren Aktivitäten möglichst heraushalten. Man begnügte sich mit der formalen Garantie der freien Entfaltung der Persönlichkeit.

Das genügte für lange Zeit. Diese passive Garantie wurde den Gegebenheiten in gewissem Maße gerecht. Sie besagte ja letztlich nichts anderes, als daß jeder diese vorhandenen oder die von ihm zu schaffenden Möglichkeiten für sich nach seinen individuellen Fähigkeiten nutzen sollte und könnte. Da der Fortschritt nur langsam vorankam, der Wohlstand nur langsam wuchs und gewissermaßen rationiert war und nur einer beschränkten Schicht zugute kam, bot sich ein genügend großer Freiheitsraum für den einzelnen. Entsprechend seinem Wohlstand konnte sich der einzelne relativ frei in diesem Betätigungsraum bewegen.

Mit der beachtlichen Vermehrung des Wohlstands, der in der industriellen Gesellschaft immer breiteren Schichten zur Verfügung steht, entfällt aber die ursprünglich vorhandene Rationierung. Es wurde bereits einmal gesagt: Was sich früher nur wenige leisten konnten, können sich heute viele und bald fast alle leisten. Jeder oder fast jeder beansprucht mehr Raum und engt entsprechend den individuellen Freiheitsraum des anderen ein, so daß von einem gewissen Zeitpunkt an die passive Garantie der freien Entfaltung der Persönlichkeit nicht mehr ausreicht. Die Konsequenz: Es gilt auch hier Abschied zu nehmen vom Laissez-faire, wie es in zahlreichen anderen Bereichen schon längst geschehen ist. Die gesellschaftliche Entwicklung vollzieht sich ja nicht in so lupenreinen Etappen. Die Übergänge sind vielmehr fließend, greifen vielfältig ineinander, manches Gebiet ist meilenweit voraus, ein anderes wieder meilenweit hinterher.

Und so ist es auch nur ein neuerlicher Abschied vom Laissez-faire. Schließlich war es ja und ist es gerade dies, was die Soziale Marktwirtschaft als Basis des heutigen Wohlstands der Bundesrepublik vom Liberalismus früherer Zeiten unterscheidet, daß man sich vom Laufenlassen und vom blinden Vertrauen in die Marktkräfte lossagte. Das freie Spiel der Kräfte wurde von vornherein in einen festen Rahmen eingebunden. »Die Soziale Marktwirtschaft fordert keinen schwachen Staat, sondern sieht in einem starken demokratischen Staat die Voraussetzung für das Funktionieren dieser Ordnung«, schrieb Alfred Müller-Armack. Unter dieser Voraussetzung haben wir mit der Sozialen Marktwirtschaft ein Problemlösungsinstrument, das in seiner Effizienz und Ergiebigkeit von keiner anderen auf der Erde praktizierten Wirtschaftsform übertroffen wird. Dies wird nicht einmal von den Gegnern der Marktwirtschaft bestritten, an der Einzelheiten sehr wohl zu kritisieren sind, nicht jedoch ihre Grundlagen, wie das Privateigentum an den Produktionsmitteln, Leistungs- und Wettbewerbsdruck, freie Unternehmerinitiative bei gleichzeitiger Existenz eines starken Staates.

Keine »Wegwerf«-Kultur

Die materielle Erfolgsbilanz der Marktwirtschaft braucht nicht dargestellt zu werden. Ganz entschieden sei jedoch das Märchen als solches gekennzeichnet, die Marktwirtschaft erschöpfe sich in einer »Wegwerf-Kultur« des billigen Konsums und Verbrauchs. Gewiß, es gibt Auswüchse. Es soll auch nicht geleugnet werden, daß eine gigantische Werbemaschinerie tagtäglich den Versuch unternimmt, die Produkte ihrer Kunden an die Verbraucher zu bringen. Aber zwischen dieser angeblichen »Manipulation« des Verbrauchers und dem gewiß oft erreichten Ergebnis dieser Absicht steht in der Marktwirtschaft stets die letztlich freie Entscheidung des Bürgers, aus einem reichhaltigen Angebot dies und nicht das zu kaufen oder gar nicht zu kaufen.

Im Wohlstandssupermarkt der Marktwirtschaft wird der Wert dieser Konsumfreiheit nicht selten zu unrecht gering geschätzt. Was Konsumfreiheit bedeutet, kann man wahrscheinlich erst dann ermessen, wenn man sie nicht realisieren kann, weil es dies und das nicht gibt oder man mit dem Bezugsschein noch nicht dran ist. Aber nicht nur unter diesem Aspekt erschöpft sich die Marktwirtschaft eben nicht in einer »Wegwerf-Kultur«. Marktwirtschaftlich orientierte Länder, speziell die Bundesrepublik, schneiden auch jenseits der reinen Konsumgüter besser ab als etwa Staatswirtschaften, die Produktionsziele befehlen können. Hier sei an das soziale Sicherungssystem der Bundesrepublik erinnert, das sowohl in der Höhe der Leistungen als auch in der Geschlossenheit der Sicherung kein Beispiel in der Welt hat. Hier sollte aber auch nicht vergessen werden, daß es die Marktwirtschaft in ihrer Ordnung und Effizienz ist, die dem einzelnen – im Gegensatz zu Kommandowirtschaften – freie Einkommensverwendung, freie Berufswahl und Wahl des Arbeitsplatzes sichert; Selbstverständlichkeiten, so lange man sie nicht entbehren muß.

Und selbst bei dem so aktuellen Problem Umweltschutz ist die Bilanz der marktwirtschaftlichen Länder positiver – oder wenn man so will – weniger negativ als in Ländern, die eine vom Staat zentral verwaltete Wirtschaft haben. Man weiß aus dem Ostblock, daß diese Länder die gleichen Umweltprobleme haben, daß der sozialistische oder kommunistische Industrieabfall nicht weniger schmutzig, nicht weniger giftig, nicht weniger die Umwelt belastend ist als der marktwirtschaftliche. Dabei könnten diese Staaten ihrer Wirtschaft nicht nur eine umweltfreundliche Produktion befehlen, sie bestimmen ja bereits ständig, was produziert wird. In einer Marktwirtschaft dagegen ist die Produktion zunächst der freien Nachfrage und dem freien Angebot überlassen. Und trotzdem: Marktwirtschaftliche Länder sind auf dem Gebiet des Umweltschutzes weiter.

An diesem Beispiel zeigt es sich, daß Umweltschutzprobleme nicht ideologisch, sondern pragmatisch gelöst werden müssen. Was man dazu in erster Linie braucht, ist Geld, Kapital, wirtschaftliche Potenz, die eine marktwirtschaftliche Ordnung ganz allgemein in stärkerem Maß bereitzustellen vermag als eine zentralverwaltete Wirtschaft. Wolfram Engels schreibt: »Das

Eigentümliche an der heutigen Kapitalismuskritik ist dies: Man sagt, daß es an Kindergartenplätzen, an Schulen, an Hochschulen, an Krankenhausbetten, an öffentlichen Nahverkehrsmitteln mangelt, man weist auf die Absurdität hin, daß landwirtschaftliche Produkte erst erzeugt und anschließend vernichtet werden, man klagt über die Wohnungsversorgung, und man fordert mehr und bessere Straßen. Die Klagen richten sich nicht gegen marktwirtschaftlich oder »kapitalistisch« organisierte Bereiche, sondern gerade gegen die Teile unserer Wirtschaft, die staatlich gelenkt sind. Niemand klagt bei uns über schlechte Versorgung mit Zement, mit Automobilen, mit Herrenoberhemden oder Südfrüchten. Offenbar bewältigt die Marktwirtschaft die Versorgung in den ihr überlassenen Bereichen reibungslos, während die Leistung der zentral geplanten Bereiche als mangelhaft empfunden wird. Da jedoch, wo die Staaten die Versorgung mit Zement, Herrenoberhemden, Südfrüchten oder Automobilen in ihre Hand genommen haben, fehlt es auch an diesen Gütern.«

Angesichts dieses Tatbestands muß es geradezu als absurd gelten, wenn zur Bewältigung der Zukunftsaufgaben die »Überwindung« der Marktwirtschaft gefordert wird. Die Realität weist genau in die Gegenrichtung. Es ist der Marktwirtschaft nicht »systemimmanent«, daß sie die öffentlichen Bedürfnisse vernachlässigt. Im Gegenteil, die Marktwirtschaft und ihre freien Unternehmer besitzen eine von keiner Planwirtschaft erreichte Flexibilität und Umstellungsfähigkeit, wenn es darum geht, die vom Staat in Auftrag gegebenen Verkehrs-, Krankenhaus- und Schulbauten zu erstellen, die technischen Apparaturen für den Umweltschutz und so weiter zu liefern. Wenn der Staat die entsprechenden Projekte auswählt, vorbereitet und finanziert, dann werden sie von den Unternehmen auch verwirklicht; genau wie alle anderen Bedürfnisse, die mit Kaufkraft ausgestattet sind. Die Soziale Marktwirtschaft muß stärker als bisher in den Dienst der Bewältigung der Zukunftsaufgaben gestellt werden, und zwar – wie es Alfred Müller-Armack sagte – durch einen starken Staat, der unbestritten nicht nur auch, sondern gerade in der Sozialen Marktwirtschaft Rahmen und Eckwerte setzt.

Der Abschied vom Laissez-faire auch in der gesellschaftspolitisch zentralen Frage der »freien Entfaltung der Persönlichkeit« bewegt sich somit klar in der Kontinuität unserer gesellschaftlichen Entwicklung, die den Staat längst nicht mehr auf die Nachtwächterrolle beschränkt, sondern statt Passivität vom Staat aktive Gestaltung der Rahmenbedingungen und Sicherung der notwendigen materiellen Grundvoraussetzungen menschlicher Existenz verlangt. Das Parlament ist dazu gewählt, die Regierung dazu berufen. Entsprechend tritt an die Stelle der passiven Garantie des Rechts auf freie Entfaltung der Persönlichkeit die aktive, gestaltende Garantie.

Was heißt das konkret? Ein Beispiel soll es verdeutlichen: Wir sind fast alle heute wohlhabend genug, uns einen Wochenendausflug zu leisten und in diesem Fall die garantierte freie Entfaltung der Persönlichkeit umsetzen zu können. Was nützt dem einzelnen aber seine Wohlhabenheit und die Garantie, wenn er den Wochenendausflug wegen verstopfter Straßen nicht realisieren kann? Ganz klar zeigt sich hier, daß die passive Garantie der freien Entfaltung nicht mehr ausreicht, es also der Gestaltung in Form ausreichend ausgebauter Verkehrsmöglichkeiten bedarf, um den infolge allgemeinen Wohlstands so vielfach auftauchenden Wunsch nach einem Wochenendausflug in die Tat umsetzen zu können.

Die Zusicherung von Rechten an die Bürger ist im modernen Verständnis der vornehmste Sinn von Verfassungen. Aber ebenso alt wie unsere modernen Verfassungen einschließlich des Grundgesetzes sind, ebenso alt ist die Erkenntnis oder müßte sie wenigstens sein, daß zur Realisierung dieser Rechte Gestaltung, aktive Politik notwendig ist. Dabei geht es nicht etwa nur darum, zum Beispiel für ausreichende Schulen zu sorgen, um den Kindern ihren Fähigkeiten entsprechende Bildung zu ermöglichen. Es ist Aufgabe des Staates, im Sinn einer wohlverstandenen Daseinsvorsorge dafür die Grundlagen zu schaffen, daß seine Bürger auch auf Grund ihrer sozialen Verflechtungen und Verpflichtungen nicht gehindert werden, von ihren Rechten Gebrauch zu machen. Und bei der Überwindung dieser Barrieren sind wir ja sehr erfolgreich gewesen.

Gesellschaftspolitische Infrastruktur

Man sieht: Die aktive, gestaltende Garantie der freien Entfaltung der Persönlichkeit gewinnt universale Dimension. Um sich der allgemeinen Entwicklung entsprechend überhaupt frei entfalten zu können, braucht der Bürger eine ausgebaute gesellschaftspolitische Infrastruktur, die ihm die Basis seiner Betätigung liefert. Oder anders ausgedrückt: Mit wachsendem Wohlstand und der damit verbundenen individuellen und öffentlichen Leistungsfähigkeit hebt sich zwangsläufig die Schwelle an, an der man bereits bisher die Gruppe, die Gemeinschaft, den Staat zur Gestaltung der Infrastruktur eingeschaltet hat. Dies hat sich bereits in der Vergangenheit bewiesen, wenngleich auf niedrigerem Wohlstandsniveau.

So sprang schließlich der Staat als Gestalter ein, als im auslaufenden 19. Jahrhundert das auf privater Basis bestehende, sporadische Sicherungssystem für die Bevölkerung nicht mehr ausreichte, das Bedürfnis nach sozialer Sicherung aber ebenso übermächtig wie von der damals immerhin erreichten materiellen Grundlage her möglich war. Soziale Sicherung – auch das ist gesellschaftspolitische Infrastruktur. Und mit wachsendem Wohlstand wurde die soziale Sicherung zu einem nahezu alle Bundesbürger erfassenden System. Dabei kann man sich über Sinn oder Unsinn einzelner Sozialleistungen durchaus streiten und auch darüber, ob die Prioritäten richtig gesetzt sind. Nicht streiten kann man sich jedoch darüber, daß ein soziales Sicherungssystem gewissermaßen die Voraussetzung für vielerlei Freiheitsräume ist, die der Wohlstand dem Bürger erschlossen hat: Freiheit von Not zum Beispiel, aber auch Freiheit zum Risiko.

Weitere Bereiche der gesellschaftspolitischen Infrastruktur: Vom Bildungswesen wurde bereits kurz gesprochen. Außerdem der Verkehr, der Arbeitsmarkt, die Energieversorgung und die Verfügbarkeit von Energie an den einzelnen Orten, das Kommunikationssystem, das Gesundheitswesen, die Müllabfuhr. Je wohlhabender und entsprechend auch für die Umwelt im weitesten Sinn belastender die Gesellschaft wird, um so größere Bedeutung kommt der gesellschaftspolitischen Infrastruktur eines Gemeinwesens zu, um dem einzelnen die Nutzung des Wohlstands überhaupt zu ermöglichen. Ein kleiner Weiler kommt ohne Müllabfuhr aus. Für den Abfall, der hier entsteht, findet sich noch allemal in gebührendem Abstand vom Wohnbereich ein ungenutzter Winkel. Einer Großstadt dagegen droht buchstäblich der Tod, würde die Müllabfuhr nicht organisiert durchgeführt.

Oder: In der Zeit idyllischer Wirtschaftsverhältnisse genügten das Wort und der Handschlag, um eine Abmachung zu besiegeln. Heute ist es unmöglich, ohne Tarifverträge, Bürgerliches Gesetzbuch und eine Vielzahl von Vorschriften, Bestimmungen, Rechtsgarantien etc. auszukommen. Ohne Zweifel gibt es hier einige Bereiche, wo des Guten zuviel getan wurde. Aber prinzipiell gehören auch sie zur Infrastruktur, und auch ihre Bereitstellung ist mit Aufgabe des Staates. Damit aber wird es deutlich: Gesellschaftspolitik bedeutet heute aktive Gestaltung der Infrastruktur des Gemeinwesens. Das Laissez-faire genügt nicht mehr, soll für den einzelnen der erreichte Wohlstand auch in erlebte Wirklichkeit umgesetzt werden.

Hier stehen wir nicht am Anfang, auch wenn gerade unter dem Einfluß des so durchschlagenden Erfolges der Sozialen Marktwirtschaft eine Vielzahl neuer Aufgaben entstanden und bewußt geworden ist. Wir stehen auch bei diesen neu hinzugekommenen Problemen nicht am Anfang, denn wir haben uns nicht gescheut, die nötigen Konsequenzen zu ziehen. Nehmen wir als Beispiel den Umweltschutz, der zwar nicht erst in den siebziger Jahren erfunden wurde, in dieser Zeit aber auf Grund drängender Probleme besondere Aufmerksamkeit erzielte und gewiß auch noch in den nächsten Jahrzehnten hohe Priorität besitzen wird. Hier stand die CSU an der Spitze der Bemühungen. Die Erhaltung der Naturschönheiten, der Kulturdenkmäler – hier ging es schließlich um ein Stück Bayern, zumindest um Bayerns Kapital.

Wir waren von Anfang an gegen einen Umweltschutz mit der Brechstange, der ohne Rücksicht auf andere Komponenten dieser Gesellschaft und ihrer Bürger durchgesetzt würde. Wir waren von vornherein gegen eine Verabsolutierung des Umweltschutzgedankens bei Anerkennung aller Notwendigkeit eines pfleglichen Umgangs mit den knappen natürlichen Ressourcen, der sicherzustellen ist. Wir haben Umweltschutz immer als Bestandteil der Wert- und Zielvorstellungen der Gesellschaft gesehen und somit auch wesentlich umfassender begriffen als die Beseitigung oder Vermeidung von Umweltverschmutzung. Und wir haben in Bayern gehandelt, als andernorts noch die Maschinenstürmerei geprobt wurde oder in der SPD wieder aufgenommene ideologische Gespensterschlachten gegen die Soziale Marktwirtschaft konkrete Taten ersetzen mußten.

Das »Bayerische Modell«

Unter den Aspekten einer aktiven Garantie der freien Entfaltung und der dazu nötigen Gestaltung der Infrastruktur wurde eindeutig klar, daß Umweltschutz langfristig nicht ohne Umweltvorsorge denkbar ist. Wenn man sich nicht auf die Primitivform des Umweltschutzes beschränken will, nämlich bereits eingetretene Umweltschäden nachträglich auf oft sehr kostspielige Art und Weise zu beseitigen, sondern wenn man prophylaktischen Umweltschutz betreiben will im Sinn einer zukunftsorientierten Umweltvorsorge, dann braucht man dazu auch Raumordnung und Landesplanung. In der Tat sind Orts-, Regional- und Landesplanung immer zugleich auch Umweltschutz gewesen. Und so haben wir in Bayern als erstes Bundesland Zuständigkeiten in den Bereichen Landesentwicklung und Umweltfragen bereits Ende 1970 in einem neuen Ministerium zusammengefaßt. Um die Umweltpolitik mit der nötigen Effizienz auszustatten, wurden notwendigerweise auch auf der mittleren und unteren Verwaltungsebene die Kompetenzen zusammengeführt.

Der Verzicht, die virulent gewordene Umweltproblematik an ein bestehendes Fachressort, etwa das Wirtschafts- oder das Landwirtschaftsministerium, anzugliedern, war eine Demonstration für den Stellenwert, der den Umweltfragen im Rahmen der Staatsaufgaben zukommt. Dies ist um so angemessener, als in die Umweltfragen neben dem mehr technisch orientierten Umweltschutz auch Umweltgestaltung, also die Bereiche Natur-, Landschaftsschutz- und Landschaftsgestaltung sowie Umweltvermittlung, also die Bereiche Freizeit und Erholung, mit einbezogen wurden.

Gerade in dem zuletzt erwähnten Bereich, der durch vermehrtes Erholungs- und aktives Gestaltungsbedürfnis der zunehmenden Freizeit charakterisiert ist, zeigt sich die gesellschaftspolitische Komponente der Umweltfragen, stellt sich die Notwendigkeit eines Interessenausgleichs zwischen zunehmendem Bedarf an Erholungsraum und Erhaltung der Landschaft. Die Koppelung der Umweltfragen mit der Landesentwicklung, also den Fragen der Raumordnung und Landesplanung, ermöglichte nicht nur eine prophylaktische Umweltvorsorge, sie schuf auch die Voraussetzung dafür, die gesellschaftspolitische Aufgabe systematisch anzugehen, gleichwertige Lebensbedingungen im ganzen Land zu schaffen.

Dieses »Bayerische Modell«, wie das Konzept alsbald genannt wurde, ist gesellschaftspolitische Infrastruktur-Politik im besten Sinn. Sie schafft für den Bürger die Voraussetzung dafür, daß er sich frei entfalten kann, indem sie ihm die Wahlmöglichkeit eröffnet, ob er lieber auf dem Dorf, in der Klein-, Mittel- oder Großstadt leben will. Natürlich kann man nicht jedem Dorf ein Gymnasium, ein Krankenhaus, eine Fabrik hinstellen. Worauf es ankommt, ist, daß jeder Bürger, gleich wo er seinen Wohnsitz hat, innerhalb zumutbarer Entfernungen in zentralen Orten all das an Gütern und Dienstleistungen erreichen kann, was zu einem modernen Leben gehört. So wird vermieden, daß ein nicht geringer Teil der Bevölkerung seine Heimat verlassen und in die großen Städte ziehen müßte, um nur so zu wertgleichen Lebensbedingungen zu kommen. Auf dieser Basis einer aktiven, gestaltenden Garantie der freien Entfaltung hat der Bürger erst die Wahlmöglichkeit, die Freiheitsraum bedeutet.

Erinnern wir uns noch einmal an Jean Fourastié: »Der Mensch wird reich – die Gesellschaft wird zahlreich.« Die Realisierung der Wohlhabenheit, die Nutzung wachsenden Wohlstands hängt für den einzelnen immer mehr davon ab, daß ihm als Realisierungshilfe eine immer bessere Infrastruktur der Bereiche des Lebens zur Verfügung steht. Umweltvorsorge und Landesentwicklung sind nur ein Beispiel.

»Das pure zahlenmäßige Wachstum künftiger Gesellschaften mag uns dazu zwingen, in vieler Hinsicht unsere Individualität einzuschränken, uns anzupassen und die Warenschlange als ein Phänomen der gegebenen Zivilisation zu akzeptieren. Sicher wird die wachsende Rationalisierung aller Produktions-, Planungs- und Entscheidungsvorgänge auch in unserer Arbeitswelt den Spielraum von Emotionen einschränken. Zugleich aber bietet die Welt von morgen dem einzelnen die Chance, seine private Umwelt so vielfältig, so reich und kulturell verfeinert zu gestalten wie nie zuvor. In der Konsumgesellschaft von heute gilt der Mensch so viel, wie er verdient. Er könnte morgen als das gelten, was er aus sich macht.« Rüdiger Proske hat dies vor einiger Zeit geschrieben. Die Konkretisierung der im Grundgesetz verankerten passiven Entfaltungsgarantie für den Bürger in eine aktive, gestaltende Garantie der freien Entfaltung sorgt dafür, daß es dem wohlhabend gewordenen Bürger nicht nur gestattet ist, sondern konkret möglich ist, etwas »aus sich zu machen«.

Im Zweifel für die Selbständigkeit

Der gewachsene Wohlstand ermöglicht dem einzelnen Menschen eine Entfaltung seiner Persönlichkeit, wie er sie bisher nicht gekannt hat. Diese Entfaltung ist jedoch letztlich nur realisierbar, wenn ihm die insgesamt wohlhabend gewordene Gesellschaft die nötigen Hilfen gewährleistet, was logischerweise kollektive Aktionen, Maßnahmen, Lösungen notwendig macht. In diesem Fazit zeigt sich Widersprüchlichkeit. So eigentlich aber ist diese Widersprüchlichkeit nur Ausdruck des Spannungsverhältnisses, das seit Jahrtausenden das politische Leben bestimmt; das Spannungsverhältnis von Individuum und Gemeinschaft.

Gratwanderung zwischen den Extremen

Die Versuche, eines der beiden Extreme zu verwirklichen, brachten regelmäßig katastrophale Ergebnisse. Ein übersteigerter »Sozialismus« endet im Autoritarismus und Totalitarismus, eine übersteigerte Betonung des Individuums letztlich im Anarchismus. Entweder wird der einzelne Mensch unterdrückt oder die staatliche Gemeinschaft zerstört. Angesichts dieser Erfahrungen aber stellt sich die Frage, ob die Lösung des Spannungsverhältnisses von Individual- und Sozialexistenz nicht darin liegt, daß man seine Beseitigung erst gar nicht versucht, sondern vielmehr als Konstante des menschlichen und sozialen Lebens anerkennt, woraus sich die permanente politische Aufgabe ständiger Gestaltung im Sinne eines Ausgleichs der individuellen und gemeinschaftlichen Interessen ergibt.

In der Tat ist dies eine wesentliche Grundlage des politischen Handelns der Christlich Sozialen Union seit ihren Anfängen. Der Ausgleich von individuellen und gemeinschaftlichen Interessen, das Bemühen, Individuum und Kollektiv in ein akzeptables Verhältnis zu bringen, dies ist kein Automatismus. Hier handelt es sich vielmehr um eine permanente Gratwanderung, bei der Übertreibungen in die eine wie in die andere Richtung – weil gleichermaßen verderblich – zu unterlassen sind. Um dieser Aufgabe gerecht werden zu können, braucht der Politiker ein festgefügtes Wertebild. Nichtwertgebundenes Handeln führt in einen Pragmatismus der Liederlichkeit oder des Durchwurstelns, der auf die Dauer ähnlich negative Folgen haben kann wie die Fixierung auf Heilslehren mit Endvorstellungen, die sich gewissermaßen das Know-how der Erlösung der Menschheit zugutehalten.

Die Union kann sich selbstbewußt daran erinnern, daß sie mit dem Anspruch angetreten ist, daß ihr Handeln wertgebunden ist und wertgebunden sein muß. Der vom »Crisis-Management« geprägte libertinöse Pragmatismus der von der sozialliberalen Koalition in Bonn praktizierten Politik muß ebenso abschreckend wirken wie die Ideologie »demokratischer« Sozialisten, die im Hintergrund dieser Politik stehen und ihre tatsächlichen Langzeitprogramme im Schatten der pragmatischen Tagespolitik schrittweise und scheibchenweise zu verwirklichen suchen. Vielleicht wissen sie nicht, was sie tun, was freilich ebenfalls schlimm wäre. Es ist die Politik der SPD, Probleme grundsätzlich einmal öffentlich-rechtlich zu lösen, ehe man überhaupt daran denkt, daß die privatrechtliche Lösung nicht nur möglich, sondern wahrscheinlich sehr viel vorteilhafter, auf alle Fälle menschengerechter wäre. Auf diese Weise aber verstrickt man sich – die einen gewollt, die anderen ungewollt – in ein Netz kollektiver Lösungen, das am Ende auch dem sozial gebundenen Individuum keine Chance mehr läßt.

Dabei handelt es sich zweifellos noch um die mildeste Form. Innerhalb der SPD spielen nach wie vor in vielen Variationen und Modifikationen die Lehren der »Neuen Linken« eine Rolle, die im Endeffekt das Verhältnis von Individuum und Kollektiv zugunsten der kollektiven Einbindung zu beeinflussen versuchen. Es wurde bereits deutlich gemacht, daß der »Nachtwächterstaat« des 19. Jahrhunderts nicht die Antwort auf die Fragen der wohlhabend gewordenen Gesellschaft sein kann. Aber ebenso wie heute die Rolle des Staates als Nachtwächter indiskutabel ist, sollte für den Staat die Rolle des Vormunds indiskutabel sein, der dem Bürger neben sinnvollen Gemeinschaftsleistungen alles mögliche an öffentlichen Leistungen anbietet und aufdrängt, die absolut unnötig sind. Auch darüber wird im einzelnen noch zu sprechen sein. Was aber soll nun kollektiv gelöst werden, und was soll der privaten Sphäre vorbehalten bleiben?

Auf diese konkreten Fragen gibt es leider keine ebenso konkreten Antworten. Man kann einfach nicht sagen, bis hierher darf der Staat gehen, aber keinen Schritt weiter. Der Breaking-Point, also der Punkt, wo Wünschenswertes umschlägt, ist fließend, hängt vom allgemeinen Grad des Wohlstandes, der Bildung ebenso ab, wie von der Mentalität und dem Bildungsstand eines Volkes. So ist es ohne weiteres denkbar, daß in einem armen Land staatliche Aktivitäten beispielsweise im Pressewesen durchaus als angenehm, weil die allgemein unterentwickelten Informationsmöglichkeiten hebend, empfunden werden. In einer wohlhabenden Gesellschaft dagegen wäre eine solche Aktivität absolut unerwünscht.

Das freilich heißt nun wieder nicht, daß diese Frage, was der Staat beanspruchen darf und was er im wohlverstandenen Freiheitsinteresse seinen Bürgern zu überlassen hat, dem Zufall überlassen sei. Der Staatsanteil hängt letztlich von den Aufgaben ab, die der Staat übernehmen muß oder die ihm im demokratischen Selbstverständnis über das Parlament zugewiesen werden. Hier gibt es dann zweifellos Abgrenzungsmöglichkeiten und Leitlinien für eine solche Abgrenzung.

Wenn der Markt nicht greift

Im Bedarfsschema der Verbraucher existiert eine Vielzahl von Gütern, die nicht durch den Preis- und Nachfragemechanismus der Marktwirtschaft bereitgestellt werden können. Dabei handelt es sich um Güter, die nicht teilbar sind und bei deren Gebrauch oder Verbrauch durch einen Bürger der gleichzeitige und kostenlose Mitgebrauch durch andere Bürger nicht oder schwer ausgeschlossen werden kann. In der wirtschaftlichen Praxis bedeutet das, daß diese Güter nicht rentabel produziert werden können, mit anderen Worten, daß für sie der Preismechanismus der Marktwirtschaft als Angebots- und Nachfrageregulativ nicht durchgreift.

Als Beispiel wird in diesem Zusammenhang gern das Licht eines Leuchtturms oder einer Straßenlaterne genannt. Verallgemeinernd zählt man dazu alle Güter der Infrastruktur, wobei allerdings der Inhalt dieses Begriffs unscharf und je nach Entwicklungsstand einer Volkswirtschaft fließend ist.

Die Unschärfe erkennt man zum Beispiel deutlich an den Gütern Bildung, Krankenversorgung und Straßen, die sehr wohl privatrechtlich zur Verfügung gestellt werden können, die man heute aber unzweifelhaft zur Infrastruktur zählt. Auch und gerade unter der Devise, daß der einzelne Bürger für seine Entfaltung eine immer besser ausgestattete gesellschaftspolitische Infrastruktur braucht, wird von Fall zu Fall zu entscheiden sein, welche Aufgaben dem Staat zuzuweisen sind. Hier gibt es keinen Automatismus, hier gibt es nur die pragmatische Entscheidung unter dem Gesichtspunkt des Subsidiaritätsprinzips, nach dem privat verwirklicht werden soll, was privatrechtlich besser getan werden kann, und per Staatsinitiative, was staatlich zweckmäßiger erfüllt werden kann. Die Entscheidung hierüber ist Bestandteil der erwähnten permanenten Gratwanderung, bei der ein falscher Schritt in Richtung einer Übersteigerung des privaten Gesichtspunktes ebenso in die Irre führen kann wie ein falscher Schritt in Richtung staatlicher Überbetonung.

Denn auch das ist zu sehen: Einmal kann die Ausstattung mit einer ausreichenden Infrastruktur die private Initiative fördern und – jetzt wirtschaftlich gesehen – die Effizienz erhöhen, zum anderen könnte die Kompetenzerklärung des Staates auf einem Sektor, zum Beispiel in der Stahlindustrie oder im Presse- und Informationswesen, die private Initiative lähmen oder gar ausschließen, die Entfaltung des einzelnen unmöglich machen, ohne der Gemeinschaft zu dienen.

In diesem Zusammenhang ist zu berücksichtigen, daß sich die Notwendigkeiten und die Kriterien der Entscheidung, dies kollektiv zu lösen und jenes dem einzelnen zu überlassen, durchaus mit der Veränderung der Umstände ändern. So ist es zum Beispiel jahrhundertelang bei allem Wirtschaften des Menschen vor allem darum gegangen, genügend Brot zu erzeugen. Nicht immer ist das gelungen. Hungersnöte gehörten in Europa bis in das späte Mittelalter zu den ständig wiederkehrenden Ereignissen. In Ländern niedrigen Entwicklungsstandes erleben wir sie noch heute. Für eine moderne Industriegesellschaft aber stellt die Erzeugung und Bereitstellung von ausreichenden Mengen an Brot kein Problem mehr dar. Tatsächlich sind wir heute beim Entwicklungsstand unserer Industriewirtschaft wohlhabend genug, einen Großteil unserer Produktionskraft sogar unnützem Zeug zu widmen. Der Industrie gelingt es immer wieder, einst knappe Güter schließlich im Überfluß zu erzeugen. Zugleich machen wir jedoch die Beobachtung, daß die Erzeugung von Überfluß nur dort möglich ist, wo diese Erzeugung auf industrieller Basis geschieht. Es macht heute keine nennenswerten Schwierigkeiten mehr, Brot im Überfluß zu erzeugen, es macht auch keine nennenswerten Schwierigkeiten mehr, Fahrräder im Überfluß zu produzieren oder Autos, Taschenlampen, Kugelschreiber, Schreibmaschinen, Möbel, Kleider,

Hosen, Radios, Fernseher, die ganze Palette unseres Wohlstand-Supermarkts. Parallel dazu müssen wir aber feststellen, daß nun andererseits einst im Überfluß vorhandene Güter knapp werden. Es geht um sauberes Wasser, saubere Luft, Ruhe und Stille, unberührte Erholungslandschaft und ähnliches, was man unter dem Begriff der »freien Güter« zusammenfaßte. An diesen im Wohlstand knapp werdenden Gütern aber erfahren wir, daß man sie nicht industriell erzeugen kann wie Schallplatten, Mopeds oder Schuhe. Wir machen auch die Feststellung, daß das Problem der Knappheit dieser freien Güter nicht mehr individuell, sondern nur noch kollektiv zu lösen ist.

Das Strickmuster der Sozialisten

Saubere Luft läßt sich ebensowenig vom einzelnen Bürger sicherstellen wie sauberes Wasser in den Flüssen, Seen und Bächen. Nicht minder ist der einzelne Bürger gegen den Lärm machtlos, den er selbst mit seinen verschiedenen Hilfsgeräten, angefangen vom Auto bis zum Rasenmäher, produziert oder den andere durch die Nutzung der Technik – vom Preßlufthammer bis zum Jumbo-Jet – erzeugen. Auch der legitime Wunsch, im Sommer in einem See zu baden, läßt sich nicht dadurch verwirklichen, daß man die Seeufer etwa individuell parzelliert, sondern allein durch die allgemeine Garantie der freien Zugänglichkeit dieser Seeufer. Kaum minder wird die Landschaftspflege zu einer Aufgabe für die Gemeinschaft. Mit dem wachsenden Wohlstand entstanden zweifellos neue Prioritäten für »kollektive« Aktivitäten, deren Sinn wohl von niemandem in Zweifel gezogen wird. Daraus jedoch schließen zu wollen, daß es genauso sinnvoll wäre, auch in anderen Bereichen der kollektiven Lösung den Vorzug zu geben, wäre absurd. Heute etwa den Bedarf an Brot kollektiv in Form unentgeltlicher Brotverteilung regeln zu wollen, würde wohl mit Sicherheit als schlechter Witz empfunden.

Bei diesem schlechten Witz müßten allerdings einige Alt-Sozialisten mit ihrem Gelächter vorsichtig sein. Denn das »Brot-Beispiel« ist gar nicht so weit hergeholt, wie es vielleicht den Anschein haben könnte. Und die alte Sozialistengarde erinnert sich vielleicht noch daran, daß ihre Altvorderen in den europäischen Ländern lange Zeit eine unentgeltliche Brotverteilung mit dem Hinweis gefordert haben, daß Brot eben für jeden Menschen ein unabdingbares Bedürfnis darstelle. Als damals diese Forderung erhoben wurde, konnte man mit ihr Furore machen, denn es mußte geradezu als ein Gipfel sozialer Gerechtigkeit erscheinen, wenn jeder genügend Brot nach seinen Bedürfnissen zur Verfügung hätte. Nur war es damals eben einfach nicht möglich. Heute dagegen, wo wir tatsächlich in der Lage wären, mit einer geringfügigen zusätzlichen Steuerabgabe den kollektiven Brotkonsum zu gewährleisten, wird darauf kein Wert mehr gelegt. Der Posten im Budget des einzelnen für den Brotverbrauch ist unerheblich geworden. Und entsprechend ist auch sein Interesse gesunken, die geringe Summe, die der tägliche Brotverbrauch erfordert, nicht mehr selbst zahlen zu müssen.

Auch die sozialistischen Parteien in Westeuropa haben ihre Forderung nach unentgeltlicher Brotverteilung längst aufgegeben. Nicht aufgegeben haben sie jedoch ihre grundsätzliche Entschlossenheit, auch die wohlhabend gewordene Gesellschaft mit Kollektivlösungen zu traktieren. Dabei ist der Nulltarif nach wie vor Programm, obwohl man aus der Praxis längst weiß, daß Nulltarif fast immer Mangel und Einheitsbedienung zur Folge hat.

Das Strickmuster ist immer das gleiche. Um wieder in den nationalen Rahmen zurückzukehren: Man fordert mehr Mitbestimmung und setzt ein Gesetz durch, das nicht dem einzelnen mehr Mitbestimmung erlaubt, sondern den Funktionären der Gewerkschaften; man verabschiedet ein Krankenhausfinanzierungsgesetz, das die private Initiative im Krankenhauswesen erdrosselt und auf eine Verstaatlichung hinausläuft; man verschult die Berufsausbildung und zerstört ihre individuellen Grundlagen samt Praxisbezogenheit; man trifft eine Kindergeldregelung, die keine Rücksicht auf die persönlichen Verhältnisse der Eltern nimmt, sondern vom »Einheitskind« ausgeht; man spricht von der Vermögenspolitik, kann sich aber eine Regelung im Sinn einer Hilfestellung nur über das Kollektiv von Vermögensfonds vorstellen, die man vielleicht paritätisch von Gewerkschaften und Arbeitgeberverbänden verwalten lassen will, dem einzelnen aber gibt man keine Chance; man spricht ganz offen davon, das System der sozialen Sicherung auf den Wohlfahrtsstaat hin zu verändern, und beschäftigt sich intensiv mit der Einführung der Einheitsversicherung sowohl für die Rentenversicherung als auch die Krankenversicherung.

Die Beispiele ließen sich fortsetzen. Es ist – wie gesagt – immer das gleiche Strickmuster, aus dem der Abscheu oder zumindest das grundsätzliche – bei den Sozialisten auch historisch bedingte – Mißtrauen gegen Regelungen durchscheint, die nicht öffentlich-rechtlich, sondern privatrechtlich getroffen werden könnten; die den einzelnen im Mittelpunkt des Geschehens sähen und nicht das Kollektiv oder die größere Einheit. War es früher zweifellos anders, heute ist die Anwendung des Privatrechts auch faktisch längst dem Grundsatz der Sozialpflichtigkeit unterworfen. Die Sachverhalte haben sich eher umgekehrt. So finden waghalsige Devisenspekulationen einer öffentlich-rechtlichen Landesbank in der veröffentlichten Meinung allemal mehr Verständnis als vergleichbare Spekulationsgeschäfte einer privatrechtlich geführten Bank, ganz zu schweigen von den Konsequenzen.

»Ebenso wie andere geschichtliche Verhältnisse, die an der Wiege seiner Entstehung standen, ist auch die Ablehnung des Privatrechts zur Bedingung des Sozialismus geworden«, schreibt Kurt Biedenkopf und fährt fort: »Sie kommt in Formeln zum Ausdruck wie dieser: Die Privatisierung von Investitionsentscheidungen ist unzulässig, da Investitionsentscheidungen von öffentlicher Bedeutung sind. Feststellungen dieser Art zeigen, daß in der Vorstellung der Sozialisten privatrechtlich verfaßte Prozesse nicht dem öffentlichen Wohl dienen können. Hier liegt ein entscheidender Unterschied zu unserem Freiheitsverständnis. Die stetige Verdrängung des Privatrechts aus allen Lebensbereichen unter dem Vorwand der »Demokratisierung« und mit der Behauptung, soziale Gerechtigkeit lasse sich nur verwirklichen, wenn der Staat selbst die inhaltliche Ordnung der betroffenen Lebenssachverhalte übernimmt, ist eine neue und wirksame Form der Verstaatlichung dieser Lebenssachverhalte. Dieser Verstaatlichungsprozeß ist seit einigen Jahren im Gang und beeinträchtigt zunehmend die Fähigkeit der Gesellschaft, ihre Pluralität und Vielfalt aufrechtzuerhalten und auf diese Weise staatliche Macht wirksam zu kontrollieren. Sie begründet zugleich eine Erweiterung der Legitimation für staatliche Interventionen in bisher privatrechtlich geregelten Lebensbereichen.«

»Demokratisierung« als Täuschung

In der Tat ist das Argument der »Demokratisierung« nichts anderes als ein Vorwand, wenn nicht bewußte Täuschung. Eine wirkliche Vermehrung der politischen Rechte des einzelnen ist nämlich mit der »Demokratisierung« nicht verbunden. Um noch einmal Kurt Biedenkopf zu zitieren: »In dem Augenblick nämlich, in dem die bisher privatrechtlich geregelten Lebensbeziehungen durch ihre ›Demokratisierung‹ öffentlich-rechtliche Qualitäten angenommen haben, werden sie der wirksamen Kontrolle durch die Beteiligten entzogen. An die Stelle dieser Kontrolle tritt die sozialistische Fiktion, daß die Überführung eines Sachverhalts in eine öffentlich verfaßte Ordnung das Problem des Mißbrauchs eliminiere. Während die privatrechtlich handelnden Bürger dem steten Verdacht des Mißbrauchs unterworfen werden, wird vom Funktionsträger im staatlichen Bereich erwartet, daß er stets im allgemeinen Interesse handelt.«

»Demokratisierung« im sozialistischen Sinn bedeutet praktisch, daß die Kontrolle, die bislang von einzelnen ausgeübt wird, letztlich an Funktionsträger übergeht, die im Auftrag ihrer Gruppe, ihres Verbandes handeln. Der einzelne hat von dieser Art von Demokratisierung nichts mit Ausnahme des Schadens, selbst seine Beteiligung verloren zu haben, und zwar zugunsten eines »Vertreters«. Aus der persönlichen Mitbestimmung wird die Funktionärsmitbestimmung. Die Praxis stellt die sozialistische Theorie auf den Kopf: Aus Selbstbestimmung wird Fremdbestimmung. Franz Böhm hat einmal sarkastisch konstatiert: »Der einzige Unterschied zwischen dem privatrechtlichen und dem öffentlichen Monopolisten besteht darin, daß letzterer kein schlechtes Gewissen hat.« Anders ausgedrückt: Demokratisierung bedeutet Enteignung von Verantwortung.

Die Fixierung auf das Kollektiv, die öffentlich-rechtliche Lösung der Probleme, die Verstaatlichung von Aufgaben, die grundsätzliche, aus der Erfahrung geschichtlicher, heute aber überwundener Verhältnisse geborene Überzeugung, daß Maßnahmen, Initiativen, Regelungen schon deshalb gut sein müssen, weil sie von der Gruppe, von der Gesellschaft, vom Staat ausgehen – dies macht die Sozialisten letztlich unfähig, im Spannungsverhältnis von »Sozial- und Individualexistenz« die Probleme unserer Zeit zu lösen. Hier zeigt sich die ganze Antiquiertheit einer Problemlösung, die aus dem 19. Jahrhundert stammt und in ihrer Gefangenheit noch immer Lösungen aufgrund von Erfahrungen anbietet, über die längst die Zeit hinweggegangen ist. Sozialisten lösen das Spannungsverhältnis »Sozial- und Individualexistenz« im Zweifelsfall immer zugunsten der »Sozialexistenz« auf; zumindest geben sie ihr die Präferenz. Die Jahre seit 1969 zeigen es, in denen in Bonn die sozialdemokratische Partei stärkste Regierungspartei ist, nur halbherzig gebremst von ihrem Koalitionspartner, der das Firmenzeichen der Liberalität nur noch aus seiner Vergangenheit besitzt.

Auch wir wissen, daß der einzelne Mensch ohne Gemeinschaft undenkbar ist, ja daß er sich erst im Bezug zur Gemeinschaft voll verwirklicht. Wir wissen auch, daß er in den vom gewachsenen Wohlstand geprägten neuen Verhältnissen zu seiner adäquaten Entfaltung erst kommen kann, wenn ihm hierbei die Gemeinschaft über eine gesellschaftspolitische Infrastruktur Realisierungshilfe gibt. Aber unsere Solidarität ist nicht die Solidarität der Masse, in der der einzelne aufgeht und als Person verschwindet. Die aus der wohlhabend und damit »zahlreich« gewordenen Gesellschaft notwendig folgenden kollektiven Lösungen können deshalb auch nicht Selbstzweck sein, sondern nur das Vehikel der freien Entfaltung des einzelnen Bürgers. Nur dann sind sie gerechtfertigt! Hier wird das Spannungsverhältnis zwischen »Sozial- und Individualexistenz« nicht grundsätzlich zugunsten einer Präferenz mit den entsprechenden verhängnisvollen Folgen aufgelöst, hier synthetisiert sich dieses Spannungsverhältnis zur Gewißheit, daß die Gemeinschaft, die Gesellschaft, der Staat für den Menschen da ist und der Mensch für die Gemeinschaft, die Gesellschaft, den Staat nur unter diesem Primat.

Selbständigkeit gegen Gleichmacherei

Und darum geht es, darum tobt die politische Auseinandersetzung in diesem Land. Helmut Schelsky hat es zum erstenmal auf dem CSU-Parteitag 1973 in München so präzisiert und konkretisiert: »Zu den für die nächsten zwei Jahrzehnte wichtigsten politischen Grundsatzentscheidungen in der Bundesrepublik gehört sicherlich die Frage, ob der selbständige Mensch oder der betreute Mensch zum Ziel der staatlichen, wirtschaftlichen, sozialen und kulturellen Ordnungspolitik gemacht wird.«

Und wenn Schelsky aus der gegebenen Situation heraus fragt: »Hält man bei uns die soziale Gerechtigkeit für gefährdeter oder die freie Selbstbestimmung der Person? Nach welcher Seite ist die immer notwendige Balance des freiheitlichen Sozialstaates verschoben, und welches Gewicht muß man in den Wahlen verstärken: das der gerechteren Verteilung des Sozialprodukts oder das der selbständigeren Bestimmung des eigenen Lebens gegenüber bürokratischen und sonstigen sozialen Vormundschaften? Ist mehr Selbständigkeit oder mehr Betreuung erforderlich, wobei das erste mehr persönliches Risiko, das zweite mehr obrigkeitliche oder vorgesetzte Reglementierung als Nachteile mit sich bringt?« Aus der heutigen Situation heraus als Folge der seit 1969 regierenden sozialliberalen Koalition kann es auf diese Fragestellung nur die eine Antwort geben: Präferenz hat die Selbständigkeit!

Dabei ist Selbständigkeit durchaus weiter zu verstehen, als etwa selbständiger Handwerker, Landwirt oder Unternehmer zu sein. Selbständigkeit in diesem Sinn geht auch weit über die innere Form der Berufstätigkeit hinaus, so wichtig für die Entfaltung und das Glücksempfinden des einzelnen selbständige, verantwortliche Betätigung in seinem Beruf, an seinem Arbeitsplatz, ob nun in der Rechtsform des Angestellten oder des Arbeiters, auch ist. Erinnern wir uns an die Ergebnisse der Umfrage des Demoskopischen Instituts Allensbach, nach der der Grad der Zufriedenheit und die Bereitschaft zur Leistung entscheidend davon abhängen, inwieweit der einzelne in seinem Aufgabengebiet Möglichkeiten besitzt, selbständig zu handeln. Hier hat sich im Zuge wachsenden allgemeinen Wohlstands durch die Übernahme monotoner, unselbständiger Tätigkeiten durch Automaten vieles zugunsten von mehr Selbständigkeit verändert. Der Auftrag und die Aufgabe einer Politik der Selbständigkeit in der Arbeitswelt sind freilich noch längst nicht abgeschlossen. Aber wir kennen den Weg. Im Zuge der weiteren Entwicklung zu immer qualifizierterer Arbeit ergibt sich für den einzelnen Arbeitnehmer die Möglichkeit, im Rahmen der formal unselbständigen Betätigung jenen Spielraum zu erhalten, der ihm im Bereich seiner Teilverantwortlichkeit Dispositionsfreiheit und Selbständigkeit verschafft.

Im zuerst genannten Sinn geht »Selbständigkeit« freilich auch über die Arbeitswelt hinaus. Sie erfaßt praktisch alle Bereiche des Lebens. Um noch einmal auf Schelsky zurückzugreifen. Er sieht denjenigen Menschen als selbständig an, der »individuelle Lebensplanung zu verwirklichen imstande ist«. Und Schelsky erhebt nicht den Anspruch auf Vollständigkeit, wenn er hinzufügt: »Die Gegenstände der Lebensplanung, über die derjenige, der ›Herr seines Lebens‹ ist, individuell und frei bestimmen will, reichen von der Berufswahl und Berufsausbildung über Gattenwahl, Familienplanung und Ausbildung der Kinder bis zum Lebensstil, der religiösen und der politischen

Einstellung und den persönlichen Glücksvorstellungen, betreffen also Verbrauch, Besitz, Arbeit, Freizeit. Und nicht zuletzt will man darüber entscheiden, wie man sein Leben in sein persönliches Alter hinein entwickeln und sichern möchte.«

Mit mehr Selbständigkeit anstelle tumber Betreuung erweitern sich die Freiheitsräume für den einzelnen. Dies gilt es zu fördern. Sprechen wir es ruhig aus: Kollektivismus ist überholt. Es geht heute um die Erweiterung des Freiheitsraums jedes einzelnen, um mehr Unabhängigkeit und weniger Abhängigkeit für jeden, um mehr individuelle Entscheidungsmöglichkeiten und weniger »verordnetes« Glück, mehr Dispositionsfreiheit für den einzelnen und weniger vorgefertigte »Käfige«, auch wenn es sich dabei vielleicht um goldene handeln könnte.

Dieses Ziel erreicht man nicht mit Gleichmacherei, man erreicht es mit der Herstellung von Gleichheit der Chancen. Und so ist auch die Schaffung der gesellschaftspolitischen Infrastruktur nicht Selbstzweck, sondern die Hilfestellung, die die papierene Garantie der »freien Entfaltung der Persönlichkeit« in eine aktive Realität verwandelt im Sinn der bewußten Schaffung gleicher Chancen für alle. Hier unterscheidet sich unsere Politik auch ganz wesentlich von der des Liberalismus, der sich in der Gleichheit aller vor dem Gesetz erschöpfte. Es genügt eben nicht, jedem das Recht einzuräumen, seines eigenen Glückes Schmied zu sein, er braucht dazu auch – soll das Ganze einen Sinn haben – Amboß, Zange und Hammer.

Gleichheit der Chance, das bedeutet nicht Gleichmacherei, die dem einzelnen den Grad seiner Entfaltung, den Grad seiner Abhängigkeit oder Selbständigkeit zumessen und zuweisen würde. Gleichheit der Chance, das bedeutet nicht Gleichheit der Resultate, was zur Nivellierung und zum Betrug des einzelnen um die Früchte seiner Leistung führt. Der wesentliche Unterschied besteht gerade darin, daß das Prinzip der Chancengleichheit die Ungleichheit der Ergebnisse menschlichen Handelns in bestimmtem Umfang als notwendige, ja natürliche Folge der Ungleichheit der Menschen akzeptiert. Um dies möglich zu machen, bedarf es einer aktiven Politik des Ausgleichs dieser Ungleichheit. Es geht einmal um den Ausgleich derjenigen Ungleichheiten, die nicht der Verantwortlichkeit des einzelnen unterliegen. Zum anderen müssen aber auch die Ungleichheiten ausgeglichen werden, die dadurch entstehen, daß die einzelnen Menschen einen ungleichen Zugang zu den Chancen haben. Letzteres ist schwieriger als das erste, von dem vieles in den Bereich der mittlerweile schon fast klassischen Sozialpolitik fällt.

Infrastruktur für Chancengerechtigkeit

Die Chancengerechtigkeit auf Grund unterschiedlicher Ausgangspositionen, seien sie nun vermögensbedingt, abhängig vom Wohnort, weitab von einem Zentrum oder mitten drin – Ungleichheiten müssen soweit wie möglich korrigiert werden, wenn die Unterschiedlichkeit der Resultate akzeptiert werden soll. Dabei soll und kann nicht verschwiegen werden, daß in einer endlichen Welt auch gewissermaßen die Gerechtigkeit »endlich« ist, ihre Grenzen hat, was freilich wiederum nicht bedeuten kann, daß man sich nicht um eine optimale Verwirklichung bemühen müßte. Die Schaffung gerechter Chancen, das ist eben gleichbedeutend mit der Schaffung einer entsprechenden gesellschaftspolitischen Infrastruktur, auf deren Basis der einzelne dann entsprechend seinen Fähigkeiten seine Entscheidungen trifft und verwirklicht.

Nur auf der Basis einer solchen gesellschaftspolitischen Infrastruktur ist es aber auch akzeptabel, die Chancengerechtigkeit als ordnungspolitisches Instrument zu sehen, das es nicht nur zuläßt, sondern auch gewährleistet, daß jeder einzelne den ihm in der Gesellschaft gebührenden Platz entsprechend seinen Fähigkeiten, seinen Aktivitäten, seinen Wünschen, seiner Leistung finden kann. Die Menschen sind verschieden. Das ist eine schon einmal festgestellte Banalität. Zugleich aber ist diese Banalität auch der Schlüssel zu einer gerechten Ordnung. Denn die faktische Ungleichheit der Menschen erlaubt es, sie alle in bezug auf die gesellschaftlichen Startbedingungen gleich zu behandeln und auf diese Weise eben nicht den Einheitsverschnitt zu erhalten, sondern den ganzen Reichtum der Vielfalt, wie er aus der Verschiedenheit der Begabungen, Veranlagungen, der Ziele und Neigungen, des unterschiedlich ausgeprägten Willens zur Leistung, den unterschiedlichen Fähigkeiten entsteht; Reichtum der Vielfalt für den einzelnen aber auch als Beitrag für die Gesellschaft. Die Gleichbehandlung aller in den gesellschaftlichen Startbedingungen auf der Basis einer gesellschaftspolitischen Infrastruktur sichert auf erträgliche Weise die Verteilung der Positionen. Und dieses Prinzip wird auch allgemein akzeptiert. Gleiche Startchancen durch eine ausgebaute gesellschaftspolitische Infrastruktur – bei dieser Aufgabe fällt es dem Staat zu, den Rahmen zu gestalten, Freiheitsraum zu sichern. Um es deutlich zu machen, sei an Hanns Martin Schleyer erinnert, der einmal im Verständnis unseres freiheitlichen demokratischen Rechtsstaats gesagt hat: »Es kann nie die Aufgabe des Staates sein, Freiheit zu mindern, die einzige Quelle der Kreativität. Er muß vielmehr im Gegenteil den Freiheitsraum erweitern – ja der Staat muß zur Schutzmacht der Freiheit werden. Seine Mission ist es, die freiheitsbedrohenden Tendenzen in der industriellen Massengesellschaft abzuwehren. Das ist ›modern‹, und nicht der durch eine zeitgängige Terminologie dürftig kaschierte Rückschritt zum allgemeinen Obrigkeitsstaat, wenn auch linker Fasson, und zur Irrlehre von der Erlösung durch das Kollektiv. . . . Der Staat kann jede freigesellschaftliche Aktivität fördern, aber er soll keine selbst ausüben; er kann viel für das kulturelle Schaffen tun, aber nicht selbst Kultur machen; er kann der wissenschaftlichen Forschung Mittel zur Verfügung stellen, aber es wäre ihr Tod, wenn er sie ›lenken‹, das heißt reglementieren, wollte; er kann der nationalen Wirtschaft eine günstige Infrastruktur bieten und die allgemeinen Vorbedingungen ihrer Produktionsleistung verbessern – aber er soll nicht selbst wirtschaften.«

Der Staat als Schutzmacht der Freiheit – ein wesentlicher Teil der weiteren Ausführungen über die Herausforderungen in und an Deutschland werden im Zeichen dieser Aufgabe und der Frage stehen, welche Rolle in einer freien Gesellschaft dem einzelnen und welche der Gemeinschaft zufällt. Und das gilt auch ähnlich für Organisationen und Verbände, die nie Selbstzweck sein können, sondern letztlich immer nur Mittel zum Zweck, wenn der individuelle Spielraum nicht verlorengehen soll, den der einzelne mit wachsendem Wohlstand in zunehmendem Maße gewinnen kann.

Selbständigkeit gibt es nicht umsonst. Freiheit verpflichtet! Die zusätzlichen Freiheitsräume sind in der Tat nicht gleichzusetzen vielleicht mit einem »leichteren Leben«, sie sind weit mehr belastet mit der Notwendigkeit persönlicher Entscheidung. Entscheiden können heißt, in eigener Verantwortung wählen zu müssen. Die Qual der Wahl ist bekannt. Sie resultiert aus der Gefahr, falsch zu entscheiden und daraus auch Konsequenzen tragen zu müssen. Aber billig, umsonst gibt es eben nur wertlose oder vielleicht zugeteilte Dinge. Wer sich im Zweifel gegen die Betreuung und für die Selbständigkeit entscheidet, der entscheidet sich zugleich auch für die Bereitschaft zur Verantwortung. Die Freiheitsräume in der modernen Welt sollten uns diesen Preis wert sein . . .

II. Herausforderungen in Deutschland

»Alle Aufgaben auflösen und alle Fragen beantworten zu wollen, würde eine unverschämte Großsprecherei und ein so ausschweifender Eigendünkel sein, daß man dadurch sich sofort um alles Zutrauen bringen müßte.« Immanuel Kants Meinung sei beherzigt. Und so erheben die »Herausforderungen in Deutschland« alles andere als den Anspruch auf Vollständigkeit.

Zwei Komplexe scheinen jedoch unter dem Postulat der Notwendigkeit einer gesellschaftspolitischen Infrastruktur als aktiver Garantie der freien Entfaltung der Persönlichkeit des einzelnen in dieser Zeit von zentraler Bedeutung: die Sicherung des Lebensraums für den Menschen im allgemeinen und die Sicherung des Freiheitsraumes für den einzelnen. Beides fließt letztlich ineinander und konkretisiert die Aufgabe, die die staatliche Verantwortung für den Bürger und die Bereitschaft des Bürgers zur Verantwortung gleichermaßen verlangt. Es geht um gesunde Staatsfinanzen, die nur dann als gesund anzusehen sind, wenn sie dem Bürger größtmögliche Chancen zur Nutzung privater Disposition bei selbstverständlicher Gemeinschaftsverbundenheit lassen. Und es geht um eine gesunde Umwelt, die nur dann als gesund bezeichnet werden kann, wenn sie dem Bürger zur wohlverstandenen Selbstverwirklichung verhilft.

Als eine Querschnittsaufgabe, die alle Bereiche des Lebens erfaßt und beeinflußt, ist Finanzpolitik im Kern Gesellschaftspolitik. Nicht anders steht es um die Politik zur geordneten Entwicklung des Landes, zur Erhaltung und Gestaltung der Umwelt. Im Ziel ergänzen sich die beiden Bereiche, indem sie den Lebensraum des Bürgers und seinen persönlichen Freiheitsraum erweitern.

Im Mittelpunkt dieser Politik steht der Mensch mit seinem verfassungsmäßig garantierten Anspruch auf gleichwertige Lebensbedingungen, mit seinem berechtigten Wunsch nach gesunden Umweltbedingungen, die wesentliche Voraussetzungen für die Realisierung gleicher Chancen und freier Entfaltung sind. Landesentwicklungs- und Umweltpolitik kennzeichnen den Funktionswandel staatlicher Aufgabenstellung vom bloßen hoheitlichen Verwalten zur Daseinsvorsorge für den Menschen. In der Finanzpolitik zeigt sich die Wirkung dieses Wandels.

Der Mensch ist heute in weit stärkerem Maße als je in der Vergangenheit von den Leistungen der Gemeinschaft und des Staates abhängig. Der einzelne kann sich zwar ausreichendes Einkommen, private Güter vom einfachen Lebensbedarf bis zum Luxus besorgen. Er bleibt jedoch auf die Gemeinschaft angewiesen. Krankenhäuser, Schulen, Verkehrswege, Massenverkehrsmittel, eine geordnete und deshalb unzerstörte Landschaft, lebenswerte Städte, eine gesunde Umwelt, kann er sich als einzelner nicht beschaffen. Dazu braucht er die Gemeinschaft. Dazu muß er nach seiner Leistungsfähigkeit beitragen. Aber die Gemeinschaft darf ihn nicht vereinnahmen, darf ihn nicht zum bloßen Taschengeldempfänger degradieren, der nichts mehr zu entscheiden und zu disponieren hätte als allenfalls Lappalien.

Die Herausforderungen der modernen Welt in Freiheit zu bestehen – dies ist die eigentliche Aufgabe, die uns die Zukunft stellt. Der Gemeinschaft fällt es dabei zu, den einzelnen fähiger zu machen, den Herausforderungen in eigener Verantwortung gerecht werden zu können. Aufgabe des einzelnen ist es, Verantwortung zu übernehmen.

Sicherung der Umwelt

Planlos in den Tag hineingelebt hat man in Deutschland und besonders in Bayern schon lange nicht mehr. Auch der Umweltschutz ist nicht eine reine Erfindung unserer Tage. Ohne Zweifel jüngeren Datums ist jedoch die Systematisierung einer Landesentwicklungs- und Umweltpolitik. Und obwohl die Entstehung einer modernen Raumordnungspolitik bereits in die dreißiger Jahre dieses Jahrhunderts fällt und eng mit dem Namen Walter Christaller verbunden ist, obwohl die »erste Generation« bundesdeutscher Landesplanungsgesetze bereits aus den fünfziger Jahren datiert, ist sie erst im letzten Jahrzehnt zu einer neuen Schwerpunktaufgabe des Staates geworden. Was waren die Gründe dafür, daß dieser wichtige Politikbereich so lange ein Schattendasein führte?

In der ersten Industrialisierungsphase war wegen der enormen Bedeutung der Standortfaktoren Kohle und Stahl für raumordnerische Überlegungen kaum Platz. Die unangefochtene Stellung einer arbeitsintensiven und im Vergleich zu heute wenig produktiven Landwirtschaft entzog den ländlichen Raum von vorneherein der Notwendigkeit, dort gezielte Raumordnungspolitik zu betreiben. Der noch vor dem Zweiten Weltkrieg ausgeprägte Gegensatz zwischen Stadt und Land – heute aufgrund des wirtschaftlichen, technischen und gesellschaftspolitischen Wandels weitgehend aufgehoben – war eine von der Bevölkerung allgemein akzeptierte Tatsache, die keinen gesellschaftspolitischen Zündstoff enthielt. Die Raumbeanspruchung durch Verkehrs- und Industrieanlagen oder durch Wohnsiedlungen war aufgrund der überwiegend agrarischen Struktur, vor allem in Bayern, und wegen der gegenüber heute noch relativ geringen Bevölkerungsdichte unproblematisch. Aus den gleichen Gründen glaubte man damals – obwohl bereits vorhanden –, Umweltgefahren nicht sehen zu müssen. Der Begriff Umweltschutz ist denn auch erst Ende der sechziger Jahre im allgemeinen Sprachgebrauch aufgetaucht.

Fehlentwicklungen führten zur Einsicht

Beim Wiederaufbau der Wirtschaft, der Städte und Wohnungen nach dem Zweiten Weltkrieg war zunächst keine Zeit für Überlegungen, wie die menschlichen Grundfunktionen Wohnen, Arbeiten, Bildung, Erholung, Ver- und Entsorgung räumlich sinnvoll aufeinander abgestimmt werden könnten. Zunächst war es wichtig, ein Dach über dem Kopf zu haben und den Hunger zu stillen. Hinzu kommt, daß Raumordnung und Landesplanung aufgrund ihrer koordinierenden Gesamtschau und überfachlich angelegten Aufgabenstellung dem Bürger, aber auch manchem Politiker, nicht so leicht verständlich sind wie etwa die Fachaufgaben Bildungs-, Agrar- oder Verkehrspolitik.

Eine gewisse Schuld an dem lange Zeit unterentwickelten Verständnis für Fragen der Raumordnung und Landesplanung trifft zweifellos die Raumordner selbst, da sie sich gerne, dem Normalverbraucher schwer verständlicher, esoterischer Begriffe bedienen. Die sogenannte »Bandinfrastruktur«, die »raumfunktionelle Arbeitsteilung« oder etwa die »Hierarchie der abgestuften zentralörtlichen Gliederung und der sie verbindenden Entwicklungsachsen« sind einige Kostproben. Hinter diesen Begriffen verbergen sich jedoch meist ganz einfache Tatsachen und Vorgänge.

Erst nachdem die materiellen Grundbedürfnisse einigermaßen gedeckt waren, wurden in der praktischen Politik darüber hinausgehende, gesellschaftspolitische Bedürfnisse mit Aussicht auf Zustimmung einer breiten Öffentlichkeit in Angriff genommen. Nicht zuletzt waren es Fehlentwicklungen, die dazu anregten. Der moderne Staat, zu dessen Aufbau und innerer Annahme durch den Bürger CDU und CSU Entscheidendes beigetragen haben, war von Anfang an kein »Nachtwächterstaat« einer liberalistischen »laissez-faire«-Gesellschaft mehr. Mit der Sozialen Marktwirtschaft schuf sich die Bundesrepublik Deutschland wirksame Rahmenbedingungen und Spielregeln, die sich laufend den Veränderungen anpassen lassen.

Die Entwicklung von der Agrar- zur Industriegesellschaft, heute bereits an der Schwelle zur nachindustriellen Gesellschaft angelangt, machte es notwendig, die staatlichen Aktivitäten um die neuen Schwerpunktaufgaben Raumordnung, Landesentwicklung und Umweltfragen zu erweitern. Während in Bayern diese neuen Aufgaben zu Beginn der siebziger Jahre nüchtern, konzentriert und, wie sich inzwischen erwiesen hat, wirkungsvoll in Angriff genommen wurden, hat sie die Ende 1969 neu gebildete Bonner

SPD/FDP-Koalition lautstark in ihre Reformeuphorie einbezogen, mit der Folge einer unverantwortlichen Ausweitung des Staatsanteils, einer nie gekannten Bürokratisierung von Staat und Gesellschaft mit einer Flut von Gesetzen und Verordnungen. Mittlerweile ist es um die Raumordnungspolitik des Bundes ziemlich still geworden. Nicht schade ist es, daß mit der »Funkstille« auch viel Ideologisches verschwunden ist, das die erste Hälfte der siebziger Jahre prägte. Alles schien planbar, machbar. Nicht der Mensch als Individuum stand im Mittelpunkt der Planung, sondern das Leitbild des Menschen im Kollektiv. Daher wurde etwa in These sechs der zehn Raumordnungsthesen der SPD von 1973 gefordert, es sollten nur noch solche Entwicklungszentren gefördert werden, in deren Einzugsbereich mindestens 40 000 Menschen leben. Nach Möglichkeit sollte diese Einwohnerzahl, die in der Folgezeit noch weiter hochgeschraubt wurde, in dem Entwicklungszentrum selbst leben.

Hinter diesem Konzept standen handfeste parteipolitische Interessen. Die SPD vermutete ihr Wählerreservoir hauptsächlich in den großen Städten. Doch davon abgesehen, wären die Bundesländer diesem Konzept gefolgt, dann wären heute der ländliche Raum, vor allem die peripher gelegenen, meist strukturschwachen Gebiete, wie etwa weite Teile des bayerischen Zonenrandgebietes, passiv saniert, wie es so schön heißt. Das bedeutet, es würden kaum mehr Menschen dort leben.

Im Zusammenhang mit dieser landfeindlichen Politik, die auch in den Thesen des seinerzeitigen Bundesministers für Raumordnung, Wohnungswesen und Städtebau, Hans-Jochen Vogel, zur Stadtentwicklung zum Ausdruck kam, stand auch die Auffassung von der »raumfunktionellen Arbeitsteilung«. Danach sollte die Zukunft den größeren Städten gehören und der ländliche Raum nicht mehr eigenständiger Lebensraum für die dort lebende Bevölkerung, sondern lediglich Ausgleichs- und Freizeitraum für die städtische Bevölkerung sein. Unter dem Eindruck neuerer Entwicklungen, vor allem der Wünsche der betroffenen Menschen selbst, haben sowohl die Bundesregierung als auch viele Raumordnungswissenschaftler erfreulicherweise diese Pläne und Vorstellungen zu den Akten gelegt.

Keine Verplanung des Menschen

Aufgabe einer wohlverstandenen Raumordnung und Landesplanung kann nicht eine Verplanung sein, bei der man dem Menschen in einer Art »planification en detail« vorschreiben will, wo und wie er wohnen, arbeiten, investieren, sich bilden und erholen soll. CDU und CSU haben ein solches sozialistisches Planungsverständnis immer schärfstens zurückgewiesen. Weil wir Planung nicht als Fetisch, als Gängelband der Wirtschaft, der Kommunen und des einzelnen verstehen, sondern als Hilfe und Angebot zur Erweiterung von Freiräumen, hat man der Union vielfach Planungsfeindlichkeit und Planlosigkeit vorgeworfen. Das ist natürlich Unsinn. Wie der Familienvater oder der Unternehmer nicht planlos handeln, so kann und soll dies auch der Staat mit seinem Riesenetat als Sachwalter der Millionen von Steuerzahlern nicht tun. Nach unserem Planungsverständnis aber bindet sich der Staat selbst und nicht etwa die Privatwirtschaft. Sei es im zweijährigen Staatshaushalt, in der mittelfristigen Finanzplanung oder in dem langfristigen Landesentwicklungsprogramm: Damit legt der Staat seine Karten auf den Tisch, macht sein eigenes Handeln und Vorhaben transparent. Er reglementiert nicht, sondern er gibt der privaten Wirtschaft, den gesellschaftlichen Gruppen, dem einzelnen Orientierungshilfen. Auch die zahlreichen rechtsverbindlichen Fachpläne, wie etwa der Gesamtverkehrsplan Bayern, der Agrarleit- oder Waldfunktionsplan, die Abfallbeseitigungspläne – um nur einige Beispiele zu nennen – wollen nicht mehr und nicht weniger als aufzeigen, was, mit welchen Mitteln und innerhalb welcher Zeiträume der Staat zu tun gedenkt. Der Bürger soll wissen, was der Staat vorhat.

Da niemand die Zukunft voraussehen kann, muß jede vernünftige Planung als Zukunftsvorsorge flexibel, auf Fortschreibung angelegt sein. Das Brechtsche Wort in seiner Dreigroschenoper: »Ja, mach nur einen Plan, sei nur ein großes Licht, und mach dann noch ’nen zweiten Plan, gehen tun sie beide nicht«, hat sich in der Praxis leider allzu häufig als richtig erwiesen. Wir sollten es in der Planung nicht mit jenem Professor halten, der einen wunderschönen Plan mit nur dem einen Fehler entwickelt hatte, daß er mit der Wirklichkeit nicht übereinstimmte, und, darauf befragt, nur die Antwort hatte: »Schade für die Wirklichkeit.«

Wie schnell langfristige Planungen durch weltpolitische Ereignisse wie etwa die Energiekrise völlig umgestoßen werden können, dazu hat uns die jüngste Vergangenheit mehrere Beispiele geliefert. Wenn es häufig nicht einmal gelingt, kurzfristige Konjunkturentwicklungen einigermaßen treffsicher zu prognostizieren, wieviel mehr ist dann eine gewisse Skepsis langfristigen Prognosen gegenüber angebracht. Ein gesundes Maß an Mißtrauen kann jedoch in unserer wissenschaftlich-technisch komplexen und komplizierten Welt nicht bedeuten, auf Planung und Prognose ganz zu verzichten. Wir müssen über den Tag hinaussehen, die Prognose- und Planungsmethoden ständig verbessern und auf Perfektionismus verzichten. Überfachliche Raumplanung muß nicht nur flexibel sein, sie kann auch nicht mehr als Rahmenplanung sein.

In diesem Zusammenhang kann nicht genug vor einem Eingriff staatlicher Planung in den privaten Bereich gewarnt werden. Investitionsmeldestellen führen letztlich zur Investitionskontrolle. Die von sozialdemokratischen Politikern geforderten Strukturräte oder Branchenpläne oder der Mißbrauch des Bundesraumordnungsprogramms oder der Landesentwicklungspläne für derartige Zwecke, wie es der »Orientierungsrahmen 85« der SPD vorsah, wären der Anfang vom dicken Ende. Ein bißchen Verplanung der Privatwirtschaft, ein bißchen Verstaatlichung und Vergesellschaftung gibt es nämlich genauso wenig wie ein bißchen Schwangerschaft! Letztlich zieht Verplanung von Einzelbereichen immer die totale Verplanung nach sich. Daß dabei wesentliche, grundgesetzlich verbürgte Freiheitsrechte wie etwa die Freiheit der Wahl des Arbeitsplatzes, der Wohnung oder die freie Konsumwahl auf der Strecke bleiben, Produktivität und Effektivität der Wirtschaft leiden, das beweist ein Blick über die Grenze zu unseren östlichen Nachbarn hin.

Staatliche Raumordnungs- und Umweltpolitik, wie sie beispielsweise in Bayern betrieben wird, steht nicht nur in vollem Einklang mit unserer freiheitlichen Gesellschafts- und Wirtschaftsordnung. Ohne ausgleichende Landesentwicklungspolitik würde auch der Gleichheitsgrundsatz verletzt. Überließe man die räumliche Entwicklung allein dem freien Spiel der Marktkräfte, würden sich aufgrund der vielfältigen Agglomerationsvorteile sowohl die Ballungstendenzen zugunsten der Städte wie die Entleerungstendenzen ländlicher Gebiete verstärken. Beides wäre einer räumlich ausgewogenen Entwicklung eines Landes abträglich.

Oberstes Ziel jeder vernünftigen Landesentwicklungspolitik muß es daher sein, für die Menschen in allen Teilen des Landes, gleich ob sie ihren Wohnsitz etwa in München oder in einem kleinen Ort an der ostbayerischen Grenze haben, gleichwertige Lebens- und Arbeitschancen herzustellen. Das ist auch die Kernforderung des Landesentwicklungsprogramms Bayern, das am 1. 5. 1976 für alle öffentlichen Planungsträger rechtsverbindlich wurde. Gleichwertigkeit der Lebenschancen kann nicht Gleichartigkeit bedeuten. Das Leben in einer Großstadt wird sich immer von dem auf dem Dorfe unterscheiden, nur darf das eine gegenüber dem anderen nicht höher- oder minderwertiger sein.

Mit seiner Raumordnungs- und Entwicklungspolitik trägt der Staat einen wesentlichen Teil zur gesellschaftspolitischen Infrastruktur bei. Sie ermöglicht die Gleichheit der Chancen, unabhängig auch vom Wohnort. Raumordnung und Landesplanung sind aber auch Grundvoraussetzung für Umweltvorsorge. Wirkungsvoller Umweltschutz kann nicht nur therapeutisch sein, d. h. bereits vorhandene Umweltschäden beseitigen. Er muß vor allem durch eine sinnvolle räumliche Zuordnung von Arbeitsstätten, Wohnungen, Verkehrs-, Ver- und Entsorgungsanlagen, Erholungs-, Bildungs- und Sozialeinrichtungen prophylaktisch sein, d. h. dafür sorgen, daß Umweltschäden möglichst erst gar nicht eintreten. Wie in der Medizin gilt auch im Umweltschutz: Vorsorgen ist besser und billiger als Heilen.

Einheit: Umwelt und Landesentwicklung

Umweltvorsorge ist ohne Raumordnung und Landesplanung nicht möglich. Aus diesem Grunde hat die Bayerische Staatsregierung bereits im Jahr 1970 die beiden neuen Schwerpunktaufgaben in einem einzigen Geschäftsbereich, dem »Ministerium für Landesentwicklung und Umweltfragen« zusammengefaßt. Dieser Entscheidung sind schwierige Verhandlungen zwischen den Ministerien vorangegangen. Um seine fachübergreifenden Aufgaben erfüllen zu können, mußte das neue Ministerium mit den entsprechenden Kompetenzen ausgestattet werden. Die bestehenden Ressorts hatten ihre Vorbehalte. Am Ende aber entschied man im Interesse der Sache für den neuen und zur Einheit zusammengefaßten Geschäftsbereich. Diese Lösung wurde zu einem Modell weit über die weißblauen Grenzen hinaus, bestätigten doch Praxis und Wissenschaft, daß in Zukunft Umweltvorsorge immer weniger ohne enge Verzahnung mit der Raumordnung möglich ist. Keine Konsequenzen hat freilich die Bundesregierung in Bonn gezogen. Aber das war nicht das einzige Versäumnis, um die Zersplitterung der Kompetenzen in diesem Problembereich beim Bund zu überwinden.

Seit Mitte dieses Jahrhunderts ist weltweit eine Tendenz zur Verstädterung festzustellen. Futurologen wie Kahn und Wiener sprechen von künftigen »Megalopolen«, von »Bandstädten«, die sich über Hunderte von Kilometern hinziehen. Welcher soziale Konfliktstoff sich in den Millionenstädten, den sogenannten Bidonvilles, vor allem in der Dritten Welt, zusammenbraut, ist heute noch gar nicht abzusehen. Aber auch in unseren Breitengraden sind die Ballungszentren in eine Krise geraten, wie sie sich z. B. zu Beginn der siebziger Jahre in einer Aktion des Deutschen Städteverbandes artikulierte: »Rettet unsere Städte jetzt.«

Der Unwirtlichkeit vieler unserer Städte, die sich in hoher Umweltbelastung, in dem Auseinanderfallen von Wohn- und Dienstleistungsbereichen, in kinder- und familienfeindlichen Wohnungen und Spielplätzen äußert, muß mit Mitteln der Städte- und Wohnungsbaupolitik als Teilen der Landesentwicklungspolitik begegnet werden. Die Sanierung von Altbauwohnungen, der Ausbau von Massenverkehrssystemen als Gegengewicht gegen den Individualverkehr, die Schaffung von Fußgängerzonen, mehr innerstädtisches Grün, die Minderung von Umweltbelastungen, Denkmalschutz und -pflege und die Bereitstellung von mehr Fahrradwegen können zur Rettung von Individualität und Personalität unserer Städte und ihrer Bewohner beitragen.

Mit den Mitteln der Raumordnung und Bauleitplanung muß verhindert werden, daß ein großer Siedlungsbrei entsteht, indem sich in konzentrischen Ringen immer neue Schlafstädte um die Kernstädte bilden, während diese veröden. Die bayerische Landesentwicklungspolitik hat z. B. Vorsorgemaßnahmen getroffen, daß sich nicht von Freising über München bis nach Garmisch-Partenkirchen eine mehr oder minder durchgehende Bebauung ergibt. Die positiven Wirkungen der im Jahre 1972 erlassenen »Verordnung zur Lenkung der Siedlungsentwicklung im Voralpen- und Alpengebiet« sind heute deutlich erkennbar.

Ein Auswuchern der großen Verdichtungsräume würde nicht nur für diese selbst negative Folgen haben, sondern gleichsam als Kehrseite ein und derselben Medaille ein Ausbluten der ländlichen Räume nach sich ziehen. Der Schwerpunkt der Raumordnung muß also im ländlichen Raum in erster Linie in ihrer Entwicklungsfunktion liegen. »Das Land halten«, wie es der ehemalige bayerische Ministerpräsident Alfons Goppel gelegentlich ausdrückte, war und ist gerade für einen Flächenstaat wie Bayern eine Daueraufgabe.

Worum es in der bayerischen Landesentwicklung im Grunde geht, hat Ministerpräsident F. J. Strauß in seiner Regierungserklärung am 14. November 1978 vor dem Bayerischen Landtag klar formuliert: »Die Landesentwicklung wird als helfende Planung für den einzelnen Bürger, die Wirtschaft und die Kommunen Richtschnur unserer Politik sein. Eine geordnete Entwicklung des Landes ist weder durch Perfektionismus noch durch Planlosigkeit erreichbar.« Zugleich betonte er die doppelte Funktion der Landesplanung als Ordnungs- und Entwicklungsaufgabe: »Wir bekennen uns zur Wirtschaftskraft und zu den kulturellen Leistungen unserer großen Städte und ihres Umlandes. Wir wenden uns aber auch gegen eine einseitige Förderung der Ballungsgebiete, die zur Entleerung des flachen Landes führen würde.« Um den Sog der Ballungsräume abzubauen, dem ländlichen Raum eine eigenständige Entwicklung zu ermöglichen, die Vielfalt und Schönheit unserer gewachsenen Städte und Dörfer zu erhalten, wurde Bayern in 18 Planungsregionen eingeteilt. Außerdem wurden zentrale Orte aller Versorgungsstufen vom Klein- bis zum Oberzentrum und die sie verbindenden Entwicklungsachsen festgelegt. Wie im menschlichen Körper die Adern die Organe mit Blut versorgen, so stellt das Zentrale-Orte-System mit den Entwicklungsachsen ein räumliches Kreislaufsystem dar. Es sorgt dafür, daß die Menschen im ländlichen Raum, im Zonenrandgebiet, in dem etwa ein Fünftel der bayerischen Bevölkerung lebt, all das innerhalb zumutbarer Entfernungen an Gütern und Dienstleistungen vorfinden sollen, was der Mensch heute zu einem modernen Leben braucht.

Einzelne Fachressorts können diese Aufgabe allein nicht mehr erfüllen. Es hat sich immer mehr gezeigt, daß es für die Entwicklung des ländlichen Raumes nicht genügt, etwa im Wege der regionalen Wirtschaftsförderung für die Ansiedlung und Erhaltung von Industriebetrieben zu sorgen. Zum sicheren, qualitativ hochwertigen und gut bezahlten Arbeitsplatz müssen eine Reihe weiterer Bedingungen hinzukommen, um Arbeitnehmer, Unternehmer und Freiberufliche dazu zu bewegen, sich in den ländlichen, häufig strukturschwachen Räumen niederzulassen oder dort zu bleiben. Es müssen gute Schulen, Krankenhäuser aller Versorgungsstufen, Verkehrswege regionaler und überregionaler Art, Erholungseinrichtungen und so weiter vorhanden sein. Das kostet Geld. Schon die Investitionen sind kostspielig. Die Infrastruktureinrichtungen ziehen aber auch erhebliche Folgekosten nach sich. Letztlich sind sie im allgemeinen nur gerechtfertigt, wenn sie ein entsprechendes Einzugsgebiet haben und entsprechend genutzt werden.

Keine passive Sanierung

Raumordnungs- und Landesentwicklungspolitik haben also eine äußerst wichtige Koordinierungsaufgabe zu erfüllen. Sie müssen berücksichtigen, daß heute viel mehr als früher der Bürger in der Gemeinde A wohnt, in der Gemeinde B arbeitet, sich in der Gemeinde C erholt und von der Gemeinde D mit Energie versorgt und von Abfall und Abwasser entsorgt wird. Mit engstirniger Kirchturmpolitik ist heute und in Zukunft kein Fortschritt mehr möglich. Durch die Gesamtschau der Raumordnungspolitik werden die einzelnen fachlichen Maßnahmen der öffentlichen Hand so aufeinander abgestimmt, daß es dem größtmöglichen Wohle des Bürgers dient!

Ohne die Annehmlichkeiten und die wirtschaftliche, kulturelle und soziale Bedeutung der Städte schmälern zu wollen: Es ist eine Tatsache, daß die Vorzüge des ländlichen Raumes häufig zu wenig beachtet werden. Das »Image« des ländlichen Raumes muß aufgebessert werden, um die Kluft zwischen Vorurteilen und Wirklichkeit zu beseitigen. Es ist erfreulich, daß eindeutige Zeichen vorliegen, die das Leben und Arbeiten im ländlichen Raum wieder attraktiver erscheinen lassen. Dazu hat auch eine ausgewogene Raumordnungspolitik beigetragen.

Durch eine zielgerichtete Raumordnungs- und Strukturpolitik konnte in Bayern trotz vielfältiger Standortnachteile und natürlicher Gegebenheiten verhindert werden, daß eine »passive Sanierung« stattfand, daß der ländliche Raum in einer groß angelegten Absetzaktion »mit den Füßen abstimmte«. Nach dem neuesten Raumordnungs- und Grenzlandbericht der bayerischen Staatsregierung hatten die acht Grenzland- und strukturschwachen Regionen eine leicht positive Wanderungsbilanz, einen über dem Landes- und Bundesdurchschnitt liegenden Zuwachs des Bruttosozialprodukts sowie einen überdurchschnittlichen Abbau der Arbeitslosigkeit zu verzeichnen. Gerade die erschwerten und veränderten Rahmenbedingungen der letzten Jahre – Stichworte sind hier Bevölkerungsrückgang, vermindertes Wirtschaftswachstum, Energie- und Rohstoffprobleme – erfordern zugunsten des ländlichen Raumes Raumordnungs-, Landesentwicklungs- und Strukturpolitik mehr denn je.

Wenn durch gezielte regionale Hilfen der ländliche Raum unterstützt wird, dann dient dies nicht zuletzt auch der Erhaltung unserer Kulturlandschaft und der Sicherung einer eigenen Versorgungsbasis in Krisenzeiten. Entscheidend ist jedoch in jeder Art von Entwicklungspolitik, gleich ob sie national oder gegenüber der Dritten Welt angelegt ist, daß das Kapital zu den Menschen und nicht umgekehrt die Menschen zum Kapital wandern. Raumordnung und Landesentwicklung sind umfassende Vorsorgepolitik, ein unverzichtbares Instrument für eine freiheitliche Zukunftsgestaltung:

- Sie sind für den einzelnen, Wirtschaft, Kommunen und Verbände Hilfe und Angebot, indem sie die langfristigen Infrastruktur- und sonstigen Investitionsabsichten der öffentlichen Hand transparent machen.
- Sie sind marktkonform, da sie in Form einer Rahmenplanung nur den Staat selbst, nicht aber die Privatwirtschaft und den einzelnen Bürger binden. Sie sind das Gegenstück zu sozialistischer Verplanung des Menschen, indem sie Freiheitsräume ausweiten und nicht einschränken.
- Sie sollen durch flexible, unbürokratische, auf Fortschreibung angelegte Handhabung Alternativen für die Zukunft offenhalten und nicht verbauen. In ihrem Mittelpunkt steht der Mensch und nicht eine bestimmte Ideologie.
- Sie gehen davon aus, daß sich Stadt und Land ergänzen und kein Gegensatz sind. Die gewachsene Vielfalt der Siedlungsformen ist zu erhalten und zu gestalten.
- Sie schaffen mit dem Bemühen um gleichwertige Lebensbedingungen in allen Landesteilen gleiche Chancen.
- Raumordnung und Landesentwicklung sind schließlich wesentliche Voraussetzungen für eine wirkungsvolle Umweltvorsorge.

Heute und noch mehr in der Zukunft wird eine überzeugende Politik darin bestehen, nicht den höchstmöglichen wirtschaftlichen, sondern den höchstmöglichen menschlichen Nutzen zu erzielen und zu fördern. Wenn Menschen nicht mehr wegen unzumutbarer Lebensbedingungen ihre angestammte Heimat verlassen müssen, wenn es also keine unfreiwillige, sondern nur noch freiwillige Mobilität gibt, hat die Raumordnungspolitik eine wesentliche Aufgabe erfüllt. Hierzu wird noch einige Zeit im nationalen, noch mehr im europäischen Rahmen nötig sein. Bayern ist in der Landesentwicklungspolitik diesem Ziel ein gutes Stück nähergekommen.

Bayerische Raumordnungspolitik entläßt den Bürger nicht aus seiner Verantwortung. In einer Art Gegenstromprinzip wird den Gemeinden und regionalen Planungsverbänden soviel eigener Gestaltungsraum wie nur möglich eingeräumt. Das verfassungsrechtlich verbürgte Recht der Gemeinden auf Selbstverwaltung wird durch Raumordnung und Landesplanung nicht eingeschränkt, sondern im Gegenteil ausgeweitet. Kenntnis und Vorhersehbarkeit dessen, was andere Gemeinden planen und vorhaben, sind schließlich wesentliche Voraussetzungen für eigenes Handeln. Die Demokratisierung der Landesplanung in Bayern zeigt sich vor allem darin, daß sämtliche Gemeinden Sitz und Stimme in den regionalen Planungsverbänden haben. In der Gemeinde aber wird auch für den einzelnen Bürger Politik hautnah: Sie nimmt den Bürger in Verantwortung und gibt ihm die Chance dazu.

Umweltpolitik als Chance

Bayern hat die neue Schwerpunktaufgabe »Sicherung der Umwelt« frühzeitig erkannt und in Angriff genommen. Die organisatorische Zusammenfassung der Bereiche Raumordnung, Landesentwicklung und Umweltfragen ist als »Bayerisches Modell«, wie diese Initiative alsbald apostrophiert wurde, durchaus empfehlenswert. Dabei waren es drei Prinzipien, von denen wir uns leiten ließen, als wir begannen, Landesentwicklung und Umweltpolitik zu systematisieren:

1. Umweltschutz ist nicht nur als Reparatur bereits eingetretener Schäden zu verstehen. Eindeutig im Vordergrund steht vielmehr die Umweltvorsorge als vorbeugender Umweltschutz.
2. Nach dem Verursacherprinzip hat grundsätzlich derjenige für die Beseitigung der Umweltbelastung aufzukommen, der sie verursacht.
3. Das Gemeinlastprinzip hat dort einzutreten, wo das Verursacherprinzip nicht anwendbar ist.

Auf dieser Basis ist es uns gelungen, in Bayern nicht nur einen hohen Sicherungsgrad für die Umwelt zu erreichen, sondern die Umweltpolitik auch zu einer Chance für den einzelnen und die Gesellschaft zu machen.

Vorbeugender Umweltschutz

Von vornherein war klar, daß es in der Umweltpolitik nicht nur darum gehen kann, auf bereits eingetretene Schäden und Umweltzerstörungen zu reagieren. Natürlich darf nicht die Beseitigung solcher Schäden vernachlässigt werden. Aber zusätzlich zum Reagieren muß das Agieren kommen. Durch Raumordnung und Landesplanung, also durch Abstimmung der fachlichen Pläne der verschiedenen Behörden, kann verhindert werden, daß Umweltschäden überhaupt eintreten, deren nachträgliche Beseitigung nicht nur teuer, sondern, wie die Praxis gezeigt hat, vielfach gar nicht mehr möglich ist.

Eine raumordnerisch nicht oder schlecht konzipierte Entwicklung von Wirtschaft und Gesellschaft würde in Zukunft zu Umweltschäden enormen Ausmaßes führen. Daher ist z. B. bereits beim Bau von Straßen, Flughäfen, Fabrikanlagen, Anlagen der Ver- und Entsorgung, Freizeiteinrichtungen usw. darauf zu achten, daß über Landes-, Regional- und Flächennutzungspläne bis hin zum konkreten örtlichen Bebauungsplan, Umweltschäden und Belästigungen soweit wie möglich von vornherein ausgeschaltet werden. Großräumig kann durch Raumordnung verhindert werden, daß ökologisch besonders wertvolle Landschaftsteile wie Seeufer, Moore durch Verbauung für immer dem Naturhaushalt entzogen werden.

Mit dem Landesentwicklungsprogramm hat Bayern ein bisher einmaliges landesweites, langfristiges Entwicklungskonzept vorgelegt, das im Gegensatz zu manch anderen unverbindlichen Landesentwicklungsplänen mit den finanziellen Möglichkeiten abgestimmt ist. Dieses Programm ist ebenso Grundlage für eine geordnete Entwicklung der städtischen Verdichtungsgebiete wie auch der ländlichen Räume Bayerns. Es geht aus von der Erkenntnis, daß nur durch eine Gesamtschau, eine enge Koordinierung aller raumbedeutsamen fachlichen Planungen und Maßnahmen wie etwa des Straßen-, Schul- und Krankenhausbaus, der regionalen Wirtschaftsförderung oder der Agrarstrukturpolitik, eine optimale Entwicklung und Ordnung des Landes möglich sind. Dabei sollen im Zuge eines dynamischen Prozesses der Entfaltung der Kräfte des Landes die ökologischen Grundlagen gewahrt, Natur und Umwelt erhalten und geschützt werden. Diesem Ziel dient in erster Linie das Landschaftsrahmenprogramm, das landesweit geltend im Landesentwicklungsprogramm integriert ist. Mit der Aufstellung großräumiger und weitmaschiger Ziele kann es jedoch nicht getan sein. Es muß für eine Konkretisierung dieser Ziele Sorge getragen werden. Deswegen wird das Landesentwicklungsprogramm durch Regionalpläne vertieft, in denen für die 18 bayerischen Regionen spezifische Entwicklungs- und Ordnungsziele aufgestellt werden, die zwar auch Rahmencharakter haben, aber für die Orts- und Flächennutzungsplanung wertvolle Hinweise enthalten und wegen ihrer Verbindlichkeit von dieser auch zu beachten sind. In ähnlicher Weise erfährt das Landschaftsrahmenprogramm durch die Landschaftsrahmenpläne, als Teile der Regionalpläne, sowie durch die parzellenscharfen Landschafts- und Grünordnungspläne eine Vertiefung und Konkretisierung. Ein weiteres Instrument der Umweltvorsorge sind die zahlreichen Raumordnungsverfahren, in denen als Vorstufe zu den eigentlichen Planfeststellungs- und Genehmigungsverfahren alle öffentlichen Belange, auch die des Umwelt- und Naturschutzes, aufeinander abgestimmt werden. So konnten beispielsweise durch das Instrument der Raumordnungsverfahren Auswüchse bei und mit Großprojekten verhindert werden, die zu einer unzumutbaren Verschandelung der Landschaft geführt hätten.

Ein weiterer Beitrag zur Umweltvorsorge sind die Richtlinien von Bund und Ländern zur Umweltverträglichkeitsprüfung. Darüber hinaus enthalten eine Reihe von raumwirksamen Fachplanungsgesetzen wie etwa das Bundesfernstraßengesetz sogenannte Raumordnungsklauseln, die wesentlich zur Umweltvorsorge beitragen. In ganz besonderem Maße beinhalten natürlich die speziellen Umweltgesetze wie etwa die Immissionsschutz-, Naturschutz-, Abfallbeseitigungs-, Lärmschutz-, Wasserhaushaltsgesetze sowie die entsprechenden Pläne und Programme des Bundes und der Länder eine Umweltvorsorge.

Das Verursacherprinzip

Als zweites wesentliches Prinzip ist das Verursacherprinzip als marktkonformes Steuerungsinstrument in der Umweltpolitik unentbehrlich. Es besagt, daß die Kosten für die Vermeidung von Umweltbelastungen und die Beseitigung von Umweltschäden grundsätzlich derjenige zu tragen hat, der für ihre Entstehung verantwortlich ist. Salopp ausgedrückt heißt das: Wer Dreck erzeugt, soll ihn auch auf seine Kosten wegschaffen! Mit dem Verursacherprinzip wird klargestellt, daß saubere Luft, gesundes Wasser nicht mehr »freie Güter« sind, wie dies noch in alten Lehrbüchern der Volkswirtschaftslehre zu lesen ist. Die extremen Kosten einer gesunden Umwelt, die lange Zeit in der volks- und betriebswirtschaftlichen Rechnung außer Ansatz blieben und so wesentlich zur Umweltverschmutzung und Ausbeutung der Natur beigetragen haben, müssen als »social costs« genauso in Rechnung gestellt werden, wie dies etwa bei Lohn- oder Materialkosten seit jeher der Fall ist. Erst wenn es gelungen ist, den Menschen bewußt zu machen, daß die angeblich »freien Güter« die wichtigsten Grundgüter unseres Lebens sind, wird man der Umweltbedrohung endgültig Herr werden.

Das Verursacherprinzip soll für eine umweltfreundliche Produktion sorgen. Auf jeden Fall darf ein Unternehmen, das sich umweltfreundlich verhält, keine Kostennachteile gegenüber einem weniger umweltfreundlichen Unternehmen haben. Nun muß man sich allerdings davor hüten, das Verursachungsprinzip zu verabsolutieren. Da taucht zunächst schon einmal die Frage auf, ob der Verursacher eines Umweltschadens immer zweifelsfrei feststellbar ist.

Wer verursacht eigentlich die Luftverschmutzung durch Autoabgase? Ist es die Herstellerfirma, die solche Autos zum Kauf anbietet, ist es der Mineralölkonzern, der den Treibstoff liefert, oder ist es der Autofahrer, der aufs Gaspedal drückt? Darüber könnte man wohl lange streiten. Vergleichsweise ernster ist jedoch das Problem, das im Zusammenhang mit dem Verursacherprinzip angesichts des internationalen Wettbewerbs auftaucht, in dem die deutsche Wirtschaft steht. Scharfe Umweltschutzauflagen können einzelne Unternehmen in ernste Schwierigkeiten stürzen.

Nehmen wir ein Beispiel: Die deutsche chemische Industrie steht auf den Weltmärkten im Wettbewerb mit chemischen Industrien der anderen Länder. Man kämpft um die Absatzmärkte. Eines Tages werden der deutschen Chemieindustrie scharfe Umweltschutzauflagen erteilt: Abwässer dürfen nur noch gereinigt abgeleitet werden, Abgase müssen gefiltert werden, in verschiedenen Bereichen ist die Produktion völlig umzustellen, weil die herkömmlichen Produktionsmethoden nicht die verlangte Umweltfreundlichkeit ermöglichen. Das können alles sehr notwendige Auflagen sein. Aber sie einzuhalten kostet Geld und Kapital, das letztlich über höhere Preise für die Produkte beschafft werden muß. Damit aber kann das Unternehmen auf dem Weltmarkt in ernste Schwierigkeiten kommen, wenn seine ausländischen Konkurrenten nicht ebenfalls vergleichbaren Umweltschutzauflagen unterworfen werden. Dem Käufer eines Nylon- oder Treviragewebes auf dem Weltmarkt ist es einerlei, ob diese Kunstfasern »umweltfreundlich« oder »umweltfeindlich« erzeugt worden sind. Er schaut auf den Preis und kauft das preiswerteste Angebot.

Diese Schwierigkeiten sollen nicht verschwiegen sein, sie dürfen aber auch nicht überschätzt werden. Man wird sich zweifellos – wie es auch schon geschieht – um eine übernationale Regelung des Umweltschutzes bemühen müssen, um Wettbewerbsverzerrungen auf Kosten einer gesunden Umwelt zu verhindern oder möglichst gering zu halten. Außerdem: Nicht alles, was der Umwelt dienlich ist, erweist sich als nachteilig für den Wettbewerb. Auch dafür gibt es Beispiele. Eines ist der blaue Himmel über dem Ruhrgebiet. Er wurde möglich, weil der Stahlindustrie die Auflage erteilt wurde, die bislang übliche unsaubere Stahlkocherei innerhalb einer gewissen Zeit »sauberer« zu machen. Das Ergebnis: Die deutsche Stahlindustrie stellte auf das moderne LD-Stahlverfahren um und katapultierte sich damit in der quantitativen und qualitativen Leistungsfähigkeit sowie kostenmäßig im Weltvergleich an die Spitze, weil die ausländische Konkurrenz nicht gezwungen war, »sauberen« Stahl zu erzeugen und deshalb gar keine Veranlassung sah, die nicht nur unsaubere, sondern mittlerweile auch unrentabel gewordene alte Methode der Stahlkocherei so schnell aufzugeben.

»Gemeinlastprinzip« als Regulativ

Trotzdem: Vor einer schematischen und starren Anwendung des Verursacherprinzips muß gewarnt werden. Das Verursacherprinzip ist zwar das Instrument des Umweltschutzes und der Umweltpolitik überhaupt. Es braucht aber die Ergänzung durch die dritte Säule der Umweltpolitik, durch das »Gemeinlastprinzip«. Danach werden Umweltschutzmaßnahmen dann durch die öffentliche Hand mitfinanziert, wenn bereits eingetretene Umweltschäden nicht einem bestimmten Verursacher zugerechnet werden können oder wenn die Umweltschutzauflagen einzelne Unternehmen – häufig handelt es sich dabei um Klein- und Mittelbetriebe – finanziell überfordern würden. Das Gemeinlastprinzip entspricht durchaus den Prinzipien der Sozialen Marktwirtschaft. Richtig angewandt fördert es auch nicht eine unerwünschte Subventionsmentalität. Schließlich besteht zunächst die Möglichkeit zeitlicher Befristung. Auf alle Fälle hilft es, eine Umweltpolitik mit der »Brechstange« zu vermeiden, die niemandem hilft, aber allen schadet. Immerhin erscheint es nur als vernünftig, ökologische Lebenswichtigkeiten mit ökonomischen Lebensnotwendigkeiten zu verbinden.

Die Notwendigkeit des »Gemeinlastprinzips« zeigt es: Auch das Verursachungsprinzip als Instrument zur Bewältigung von Zukunftsaufgaben muß man pragmatisch sehen. Darüber hinaus – und das wurde auch an den Beispielen deutlich – erweist es sich nicht als der vielfach vermutete Sesam-öffne-Dich für die Finanzierung der Zukunftsaufgabe. Das Schlagwort »Die Industrie, die Wirtschaft soll zahlen« bedeutet für die Industrie, die Wirtschaft zunächst nichts anderes als einen Kostenfaktor, der über höhere Preise weitergewälzt wird.

Und wer zahlt diese höheren Preise? Natürlich wieder die Masse der Verbraucher, der kleine Mann. Und so ergibt sich die nüchterne Diagnose für die Bewältigung der notwendigen Zukunftsaufgaben: Es gibt keinen imaginären Wohltäter, werde er nun »Staat« oder »Wirtschaft« genannt. Wir alle müssen bezahlen, wenn es um mehr Qualität des Lebens geht. Unter diesen Voraussetzungen ist es immerhin als erfreulich und positiv zu registrieren, daß sich der Umweltschutz nicht als »Jobkiller«, als »Aufschwungkiller« erwiesen hat, als der er von manchen gesehen wurde. Es ist inzwischen nicht nur unbestritten, daß die Umweltpolitik für die Rezession Mitte der siebziger Jahre nicht verantwortlich war. Der Umweltschutz hat neue Märkte erschlossen. Freilich ist Umweltschutz nicht umsonst zu haben. Mit Planung allein ist es nicht getan. Umweltschutz kostet auch Geld. Nach Angaben der Bundesregierung liegt der Anteil der Umweltschutzaufwendungen am Bruttosozialprodukt in der Bundesrepublik bei 1,4 Prozent. Eine im Auftrag des Bundesverbandes der Deutschen Industrie 1978 durchgeführte Untersuchung des Münchner Ifo-Instituts für Wirtschaftsforschung ergab, daß der Anteil der umweltschutzbedingten Investitionen an den Gesamtinvestitionen der deutschen Wirtschaft in der Zeit von 1971 bis 1977 zwischen 4,0 und 6,6 Prozent schwankte.

Diese Durchschnittszahlen sagen natürlich wenig über die Kostenbelastung je nach Branche, Unternehmensgröße oder gar für den einzelnen Betrieb aus. Es können erhebliche Abweichungen vorliegen, je nachdem wie hoch die Umweltbelastungen und die dadurch bedingten Auflagen sind. Mehrere Untersuchungen ergaben, daß von 1971 bis 1977 die Umweltschutzinvestitionen in der Grundstoff- und Produktionsgüterindustrie mit rund 10 Prozent Gesamtinvestitionen am höchsten waren. Die mineralölverarbeitende Industrie lag mit 17,4 Prozent besonders hoch. Hier machten sich wohl die Auswirkungen des Benzin-Blei-Gesetzes von 1971 bemerkbar, mit dem der Bleigehalt im Benzin vom 1. Januar 1976 an auf 0,15 g je Liter herabgesetzt wurde und in den Verkehrsschwerpunkten ein Rückgang der Bleibelastung in der Luft um rund 60 Prozent erreicht werden konnte. Zu den mit Umweltschutzauflagen hochbelasteten Branchen gehören schließlich die chemische, die Zellstoff- und Papierindustrie sowie die Industrie der Steine und Erden.

Mit dem Beispiel der Stahlindustrie wurde bereits gezeigt, daß es falsch ist, nur die Kostenseite des Umweltschutzes zu sehen. Dem »Soll« steht in der Regel ein beachtliches und höher zu veranschlagendes »Haben« gegenüber.

Es gibt durchaus nicht nur sektorale, sondern auch gesamtwirtschaftliche Umwelterträge. Der Umweltschutz wirkt innovationsfördernd. Innovationen und neue Technologien aber sind Voraussetzung für zusätzliche Investitionen, die schließlich neue Arbeitsplätze und Einkommen bedeuten. In der volkswirtschaftlichen Wachstumslehre wird dem technischen Fortschritt – und Umweltschutz ist technischer Fortschritt – ein hoher Stellenwert eingeräumt. Vielleicht können gerade von der Umweltpolitik technologische Wachstumsimpulse ausgehen, die sich von früheren dadurch unterscheiden, daß sie umwelt- und ressourcenschonend sind. Durch eine führende Rolle der deutschen Wirtschaft in moderner Umwelttechnologie, wofür bereits unverkennbare Anzeichen und Beweise vorliegen, kann sie sich international Wettbewerbsvorteile sichern. Umweltfreundliche Produkte und Produktionsverfahren könnten als ein neues Gütezeichen, als ein neues »Made in Germany« wirken. Es ist daher richtig und wichtig, wenn der Staat, insbesondere im Bereich Forschung und Entwicklung, finanziell unterstützend eingreift. Dies zeigt aber auch, daß manchmal von der Wirtschaft als zu streng empfundene Umweltauflagen ihre positiven Seiten haben können. Die Grenze liegt allerdings dort, wo dadurch nicht mehr neue Märkte und neue Chancen entstehen, sondern wo der internationale Wettbewerb so verfälscht wird, daß die deutsche Industrie auf den Weltmärkten aus dem Rennen geworfen wird. Daher ist eine Harmonisierung der Umweltauflagen im Rahmen der europäischen Gemeinschaften und eine gewisse Abstimmung über den EG-Rahmen hinaus unerläßlich.

Umweltschutz schafft Arbeitsplätze

Zur »Habenseite« des Umweltschutzes gehört auch, daß durch ihn ungleich mehr Arbeitsplätze neu geschaffen oder erhalten als vernichtet werden. Dies kann inzwischen als wissenschaftlich abgesicherte Erkenntnis gelten, wenn auch die Zahlenangaben über die durch Umweltschutz jährlich in der Bundesrepublik neu geschaffenen Arbeitsplätze zwischen 200 000 und 400 000 schwanken. Diese Zahlen geben Werner Meissner und Erich Hödl in einer Studie an, die sie im Auftrag des Bundesministeriums des Innern 1976 erarbeiteten. Das Batelle-Institut bestätigt diese Fakten im wesentlichen. Nach einer Untersuchung des Ifo-Instituts in München sind zwar im Durchschnitt der Jahre 1971 bis 1977 auch einige tausend Arbeitskräfte pro Jahr mit auf Grund von Umweltauflagen endgültig freigesetzt worden. Der positive, vom Umweltschutz ausgelöste Beschäftigungseffekt betrug jedoch 1975 rund 200 000 Arbeitskräfte. Für das Jahr 1980 erwartet das Ifo-Institut, daß 250 000 Arbeitsplätze durch den Umweltschutz erhalten oder geschaffen werden. Dabei kommt es gar nicht so sehr auf die genaue Zahl an. Entscheidend ist, daß es im Zusammenhang mit dem Umweltschutz eine insgesamt positive Bilanz der Arbeitsplätze gibt.

Nicht weniger falsch als die Behauptung, der Umweltschutz habe sich als »Job«- und »Aufschwungkiller« erwiesen, war die Unterstellung, die staatliche Umweltpolitik sei für den Investitionsstau Mitte der siebziger Jahre verantwortlich gewesen. Die Bundesregierung bezifferte die zurückgestauten Investitionen 1978 auf 26,6 Milliarden DM, die Industrie sogar auf über 50 Milliarden DM. In Wahrheit lagen die Gründe bei den zahlreichen Einspruchs- und Klageverfahren von Betroffenen oder Bürgerinitiativen, die sich dabei nicht selten als Muster-Umweltschützer ausgaben, in Wirklichkeit aber nur nach dem St.-Florians-Prinzip handelten: »O heiliger St. Florian, verschon mein Haus, zünd andere an.« Das ist im privat initiierten und praktizierten Umweltschutz leider nicht selten zu erleben.

Diese Betrachtung von »Soll und Haben« macht noch etwas anderes, ganz Entscheidendes, deutlich: Die Alternative Ökologie oder Ökonomie, bzw. Ökologie vor Ökonomie oder umgekehrt ist eine falsche Alternative. Daß sie dennoch immer wieder mit geradezu weltanschaulichem Eifer gestellt wird, dient weder dem einen noch dem anderen. Wirtschaft und Umweltpolitik stehen – auch wenn Konfliktsituationen im Einzelfall es glauben machen wollen – nicht im Gegensatz, sondern sie bedingen einander. Sie sind geradezu aufeinander angewiesen. Dies erkennen heißt: Umweltschutz ist kein geeignetes Feld für ideologische Auseinandersetzungen. Daß die bestehenden Konflikte im Rahmen der Sozialen Marktwirtschaft gelöst werden können, zeigt nicht nur die Konsensfähigkeit dieses Wirtschaftssystems, sondern auch die Tatsache, daß eine freiheitliche Gesellschaft kompromißbereit und auch kompromißfähig ist.

Was nutzen dem Arbeitnehmer etwa sauberes Wasser, reine Luft, wenn er keinen Arbeitsplatz hat? Was nützt ihm andererseits ein hohes Einkommen, wenn er inmitten einer zerstörten Umwelt leben muß? Die Wirtschaft braucht den Umweltschutz: Er ist die qualitative Basis für künftiges quantitatives Wachstum, denn er sichert die Grundlagen jeglicher wirtschaftlichen

Entwicklung: reine Luft, sauberes Wasser, die Erholungslandschaft als Kapital des Fremdenverkehrs, schließlich die Regenerierungs- und Reproduktionsfähigkeit der Natur insgesamt. Der Umweltschutz braucht andererseits die Wirtschaft: Nur eine intakte, wachsende Wirtschaft kann die Kosten des Umweltschutzes tragen, die notwendigen neuen Umwelttechniken bereitstellen.

Dabei ist klar, daß der Umweltschutz immer dort Vorrang vor wirtschaftlichen Überlegungen haben muß, wo es um Leben oder Gesundheit der Menschen geht. So hat beispielsweise die Sicherheit des Menschen beim Bau von Kernkraftwerken absolute Priorität gegenüber allen energiewirtschaftlichen Überlegungen. Dieser Grundsatz ist im übrigen bereits im Umweltprogramm Bayern vom 31. 1. 1976 verankert.

»Gemeinschaftsaufgabe« für alle

Umweltschutz ist eine »Gemeinschaftsaufgabe« aller und auf allen Ebenen. Der Staat allein wäre hier überfordert. In Gesetzgebung und Verwaltungsvollzug kommt ihm dabei natürlich eine ebenso herausragende Rolle wie in der finanziellen Förderung zu. Jedes Gesetz ist schließlich nur so gut wie es vollzogen wird. Hier muß dem Bund vorgeworfen werden, daß er notwendige Durchführungsvorschriften nicht erlassen hat oder durch seinen Hang zur Überperfektionierung für ein Vollzugsdefizit im Umweltschutz verantwortlich ist. Der »Sachverständigenrat für Umweltfragen« hat dies festgestellt. Überhaupt betreibt der Bund Umweltschutz offenbar weniger als Daueraufgabe. Der hier notwendige lange Atem darf nicht durch eine »Stop-and-Go-Politik«, eine Art »Konjunkturpolitik mit anderen Mitteln« ersetzt werden, wie in den schwierigen Jahren des Siebziger-Jahrzehnts erfolgt. Die Bundesregierung hat damit selbst dafür gesorgt, daß sich Enttäuschung über die staatliche Umweltpolitik breit machte. Schließlich beeinträchtigen Luft- und Gewässerverunreinigungen, Lärm und Abfall Wohlbefinden und Gesundheit des Menschen, unabhängig davon, wie hoch die jeweilige Wachstumsrate des Bruttosozialprodukts ist. Das heißt wiederum nicht, daß es sinnvoll wäre, der Wirtschaft gerade in Krisenzeiten besonders hohe Umweltkosten aufzuerlegen. Man muß auch auf die Konjunkturlage Rücksicht nehmen.

Neben dem Staat, den Verbänden, der Wirtschaft kommt es für wirkungsvollen Umweltschutz vor allem auf den verantwortungsbereiten, den informierten, den umweltbewußten Bürger an. Mit staatlichen Geboten und Verboten allein, so unumgänglich sie sein mögen, ist nur wenig getan. Der Bürger muß davon überzeugt sein oder werden, daß Umweltvergehen keine Kavaliersdelikte sind. Noch immer werden in der Bundesrepublik jährlich rund 3000 Umweltstraftaten polizeilich registriert. Ohne Umweltbewußtsein würde auch das vom Bundestag beschlossene Gesetz zur Bekämpfung der Umweltkriminalität nichts nutzen. Es ist jedoch erfreulich, daß das Bewußtsein um den Wert einer gesunden Umwelt in erstaunlich kurzer Zeit so stark gewachsen ist. Nicht zuletzt ist das darauf zurückzuführen, daß das Umweltministerium in Bayern von Anfang an eine intensive Aufklärungsarbeit und Informationsarbeit betrieben hat. Der Bürger wurde direkt oder über Multiplikatoren oder über die Medien angesprochen. Und diese Aufklärungsarbeit, die weithin als beispielhaft angesehen wurde, wirkt sich positiv aus. Heute werden die Kinder schon in den Schulen angesprochen. In der Tat kann mit der Erziehung zum Umweltschutz und der Weckung von Umweltbewußtsein nicht früh genug begonnen werden.

Umweltschutz kann als Langzeitaufgabe nur Schritt für Schritt, im Rahmen des finanziell und technisch Machbaren, bewältigt werden. Es kann jedoch der Wirtschaft nicht allein überlassen bleiben, den jeweiligen Stand der Technik zu bestimmen, nach dem sich die Beseitigung von Umweltschäden zu richten hat. Das Bezinbleigesetz ist ein Beispiel dafür, daß durch Vorgabe bestimmter Erfüllungstermine manch umweltfreundliche Technik beschleunigt werden kann. Im Gegensatz zu Störungen im Naturhaushalt, die sich häufig nur langsam bemerkbar machen, aber auch nur sehr mühsam zu beseitigen sind, ist es relativ leicht, durch Technik verursachte Umweltschäden durch neue Techniken wiedergutzumachen, auch wenn dies natürlich seine Zeit braucht. Es kommt nicht von ungefähr, daß die größten umweltpolitischen Fortschritte bisher im sogenannten technischen Umweltschutz, also der Luft- und Gewässerreinhaltung, der Abfallbeseitigung, im Lärm- und Strahlenschutz erzielt werden konnten.

Bayerisches Naturschutzgesetz beispielhaft

Weit steiniger ist der Weg zum Erfolg im ökologischen Umweltschutz. Häufig werden einzelne Alarmzeichen im Naturhaushalt, etwa das Aussterben einer Pflanzen- oder Tierart, klimatische Verschiebungen und ähnliches übersehen oder nicht richtig bewertet. Häufig müssen einzelne, für sich betrachtet harmlos erscheinende Sachverhalte zusammentreffen, damit eine Schädigung im Naturhaushalt, wie etwa das »Umkippen« eines Sees, angezeigt wird. In Bayern wurde daher von Anfang an dem Natur- und Landschaftsschutz, man kann auch sagen, der Umweltgestaltung, größtes Augenmerk geschenkt. Mit dem im August 1973 verabschiedeten Bayerischen Naturschutzgesetz, dem nach einem Urteil von Professor Grzimek »modernsten in Europa, wenn nicht in der Welt«, wurde der entscheidende Schritt vom passiven Bewahren des Reichsnaturschutzgesetzes aus dem Jahre 1935 zum aktiven Gestalten getan. Das Bayerische Naturschutzgesetz wurde ebenso zum Vorbild für andere Länder wie auf dem Gebiet des technischen Umweltschutzes etwa die Ringkanalisation an bayerischen Seen oder das vollautomatische, computergesteuerte Luftüberwachungs- und Kernreaktorfernüberwachungssystem. Eine flächendeckende Basisinformation über den Naturhaushalt in Bayern konnte durch eine »Biotopkartierung« gewonnen werden. Dadurch sind alle schutzwürdigen Lebensräume erfaßt, von Mooren über Streuwiesen bis hin zu Altwässern. Bedrohte Tiere und Pflanzen werden registriert, um eine Grundlage für einen wirkungsvollen Schutz zu erhalten. Der Nationalpark »Bayerischer Wald« und der »Alpen- und Nationalpark Berchtesgaden« geben ebenso Aufschluß über die geleistete Naturschutzarbeit wie die 181 Naturschutzgebiete. Sie umfassen 1,2 Prozent der Gesamtfläche Bayerns. Das ist mehr als in jedem anderen Bundesland. Auf die 892 Landschaftsschutzgebiete entfallen sogar 17 Prozent der Fläche Bayerns.

Der sogenannte Alpenplan, die Einteilung des Alpen- und Alpenvorraums in drei Zonen, in eine Erschließungszone, eine Ruhezone und in eine Zone, in denen bauliche Eingriffe nur von Fall zu Fall erlaubt sind, hat viel dazu beigetragen, zumindest auf der bayerischen Seite der Alpen eine Übererschließung von einem der wertvollsten Erholungsräume in Europa zu verhindern. Allein was die Bergbahnprojekte anbelangte: Das Interesse, möglichst auf jeden Gipfel eine Bergbahn zu bauen, war so groß, daß man geradezu von einer »Verdrahtung der Alpen« sprach. Hier wurden Auswüchse verhindert. Dabei ist klar, daß es Aufgabe des Natur- und Landschaftsschutzes sein muß, die Natur für den Menschen und nicht vor dem Menschen zu schützen. Ein überzogener Naturschutz, der zum Beispiel über das gesamte Alpengebiet eine »Käseglocke« stülpen und damit der einheimischen Bevölkerung nur noch den Charakter von Reservatsbewohnern zubilligen wollte, wäre genauso verkehrt wie ein Naturschutz, der nur eine Restgröße von Wirtschaftsinteressen ist. Auch Naturschutz braucht Augenmaß. Nur so dient er der Sache am besten.

Von der Natur, in der »nichts verlorengeht«, kann der Mensch lernen, wie er aus einer »Wegwerfgesellschaft« zu einer »Wiederverwertungsgesellschaft« gelangen kann. Angesichts der weltweit knapper werdenden Rohstoffe kann sich die Menschheit keine »ex- und hopp-Haltung« mehr leisten. Vom Recycling, der Wiedergewinnung und Wiederverwertung, sind künftig neben den bereits erzielten Erfolgen sicherlich noch erhebliche Fortschritte zu erwarten. Die Wiederverwertung von Altstoffen ist auch ein Beispiel dafür, wie notwendig ein Wandel im Umweltbewußtsein ist.

Um einen weiteren knappen Eindruck von dem zu vermitteln, was in Bayern auf dem Gebiet des Umweltschutzes bereits geleistet wurde, folgende Zahlen und Fakten:

- Die regelmäßige Abfuhr des Hausmülls, der in den letzten 20 Jahren um das Vierfache zugenommen hat, erfolgte vor zehn Jahren nur bei etwa knapp 30 Prozent der bayerischen Bevölkerung. Der Rest des Abfalls landete auf einer der rund 5000 »wilden« Müllkippen, die nicht nur die Landschaft verschandelten, sondern häufig auch das Grundwasser gefährdeten. Heute besteht für 99 Prozent der Bevölkerung Bayerns eine gesicherte Müllabfuhr. Wer die Siedlungsstruktur des Flächenlandes Bayern kennt, weiß, welche Leistung dahintersteckt. Der Abfall von 60 Prozent der Bevölkerung wird auf 40 zentralen Anlagen umweltfreundlich beseitigt.
- Die Zahl der Kläranlagen in Bayern wurde seit 1950 von 20 auf jetzt über 2200 erhöht, der Anschlußgrad an öffentliche Abwasseranlagen von ursprünglich 20 Prozent auf 73 Prozent gesteigert. Die Ringkanalisation von rund 130 km Länge hält jährlich etwa 16 Millionen Kubikmeter Abwasser von den bayerischen Seen fern. Die meisten bayerischen Seen weisen heute eine Wasserqualität auf, wie sie in Europa nur selten anzutreffen ist.
- Mit rund 56 Millionen DM wurde allein in München der Ausbau der

umweltfreundlichen Fernwärme- und Gasversorgung gefördert, so daß München heute die Großstadt mit der geringsten Schwefeldioxyd-Belastung in der Bundesrepublik ist.

Ausgehend von dem Grundsatz, daß die Natur für den Menschen zu schützen ist, war die bayerische Umweltpolitik stets darauf bedacht, dem streßgeplagten Menschen unserer Zeit die Umwelt auch zu vermitteln. Das bereits in der Bayerischen Verfassung vorgesehene Recht des Bürgers auf freien Zugang zu den Schönheiten der Natur, wie Berge, Seen, Flüsse und Wälder, wurde im Bayerischen Naturschutzgesetz in einem eigenen Abschnitt konkretisiert. In einem in der Bundesrepublik einmaligen eigenen Programm für »Freizeit und Erholung« werden jährlich vom Staat erhebliche Geldbeträge für Erholungseinrichtungen bereitgestellt, angefangen vom einfachen Wanderweg bis hin zum Erholungszentrum.

Hier sei noch einmal ausdrücklich betont: Aufgabe des Staates ist es nicht, dem einzelnen vorzuschreiben, wie er seine Freizeit verbringen soll. Sehr wohl ist es aber eine Aufgabe des Staates, ein attraktives Angebot an Einrichtungen zu fördern, damit sich der Mensch in seiner Freizeit in der freien Natur erholen kann. Der Staat schafft die gesellschaftspolitische Infrastruktur, nutzen kann sie der einzelne. Umwelt und Natur dulden vieles, aber nicht alles. Die Sünden, die an ihnen begangen wurden, reichen weit zurück. Wir müssen heute dafür büßen. Aber noch ist es nicht zu spät. Das »Raumschiff Erde« steuert nicht unabänderlich in den Abgrund, wenn der mit Vernunft begabte Mensch das Steuer in der Hand behält. Die Kurskorrektur ist bereits erfolgt. Auch so gesehen ist Umweltpolitik eine Chance.

Der Irrtum der »Grünen«

Es wurde bereits einmal gesagt: Umweltschutz ist keine Erfindung unserer Tage. Und so ist auch die Gefährdung der Umwelt nichts Neues. Zahlreiche Beispiele aus der Geschichte lehren uns, daß es sie gegeben hat, seit menschlicher Erfindergeist in die Regelkreise der Natur eingreift. Neu ist allerdings die Dimension der Umweltprobleme in einer rapide wachsenden Weltbevölkerung, in einer Welt des raschen wirtschaftlichen, technischen und wissenschaftlichen Fortschritts. Und in dieser neuen Dimension hat die Umweltbedrohung in ihren vielfältigen Erscheinungsformen (wie etwa Luft- und Wasserverschmutzung, Lärm und Abfall, Zersiedelung und Betonierung der Landschaft) den bedingungslosen Fortschrittsglauben, wie er in der Zeit der Aufklärung, des Liberalismus und der industriellen Revolution entstanden ist, fundamental erschüttert. Die Spätvariante, die sozialistische Fortschrittsgläubigkeit an die Machbarkeit aller Dinge und die Unerschöpflichkeit unseres Planeten, wurde erst mit den »Grenzen des Wachstums« des »Club of Rome« relativiert.

Eine Übertreibung traf auf die andere Übertreibung. Aber in der Essenz vermittelte der Hinweis auf die Begrenztheit unserer Erde und der Menschen das richtige Signal. Gefangen in ihren Utopien, waren die Sozialisten jedoch nicht in der Lage, Konsequenzen zu ziehen. Einzelne, wie Erhard Eppler, verloren sich in blindem Eiferer- und Sektierertum. Die mehrheitlichen Meinungsführer waren jedoch nicht einmal in der Lage, aus der ersten Ölkrise des Jahres 1973 die nötigen Lehren und praktischen Folgerungen zu realisieren. Der sogenannte demokratische Sozialismus kann von der Verantwortung nicht freigesprochen werden, durch seine Unfähigkeit in diesen zentralen Fragen den geistigen Nährboden dafür geschaffen zu haben, daß die Suche nach »alternativen Lebensformen« auch und besonders in der Jugend heute erheblich Gewicht hat. Auch wenn sie untereinander zerstritten sind und durchaus das Bild verwirrter Geister abgeben, die »Grünen« und die »Bunten« haben in ihrer Ablehnung der geltenden Wirtschafts- und Gesellschaftsordnung in den letzten Jahren beachtlichen Zulauf erhalten.

Keine Chance der »anderen Republik«

In der Bundesrepublik Deutschland hat unstreitig die CSU als erste Partei schon Ende der sechziger Jahre die Tragweite der neuen Schwerpunktaufgabe »Umweltpolitik« erkannt. Das kam nicht von ungefähr. Bewahren von Bewahrenswertem, Ablösung von Überholtem durch Neues und Besseres, Skepsis gegenüber blinder Fortschrittsgläubigkeit kennzeichnen moderne konservative Haltung. Am Beispiel der Umweltpolitik erweist sich wieder einmal, daß dauerhafte und echte Reformen nicht von Sozialisten, sondern von Konservativen kommen. Dabei wird durchaus anerkannt, daß Anregungen vielfältigster Art aus der politischen Auseinandersetzung stammen. Die phantasievollsten Einfälle nützen jedoch nichts, wenn sie nicht mit Stetigkeit und Beharrlichkeit verfolgt und schließlich durchgesetzt werden. Als Ideengebäude gab es die Soziale Marktwirtschaft lange vorher. Durchgesetzt hat sie Ludwig Erhard.

Wichtiger als alle gesetzlichen, technischen, organisatorischen und wissenschaftlichen Maßnahmen – so notwendig sie auch sind – ist eine geistige Auseinandersetzung mit dem Phänomen Umweltschutz. Daß diese Auseinandersetzung in der Vergangenheit nicht überall mit der gebotenen Gründlichkeit geführt wurde, beweist auch das Auftreten zahlreicher Bürgerinitiativen, die sich mehr und mehr als »Grüne« oder in »bunten Listen« sammeln und als eigenständige Gruppierungen an Wahlen teilnehmen. Würden hinter diesen Gruppierungen nur engagierte Umweltschützer stehen, denen die Umweltpolitik der herrschenden Parteien und Regierungen zu langsam und zu ineffektiv ist, dann brauchten wir uns darüber nicht allzu große Sorgen zu machen. Man könnte sich mit ihnen sachlich auseinandersetzen. Es hat sich jedoch gezeigt – und die Schwierigkeiten innerhalb dieser Gruppierungen sind ein Beweis dafür –, daß es sich dabei um ein breites Sammelsurium verschiedenster Interessen und Denkrichtungen handelt.

Die gutgemeinten Absichten vieler für die Umweltverbesserung engagierter Bürger werden häufig von Leuten mißbraucht, denen es nicht um Umweltschutz, sondern in Wahrheit um eine Beseitigung unserer freiheitlichen Gesellschafts- und Wirtschaftsordnung, um eine »andere Republik« geht. Unter Mißbrauch des Demonstrationsrechts hat sich diese Strategie meist linksextremistischer Gruppen besonders deutlich im Zusammenhang mit dem Ausbau der friedlichen Nutzung der Kernenergie gezeigt. Die Vorgänge etwa um Grohnde, Brokdorf, Kalkar, Gorleben sprechen eine deutliche Sprache. Auch so manche sinnvolle und gutgemeinte Bürgerinitiative, die eigentlich der Durchsetzung umweltpolitischer Ziele dienen sollte, wurde von Feinden unseres Rechtsstaates unterwandert und umfunktioniert. Dabei wissen die Linksextremisten hierzulande genau, daß in den Ländern, deren Ideologie sie vertreten, ein forcierter Ausbau der Kernenergie betrieben wird und man sich dort keinen Deut um den Umweltschutz schert.

Aufgabe aller demokratischen Parteien muß es sein, dafür zu sorgen, daß der Umweltschutz nicht zum Trojanischen Pferd für verfassungsfeindliche Ziele wird. Dabei darf man sich allerdings keinen Illusionen hingeben. Es wird nicht gelingen, die »Grünen« gewissermaßen en bloc zurückzugewinnen. Dies würde schon die Kapitulation in so wichtigen Fragen wie der Sozialen Marktwirtschaft, des Wirtschaftswachstums, des Leistungsprinzips voraussetzen; eine Kapitulation, an der niemandem als den »Grünen« selbst gelegen sein kann. So haben sich auch Anbiederungsversuche von SPD- und FDP-Politikern gegenüber den »Grünen«, etwa die Integrationsversuche von Erhard Eppler, wie das vorauszusehen war, als erfolglos erwiesen. Der harte Kern der »Grünen« ist unbelehrbar. Er hat sich längst innerlich von den Prinzipien unserer freiheitlichen Gesellschaft losgesagt. Je eher dies von den demokratischen Parteien erkannt wird, um so größer ist die Chance, diejenigen zu gewinnen, denen es tatsächlich um die Umwelt und ihre Sicherung geht, die in ihrem Protest ein legitimes Mittel, aber eben nur ein Mittel sehen, Mißstände zu beseitigen, ohne die Gesellschaftsordnung umstürzen zu wollen. Ihnen ist auch klar zu machen, daß die Probleme von heute und morgen nicht aus eindimensionaler Betrachtung heraus zu lösen sind.

Umweltschutz ist eine wichtige Aufgabe des Staates. Auch hierin tragen Staat und politische Parteien Verantwortung für alle. Umweltschutz ist aber nur eine unter vielen staatlichen Aufgaben. »Grün« ist eben nur eine unter vielen Farben in der breiten Palette der Gesamtpolitik, wenn die »grüne« Politik nicht eigentlich »rot« ist. In diesem Zusammenhang ist darauf hinzuweisen, daß erklärte Kommunisten wie Wolfgang Harich und Rudolf Bahro ernsthaft versuchen, der »grünen Bewegung« einen theoretischen Überbau auf der Grundlage eines neuen Marxismusverständnisses zu geben. Diese Bestrebungen müssen, auch wenn sie gegenwärtig noch wenig konkretisiert sind und sich in nur schwer faßbaren Kategorien der Diskussion bewegen, ernstgenommen werden. Hier mischen sich Elemente des »realen Sozialismus«, die Leute wie aus der DDR abgewanderte oder abgeschobene Kommunisten als Hintergrund haben, mit den kulturrevolutionären Ideen der

Frankfurter Schule, die in der Ökologie- und Anti-Kernkraft-Bewegung einen neuen Ansatz sucht.

Vertreter moderner Morgenthau-Pläne

Das Ziel ist klar! Die Werte der Industriegesellschaft, die bisher die Leitbilder abgaben, sollen von einem neuen Wertesystem abgelöst werden. Erich Fromm machte, als profilierter Vertreter der Frankfurter Schule, aus dem Ziel und aus dem Weg dazu kein Hehl, als er sagte: »Die Frage ist, wie kann dem einzelnen Menschen aufgrund einer sehr guten und klaren Analyse seiner Situation ein Verständnis dafür beigebracht werden, daß unsere Art zu leben, unsere gesellschaftliche Organisation nicht glücklich macht. Man muß den Menschen zeigen, daß sie eigentlich unglücklich sind. Das klingt sehr negativ. Aber im Grunde genommen ist die Zerstörung der Illusion die Bedingung aller wirklichen Veränderungen. Ohne Illusionszerstörung gibt es keinen echten Fortschritt.«

Und hier knüpft Rudolf Bahro an, der in der Bundesrepublik Deutschland seinen »Sozialismus« verwirklichen will, für den er in der DDR hinter Schloß und Riegel kam. Bahro saß dort nicht im Gefängnis, weil er sich für die freiheitlich-bürgerliche Ordnung entschieden hätte, sondern weil dem DDR-System sein Rigorismus der Gleichheit, seine Ablehnung des Leistungsdenkens, seine Befürwortung alternativer Lebensweisen, seine Predigten gegen Kernkraft, Chemie und Computer und noch einiges mehr mißfielen. Auch in der Bundesrepublik Deutschland bastelt Rudolf Bahro an der »anderen Republik« und sucht Verbündete für seinen marxistisch-ökologischen Ansatz, weil er im Bereich der Umweltpolitik eine Massenbasis vermutet. Bahro: »Es geht darum, daß man das gesamte politisch-psychologische Kräfteverhältnis in diesem Lande, das auf Wachstumspolitik, auf Atomrüstungspolitik, auf weitere Militärpolitik ausgerichtet ist, langfristig ändert und daß die ökologische Massenbewegung, die jetzt begonnen hat, uns eine produktive Herausforderung bietet. Es handelt sich darum zu begreifen, daß die Methoden von Marx keineswegs überholt sind, sondern nur bestimmte alte Antworten. Der Marxismus ist eben kein Dogma, sondern er ist eine Anleitung zum Handeln. Es zeigt sich, daß der Ansatz der Ökologie und der traditionelle Ansatz von Marx vereinbar sind. Wir müssen immer mehr Menschen zu der Einsicht bringen, daß hier etwas grundsätzlich verändert wird.«

Daß Rudolf Bahro in der DDR im Gefängnis saß, ist kein Ausweis dafür, daß er der freiheitlichen Gesellschaftsordnung der Bundesrepublik Deutschland nicht feindlich gegenüberstünde. Im Gegenteil! Der Versuch dieses modernen Morgenthau, die vielfach obskuren Gruppen und Grüppchen der »grünen Bewegung« mit einer geschlossenen Ideologie aus ihrer Eindimensionalität zu erlösen, kann höchst gefährlich sein. Hier kann nicht nachdrücklich genug vor Verharmlosung gewarnt werden. Am Ende kann unser freiheitlich-bürgerliches System nur bestehen, wenn wir konsequent die uns durch die Erfolge dieses Systems gegebenen Möglichkeiten nutzen, und zwar im Sinne der Ziele dieses freiheitlich-bürgerlichen Systems: Das sind mehr Selbständigkeit und weniger Abhängigkeit, mehr Dispositionsfreiheit und weniger Reglementierung. In dieser Richtung liegen unsere Chancen, auf keinen Fall in der Anpassung an die ideologischen Gespinste irgendwelcher falscher Propheten. Wir müssen es deutlich machen!

Mit einem sogenannten Nullwachstum, mit einem Rousseauschen »Zurück zur Natur«, mit einem »Ausstieg« aus unserer komplexen, arbeitsteiligen und hochtechnisierten Industriewelt sind unsere Probleme nicht zu lösen. Ein bewußt herbeigeführtes Nullwachstum würde Fortschritt und wirtschaftliche Entwicklung stoppen. Um dies zu erreichen, müßten schließlich wissenschaftliche Forschung, Eigeninitiative und letztlich das Denken verboten werden. Hier zeigen sich Orwellsche Dimensionen. Ein Entwicklungsstop durch Nullwachstum würde aber auch ein Festschreiben der jetzigen Umweltsituation bedeuten, weil die Kosten für eine Beseitigung der Umweltschäden nur durch eine wachsende Wirtschaft aufgebracht werden können, soll der Lebensstandard nicht spürbar absinken. Ein Entwicklungsstop in einer sich fortwährend ändernden Welt bedeutet aber nicht nur Stillstand, sondern Rückschritt. Ein Rückschritt in die vorindustrielle Gesellschaft würde nicht nur mühsam erkämpften materiellen Wohlstand, sondern auch das über ein Jahrhundert lang geknüpfte Netz sozialer Sicherungen zerreißen.

Industrialisierung und Technisierung sind Menschenwerk und als solche voller Probleme. Die Umweltgefährdung ist eines davon. Die Vereinsamung der Menschen inmitten großer Ballungszentren, zunehmende Drogensucht, Kriminalität und physische Gewaltanwendung, wachsende psychische Störungen des Menschen, die hohen Selbstmordraten in den wohlhabendsten Ländern der Welt sind andere. Es gibt in unserer Welt nicht nur eine materielle, sondern auch eine geistige Umweltbedrohung. Sie bietet den Ansatz dafür, den Menschen in revolutionärer Absicht einreden zu wollen, daß sie unglücklich seien und die Gesellschaft daran schuld sei. Statt dieser Heilslehren empfiehlt sich eine Rückbesinnung auf die Grundwerte menschlichen Zusammenlebens, die sich in der Anerkennung der Person und einer wohlverstandenen Solidarität konzentrieren. Wir stehen nicht mit leeren Händen da.

Warum immer so negativ?

Industrie, Technik und Wissenschaft haben viel Gutes gebracht, das selbst von den Kulturpessimisten gerne in Anspruch genommen, wenn auch offen nicht mehr gerne gesehen wird. Die »gute alte Zeit« war nur eine sogenannte »gute«: Armut und Hunger, hohe Arbeitszeit und geringe Freizeit, keinerlei soziale Absicherung, keine Mobilität, schlechte medizinische Versorgung, ungesunde Wohnverhältnisse, niedrige Lebenserwartung und hohe Kindersterblichkeit, auch all dies gehörte dazu. Was früher nur ganz wenigen Privilegierten zugänglich war, steht heute einer breiten Schicht der Bevölkerung offen. Gewiß, Wohlstand und auf hohem Niveau demokratisierter Konsum sind nicht alles. Aber nirgendwo steht geschrieben, daß man zum Glücklichsein auch nicht noch wohlhabend sein darf. Der gewaltige Fortschritt in den letzten 100 Jahren – über 90 Prozent der gesamten Erfindungen in der Menschheitsgeschichte fielen in diesen Zeitraum – hat den Menschen freier und mobiler gemacht, hat ihm zumindest die Chancen zur Selbstverwirklichung vergrößert. Eine andere Frage ist die, welchen Gebrauch der Mensch von den ihm gegebenen Freiheiten macht. Die Technik ist an sich neutral. Entscheidend ist, wie sie der Mensch anwendet. Je höher der Stand der Technik ist, um so größer sind die Chancen, aber auch die Gefahren. Der Mensch hat die Möglichkeit, mit dem Auto Gegenden kennenzulernen, die ihm verschlossen blieben, wenn er nur auf seine eigenen Füße angewiesen wäre. Er hat aber auch die Möglichkeit, sich mit dem Auto zu Tode zu rasen.

Es ist nicht zuletzt eine zweifelhafte Praxis vieler Massenmedien, immer nur die negativen Seiten des Lebens zu beleuchten und herauszustellen. Unbestritten haben die Presse und die elektronischen Medien die Aufgabe, das tägliche Leben in Politik, Wirtschaft und Gesellschaft kritisch zu begleiten, auf Mißstände aufmerksam zu machen und vor möglichen Gefahren zu warnen. Nicht oder nur unzureichend erfüllt wird diese Aufgabe jedoch, wenn in Wahrnehmung dieses Wächteramtes nur noch die dunklen Schatten einer insgesamt doch, an objektiven Kriterien gemessen, keineswegs freudlosen und schlechten Gegenwart und Zukunft gezeichnet werden. Die Massenmedien, die für den einzelnen immer größere Bedeutung erhalten haben und aufgrund der technischen Möglichkeiten in Zukunft noch erhalten werden, haben hier eine große Verantwortung, dem Bürger die Wirklichkeit zu vermitteln. Zeigen, wie es ist – das sind die Aufgabe und der Auftrag, die zu erfüllen wohl kaum in der krampfhaften Suche nach Randgruppen oder letzten Elendsspuren in einer insgesamt wohlhabenden Gesellschaft gelingt, die dem einzelnen heute Möglichkeiten und Chancen eröffnet, von denen man früher allenfalls hat träumen können. Der einzelne kann davon Gebrauch machen, fähig dazu macht ihn auch, wenn ihm nicht nur das Negative, sondern auch das Positive gezeigt wird.

Es wurde bereits angedeutet, aber es ist auch im Hinblick auf unsere Einstellung zum Wachstum und zur »grünen« Politik wichtig: Selbst in den wohlhabendsten Industrienationen ist es nicht so, daß jedermann in Wohlstand lebt. Auch hier gibt es noch zahlreiche unbefriedigte Wohlstandserwartungen; berechtigte Erwartungen wie zum Beispiel den Wunsch vieler Bundesbürger nach eigenen vier Wänden, nach einer größeren Urlaubsreise. Der vielfach unterstellte »Überfluß« relativiert sich zu oft recht bescheidenem Wohlstand. Das gilt vor allem für Familien mit Kindern. Und wer könnte einen Wachstumsstop gegenüber der Jugend, den späteren Generationen verantworten? Wer könnte ihnen guten Gewissens sagen: Für euch gibt es keine Aufstiegschancen, kein »Mehr« an Gütern und Dienstleistungen!? Dies würde nicht nur jeglichen Willen zur Leistung im Keim ersticken, dies würde von den Betroffenen auch nicht akzeptiert.

Und denken wir an dic Problemgebiete in der Europäischen Gemeinschaft, denken wir an die Dritte Welt. Die Industrieländer sehen sich hier Anforderungen und Erwartungen gegenüber, die sie nicht übersehen können. Trotz noch einigermaßen zufriedenstellender Wachstumsraten geben schon heute die westlichen Industrieländer, geschweige denn die des Ostens, nicht die von der UNO seit Jahren geforderten 0,7 Prozent des Bruttosozialprodukts an Entwicklungshilfe. Die Bundesrepublik liegt derzeit bei knapp 0,4 Prozent. Auch hier gilt, daß Quantität nicht unbedingt Qualität ersetzen kann. Aber Entwicklungshilfe verlangt auch nach quantitativem Wachstum, nicht nur, weil die Industrieländer an die Dritte Welt geben müssen, sondern dort auch – entsprechend der fortschreitenden Entwicklung – in zunehmendem Maß kaufen sollen. Und dann die politische Dimension! Bei einem Versagen im Kampf gegen den Hunger könnte alsbald ein heißer »Nord-Süd-Konflikt« entstehen, demgegenüber sich der »Ost-West-Konflikt« vergleichsweise harmlos ausnehmen würde.

Und noch eines: Ein Industriestaat wie die Bundesrepublik Deutschland kann nicht allein vom Export von »Blaupausen«, von technischem know-how leben. Dieses Know-how, neue Produktionsmethoden, neue Technologien können nur durch ständige Verbesserungen und Innovationen im Rahmen der industriellen Produktion entwickelt werden. Bestes Beispiel hierfür ist der technologische Vorsprung der deutschen Kernkraftwerksindustrie. Er existierte, solange der Bau von Kernkraftwerken in der Bundesrepublik noch möglich war. Fünf Jahre lang wurde in Deutschland kein neues Kernkraftwerk mehr bestellt. Damit aber ist die Gefahr verbunden, daß der deutsche Vorsprung auch in der Sicherheitstechnologie weitgehend verlorengeht. Und wie soll die Entsorgung einmal beherrscht werden, wenn es keine Gelegenheit gibt, am Objekt Erfahrungen zu sammeln? Als rohstoff- und energiearmes Land ist die Bundesrepublik zwangsweise auf die Produktion hochwertiger Produkte mit einem hohen Anteil an Know-how und möglichst geringem Anteil an Rohstoffen angewiesen. Aber wir brauchen die Produktion auch zur Sicherung von Arbeitsplätzen.

Kein Zurück – kein blindes Vorwärts

Aber dies sind schon Einzelheiten. In der Auseinandersetzung mit den »Grünen« und sonstigen Apologeten dieses Genres ist es entscheidend, sich darauf zu besinnen, daß der technologische Standard einer hochindustrialisierten Zivilisation ein Maß an persönlichem und sozialem Wohlstand, ein Maß an persönlicher und sozialer Mobilität, ein Maß an Dispositionsfreiheit ermöglichen, das praktisch und theoretisch unverzichtbar ist. Während es den Anschein hat, als ob der geistige und soziale Fortschritt keineswegs ein besonders stabiles Element darstellt – immerhin haben wir in unserem 20. Jahrhundert einen Rückfall in Barbarei erlebt, der für Optimisten und Realisten gleich unvorstellbar gewesen war –, scheint der einzig gesicherte Fortschritt der technische Fortschritt zu sein. Nur elementare Katastrophen können eine hochtechnisierte Gesellschaft veranlassen, freiwillig und ohne politische Pression hinter den erreichten technischen Standard zurückzugehen.

Die gegenteilige Annahme ist der große Irrtum der »Grünen«. Ihre sozialromantischen Utopien aus einer vorindustriellen Welt sind als Gesellschaftsmodell für unsere gegenwärtigen Probleme ungeeignet. Sie führen letztlich hinter eine arbeitsteilige Gesellschaft zurück. Bahros Illusionismus macht hier ebensowenig eine Ausnahme wie Wiederbelebungsversuche für Elemente des Rätesystems. Eine hochkomplizierte Gesellschaft des ausgehenden 20. Jahrhunderts hat sich mit anderen Problemen auseinanderzusetzen. Sie hat eine optimale Nutzung der Technik zu garantieren und einen Mißbrauch der technischen Möglichkeiten zu verhindern.

Daraus ergibt sich das Problem der technologischen Bewertung. Die vergangenen Jahrzehnte haben uns deutlich vor Augen geführt, daß wir lernen müssen, die Auswirkungen neuer Technologien langfristig zu untersuchen. Wir müssen Bewertungsmaßstäbe entwickeln, die neben der Umweltbelastung auch die Sozialindikatoren erfassen, die durch diese Techniken berührt sind. Auch die Technik muß sich der Frage nach dem Ziel und dem Preis des Fortschritts unterwerfen. Wir können nur das Fortschritt nennen, was dazu beiträgt, die Lebensbedingungen und das Zusammenleben der Menschen entscheidend zu verbessern. Die Zeiten, in denen alles als Fortschritt bezeichnet wurde, was nur eben neu war, sind wohl endgültig vorbei. Die Technik und der technische Fortschritt müssen in ihren Möglichkeiten dem Menschen und seinen Bedürfnissen untergeordnet werden. Wir wollen kein radikales »Zurück zur Natur«, wir wollen aber auch kein radikales, blindes Vorwärts in eine lebensunwerte synthetisch-künstliche Prothesen-Welt.

Die ökologische Situation, in der wir gerade in den Industrienationen leben, ist eine der größten Herausforderungen an den Menschen in seiner ganzen Geschichte. Wer diese Herausforderung richtig begreift, der erkennt auch die nunmehr endgültige und unausweichliche Mahnung daran, daß auch der Mensch Natur ist, nicht Schöpfer, sondern Geschöpf, abhängig von ihr und kraft seiner Fähigkeiten verantwortlich für sie. Die biblische Aufforderung: »Macht Euch die Erde untertan« kam aus dem Geist des Patriarchats, als noch der Patriarch für seine Untertanen Sorge und Verantwortung übernahm. Heute müssen wir aus unserem modernen sozialen Verständnis sagen: Macht Euch die Natur zum Partner, geht den Dialog mit der Natur ein, nehmt nicht nur, gebt auch und verachtet nicht ihre Gesetze. An diesem

Punkt entscheidet sich das Schicksal unserer freien Gesellschaft. Wissenschaft und Technik werden uns weiterhin helfen, sie werden aber nicht die Probleme für uns lösen, sie werden uns auch nicht die Entscheidung und Verantwortung für unsere und der nachkommenden Menschen Zukunft abnehmen; eine Entscheidung und Verantwortung, die im Selbstverständnis einer humanen Gesellschaft nur zugunsten des einzelnen Menschen ausfallen kann. Die humane Gesellschaft wird nicht danach zu beurteilen sein, inwieweit sie theoretischen Kriterien entspricht. Auch dies ist ein Irrtum der »Grünen«. Eine humane Gesellschaft ist einzig und allein danach zu beurteilen, wie es jedem einzelnen Menschen in ihr geht, welche Chance der Freiheit, der Selbstverwirklichung, der Identität diese Gesellschaft ihm eröffnet. Dies ist und bleibt die Aufgabe auch unter den Vorzeichen einer gewandelten Welt.

Die Ausbeutung des Bürgers

Nicht nur materielle Dinge sind im gewachsenen Wohlstand wichtig, um für den einzelnen den Freiheitsraum eigener Entscheidung zu erschließen. An der Problematik des Umweltschutzes, der seinen eigentlichen Sinn in einer vorbeugenden Umweltpflege und Umweltbewahrung nicht vor dem Menschen, sondern für den Menschen findet, wurde es deutlich. Wohlstand hat heute nicht mehr nur mit dem wohlgefüllten individuellen Bankkonto etwas zu tun, Wohlstand im wohlverstandenen Sinn der freien Entfaltung der Persönlichkeit hängt entscheidend davon ab, daß dem einzelnen die Möglichkeiten der Disposition geboten werden. Gewiß, Geld ist nicht alles, aber – in Abwandlung des Wortes eines berühmten Bankiers – muß auch anerkannt werden: Ohne Geld ist alles nichts.

Dostojewski hat einmal gesagt: »Geld ist geprägte Freiheit.« Und in diesem Sinn ist es für die Freiheit und Selbständigkeit des Bürgers von zentraler Bedeutung, inwieweit er über Geld verfügen kann oder inwieweit ihm vorgeschrieben wird, was er mit seinem Geld zu tun hat. Denn zunächst ist einmal alles Geld, das in einem Land und in seiner Wirtschaft im Kreislauf ist, Geld des Bürgers. Er hat es in unterschiedlichster Funktion erarbeitet. Der Staat kann nur über das an Geld verfügen, was er dem Bürger auf irgendeine Weise vorher abgenommen hat; daß es hier vielfältige Weisen gibt, davon soll später noch gesprochen werden. Zunächst wollen wir uns mit dem Spannungsverhältnis befassen, das sich in der Frage konzentriert, wieviel vom Kuchen der Staat und wieviel der Bürger oder in ihrer Gesamtheit die Bürger beanspruchen können und sollen. Es geht um den öffentlichen und den privaten Sektor im Land; eine für einen Finanzminister ebenso spannende Frage wie für jeden Bürger. Denn der Bürger spürt dieses Spannungsverhältnis hautnah in seinem Geldbeutel, der Finanzminister im Staatssäckel.

Das Märchen vom »armen« Staat

Ein besonderer Ton wurde in diese Diskussion 1969 gebracht, als die sozialliberale Koalition in Bonn begierig eine These von jenseits des Atlantiks aufgriff und damit ihre überzogene Reformpolitik motivierte, deren insgesamt negative Folgen bei punktuell vielleicht begrüßenswerten Ergebnissen wir noch auf Jahre, wenn nicht Jahrzehnte zu tragen haben. Was kam da aus Amerika zu uns? Nun, in den sechziger Jahren ist es der amerikanische Harvard-Professor und etwas kauzige US-Diplomat John Kenneth Galbraith gewesen, der als erster die Diskrepanz zwischen »privatem Reichtum« und »öffentlicher Armut« in Worte faßte, nachdem sich eine Reihe seiner Zeitgenossen beispielsweise darüber wunderte, daß die Wirtschaft zwar jedes Jahr immer mehr chromblitzende Autos für den privaten Gebrauch produzierte, die Kinder aber in Schulen unterrichtet wurden, die rissige Mauern und schlecht ausgestattete Klassenräume aufwiesen.

Das ist nur ein Beispiel. Und in den Vereinigten Staaten, auf die Galbraith ursprünglich seine These bezog, schien so manches auch zuzutreffen. Im Land der lange Zeit unbegrenzten Möglichkeiten hat man tatsächlich die öffentlichen Aufgaben im Vergleich zur privaten Wohlstandsmehrung vernachlässigt. Das ist sehr wohl historisch und von der Mentalität des Amerikaners her bedingt, der allzu lang an dem in einer modernen Industriegesellschaft fiktiv gewordenen Wort festhielt: »Am stärksten ist der Mutige allein!« Die erst in Ansätzen vorhandene, gegenüber der europäischen oder deutschen sozialen Sicherung der Bürger unterentwickelte amerikanische Sozialpolitik ist dafür das Beispiel.

Wie so vieles andere aus den USA wurde jedoch Galbraiths Ruf nach mehr öffentlichen Leistungen in Europa und nicht zuletzt in der Bundesrepublik Deutschland zum letzten Schrei einer angeblich zukunftsweisenden Orientierung der Gesellschaftspolitik. Er paßte herrlich in das Programm der sozialliberalen Regierungskoalition in Bonn, der unter der Führung der SPD sowieso alles Private suspekt und alles Staatliche oder Öffentliche als der Gipfel allen Glücks erscheint. Man übersah freilich geflissentlich, daß, was auf Amerika zutraf, in bezug auf die Bundesrepublik Deutschland nicht stimmte.

In Deutschland ist der Staat alles andere als »arm«. Im Gegenteil, wir stehen heute weit mehr vor der Frage, ob der Bürger nicht bereits vom Staat in nicht mehr vertretbarer Weise ausgebeutet wird. Wir müssen uns in der

Tat heute die Frage stellen, ob wir mittel- und langfristig die Rolle des Staates in unserer Gesellschaft – oder genauer gesagt – die Rolle der öffentlichen Hände in unserer Wirtschaft weiter so belassen können, wie sie sich in den siebziger Jahren unter der seit 1969 amtierenden, sozialdemokratisch geführten Bundesregierung entwickelt hat. Die öffentlichen Hände haben sich in diesem Jahrzehnt wie ein Kuckuck im fremden Nest breitgemacht.

Noch 1969 begnügte sich der Staat einschließlich der Sozialversicherung mit einem Anteil von nicht ganz 38 Prozent an der gesamtwirtschaftlichen Leistung. Seitdem hat der Staat unter sozialliberaler Führung – und sozialistischer Ideologie entsprechend – durchaus konsequent den finanziellen Freiheitsraum seiner Bürger immer weiter eingeschränkt. Heute fließt fast jede zweite Mark, die bei uns verdient wird, in die öffentlichen Kassen. Aus einem funktionierenden Sozialstaat hat sich so in wenigen Jahren ein Umverteilungsstaat entwickelt, der die Bürger unseres Landes zunehmend entmündigt, weil er ihnen die Entscheidung über die Verwendung des erarbeiteten Einkommens mehr und mehr nimmt.

Man hat dies mit der hinter uns liegenden Rezession zu entschuldigen versucht, in der vermehrte öffentliche Ausgaben zur Konjunkturbelebung einfach notwendig gewesen seien. Trotz wieder positiver Wachstumsraten unserer Volkswirtschaft ist es in den letzten Jahren aber bei einer beängstigend hohen Staatsquote geblieben. Verantwortlich für diese Entwicklung war nicht die Konjunkturpolitik. Entscheidend war die geradezu pathologische Reformwut. Sie ließ zwangsläufig die Ansprüche des Staates an die Volkswirtschaft schneller wachsen, als es die Wirtschaft verkraften konnte. Die Überforderung war absehbar.

Atemberaubende Verschuldung

Ein Blick zurück: Die Ausgaben der Gebietskörperschaften, das heißt von Bund, Ländern und Gemeinden hatten sich von 1961 bis 1972 von rund 95 Milliarden DM auf 252 Milliarden DM erhöht. Das war eine Steigerung um rund 165 Prozent. Im selben Zeitraum ist das nominale Bruttosozialprodukt um 151 Prozent gestiegen. Das bedeutet zwar einen leicht überproportionalen Anstieg der öffentlichen Ausgaben, aber insgesamt keine fundamentale Diskrepanz. In den folgenden drei Jahren – 1972 bis 1975 – zeigt sich jedoch bereits eine geradezu beängstigend dramatische Entwicklung. Während das Bruttosozialprodukt nur noch um 25 Prozent zunahm, wurde die Zuwachsrate der öffentlichen Haushalte um das fast Doppelte dieses Wertes hochgepeitscht! Die Zuwachsrate der öffentlichen Haushalte kletterte auf 47 Prozent. Die Ausgaben der Gebietskörperschaften stiegen auf die damalige Rekordhöhe von über 361 Milliarden DM im Jahre 1975. Und diese Entwicklung hielt an. Auch in den nachfolgenden Jahren lag die Zuwachsrate der öffentlichen Haushalte nicht oder nur wenig unter der des Sozialprodukts. Das Ergebnis ist eine exorbitante Verschuldung der Gebietskörperschaften von über 400 Milliarden DM. Dies entspricht nahezu einem Drittel des 1980 erreichbaren Bruttosozialprodukts.

Noch beängstigender als die absolute Höhe dieser Schulden ist das Tempo ihres Anwachsens: Nimmt man den Neubeginn mit der Währungsreform des Jahres 1948 als Ausgangspunkt, so betrugen die Kreditmarktschulden der öffentlichen Hände im Jahr 1960, wenn man die sogenannten Altschulden einmal unberücksichtigt läßt, erst 23,7 Milliarden DM, um dann bis 1970 auf 98,3 Milliarden DM anzusteigen. Nur fünf Jahre später, also 1975, betrug die Kreditmarktverschuldung der Gebietskörperschaften bereits 241,6 Milliarden DM. Mit geschätzten 450 Milliarden DM Kreditmarktschulden Ende 1980 werden sie sich innerhalb eines Jahrzehnts, also gegenüber 1970, mehr als vervierfachen.

Wesentliche Impulse erhielt diese verhängnisvolle Entwicklung vom Bund. Er hat in den vier Jahren von 1975 bis 1978 nahezu achtmal soviel Schulden aufgenommen wie im Zeitraum 1965 bis 1968. Allein 1975 hat sich der Bund mehr als doppelt so hoch verschuldet, wie von den Bundesregierungen in den Jahren 1948 bis 1969 insgesamt an Schulden aufgenommen worden sind. Auch wenn man hierbei das Wirtschaftswachstum und den Geldwertschwund berücksichtigt, so kann man diese Entwicklung der Verschuldung nur als abenteuerlich bezeichnen. Wenn der Bund, was die Neuverschuldung angeht, auch in den achtziger Jahren so weitermachen würde wie im abgelaufenen Jahrzehnt, wird er 1990 – also in nur zehn Jahren – Schulden in der fast schon nicht mehr vorstellbaren Höhe von etwa 1250 Milliarden DM angehäuft haben. Diese enorme Belastung muß auch unter dem Aspekt gesehen werden, daß hier ein Wechsel auf die Jugend gezogen wird, der von ihr eines Tages eingelöst werden muß. Staatsschulden sind letztlich nichts anderes als verschobene Steuererhöhungen.

Machen wir es noch einmal deutlich: Die Staatsquote, also der Anteil der

Staatsausgaben einschließlich der Sozialversicherung am Bruttosozialprodukt, beträgt nach einer geradezu explosionsartigen Steigerung in den letzten zehn Jahren sozialliberaler Koalition in Bonn mittlerweile 47 Prozent. Das bedeutet konkret: Von jeder Mark, die heute in der Bundesrepublik ausgegeben wird, entfallen 47 Pfennig auf staatliche Belange und nur noch 53 Pfennig auf private Interessen. Und dabei ist zu berücksichtigen, daß der Begriff »private Interessen« auf keinen Fall dahingehend mißverstanden werden darf, als handle es sich hier um Geld, das jeder nach Gutdünken verjubeln könnte. Eingeschlossen in diesen Sammelbegriff ist alles, was bei uns nicht vom Staat, sondern auf Grund privater Initiative erledigt wird. Und da wir in der Bundesrepublik eine Marktwirtschaft haben, in der grundsätzlich jede wirtschaftliche Betätigung privaten Charakter trägt, gehören in diesen Begriff auch die gesamten Investitionen der Privatwirtschaft.

Griff in die Tasche des Bürgers

Nun ist es klar, daß der Staat nicht 47 Prozent des Bruttosozialprodukts für seine eigenen Zwecke verbraucht. Ein gewichtiger Teil dieses Postens entfällt auf Umverteilungen, das heißt: Der Staat nimmt dem einen etwas weg, um es einem anderen oder einer anderen Gruppe zuzuteilen. So hat im Jahr 1979 jeder private Haushalt durchschnittlich 9200 DM an sogenannten Transferleistungen erhalten, die vorher anderen oder ihm selbst in Form von Abgaben und Steuern abgenommen worden sind. Wie fragwürdig mittlerweile Umverteilungsaktionen geworden sind, zeigt sich auch daran, daß die Haupteinnahmen des Staates längst aus Steuern der Durchschnittsverdiener stammen.

Doch dies in diesem Zusammenhang gewissermaßen nur nebenbei. Entscheidend ist hier, daß man in der Bundesrepublik Deutschland schlichtweg sich einer Lüge schuldig machen würde, wenn man von einem »armen« Staat sprechen wollte. Daß es immer noch nicht genug zu sein scheint, was in der Bundesrepublik Deutschland des Staates ist, und was sich ja an der ungeheuren Verschuldung zeigt, ist eine andere Frage. Von den in Bonn verantwortlichen sozialdemokratischen Politikern aber wird diese Frage gar nicht mehr gestellt. Bei den Sozialisten ist die Ausdehnung der Staatsquote vielmehr erklärte Politik.

In diesem Zusammenhang sei an das Langzeitprogramm der SPD erinnert, das unter der Federführung des späteren Bundeskanzlers Helmut Schmidt zum »Orientierungsrahmen 85« wurde und in dem für das Jahr 1985 eine Staatsquote von 42 Prozent anvisiert wurde. Die sozialdemokratisch geführte Bundesregierung hat diesen »Rahmen« bereits zehn Jahre früher ausgeschöpft. 1974 betrug die Staatsquote bereits 43,9 Prozent. Und nicht zu vergessen ist hier, daß führende SPD-Politikter – während der sozialdemokratische Bundesfinanzminister wählerwirksam Steuersenkungen ankündigt – nur mühsam ihre sozialistische Überzeugung zügeln, es sei ein Fehler, auch nur eine Mark, die dem Bürger über die Steuer abgenommen worden sei, zurückzuerstatten oder ihn durch Steuererleichterungen davor künftig zu verschonen. Schon in den siebziger Jahren wollte man die Belastbarkeit der Wirtschaft testen. Mittlerweile hat die kalte Sozialisierung über die Staatsquote Methode; Steuern und Verschuldung sind die Instrumente.

Zur Methode gehört auch die Verschleierung. So verweist die Bundesregierung immer wieder darauf, daß sich zwar die Staatsquote erhöht habe, daß aber die Steuerlastquote in der Bundesrepublik Deutschland seit langem gleich geblieben sei. Die Steuerlastquote, sie markiert nicht die Ausgabenseite des Staates, sondern die Einnahmenseite. Und wenn das Steueraufkommen im Verhältnis zum Bruttosozialprodukt gleich geblieben sei, dann könne es ja wohl nicht so schlimm sein mit der Belastung der Bürger. In der Tat, die Steuerlastquote bewegt sich seit Jahren zwischen 23 und 25 Prozent des Bruttosozialprodukts. Dabei bedeutet ein Prozent Unterschied immerhin 15 Milliarden DM steuerliche Be- und Entlastung. Davon abgesehen: Hat die SPD den Stein der Weisen gefunden, der es ihr erlaubt, bei relativ gleichen Einnahmen wesentlich mehr auszugeben, also bei unveränderter Steuerlastquote die Staatsquote überdimensional zu erhöhen? Die Antwort lautet natürlich »nein«. Das Argument mit der Steuerlastquote ist ein durchsichtiger Trick.

Nicht berücksichtigt sind in der Steuerlastquote nämlich die vielen Formen der Wirtschaftsförderung, die über das Steuerrecht betrieben werden und damit schon die Einnahmen des Staates mindern und so nicht mehr auf der Ausgabenseite erscheinen. Solche Vergünstigungen, zum Beispiel die Zonengrenzlandförderung oder die Investitionszulage, »stabilisieren« die Steuerlastquote nach unten und erleichtern das Gaukelspiel einer eigentlich kaum höheren prozentualen Belastung. Der Steuerzahler, der nicht in den Genuß irgendwelcher Vergünstigungen kommt, wird wesentlich stärker belastet.

In diesem Zusammenhang dürfen aber auch die zahlreichen Sonderabgaben nicht vergessen werden, die den Steuerzahler zusätzlich belasten. Auch sie erscheinen nicht im Steueraufkommen, so daß die Steuerlastquote nur bedingt die tasächliche Belastung des Bürgers mit Steuern widerspiegelt. Und man hat sich bei den Sonderabgaben einiges einfallen lassen: Kohlepfennig, Benzinbleiabgabe, Winterbauförderung, Abwasserabgabe, Altölabgabe, Konkursausfallgeld, Schwerbeschädigtenabgabe, Beiträge zur Insolvenzsicherung, Filmabgabe und noch einiges mehr. Die Abgaben, die der Bürger zahlen muß, werden von 0,4 Milliarden im Jahre 1970 nach einer Schätzung des Instituts Finanzen und Steuern auf wahrscheinlich 5,4 Milliarden DM im Jahr 1982 ansteigen. Allein der Kohle-»Pfennig« beläuft sich 1980 auf 2,7 Milliarden DM.

Wenn Steuern der Preis für die Freiheit sind, und darin ist ja wohl letztlich der Grund der Besteuerung zu sehen, wenn nicht andere Absichten verfolgt werden, dann folgt daraus, daß ein Übermaß an Steuern einen Verlust an Freiheit bedeutet. Die Antike ging zugrunde in dem Augenblick, da der steuerzahlende Bürger zum Sklaven der Staatsmaschinerie wurde. Und immer wieder haben im Laufe auch der neueren Geschichte Mißstände im Staats- und Steuerwesen zu Destabilisierungen und Umstürzen geführt. Die Französische Revolution war auch eine Folge der materiellen Ausbeutung der Menschen und ihrer Leistungskraft.

In diesem Zusammenhang ging und geht es oft gar nicht expressis verbis um »Steuern«. Als zum Beispiel im Fürstentum Nassau 1812 die älteren direkten »Steuern« aufgehoben wurden, umfaßte das Verzeichnis 40 Druckseiten, darunter Abgaben von »Rauchhühnern, Fastnachtshühner, Busenhühnern, Jägerbrot, Herrengeld, Landreitergagen, Chaussee-Schätzung, Husarenschätzung, Betgeldern, Eierzins, Fräuleingeld, Doktorgeld«. Daran kann man sich erinnern, wenn man auf diesem Gebiet an den Erfindungsgeist der Bonner Regierungsparteien, speziell der SPD, denkt. Im Schaffen neuer Abgaben und Belastungen sind sie in der Tat mindestens genauso einfallsreich wie einstmals die Herren von Hessen-Nassau. Nur die Bezeichnungen sind moderner geworden. Heute spricht man zum Beispiel von »Windfall-profits« und meint die Abgabe im Zusammenhang mit der heimischen Erdölförderung.

Zwar wurden in den letzten Jahren nur relativ wenige Steuern durch den Gesetzgeber erhöht, so die Umsatzsteuer 1978 und 1979, die Heizölsteuer, die Tabak- und Branntweinsteuer. Weitere Steuererhöhungen – sieht man von den massiven »heimlichen« Steuererhöhungen ab, die Anlaß für bayerische Initiativen zur Steuerentlastung in den Jahren 1978, 1979 und 1980 waren – sind nicht zuletzt wegen der segensreichen Mitwirkung des Bundesrats in der Steuerpolitik unterblieben. Aber diese relativ wenigen »Steuererhöhungen« können nicht darüber hinwegtäuschen, daß in den Regierungsparteien, besonders in der SPD, eine steuerpolitische Grundhaltung, eine politisch-geistige Grundströmung vorherrscht, im Zweifelsfall den Bürger zugunsten des Staates zu belasten. Politische Probleme werden von der SPD stets in erster Linie durch obrigkeitliche Eingriffe zu lösen versucht. Und dies kostet den Staat Geld und die Bürger Steuern und Abgaben.

Ohne einen Anspruch auf Vollständigkeit zu erheben, seien hier die innerhalb der SPD und FDP in den vergangenen Jahren entwickelten Pläne zur Einführung neuer Belastungen und Abgaben aufgezeigt. Da gibt es das nur vorläufig beerdigte Projekt der Einführung eines Planungswertausgleichs für Grundstücke ebenso wie die inzwischen wiederbelebten Vorstellungen über eine Vermögensbildungsabgabe für kollektive Tariffonds. Da wurde die »Berufsbildungsabgabe« geschaffen, wenngleich infolge einer bayerischen Normenkontrollklage vor dem Bundesverfassungsgericht nicht erhoben. Zu den Forderungen gehören Sonderabgaben für die inländische Erdöl- und Erdgasgewinnung, die sogenannten Windfall-profits, außerdem die Einführung einer Entwicklungshilfesteuer, einer »Arbeitsmarktabgabe« für Beamte und Selbständige, einer »Maschinensteuer« zur Finanzierung der Defizite in der Rentenversicherung, die Erhebung einer Sondersteuer für Kraftfahrzeuge mit besonders hohem Verbrauch, die Einführung einer Künstlersozialabgabe für bestimmte Unternehmen wie Theater, Verlage, Konzertagenturen. Und so weiter und so weiter. Man kann den Bonner Steuer- und Abgabenplanern in dieser Hinsicht wahrlich nicht Phantasielosigkeit unterstellen. Dabei wird der Steuerzahler schon durch die geltenden Steuern und Abgaben bereits bis zur Ausblutung geschröpft.

Noch nie so geschröpft wie heute

Wir haben seit 1969 eine Veränderung der Struktur unseres Steuersystems erlebt, die die Soziale Marktwirtschaft auszuhöhlen und zu zerstören droht. Das marktwirtschaftliche System baut auf dem Leistungswillen und der Privatinitiative des einzelnen auf. Unsere Besteuerung aber orientiert sich immer weniger an der Leistungsfähigkeit, geschweige denn, daß sie Leistung anerkennt. Zahlen beweisen es: So ist das Bruttosozialprodukt von 1970 bis 1979 um 105 Prozent gestiegen. Das Steueraufkommen insgesamt hat sich in derselben Zeit aber um 122 Prozent erhöht. Und woher kam diese Steigerung in erster Linie? Man kann es erkennen, wenn man sich vergegenwärtigt, daß das Lohnsteueraufkommen um 177 Prozent zunahm. Auch aus diesem Grund das vorhin gesetzte Fragezeichen hinter Umverteilungsaktionen. Das Fragezeichen wird um so größer, wenn man weiß, daß der Steigerung des Lohnsteueraufkommens um 177 Prozent eine Steigerung der Bruttolohn- und Gehaltssumme um nur 105 Prozent gegenübersteht. Man muß heute sagen, daß der »Kleine Mann« noch nie so geschröpft und ausgebeutet wurde wie unter der sozialliberalen Regierung, die sich nicht nur als besonders »sozial« firmiert, deren führende Partei auch noch für sich in Anspruch nimmt, als SPD die Arbeiterpartei zu sein.

Die Veränderung der Struktur des Steuersystems zeigt sich besonders in der Entwicklung der direkten und indirekten Steuern. Hier wird die Leistungsfeindlichkeit der Steuerpolitik seit 1970 überdeutlich. Damals betrug der Anteil der direkten Steuern nur etwa 50,5 Prozent, während er 1979 auf 57 Prozent angestiegen ist. Demgegenüber verringerte sich der Anteil der indirekten Steuern – also der Steuern auf die Einkommensverwendung – von 46,4 Prozent auf 41,1 Prozent. Der Hauptgrund dieser Entwicklung war der progressiv bedingte Anstieg der Steuern vom Einkommen. Ein eklatantes Beispiel: Der Anteil der Lohnsteuer am Gesamtsteueraufkommen stieg von 22,8 Prozent im Jahre 1970 auf 29,8 Prozent im Jahr 1980. 1950 hatte der Anteil der Lohnsteuer am Gesamtaufkommen ganze 8,4 Prozent betragen. Die proportionale Umsatzsteuer nahm demgegenüber nur entsprechend der Kaufkraft- und Geldentwicklung zu. Daran wird deutlich, wie sehr sich die Gewichte verschoben haben. Die enorme Steigerung der direkten Steuern hat unser Steuersystem in einer Weise leistungsfeindlich werden lassen, daß eine Korrektur unvermeidlich ist.

Diese Leistungsfeindlichkeit wird durch die »heimlichen Steuererhöhungen« noch verstärkt. Häufig wird dieser Begriff nicht zutreffend verwendet. Es wäre falsch, darunter die steuerliche Mehrbelastung aufgrund steigender Einkommen zu verstehen, die dadurch auftritt, daß der Steuerpflichtige aufgrund seines gewachsenen Einkommens einem höheren Steuersatz unterliegt. Diese gewissermaßen »kalte Progression« verlangt vom Gesetzgeber von Zeit zu Zeit Änderungen des Tarifverlaufs, wenn die Belastungsrelation nicht verschoben werden soll. Aber hier geht es um die heimlichen Steuererhöhungen aufgrund der »heißen Progression«. Mit ihr werden die Steuerpflichtigen zusätzlich zu den realen Einkommenssteigerungen aufgrund inflationär bedingter Einkommenserhöhungen ohne Steigerung des Realeinkommens einer schärferen Progression unterworfen. Der Steuerpflichtige verdient real also gar nicht mehr, weil die Tariferhöhungen von der Inflation aufgezehrt werden. Er muß aber trotzdem mehr Steuern bezahlen, weil dem Betrag nach sein Lohn oder sein Gehalt, sein Einkommen in eine schärfere Progression hineinwächst.

Steuersystem als Leistungsbremse?

Die heimlichen Steuererhöhungen tragen das ihre dazu bei, daß sich unser Steuersystem immer mehr als Leistungsbremse erweist mit allen negativen Folgen für Selbständigkeit und die Entwicklung eigener Initiative. Der Wille zur Selbständigkeit ist bereits erheblich geschwächt. Strebten 1968 noch 16 Prozent aller Arbeitnehmer die Selbständigkeit an, so waren es 1980 nur noch 7 Prozent. Dabei geht es nicht nur um das Materielle. Handwerker und mittlere Unternehmen werden heute auch durch bürokratische Auflagen, die Führung von Statistiken und vieles andere mehr belastet.

In der Tat fragen sich heute bereits viele Bürger, warum sie eigentlich mehr leisten sollen, wenn sie dafür nicht mehr oder kaum mehr verdienen, den bürokratischen Ärger nicht eingerechnet. Hier soll gar nicht von den Grenzfällen gesprochen werden, in denen Lohn- und Gehaltserhöhungen von über 200 DM im Monat oft nicht ausreichen, um ein Plus zu erzielen, weil im gleichen Moment infolge Überschreitens verschiedener Förderungsgrenzen irgendwelche Vergünstigungen wegfallen. Auch dies bremst den Willen und die Bereitschaft zum Aufstieg, auch dies vermindert die Chance zu mehr Selbständigkeit aufgrund qualifizierterer Arbeit und Tätigkeit. Hier liegt auch ein Grund für die zunehmende Schwarzarbeit. Diese fatalen Auswirkungen müssen gewiß auch beseitigt werden. Aber noch fataler wirkt sich das Problem der heimlichen Steuererhöhungen auf Grund ihrer Breitenwirkung aus; hier ist letztlich jeder betroffen, wenn auf seinem Lohn- oder Gehaltskonto aufgrund von Tariferhöhungen oder Überstunden, Urlaubs- und Weihnachtsgeld oder sonstigen Leistungen mehr Geld, ein höheres Einkommen, ausgewiesen wird. Mittlerweile sind immer mehr Arbeitnehmer in höhere Lohn- und Gehaltsgruppen hineingewachsen, so daß der Progressionszugriff in den dicht besetzten unteren und mittleren Einkommensgruppen besonders stark ist. Nach einer vorsichtigen Schätzung dürften sich im Jahr 1981 rund die Hälfte der 26 Millionen Lohnsteuerpflichtigen in diesen Einkommensbereichen befinden. Und man muß auch wissen: Wenn die Löhne 1980 um 7,5 Prozent steigen, dann steigt zugleich das Lohnsteueraufkommen um 12,8 Prozent.

Hier liegen die entscheidenden Ursachen für die enorm hohen Belastungen, wenn bei Durchschnittsverdienern das Einkommen wächst. Das Ifo-Institut in München hat es ausgerechnet. Der Durchschnittsverdiener muß 1980 von jeder zusätzlich verdienten Lohnmark 43,5 Pfennig an öffentlichen Abgaben (Lohn-, Kirchensteuer, Sozialbeiträge) leisten. Dabei lagen wir 1976 bereits über diesem Wert, nämlich bei einer Grenzbelastung von fast 56 Prozent. Daß die zusätzlich verdiente Mark für den Durchschnittsverdiener heute buchstäblich nicht nur noch 50 Pfennig oder weniger wert ist, wurde nur aufgrund der von der Union ertrotzten Steuererleichterungen erreicht. Der neuerliche Anstieg der Grenzbelastung bringt uns aber erneut in die Gefahrenzone der Halbierung der zusätzlichen Lohnmark.

Die aus diesem heißen Zugriff der Progression fließenden heimlichen Steuererhöhungen bringen Steuermehreinnahmen in die öffentlichen Kassen, die der Gesetzgeber bei der Verabschiedung des Steuertarifs und der dabei unterstellten Belastungsrelation eigentlich nicht wollte. Aber wenn sie ihm zufließen, gibt er sie nur selten oder nur zum Teil heraus. Die Summe ist enorm. Die heimlichen Steuererhöhungen machen nach Berechnungen des bayerischen Finanzministeriums allein in den Jahren 1980 und 1981 einen Betrag von 10 Milliarden DM aus. Nach Berechnungen des Karl-Bräuer-Instituts des Bundes der Steuerzahler summierten sich die inflationären heimlichen Steuererhöhungen in den vergangenen 15 Jahren auf über 60 Milliarden DM. Da immer mehr Steuerpflichtige in den steilen Progressionsbereich wachsen, wird sich diese Entwicklung in Zukunft noch verschärfen.

Nach Berechnungen des gleichen Instituts würden bei einem unveränderten Steuerrecht und einer jährlichen Inflationsrate von »nur« 4 Prozent bis 1983 mehr als 36 Milliarden DM neu an inflationären heimlichen Steuererhöhungen anfallen. Das aber darf nicht sein. Einmal ist es geradezu unanständig, mit der Inflationsrate zu kalkulieren, zum anderen zahlt der Bürger genug. Einen »armen« Staat gibt es ja in der Bundesrepublik nicht.

Jede zweite Mark über öffentliche Kassen

Es sei noch einmal betont: Jede zweite Mark, die von den Bürgern erarbeitet wird, fließt heute bereits über eine öffentliche Kasse. Dies bedeutet eine erhebliche Einschränkung des privaten Raums, der freien Verfügbarkeit des Erarbeiteten für die Bürger. Dies bedeutet aber auch mehr Staat und mehr Bürokratie. Auf Dauer führt dies zu sinkender Leistungsbereitschaft und verkümmernder Investitions- und Innovationsneigung des einzelnen, zu Verzicht auf Selbständigkeit, zur Resignation in Abhängigkeit. Diese Entwicklung ist mit den Grundsätzen einer freien und sozialen Marktwirtschaft nicht vereinbar. Auch deshalb müssen wir diesen falschen Weg verlassen. Die staatliche Finanzpolitik ist dabei der wichtigste Hebel dafür, den Staat in seinen Aufgaben, Zuständigkeiten und damit Ausgaben wieder zu beschränken und dem privaten Sektor wieder mehr Spielraum zu verschaffen; dem einzelnen und seinen privatrechtlichen Einrichtungen. Auch das ist gesellschaftspolitische Infrastruktur. Leistung muß sich wieder lohnen und darf nicht bestraft werden.

Für die Finanzpolitik der achtziger Jahre wird von ganz ausschlaggebender Bedeutung sein, wie der Staat das Steuerrecht gestaltet, um seine langfristigen politischen Zielsetzungen zu verwirklichen. Im Sinn der Zielsetzung, dem Bürger Freiheitsräume offen zu halten oder zu erschließen, gilt es Steuerpolitik im Kontext des großen Rahmens zu machen, der mit der Verbesserung bzw. Erhaltung marktwirtschaftlicher Strukturen die Leistungsfähigkeit unserer Volkswirtschaft sichert. Das Steuersystem muß in dieser Richtung gestaltet werden.

Steuern sind eine wichtige Quelle staatlichen Handelns, eine Quelle, die nur durch Leistung der Bürger gespeist wird. Der verantwortungsvolle Politiker wird so handeln, daß diese Quelle nicht versiegt, indem der Leistungswille gehemmt wird. Daraus folgt bereits, daß eine in diesem Sinn erfolgreiche Steuerpolitik nicht kurzfristig orientiert sein kann. Kurzfristig ist in der Steuerpolitik gleichbedeutend mit kurzsichtig. Die roten Zahlen der sozialliberalen Koalition und die daraus folgende außen- und innenpolitische Handlungsunfähigkeit zeigen es deutlich. Nach dieser und anderen wenig ermutigenden Erfahrungen mit der kurzatmigen Finanzpolitik der letzten Jahre muß die Finanzpolitik wieder mittelfristig angelegt und ein stetiger Kurs verfolgt werden. Der »Kurswechsel« in der Steuerpolitik, den CDU/CSU auf Grund der Mehrheitsverhältnisse im Bundesrat seit 1977 einleiten konnten, hat erste Erfolge gezeigt, vor allem bei den Entlastungen bei der Einkommen- und Gewerbesteuer.

Drei Punkte einer Steuerreform

Ohne den Anspruch der Vollständigkeit zu erheben, drei Punkte erscheinen für ein Steuersystem unverzichtbar, wenn wir den Herausforderungen der achtziger Jahre erfolgreich begegnen sollen:

1. Das Steuerrecht muß wachstumsfreundlich ausgestaltet werden und die internationale Wettbewerbsfähigkeit der deutschen Wirtschaft stärken.
2. Die Besteuerung muß sich wieder stärker an der Leistungsfähigkeit orientieren.
3. Das Steuerrecht muß konsequent vereinfacht werden.

Es wurde bereits an anderer Stelle betont, daß wir auch künftig Wachstum brauchen. Immerhin: Ein Prozent zusätzliches Wirtschaftswachstum bedeutet im Jahr 1980 Steuermehreinnahmen von 3,6 Milliarden DM. Wachstum aber ist nichts anderes als das Ergebnis eines wirtschaftlichen und technischen Fortschritts, der durch die Leistung der Bürger erreicht wird. Wachstumsförderung muß deshalb seinen Ansatz bei der Anerkennung der Leistungsbereitschaft des Bürgers haben. Die Förderung über das Steuerrecht ist dabei der organische Weg, verglichen mit den direkten Subventionen, wie sie die sozialliberale Bundesregierung bevorzugt. Ob es um Konjunkturpolitik geht, um Forschungsförderung oder um Umweltschutzinvestitionen, um nur diese Punkte zu nennen, es ist sinnvoller, dem Bürger die bei ihm schon vorhandenen oder von ihm erarbeiteten Mittel zu belassen, als sie ihm erst über Steuern und Abgaben abzunehmen und sie ihm dann gezielt zuzuteilen.

Auch über steuerliche Förderung läßt sich steuern, allerdings bedeutet diese Steuerung weitaus weniger Reglementierung als die Zuweisung von Mitteln. Und im übrigen wird eine ganze Menge von Bürokratie vermieden, die letztlich einen erheblichen Teil der Mittel aufzehrt, die ansonsten effizienter eingesetzt würden. Vertrauen in den Bürger, Vertrauen in den Unternehmer ist hier nötig, es ist aber auch gerechtfertigt, weil die Eigenverantwortung das bessere Ergebnis bringt.

Im Interesse der Wachstumsförderung ist es angezeigt, den Einkommensteuertarif so zu ändern, daß die leistungshemmende Wirkung der Einkommensteuer minimiert wird. Die Erhöhung oder zusätzliche Gewährung von Steuerfreibeträgen reichen nicht mehr aus. Es gilt die Mängel in der Tarifstruktur zu beseitigen, die von den bereits besprochenen heimlichen Steuererhöhungen ebenso gekennzeichnet ist wie von der Tatsache, daß das Lohnsteueraufkommen in den siebziger Jahren fast doppelt so stark gestiegen ist wie die Bruttolohn- und Gehaltssumme.

Als grundsätzliches Kriterium muß für den Einkommensteuertarif gelten, daß er möglichst gleichmäßig – mathematisch ausgedrückt: monoton und stetig – verläuft. Ausgehend von einem Grundfreibetrag muß er bis zum Ende eine gleichmäßige, verzögerte Progression aufweisen. Sie soll durchgehend verlaufen, ohne Sprung- oder Knickstellen. Eine derartige Tarifformel trägt dazu bei, die unvermeidlichen heimlichen Steuererhöhungen auf Grund der Inflationsraten besser als bisher zu bewältigen. Ein weiterer Vorteil läge darin, daß ein solcher Tarif keine isolierten Belastungsveränderungen für einzelne Einkommensgruppen zuläßt. Den sogenannten Mittelstandsbauch würde es nicht mehr geben.

Die Hindernisse sind groß. Vor allem gilt vielen die untere Linearzone, also die Proportionalzone mit gleichbleibendem Steuersatz, als eine Art heilige Kuh. Man betrachtet sie als besonders leistungsfreundlich und damit für unverzichtbar. Aber die Leistungsfreundlichkeit möchte ich im Zusammenhang mit der hohen Progression, die aus der Linearzone resultiert, bezweifeln. Das gilt um so mehr, als die Bürger in immer höhere Einkommensgruppen hineinwachsen. Es ist an der Zeit, daß eine grundsätzliche Tarifdiskussion geführt wird. Schließlich ist nicht einzusehen, warum die Proportionalzone für alle Zeiten einen harmonischen Tarifverlauf blockieren soll. Die durchgehend direkte, jedoch verzögerte Progression führt im gesamten Bereich zu einer Entschärfung und einer bestmöglichen Realisierung der verteilungspolitischen Zielsetzung. Der durchgehend progressive Tarif bleibt auf dem Tisch.

Wachstumsfreundliches Steuerrecht

Zur wachstumsfreundlichen Ausgestaltung des Steuerrechts gehört aber auch, eine Überbesteuerung der Unternehmen zu vermeiden. Wir müssen das Geld der Wirtschaft belassen, indem wir weniger Steuern erheben, statt das Geld der Wirtschaft zunächst zu entziehen, um es dann in staatliche Ausgabenprogramme zu stecken. Auf diese Weise stärken wir die Eigenkapitalbasis der Unternehmen. Darüber wird im Zusammenhang mit der Vermögensbildung noch gesondert gesprochen. Dies ist ein ganz wichtiger Punkt. Wenn Anfang der siebziger Jahre bei uns im Unternehmensbereich die Verzinsung des Fremdkapitals durchwegs höher war als die Verzinsung des Eigenkapitals, so muß diese Tendenz im nächsten Jahrzehnt abgebaut werden. Denn wer wird noch sein Geld in ein Unternehmen investieren, mit allen damit verbundenen Risiken, wenn er ohne Risiko und ohne Arbeit am Kapitalmarkt eine höhere Verzinsung erhält.

Der in den letzten Jahren von uns betriebene Abbau der Gewerbesteuer hat dazu beigetragen, die Unternehmensbesteuerung wieder investitionsfreundlicher zu gestalten. Mit den Steuersenkungen im Jahre 1978, mit den ab 1980 wirksam gewordenen zusätzlichen Entlastungen – Anhebung von Freibeträgen – sowie durch den Wegfall der Lohnsummensteuer ist aber noch keineswegs ein Endpunkt erreicht. Weitere strukturelle Verbesserungen sind erforderlich. Eine gerechtere Steuerlastverteilung wäre zweifellos durch die Umgestaltung der Gewerbesteuer in eine reine Ertragsteuer zu erreichen. Die Gewerbekapitalsteuer ist wachstumspolitisch fragwürdig.

Eine strukturelle Verbesserung erscheint jedoch nicht nur über die Gewerbesteuer, sondern auch bei der Vermögensteuer notwendig zu sein. Die Entlastung sollte sich vornehmlich auf die auf dem Betriebsvermögen lastende Steuer beziehen. Es muß sichergestellt werden, daß sich die Vermögensteuer künftig nicht mehr dahin auswirkt, vorwiegend im Aufschwung zu investieren und die Investitionen bei geringen Gewinnerwartungen zu unterlassen. Damit wird eine zyklische Investitionspolitik gefördert, die ihre bekannten Nachteile hat. Es erscheint wichtig, die vermögensteuerliche Bewertung der Wirtschaftsgüter des Betriebsvermögens den ertragsteuerlichen Bewertungsvorschriften anzupassen. Es wäre ausgesprochen kurzsichtig, wenn der Abbau der Vermögensteuer nur deshalb verhindert würde, weil »auch reiche Leute« in den Genuß dieser Steuersenkung kämen. Solche Überlegungen dürfen nicht verhindern, das zu tun, was nach allgemeinen

Erkenntnissen zur Stärkung der Investitionskraft der Unternehmen und damit der Selbständigkeit als Unternehmer und der Arbeitnehmer in gesicherten Arbeitsplätzen notwendig ist.

Die vom Ertrag unabhängigen Steuern haben sich als die schlimmsten Wachstumsbremsen erwiesen. Je schlechter die Ertragslage, desto stärker zehren sie am Gewinn!

Nicht selten müssen sie sogar aus der Betriebssubstanz entrichtet werden. Die ertragsunabhängigen Steuern spielen auch eine entscheidende Rolle bei der internationalen Wettbewerbsfähigkeit der deutschen Wirtschaft.

Wenn wir im internationalen Vergleich hohe Sozialleistungen haben – auf die wir alle nicht verzichten wollen –, so können wir nicht zusätzlich noch immer höhere Teile der Gewinne wegsteuern. Wir müssen vielmehr fragen, was in Zukunft zu tun ist, um die deutschen Unternehmen auch weiterhin im internationalen Wettbewerb konkurrenzfähig zu erhalten. Deutschland muß auch in den achtziger Jahren und darüber hinaus ein Land bleiben, in dem man investieren will und kann. Auch aus diesem Grund gilt es, einen Abbau der ertragsunabhängigen Steuern zu betreiben, weil sie die Unternehmen um so mehr belasten, je schlechter die Wirtschaftslage ist.

Die Besteuerung nach der Leistungsfähigkeit – ein geradezu eherner Grundsatz deutschen Steuerrechts – ist in den Jahren seit 1969 in zunehmendem Maß verwässert worden. Einige Punkte wurden im Zusammenhang mit der Entwicklung der Lohnsteuer bereits angesprochen. Ein wesentlicher Sachverhalt in diesem Zusammenhang ist jedoch generell die stetig wachsende Belastung durch die direkten Steuern. Das mindert die Leistungsbereitschaft, das fördert den Unmut der Bürger, die immer höhere Abzüge auf ihren Lohn- und Gehaltszetteln registrieren.

Direkte und indirekte Steuern

Es wurde bereits darauf hingewiesen, daß sich in den letzten Jahren ein ausgesprochenes Ungleichgewicht zwischen direkten und indirekten Steuern herausgebildet hat. Dies bedarf längerfristig wieder einer Korrektur, nicht weil es ein »vorgegebenes Zahlenverhältnis« zwischen direkten und indirekten Steuern gäbe, sondern weil ein zu großes Übergewicht der direkten Steuern leistungshemmend wirkt. Initiativen zur spürbaren Entlastung von direkten Steuern hat Bayern zusammen mit den CDU-regierten Ländern ergriffen.

Veränderungen der Steuerstruktur bedeuten nicht notwendig eine Erhöhung der indirekten Steuern. Die Steuerstruktur läßt sich auch korrigieren, indem man die direkten Steuern senkt und die indirekten konstant hält. Das Jahr 1975 gab ein Beispiel. Im Vergleich zu 1974 verminderte sich aufgrund der in Kraft getretenen Steuerreform der Anteil der Lohnsteuer am gesamten Steueraufkommen von 29,9 Prozent auf 29,4 Prozent. Der Anteil der Umsatzsteuer erhöhte sich dadurch automatisch von 21,6 Prozent auf 22,4 Prozent.

Zum Ausgleich und zur Finanzierung von Strukturmaßnahmen bei den direkten Steuern kann allerdings auch eine Anhebung der indirekten Steuern erwogen werden. Nun gilt die Erhöhung der Umsatzsteuer weithin als »unsozial«. Vor allem der Deutsche Gewerkschaftsbund verweist darauf, daß die indirekten Steuern stets die unteren Einkommensschichten stärker belasten als die höheren. Wer wenig verdient, muß einen größeren Teil seines Einkommens für den reinen Lebensunterhalt aufwenden als derjenige, der ein hohes Einkommen bezieht. Das ist richtig! Aber ein Ausgleich wird bei einer Anhebung der Umsatzsteuer schon dadurch geschaffen, daß man auch die unteren Einkommensschichten von der Einkommensteuer entlastet. Zum anderen – und das ist das Entscheidende – leben wir nicht mehr in einer Zeit, in der indirekte Steuern so ohne weiteres als üble Ausbeutung der breiten Masse zugunsten eines verschwenderischen »Hof«-Staates angesehen werden können, wie es etwa bei der berüchtigten Salzsteuer des Ancien Régime berechtigt war.

Auch dafür gibt es wieder mindestens zwei Gründe. Steuermehreinnahmen dienen heute längst nicht mehr dem Luxus einer dünnen Oberschicht. Sie kommen vielmehr allen Bürgern zugute, wenn sie auf die Erweiterung der gesellschaftspolitischen Infrastruktur zielen: mehr Bildungsmöglichkeiten, mehr Gesundheitsvorsorge, mehr und bessere Straßen, sauberes Wasser, reine Luft, weniger Lärm, eine gesunde Umwelt. Alle profitieren davon, und so erscheint es wohl kaum noch als »unsozial«, wenn auch alle dazu beitragen.

Mittlerweile gibt es aber auch Untersuchungen, unter anderem vom Deutschen Institut für Wirtschaftsförderung in Berlin, die den Vorwurf, eine Erhöhung der Umsatzsteuer sei unsozial, weitgehend als unberechtigt zurückweisen. Die Wirtschaftsforscher stellten vielmehr fest, daß die indirekten Steuern die verfügbaren Einkommen in allen Einkommensschichten relativ gleichmäßig belasten. Berücksichtigt man ferner, daß Grundnahrungsmittel nur mit dem halben Steuersatz belastet sind, kommt es sogar zu einer progressiven Wirkung bei den höheren Einkommen. Besonders interessant ist, daß diese Untersuchung nicht von irgendeinem Wirtschaftsforschungsinstitut kommt, sondern vom DIW, das der SPD nahesteht.

Tatsächlich scheint die Antwort auf die Frage »sozial« oder »unsozial« wesentlich vom »wie« bei der Erhöhung der Umsatzsteuer abzuhängen, das heißt, von den flankierenden Maßnahmen, die man parallel zu einem solchen Schritt bei den direkten Steuern ergreift. Das heißt konkret: Die Entlastung der unteren und mittleren Einkommensschichten bei den direkten Steuern, die sich durch die Progression bei steigenden Löhnen und Gehältern immer härter auswirken, schafft Spielraum für eine Umsatzsteuererhöhung, die zudem bereits »europäisch« vorprogrammiert zu sein scheint.

Mit einem Umsatzsteuersatz von 13 Prozent (Grundnahrungsmittel werden nur mit 6,5 Prozent belastet, einige Leistungen wie Mieten und ärztliche Behandlung sind von der Umsatzsteuer befreit) liegt die Bundesrepublik innerhalb der Europäischen Gemeinschaft noch am unteren Ende der Umsatzsteuerskala. Eine auch aus Gründen des Wettbewerbs notwendige Harmonisierung könnte für eine europäische Umsatzsteuer einen Mittelsatz von 17 bis 18 Prozent ergeben. Dabei sei ausdrücklich noch einmal klargestellt, daß Steuererhöhungen im Zusammenhang mit der indirekten Steuer nicht zur Schuldendeckung verwendet werden dürfen oder für neue Ausgabenprogramme. Es kann nur um die Umstrukturierung des Steuersystems gehen mit dem Ziel eines beschränkten Abbaus der direkten Belastung. Die Staatsquote darf nicht weiter steigen.

Bei einer Staatsquote von 47 Prozent muß grundsätzlich gelten, daß bei einer Austarierung des Steuersystems der einseitig überproportionale Zuwachs bei der Lohn- und Einkommensteuer zu Steuerentlastungen eingesetzt wird. Berücksichtigt man, daß heute von jeder zusätzlich verdienten Mark die Hälfte für Steuern und Abgaben abgezogen wird, dann können wohl nur noch verwegene Verfechter einer Ausdehnung des öffentlichen Korridors auf dem linken Teil des politischen Spektrums auf den Gedanken kommen, man müsse in der Bundesrepublik etwas tun zugunsten der »öffentlichen Armut« auf Kosten etwa »privaten Reichtums«.

Vereinfachung mit kleinen Schritten

Der dritte Punkt für ein leistungsfähigeres und dem Bürger gerecht werdendes Steuersystem ist die Vereinfachung des Steuerrechts. Mit über 90 Steuergesetzen, über 100 Verordnungen, Tausenden von Erlassen und rund 5000 Gerichtsentscheidungen, die heute zu beachten sind, werden die Steuerpflichtigen und selbst die Fachleute überfordert. Das lateinische Sprichwort »summum ius, summa iniuria« hat gerade auf dem Gebiet des Steuerrechts eine traurige Wahrheit erlangt. Wie man aber »einen großen Dschungel nicht von heute auf morgen roden kann«, ohne Schaden anzurichten, so kann man das Steuerrecht nicht von heute auf morgen schlagartig vereinfachen.

Steuervereinfachung ist ein sehr schwieriges Unterfangen. Das deutsche Steuerrecht ist ein in Jahrzehnten entstandenes und weiterentwickeltes Rechtsgebilde, das sich an die vielfältige Struktur unserer komplizierten Gesellschafts- und Wirtschaftsstruktur angepaßt hat. Sprechen wir es ruhig aus: Ein moderner und freiheitlicher Wirtschafts- und Sozialstaat erfordert ein komplizierteres Steuerrecht, will man den vielfältigen Lebensverhältnissen auch nur halbwegs gerecht werden. Ein modernes Staatswesen des 20. Jahrhunderts kann kein Steuerrecht haben wie ein mittelalterliches Fürstentum; zur Deckung der Staatsaufgaben kann nicht einfach der »Zehnte« erhoben werden. Trotzdem, steuerliche Vorschriften, die von der Mehrheit der Steuerpflichtigen, ja oft von Fachleuten nicht verstanden werden, führen zu Ungerechtigkeiten, zu Unmut und Verdruß.

Bei der Suche nach Vereinfachungsmöglichkeiten gerät man sehr schnell in Interessenkollisionen mit anderen Rechtsgütern, z. B. dem Streben nach steuerlicher Gerechtigkeit. Steuervereinfachungen dürfen auch nicht auf dem Rücken der Bürger ausgetragen werden. Vereinfachungsregelungen müssen deshalb so gestaltet sein, daß durch sie keine Mehrbelastungen für den einzelnen Steuerpflichtigen entstehen. Auf der anderen Seite fehlt für große Verzichte, für die Ergänzung von Steuervereinfachungen durch Steuererleichterungen, die Finanzmasse. Die Bundesregierung ist daran freilich zu einem Gutteil selbst schuld, hat sie doch den Spielraum, den sie im Vergleich zur Umsatzsteuerbelastung der meisten EG-Staaten besaß, bereits weitgehend vertan, weil sie die zwei Umsatzsteuererhöhungen einfach zu Einnahmeverbesserungen verwendete. Außerdem engt auch hier die Verschuldung die Handlungsfähigkeit ein. Ein wachsender Schuldenberg war noch immer eine der schlechtesten Voraussetzungen für Steuererleichterungen. So hat man auch die Chance einer »großen Lösung« versäumt, wie sie mit dem Gutachten der Steuerreform-Kommission von 1971 gegeben war. Die Vorschläge der Kommission, z. B. zur Harmonisierung der unabgestimmten und unübersichtlichen Gesetzgebung zur Sparförderung, der steuerlichen Gewinnermittlung, zum Abbau der ertragsunabhängigen Teile der Gewerbesteuer, zur Abschaffung von Verbrauch- und Verkehrsteuern, der Umstellung der Kraftfahrzeugsteuer auf ein Plakettensystem und der Vereinfachung der Grunderwerbsteuer boten Ansatzpunkte für sinnvolle und spürbare Vereinfachungen. Sicherlich konnte man über den einen oder anderen Vorschlag der Kommission geteilter Meinung sein, aber das Gesamtkonzept der Vorschläge hätte zu einer wesentlichen Vereinfachung des Besteuerungsverfahrens beigetragen.

Eine Steuervereinfachung in einem großen Wurf ist zumindest gegenwärtig kaum zu erwarten. Man muß sich auf einzelne, möglichst viele kleinere Schritte konzentrieren. Die einzelnen Gesetze müssen nach Regelungen durchforstet werden, die vereinfacht werden können. Mit vielen kleinen Schritten kann man durchaus auch wirksame Vereinfachungen erreichen. Für große spektakuläre Maßnahmen fehlt die Finanzmasse. So ließe sich das Lohnsteuerverfahren durchaus damit erheblich vereinfachen, daß man die Werbungskosten- und Sonderausgabenpauschbeträge merklich erhöhen würde, um die Zahl der Antragsfälle zu reduzieren. Eine Erhöhung der Pauschbeträge, von denen natürlich in erster Linie die Steuerpflichtigen profitieren würden, die keine entsprechenden Aufwendungen haben, kostet jedoch viele Milliarden, die sich der Staat dann durch eine Erhöhung anderer Steuern wieder holen müßte.

Keine große Lösung in Sicht – dafür viele kleine Schritte! In Bayern haben wir begonnen: Weniger Verwaltungsanweisungen, weniger Richtlinien, das Schaffen eines Ansprechpartners für den Bürger bei seinem Finanzamt – auch mit solchen Schritten hilft man, dem Steuerzahler das Steuerrecht überschaubarer zu machen. Die Bayerische Staatsregierung hat außerdem die Abschaffung einiger Bagatellsteuern beschlossen, für die sie die Gesetzgebungshoheit hat. Es handelt sich um die Vergnügungs-, Jagd- und Getränkesteuer sowie dem Fremdenverkehrsbeitrag. Auch das sind »kleine Schritte«, aber doch ein Anfang bei der Lichtung des Steuerdschungels. Heute ist es auch schon ein Erfolg, wenn man weitere Komplizierungen vermeidet, wie sie die sozialliberale Bundesregierung zum Beispiel mit dem Kinderbetreuungsbetrag und dem Kindergrundfreibetrag auf den Tisch gelegt hat. Erinnern wir uns: »Geld ist geprägte Freiheit«, hat Dostojewski gesagt. Im Sinne von mehr Selbständigkeit und weniger Abhängigkeit des Bürgers, mit dem Ziel, dem Bürger Verantwortung zu lassen und sie ihm für sich auch abzufordern – es kommt auch darauf an, daß er wieder stärker über sein Erarbeitetes verfügen kann. Natürlich kann es und soll es keine Rückkehr zum Nachtwächterstaat geben. Aber wenn von jeder Mark, die in der Bundesrepublik ausgegeben wird, nur noch 50 Pfennig zur Disposition des Bürgers stehen, dann ist Alarmstimmung geboten. Betreuung kann auch Ausbeutung bedeuten. Wem Selbständigkeit lieb ist, der wird es nicht dabei belassen.

Die Inflation der Staatsaufgaben

Von jeder Mark, die heute in der Bundesrepublik Deutschland ausgegeben wird, fließen bereits 47 Pfennig über öffentliche Kassen. So hoch ist die sogenannte Staatsquote, der Anteil der gesamten Ausgaben aller öffentlichen Hände am Bruttosozialprodukt. Seit 1948, als in den Gebieten, die heute die Bundesrepublik bilden, der Zwangsverwaltungsstaat von der Sozialen Marktwirtschaft abgelöst wurde, ist die Zahl der öffentlich Bediensteten jährlich im Durchschnitt um fast vier Prozent gewachsen. Im gerade zu Ende gegangenen Jahrzehnt stieg die Zahl der Angestellten, Arbeiter und Beamten im öffentlichen Dienst um fast ein Drittel. Wenn diese Entwicklung so weitergeht, wie sie in den letzten zwanzig Jahren abgelaufen ist, dann werden im Jahr 2046 sämtliche Bundesbürger beim Staat beschäftigt sein.

Problem erkannt, aber . . .

Diese Hochrechnung, die von dem Frankfurter Professor Wolfram Engels stammt, wird selbstverständlich auch von ihm nicht ernstgenommen. Aber immerhin, auch wenn man eine länger anhaltende Entwicklung nicht in die Zukunft projizieren kann, ohne daß es dabei zu absurden Ergebnissen kommt, dann signalisiert dies zumindest, daß an der Entwicklung etwas faul sein muß, daß wir uns in der Frage des Staatsanteils und der Wucherung des öffentlichen Dienstes auf einen Holzweg begeben haben. Das Problem ist mittlerweile auch längst Bestandteil der öffentlichen Diskussion.

Bayern steht an der Spitze der von der Union regierten Länder, die sich um Programme zur »Entstaatlichung« und zur »Entbürokratisierung« bemühen. Unter Staatssekretär Neubauer vom bayerischen Innenministerium wurde eine Kommission zum Abbau von Staatsaufgaben eingerichtet. Sie hat 1980 ihren ersten Bericht herausgegeben, der 875 Einzelempfehlungen enthält. Rund die Hälfte wurden bereits verwirklicht. Der Rest muß weiter bearbeitet und zum Teil auch mit dem Bund abgestimmt werden. Es ist nicht möglich, hier ins Detail zu gehen. Einige Beispiele seien jedoch angemerkt. So ist es gelungen, drei kommunale Bagatellsteuern abzuschaffen. Seit Sommer 1979 bedarf es bei der Eheschließung in Bayern nicht mehr der Vorlage von Staatsangehörigkeitsurkunden. Seit Januar 1980 ist die Doppelprüfung bei Eigentumsmaßnahmen nach den Förderungsprogrammen für den Wohnungsbau, für Wohnungsmodernisierung und Energieeinsparung weggefallen. Vereinfachungen sind vorgesehen bei der Bayerischen Bauordnung, dem Förder- und Prüfungsverfahren bei der Errichtung von Krankenhäusern, beim staatlichen Förderungswesen überhaupt und auch im Zusammenhang mit dem Landesplanungsgesetz.

Es kann nur verständnislosem Besitzstanddenken entspringen, wenn der Vorsitzende der Gewerkschaft ÖTV im Zusammenhang mit den Bemühungen um Entbürokratisierung und Entstaatlichung die Bayerische Staatsregierung als »Systemveränderer von rechts« bezeichnet. Wenn man freilich nicht der Meinung ist, daß eine Dienstleistung schon deshalb gut ist, weil sie nicht privat, sondern öffentlich erbracht wird, kann man dies durchaus als Ehrentitel betrachten. Man kann auch durchaus diskutieren über Sinn und Unsinn einer eventuellen Privatisierung von Müllabfuhren, Theatern, Sportstadien, Schwimmbädern, Verkehrseinrichtungen und so weiter bis zu Versorgungsunternehmen und Wäschereien. In Wirklichkeit aber geht es um viel mehr!

Blicken wir ein wenig in die Geschichte: Vor siebzig Jahren, kurz vor dem Beginn des Ersten Weltkrieges, gab es im alten Deutschen Reich rund eine Million Beamte. Das waren etwa 1,6 Prozent der Bevölkerung. Heute haben wir über drei Millionen Beamte, Angestellte und Arbeiter im öffentlichen Dienst. Das sind rund 5,3 Prozent des Volkes. Damals kam der Staat mit 12 Prozent des Bruttosozialprodukts aus. Heute dagegen beansprucht der Staat rund 47 Prozent des Bruttosozialprodukts für sich.

Nun ist dieser Ausdruck »Der Staat beansprucht rund 47 Prozent des Bruttosozialprodukts für sich« natürlich geeignet, ein schiefes Bild zu geben. »Für sich« beansprucht und braucht der Staat heute eigentlich am wenigsten. Die Milliarden-Summen, die heute durch die öffentlichen Hände fließen, dienen mit ihrem Löwenanteil keineswegs etwa der Finanzierung eines Hofstaates von weiland Kaisers Zeiten. Im Gegenteil, der weitaus größte Teil der Staatsausgaben wird im Dienste der Bevölkerung und der Gesellschaft, der Vielzahl der Bürger des Gemeinwesens ausgegeben. Auch wenn heute der Aufwand für Personalkosten bei den Ländern bereits 41,2 Prozent an den gesamten Staatsausgaben ausmacht, unterscheidet sich unser Staat doch wesentlich vom Staat früherer Zeiten. Aus dem einstigen Hofstaat, der in erster Linie dem »Hof« und seinen Ambitionen zu dienen hatte, ist ein Dienstleistungsstaat geworden, der im Selbstverständnis des sozialen Rechtsstaats allen Bürgern gleichermaßen zu dienen hat.

Und ebenso ist es bei den Staatsbediensteten. Aus der einstigen Hoheitsverwaltung, die im Vergleich zu ihren damaligen Aufgaben mit einer Million Beamten reichlich überbesetzt erscheinen muß, ist ein gigantisches öffentliches Dienstleistungsunternehmen geworden, dessen Bedienstete – die Beamten, Angestellten und Arbeiter des öffentlichen Dienstes – nur noch in relativ kleiner Zahl Hoheitsaufgaben mit Dienstsiegel und Hoheitsadler ausüben; in weitaus größerem Rahmen vielmehr erbringen sie Dienstleistungen, von der Müllabfuhr über die Wasserver- und -entsorgung bis zur Post.

Nur ein Drittel der drei Millionen im öffentlichen Dienst Tätigen befindet sich im Beamtenstatus, der in erster Linie von zu erfüllenden Hoheitsaufgaben legitimiert wird. Und selbst von diesem Drittel ist nur ein kleiner Teil tatsächlich mit reinen Verwaltungsaufgaben befaßt. Die Grenzen zwischen Verwaltung und Dienstleistung sind längst fließend geworden. So betreibt zum Beispiel die Bundesanstalt für Arbeit mit ihren Arbeitsämtern eine Stellenvermittlung. Das aber ist keine Hoheitsaufgabe, sondern schlichtweg Dienstleistung für den Bürger.

Neue Aufgaben des öffentlichen Dienstes

Blicken wir noch einmal zurück! Im Jahr 1913 fuhren nicht ständig Tausende von Autos durch die Straßen und über die Plätze der Städte. Es war also keine oder kaum eine Verkehrsregelung durch die Polizei notwendig. Oder ein anderes Beispiel: Die Sozialversicherung umfaßte 1913 nur etwa ein Fünftel der Bevölkerung. Heute ist fast die gesamte Bevölkerung sozialversichert. Der Staat finanzierte und baute damals auch keine Wohnungen. Heute hat er einen erheblichen Anteil an diesem Sektor. Es wurde schon einmal gesagt: Der Staat präsentiert sich dem Bürger heute als gigantisches Dienstleistungsunternehmen, als eine umfassende Institution der Lebenshilfe für die Bürger. Das beginnt bei der städtischen Berufsfeuerwehr, bei der Polizei, der Straßenreinigung, der Müllabfuhr, dem Fleischbeschauer und dem städtischen Bestattungsamt. Das setzt sich fort mit der Wasserversorgung, mit dem Kanalbau, dem Bau und Betrieb von Kläranlagen, der Müllverbrennung, den Gas- und Wasserwerken, dem städtischen und staatlichen Verkehrsbetrieb. Dazu gehören Schulen und Lehrer, Militär, Zoll- und Gesundheitsämter, Gerichte, Gefängnisse. Und das hört bei der Sozialversicherung und der Berufsberatung noch nicht auf.

Es ist gar keine Frage, daß diese staatlichen Aktivitäten etwas kosten und immer mehr kosten, je stärker und vollkommener sie ausgebaut werden. Diese Erkenntnis ist übrigens nicht neu. Dies hat schon 1892 – also noch zur kaiserlichen Zeit – der Finanzwissenschaftler Adolph Wagner erkannt und in einem nach ihm benannten Gesetz formuliert. Es lautet schlicht und einfach: Der Staatsbedarf steigt ständig. Ob Wagners Gesetz uns allerdings glücklich machen wird, ist zu bezweifeln. Der Wettlauf um die vollkommene soziale Gerechtigkeit, hinter der die sozialdemokratisch geführte Bundesregierung ihre Politik der Gleichmacherei versteckt, hat den Ruf nach dem Staat verstärkt. Nachdem große Fortschritte gemacht worden sind bei der Herstellung von Chancengleichheit, widmet man nun größte Aufmerksamkeit und erhöhtes Engagement dem Ausgleich der verbliebenen kleineren Ungerechtigkeiten, ja bloßen Unzulänglichkeiten. Die Toleranzgrenze hierfür sinkt ständig. Jeder Unterschied wird auf seine Rechtfertigung abgeklopft.

Die Bewältigung auch dieser Aufgabe wird ganz selbstverständlich dem Staat zugeschoben. Es wäre allerdings unredlich, dafür allein die Bürger verantwortlich zu machen, daß sie auf eigene Anstrengungen verzichten und die Verwirklichung vom Staate erwarten. Ihnen wird von vielfältiger Seite, von Interessenverbänden, aber auch von unermüdlichen Politikern einer mißverstandenen Gleichheit suggeriert, daß der Staat nicht nur die Garantie für Fortschritt und existentielle soziale Sicherung, sondern auch die Allzuständigkeit für das persönliche Wohlergehen und Glück des einzelnen zu übernehmen bereit ist. Das politische Schlagwort und Versprechen von »mehr Lebensqualität« ist hierfür beredtes Beispiel.

Bürokratisches Ungetüm: Kinderbetreuungsbetrag

Trotzdem: Man wird auf die Dauer nicht um die Erkenntnis herumkommen, daß die Inflation der Staatsaufgaben untragbar ist. Man wird auch die Binsenweisheit anerkennen müssen, daß Staatsaufgaben stets auch Staatsausgaben nach sich ziehen, die nötige Sparsamkeit im öffentlichen Dienst logischerweise eigentlich nicht bei den Finanzen, sondern bereits bei den Staatsaufgaben beginnen muß. Aber diese für die Reform des öffentlichen Dienstes wahrscheinlich entscheidende Erkenntnis muß so lange eine Leerformel bleiben, als Regierungen, Parlamente, Abgeordnete und andere mehr, die hier kompetent zu tun haben, z. B. ohne mit der Wimper zu zucken bereit sind, für eine neue Kindergeldregelung die Einstellung von 3 000 bis 4 000 neuen Angestellten und Beamten zu provozieren. Bayern hat sich gegen diese personalintensive Methode ebenso gewehrt, wie es sich gegen die Bürokratisierung des Kinderbetreuungsbetrages zur Wehr setzt, den es seit 1980 gegen den Willen des Bundesfinanzministers gibt.

Dieser Kinderbetreuungsbetrag liefert geradezu ein Musterbeispiel dafür, wie man etwas bis zum Widersinn komplizieren kann. Bundesfinanzminister Matthöfer, der sich durch den Kinderbetreuungsbetrag – für die Betreuung und die Beaufsichtigung eines Kindes können Alleinstehende oder Ehepaare 600 DM bzw. 1 200 DM von der Steuer absetzen – »hereingelegt« fühlt, versuchte die gesetzliche Regelung zu konterkarieren. Zunächst wollte er durchsetzen, daß unter den Begriff der Betreuungskosten nur die Aufwendungen fallen dürfen, die den Eltern durch Fremdbetreuung in Kindergärten und ähnlichen Einrichtungen entstehen. Als ihm die enge Auslegung des Betreuungsbegriffs nicht gelang, wollte er durch das Vorschreiben eines kleinlichen Belegnachweises erreichen, daß viele Eltern wegen dieser Erschwernis auf die Inanspruchnahme der Steuervergünstigung verzichten. Der Unsinn dieser Haltung läßt sich drastisch darstellen: Wer seine Kinder mit seinen Nachbarn tauscht und dann auch noch Belege für die Betreuung der jeweiligen Nachbarskinder austauscht – der und seine Nachbarn können dann den Beleganforderungen des Bundesfinanzministers genügen. Aber wer seine Kinder selbst erzieht, und so sollte es ja eigentlich sein, der soll leer ausgehen. Der Kinderbetreuungsbetrag liefert zugleich ein Beispiel, wie unsozial die Politik dieser sozialdemokratisch geführten Bundesregierung sein kann. Statt die Vergünstigung durch eine großzügige Pauschale jedem zu gewährleisten, werden enge Begriffsauslegungen und kleinliches Belegesammeln vorgeschrieben – was dazu führt, daß die Vergünstigung nur von dem in Anspruch genommen werden kann, der einen Steuerberater hat und Quittungen vorlegt; der kleine Mann aber geht dabei leer aus. Der Union ist es zu verdanken, daß schließlich wenigstens eine Teilpauschalierung ermöglicht wurde.

Kindergeld und Kinderbetreuungsbetrag sind nur zwei Beispiele. Die Steuerreform, die auch unter dem Stichwort »Vereinfachung« gelaufen ist, inzwischen aber längst kompliziertere Tatbestände denn je geschaffen hat, ist ein weiteres. Und man könnte die Reihe fortsetzen, denn zu Ende gedacht werden viele Gesetze zumeist immer nur bis zur Dritten Lesung oder zum nächsten Wahltag. Nur allzu bereitwillig verläßt sich der Bund darauf, daß die Länder die Gesetze dann vollziehen. Bei den Gesetzesvorhaben wird viel zu wenig an die personalpolitischen Konsequenzen für den öffentlichen Dienst gedacht. Personalpolitische Konsequenzen sollten als echte Kriterien in die Entscheidung einbezogen werden. Kosten-Nutzen-Analysen müssen angestellt werden, statt sich auf vage Begriffe wie »Lebensqualität« und »Gerechtigkeit« zu berufen und die Folgekosten in Form von Hunderten oder Tausenden von Beamten außer acht zu lassen.

Nicht schon gut, weil vom Staat

Die notwendige Eindämmung der öffentlichen Aufgaben erfordert auch die Einsicht, daß eine Dienstleistung nicht schon deshalb eine gute Sache ist, weil sie der Staat erbringt. Man wird deshalb nicht nur die künftigen, sondern auch die bestehenden Gesetze darauf überprüfen müssen, ob sich bestimmte Aufgaben nicht privatisieren lassen. Oft bedarf es nur einer staatlichen Regelung, um bei entsprechender Gestaltung der Marktbedingungen eine private Bereitstellung von allgemein erforderlichen Dienstleistungen zu sichern. Denken wir an das Gesundheitswesen oder an den Umweltschutz. Warum müssen Städte und Gemeinden aufwendige eigene Planungsabteilungen oder Bauhöfe unterhalten, wenn es dafür private Unternehmen gibt, die nachgewiesenermaßen wesentlich effektiver und kostengünstiger arbeiten? Warum müssen Müllabfuhr und Straßenreinigung à priori öffentlich betrieben werden? Was sollen aus dem ideologischen Pulverdampf geborene Einrichtungen wie kommunale Wohnungsvermittlungen, die nichts bringen, sondern nur Geld kosten? Warum muß die Bildung ganz kostenlos sein? Selbst in Schweden kennt man die Rückerstattung von entsprechenden Darlehen. Soziale Erwägungen brauchen keine Hinderungsgründe für die Privatisierung zu sein. Staatliche Zuschüsse sind allemal billiger als der Unterhalt eines ganzen Apparates. Die Stadt kann doch im Bedarfsfall die Kosten für einen privaten Makler bezuschussen, sie muß doch nicht gleich selber den Makler spielen.

Beispiele über Beispiele! Für die Reform des öffentlichen Dienstes, über die man im Gegensatz zu weit weniger drückenden Problemen noch nicht intensiv genug nachgedacht hat, wird die Einsicht entscheidend sein, daß nicht alles, was die Bürger an Leistungen fordern oder was ihnen von Interessenvertretern und Politikern als »forderungswürdig« eingeredet wird, vom Staat bereitgestellt werden kann. Aber – wie gesagt – davon ist man noch weit entfernt. Das ist schlimm! Jedenfalls kann man überzeugt sein, daß alles oder zumindest das meiste, um das wir uns heute, angefangen von der Mitbestimmung bis zur Infrastrukturverbesserung, bemühen, vertane Liebesmüh ist, wenn wir das Problem eines ausufernden öffentlichen Dienstes nicht in den Griff bekommen. Deshalb sind auch die von den Gewerkschaften erhobenen Forderungen abzulehnen, durch eine Ausweitung des öffentlichen Dienstes zum Abbau der Arbeitslosigkeit beizutragen. Der Vorschlag ist nicht nur vom Ansatz her verfehlt; auch die in der Diskussion genannten Größenordnungen – 600 000 neue Planstellen – sind schlicht nicht finanzierbar.

Damit ist hinreichend deutlich, daß es mit der Inflation der Staatsaufgaben um mehr geht als um Parkinsons Gesetz. Zur Debatte steht nicht mehr und nicht weniger als das Staatsverständnis; die Rolle, die der Staat gegenüber dem Bürger zu spielen hat. Dabei ist die Wandlung unbestritten. Es wurde schon gesagt: Aus dem einstigen Hofstaat, der in erster Linie dem »Hof« und seinen Ambitionen zu dienen hatte, ist ein Dienstleistungsstaat geworden, der im Selbstverständnis des sozialen Rechtsstaates allen Bürgern gleichermaßen zu dienen hat. Aber auch unter diesem Postulat geht es um die Grundsatzfrage, wie man die Wechselbeziehung von Staat und Gesellschaft auf der einen Seite und dem einzelnen Bürger auf der anderen Seite sieht. Erhofft man sich das »wahre Glück« auf Erden davon, daß der Staat, die Gesellschaft möglichst umfassend bestimmt und perfektionistisch dem einzelnen Bürger vorschreibt, was er zu tun und zu lassen hat, wie er sein Leben einzurichten hat, dann ist eine möglichst hohe Staatsquote – sprich Steuerbelastung für den Bürger – gar keine Streitfrage mehr. Stärker und besser als mit jedem gesetzlichen Paragraphendschungel gelingt es über die Steuerbelastung, den einzelnen in den Dienst des Staates, der Gesellschaft zu zwingen. Bei den Sozialisten ist dies erklärte Politik, und viele, die sich stolz »Sozialdemokraten« nennen, lassen sich zu Werkzeugen dieser entwürdigenden Politik machen.

Wenn man jedoch nicht der Auffassung ist, daß alles Glück beim Staat zu suchen ist, wenn man vielmehr die Auffassung vertritt, daß gerade für die Selbständigkeit des einzelnen bei aller Gemeinschaftsbezogenheit der individuelle Freiheitsraum entscheidend ist, dann wird man nicht nur mit einer Ausdehnung der Staatsquote sehr vorsichtig sein, dann wird man sich anstelle der Erfindung immer neuer Staatsaufgaben auch konkret für die Zukunft überlegen müssen, wie und wo eine Reprivatisierung bisher vom Staat, von der öffentlichen Hand angebotener Dienstleistungen bewerkstelligt werden kann. Und hier geht es gar nicht mehr so sehr um die Frage, ob diese Dienstleistungen den Bürgern dann billiger zur Verfügung gestellt werden können. Es sei ruhig unterstellt, daß die städtische Müllabfuhr vielleicht tatsächlich wirtschaftlich arbeitet und daß die Bürger auch nach ihrer Reprivatisierung das gleiche bezahlen müßten. Und doch ist der Unterschied erheblich.

Gefahren jenseits von Mark und Pfennig

Denken wir doch die Entwicklung des Staatsanteils, des öffentlichen Dienstes zum Giganten, zu Ende. Wenn wir nicht bewußt dafür sorgen, daß dieses wuchernde Wachstum gebremst wird, dann kommen wir über kurz oder lang an einen Punkt, an dem der öffentliche Dienst im Verein mit der Auftragspotenz des Staates zum dominierenden Faktor in der gesamten Wirtschaft wird. Das aber würde nicht ohne Folgen bleiben. Weder für die marktwirtschaftliche Ordnung noch für den Bürger; ganz davon abgesehen, daß die Unabhängigkeit des Bürgers gegenüber dem Staat sehr wohl ein Wert an sich ist, der auch etwas kosten darf.

Ein öffentlicher Dienst, der auf Grund hemmungslos ausgedehnter Staatsaufgaben zum beherrschenden Faktor würde, wäre gleichbedeutend mit einer Hintertür zur Staatswirtschaft. Das aber wäre nicht nur der Anfang vom Ende der für ihre Effizienz bekannten privaten Wirtschaft. Das würde für den Bürger auch bedeuten, daß er um die Früchte dieser Effizienz gebracht, in allen Bereichen letztlich abgefertigt und nicht mehr bedient würde.

Der Streit um die Frage, was des Staates ist und was der privaten Initiative überlassen bleiben muß, geht nur vordergründig um Prozente. Im täglichen Leben wird es gefährlich, wenn der Staat als Partner der Wirtschaft ein solches Übergewicht bekommt, daß sich die Unternehmen schon aus Gründen der Selbsterhaltung auf den Staat hin orientieren anstatt auf den freien Markt. Von diesem Moment an ist der Verbraucher majorisiert, von seinem Staat majorisiert, der mit seiner Nachfrage letztlich auch bestimmt, was produziert wird, was dem einzelnen angeboten wird. Hinzu kommt die Ineffizienz, wie wir sie aus Ostblock-Wirtschaften kennen, die alsbald dazu führt, daß der Verbraucher nur noch ein beschränktes Angebot zur Verfügung hat.

Dieses Horrorbild der »anderen Republik« hat einen sehr wirklichkeitsnahen Hintergrund. Gerade im Zusammenhang mit dem Umweltschutz und den zweifellos vorhandenen Infrastrukturmängeln stehen sehr viele Aufgaben zur Bewältigung an, die zweckmäßigerweise gemeinschaftlich, also vom Staat, in Angriff genommen werden müssen. Eben aus diesem Grund erweist es sich als ganz besonders notwendig, über die Reprivatisierung von bisherigen Staatsaufgaben nachzudenken, um so die nötige Luft für neue unabweisbare Staatsaufgaben zu schaffen, ohne dabei die Gefahr eines staatlichen Übergewichts im Gesamtgefüge zu riskieren. Wir müssen dieser Gefahr begegnen. Wir müssen gegen die Ausuferung der Staatsquote etwas tun. Außer wir ziehen es – zu Ende gedacht – vor, in Zukunft einmal unseren gesamten Lohn, unser gesamtes Gehalt in einen großen Staatstopf zu zahlen und uns von der Wiege bis zur Bahre zum Null-Tarif versorgen zu lassen. Das ist dann die »Taschengeld-Gesellschaft«, von der Margaret Thatcher spricht; eine Gesellschaft, in der Vater Staat dem Bürger keine Dispositionsfreiheit mehr gibt, sondern allenfalls ein Taschengeld für restliche kleine, private Freuden.

Man verstehe dies nicht falsch. Es geht nicht um Freiheit vom Staat im Sinne des 19. Jahrhunderts. Es geht vielmehr um die Freiheit des Bürgers im Staat. Das bedeutet selbstverständlich die Lenkung der Prozesse in Wirtschaft und Gesellschaft durch aktive Eingriffe des Staates immer, aber auch nur dann, wenn dies notwendig ist. Wir brauchen dazu einen starken Staat. Die Inflation der Staatsaufgaben ist ja zu einem Gutteil darauf zurückzuführen, daß der Staat nicht stark genug ist, das Allgemeinwohl gegen mächtige Interessengruppen durchzusetzen. Unter diesen Umständen werden auch aus Zweckmäßigkeitsgründen vielleicht privatisierte Aufgaben nicht zu Privatangelegenheiten. Sie verbleiben durchaus in der Sozialpflichtigkeit, ohne die es Autonomie nicht geben kann. Der Ausgleich sozialer Härten durch Subventionen steht dem nicht entgegen. Sie haben lediglich einen Vorzug, nämlich den, wesentlich billiger zu sein als eine direkte staatliche Betätigung. Im demokratischen Staatsverständnis hat der Staat vor allem Freiheiten der Bürger zu gewährleisten und aktiv zu schützen, das Subsidiaritätsprinzip von sich aus zu fördern – unter diesen Voraussetzungen aber kann dann auch eine Reform des öffentlichen Dienstes aussichtsreich sein.

Reform des öffentlichen Dienstes

In den letzten 10 Jahren ist dabei viel Kraft und Energie von Politikern, Gewerkschaften, Berufsverbänden vertan worden, um – so hat man den Eindruck – an der falschen Front zu kämpfen. Gemeint ist die heftige Auseinandersetzung der letzten 10 Jahre um das sogenannte Einheitsdienstrecht unter dem Stichwort Dienstrechtsreform. Dieses Einheitsdienstrecht sollte nach den Vorstellungen von DGB und SPD das duale System im Recht der öffentlichen Dienste ablösen. Es sollte kein Beamten- und Arbeitsrecht im öffentlichen Dienst mehr geben und entsprechend auch keine Arbeiter, Angestellte und Beamte mehr, sondern nur noch ein einheitliches Dienstrecht und entsprechend auch den Einheitsbediensteten. Dabei wurde versucht, gewissermaßen die Vorteile aller drei Dienstgruppen zu kumulieren, was sich besonders darin ausdrückte, daß alle Beschäftigten, also auch die Beamten, das Streikrecht erhalten sollten. Mit Recht hat der Staatsrechtslehrer Helmut Quaritsch die mit dem Einheitsdienstrecht verbundenen Absichten auf folgende Kurzformel gebracht: »Rechte und Vorteile der Einzelgruppen addieren, Pflichten und Lasten subtrahieren und das so gewonnene Ergebnis mit dem Streikrecht multiplizieren, ist kein ernstzunehmendes Reformkonzept, sondern ein höchst kostspieliges Sozialprogramm ohne Nutzen für den Bürger.«

Die Dienstrechtsreformer mit ihrem Einheitsrezept konnten sich nicht durchsetzen. Sie mußten erkennen, daß sich die Bürger eine solche

»Reform« nicht bieten lassen. Dabei geht es nicht nur darum, daß es wohl berechtigterweise abgelehnt wird, im öffentlichen Dienst gewissermaßen alle Vorteile der Sicherheit der Arbeitsplätze und der Versorgung bei Krankheit und im Alter zu kombinieren. Gerade die Diskussion um das uneingeschränkte Streikrecht im öffentlichen Dienst, die illegalen Streikproben etwa der Fluglotsen, haben dem Bürger auch gezeigt, daß das so viel geschmähte Berufsbeamtentum nicht leichtfertig über Bord geworfen werden soll.

Hier ist ein klares Wort nötig: Das Berufsbeamtentum hat sich bis heute als tragende Säule unserer öffentlichen Verwaltung und als ein Garant für eine rechtsstaatliche, sachbezogene und am Gemeinwohl ausgerichtete Verwaltungstätigkeit erwiesen. Wie in der Vergangenheit können wir auch in Zukunft auf das Berufsbeamtentum als konstanten Ordnungsfaktor in unserer Gesellschaft nicht verzichten. Das Berufsbeamtentum leistet damit durchaus das, was sich die Väter des Grundgesetzes vorgestellt haben, als sie diese Institution in unsere Demokratie übernommen haben und im Grundgesetz verankerten. Im übrigen leistet man dem Berufsbeamtentum keinen oder nur einen schlechten Dienst, wenn man zu einer übermäßigen Vermehrung der Beamtenplanstellen aufruft.

Die oft angegriffenen »Privilegien« des Beamten, so das Lebenszeitprinzip, also die Anstellung auf Lebenszeit, die Unkündbarkeit, der Versorgungsanspruch, das Laufbahnprinzip sind weniger als »soziale Geschenke« für einen etwa bevorzugten Stand anzusehen. Sie liegen auch im Interesse des Bürgers. Die wirtschaftliche und persönliche Unabhängigkeit des Beamten soll den Verwaltungsbereich freihalten von sachfremden Einflüssen. Der kündbare Verwaltungsbeamte, der kündbare Lehrer, der kündbare Polizist oder gar der kündbare Richter hätte es ungleich schwerer, die geforderte Neutralität und Objektivität, die Entscheidung nach gleichem Recht und Gesetz für alle zu gewährleisten. Bei der existenziellen Bedeutung, die staatliche Maßnahmen heute für jeden Staatsbürger haben, liegt es im Interesse jedes einzelnen Bürgers wie im Interesse aller, eine möglichst hohe Sicherheit für eine gerechte und neutrale staatliche Amtsausübung zu erzielen.

Dieses besondere Angewiesensein des Bürgers auf die öffentliche Verwaltung ist auch der Grund dafür, warum den Beamten andererseits bestimmte Berufspflichten auferlegt sind. Hier ist das Streikrecht angesprochen, das der Beamte nicht besitzt. Hier kann es auch in Zukunft keine Abstriche geben. Es ist problematisch genug, daß die öffentliche Hand, der Staat, heute etwa durch einen Streik der öffentlich bediensteten Müllfahrer erpreßt und zu tarifpolitischen Zugeständnissen gezwungen werden kann, die in ihrer Höhe kaum verantwortet werden können. Man erinnere sich an den Streik im öffentlichen Dienst im Jahr 1974, wenngleich den deutschen Gewerkschaften auch des öffentlichen Dienstes in den letzten Jahren durchaus Zurückhaltung und Besonnenheit zu bescheinigen ist. Aber darum geht es eigentlich gar nicht. Wenn die Müllabfuhr streikt, kann sich hier der Bürger für eine gewisse Zeit noch allemal behelfen. Was aber täte er, wenn er plötzlich Hilfe der Polizei braucht, der dafür zuständige Beamte aber gerade streikt? An diesem kleinen Beispiel wird die ganze Problematik deutlich, die nur aufgelöst werden kann, wenn die jederzeitige Leistungsbereitschaft der öffentlichen Hand sichergestellt ist. Das Berufsbeamtentum ist so gesehen Bestandteil eines weitergedachten Sozialstaatprinzips, das die Verfügbarkeit staatlicher Leistungen beinhaltet, auf die der Bürger angewiesen ist. Ein funktionierender und verläßlich verfügbarer öffentlicher Dienst ist unverzichtbarer Bestandteil der gesellschaftspolitischen Infrastruktur, die der Bürger zu seiner Entfaltung braucht.

Das heißt nun wieder nicht, daß man ins andere Extrem verfallen und alle öffentlich Bediensteten verbeamten sollte. Ein höherer Anteil der Beamten an den öffentlich Bediensteten ist allerdings bei vielen Gemeinden wünschenswert; er ist bei bayerischen Gemeinden vielfach unter 20 Prozent abgesunken. Aber grundsätzlich gilt: Mehr Flexibilität innerhalb des dualen Systems im öffentlichen Dienst könnte Vorteile bringen. Die politische Arbeit und Energie sollte jedoch nicht länger unter der Parole »Dienstrechtsreform« vertan werden. Die richtige Aufgabenstellung heißt vielmehr »Reform des öffentlichen Dienstes«.

Dabei geht es gewiß um die Verstärkung von Bürgernähe und Bürgerfreundlichkeit der öffentlichen Verwaltung. Dazu gehört auch, wenngleich nicht nur mehr Höflichkeit und Freundlichkeit. Wenn der öffentliche Sektor heute eine Schlüsselstellung innehat, weil der Staat in so vielen Lebensbereichen mitbestimmt und mitredet, muß sich der öffentliche Dienst intensiver als bisher als Mittler zwischen Staat und Bürger in der jeweiligen konkreten Situation sehen. Das beginnt bei den Formularen, ihrer Verständlichkeit und Fallbezogenheit. Das bedeutet aber auch Mitdenken des öffentlich Bediensteten für den Bürger, wenn er zum Beispiel als Bauwilliger, Steuerzahler, Leistungsempfänger in eine Behörde kommt. Wohlverstandene Reformen müßten auch die Verantwortungs- und Organisationsstrukturen betreffen. Hier gilt es zu überlegen, wie die hierarchischen Ordnungsstrukturen durch andere Führungsprinzipien ergänzt werden können, die etwa Teamarbeit mit klar verteilten Verantwortlichkeiten fördern. Es geht auch darum, die zentralistische Organisation aufzulockern, die für den öffentlichen Dienst schier unüberwindliche Tradition zu sein scheint. Dabei ist längst bewiesen, daß zentralisierte Apparate unbeweglich sind, daß sie unwirtschaftlich arbeiten, daß in einem zentralisierten System Entscheidungen gerade deshalb so oft praxisfern und für den Bürger unverständlich ausfallen, weil die Verantwortlichen mit der Sachlage nur am Rande vertraut sind.

Dezentralisierung als Ansatz

Ein zukunftsträchtiger Ansatz könnte in der Konsequenz des Gegenteils liegen: Dezentralisierung statt Zentralisierung und zwar Dezentralisierung in vertikaler und horizontaler Weise. Vertikale Dezentralisierung bedeutet dabei die Delegation der Verantwortung von oben nach unten. Es geht nicht nur um die Delegation von Arbeit und Aufgaben, sondern von Verantwortung. Vorbilder aus der Wirtschaft sind keine Allheilmittel. Aber sie vermitteln Anregungen. Horizontale Dezentralisierung bedeutet daneben, daß beispielsweise nicht in Frankfurt bei der Bundesbahnzentrale entschieden werden kann, ob und in welchem Umfang beim Münchner Verkehrsverbund im S-Bahn-Betrieb Einsparungen notwendig werden. Den regionalen Planungsverbänden sollen aber konsequenterweise nicht nur die Kompetenzen für die Verkehrsgestaltung und das Verkehrsangebot überlassen werden. Sie sollen auch finanzielle Verantwortung tragen. Auf diese Weise werden sie in die Pflicht genommen. Und ganz von selbst werden sie deshalb auch beim Angebot von Leistungen sparsam sein, wenn diese Leistungen nicht von einer anonymen Zentralstelle bezahlt werden, sondern Geld hautnah dem täglichen Kunden abverlangt werden muß. Das drückt die Kosten, das läßt aber auch mehr Verantwortlichkeit zu.

Aber das sind schon Einzelheiten. Entscheidend wird die Durchsetzung des Prinzips sein, daß der einzelne viel mehr als bisher das tun soll, was er tun kann. Dazu muß man ihn fähig machen. Zur Debatte und Entscheidung steht die grundsätzliche Frage, ob der Staat bei prinzipieller Wahrung der Selbstverantwortung des Bürgers dessen Helfer sein soll, oder aber, ob der Staat für den Bürger zum bestimmenden Faktor wird, der ihm letztlich vorschreibt, wann und wo er was zu tun hat. Auch wenn die sozialliberale Regierungskoalition in Bonn die Behauptung entrüstet zurückweist, entscheidend ist, daß unter ihrer Verantwortung die Entwicklung so läuft. Jenseits öffentlich betriebener Gebäudereinigung, Planungsbüros, Wohnungsvermittlung wird dies brennend deutlich, wenn man die Staatsverschuldung übermäßig zur Konjunkturpolitik benutzt. Hier zeigt es sich: Hat man zur Staatsverschuldung früher fallweise gegriffen, um die Wirtschaft aus einem Konjunkturtal herauszubringen, so ist sie heute eine Dauermedizin. Die Wirtschaft und ihr Wachstum sind von der Droge Staatshilfe via Verschuldung in immer höherem Maße abhängig.

Und diese Abhängigkeit ist das Alarmierende. Dies gilt um so mehr, als bereits heute erkennbar ist, daß der Staat gar nicht mehr in der Lage ist, den Patienten weiter unter Drogeneinfluß zu halten. Der Staat stößt an die Grenze seiner Verschuldungsfähigkeit. Um so verlockender ist es dann, Zuflucht zur Inflationierung des Geldwertes zu nehmen. Fatal ist dabei, daß sich die Folgen nicht mit einem für alle erkennbaren Paukenschlag einstellen, sondern schleichend, auf leisen Sohlen, verführerisch für viele Bürger, die sich ihrerseits an die Betreuung gewöhnt haben und immer stärker gewöhnen, so daß ihnen Reglementierung als wohltuende Fürsorge und Selbständigkeit als ängstigende Bedrohung erscheint.

Hier liegt das Kernproblem der Inflation der Staatsaufgaben. Erfreulicherweise gibt es noch und immer mehr Unbehagen am Ausgreifen des Staates. Dieses Unbehagen gilt es zu nutzen, um denen in den Arm zu fallen, die immer neue Staatsaufgaben erfinden, weil sie die Vervollkommnung der sozialen Gerechtigkeit als dringlicher ansehen als die Bewahrung der Freiheit der Person. Viele laufen auch mit, stellen sich auf den Standpunkt, daß es dem Bürger letztlich gleichgültig ist, wer den Müll abfährt, eine staatliche Müllabfuhr oder eine private. Um so mehr muß klargemacht werden, daß eine wachsende Staatsquote auch gleichbedeutend ist mit einem Verzicht auf vom Bürger selbst initiierte und kontrollierte Eigeninitiative. Dabei gibt es keinen Bruchpunkt. Es ist eine schleichende Qualitätsveränderung.

Mit dem Verzicht auf vom Bürger initiierte und kontrollierte Dynamik zugunsten eines allgegenwärtigen Staates aber gehen gleich zwei wesentliche Elemente einer freiheitlichen Gesellschaft verloren: Ein Stück möglicher Selbstbestimmung und ein Stück Leistung. Und hier geht es wiederum nicht um eine einfache Aufrechnung, daß öffentliche Unternehmen unrentabel arbeiten, während private Unternehmen vergleichbare Aufgaben mit Gewinn erledigen. Es geht um Formulare, Genehmigungen, Vorschriften, Beschränkungen, Eingriffe, ständige Änderungen, einmal Steuerbegünstigungen, dann Restriktionen, einmal Förderung, dann wieder nicht – es geht darum, daß die steigende Abhängigkeit des einzelnen von der öffentlichen Hand auch in Dingen, die mit der Hoheitsverwaltung absolut nichts zu tun haben, die Leistungsbereitschaft einschnürt, Initiative und Risikobereitschaft schwinden läßt und letztlich die Innovation tötet, die den Weg in die Zukunft bereitet. Und so schließt sich der Teufelskreis: Die dem Bürger gestohlene Dynamik wird ersatzweise dem Staat zugewiesen, der alsbald von einer Mark nicht mehr fast fünfzig Pfennig, sondern mehr und mehr und mehr beansprucht, ja beanspruchen muß, weil in ihrer Entmachtung die Bürger dann nach dem Staat rufen.

Erinnern wir uns an Dostojewski, der gesagt hat: »Geld ist geprägte Freiheit!« Manch einen mag es nicht schrecken, daß wir vielleicht alle einmal – wie Professor Engels witzelte – Beamte sein werden. Der Beamtenstatus hat seine Vorteile. Aber vielleicht denken wir auch an Dostojewskis Wort. Auf unsere Zeit übertragen heißt das nichts anderes, als daß jede weitere Ausdehnung des Staatsanteils ein Weniger an individueller Freiheit bedeutet. Wer deshalb die Frage nach der Privatisierung auf die Entstaatlichung etwa von Schlachthöfen verengt, hat das Problem entweder nicht begriffen, oder er will die andere Republik . . .

Gesunde Staatsfinanzen

Eine kräftige, leistungsfähige Wirtschaft und gesunde Staatsfinanzen waren einst Markenzeichen der Bundesrepublik Deutschland. Die Welt sprach von dem deutschen »Wirtschaftswunder«. Wenn hier in der Vergangenheit gesprochen wird, dann bezieht sich dies vor allem auf den zweiten Punkt, die gesunden Staatsfinanzen. Die Solidität im Umgang mit den Finanzen des Staates scheint seit 1969, als in Bonn eine sozialdemokratisch geführte Koalition die Regierung übernahm, der Vergangenheit anzugehören. Wenn die Bundesrepublik Deutschland hingegen noch immer eine leistungsfähige Wirtschaft besitzt, dann gewiß eher trotz als wegen der von Bonn betriebenen Finanzpolitik. Die Leistungsfähigkeit der deutschen Wirtschaft und ihre Entwicklungsfähigkeit, läßt man ihr nur den erforderlichen Spielraum, sind denn auch die Gründe, warum man nicht in Hoffnungslosigkeit angesichts der unvermeidbaren Aufgabe verfallen muß, die Staatsfinanzen zu konsolidieren und wieder auf eine solide Basis zu stellen. Die nötige Konsolidierung betrifft sowohl die Einnahmen wie die Ausgabenseite der öffentlichen Haushalte.

Von der Inflation zur Verschuldung

Die Fakten sprechen für sich: Die siebziger Jahre brachten die schwerste Rezession der Nachkriegszeit, die höchsten Inflationsraten, die größte Arbeitslosigkeit und den bisher steilsten Anstieg der Staatsquote auf 47 Prozent. Vergleicht man die wichtigsten ökonomischen und finanzwirtschaftlichen Kennziffern dieses Jahrzehnts mit dem davorliegenden Zehnjahreszeitraum, so wurde das reale Wirtschaftswachstum halbiert, während sich die Inflation mehr als verdoppelt und die Arbeitslosigkeit sogar verdreifacht hat. Die Verschuldung der öffentlichen Hände hat sich nahezu vervierfacht.

Und noch eines läßt sich für den Zehnjahreszeitraum feststellen. Er spiegelt in zwei Etappen die zwei Arten wieder, mit denen die sozialliberale Koalition nicht nur die Staatsfinanzen in Unordnung brachte, sondern zugleich das Fundament zu zerstören begann, auf dem eine solide Zukunft aufgebaut sein muß. Die eine Art war die Inflationspolitik, die andere Art die Verschuldungspolitik. Die Inflationspolitik ist untrennbar mit Willy Brandt als Bundeskanzler verbunden. Sie endete, als ihm Kabinettsmitglieder wie Karl Schiller und Alex Möller die Gefolgschaft verweigerten, weil sie die Gefahren dieser Inflationspolitik klar erkannten. Helmut Schmidt dagegen hatte keine Skrupel, er verkündete lautstark, daß ihm fünf Prozent Inflationsrate lieber seien als fünf Prozent Arbeitslosigkeit. Fatal war nur, daß Mitte der siebziger Jahre die Bundesrepublik dann beides hatte, eine hohe Inflationsrate und über eine Million Arbeitslose. Dabei hätte man dieses Ergebnis dieser Politik aus einem Lehrbuch herauslesen können.

Mitte der siebziger Jahre endete denn auch mit der Hinwendung zur Verschuldungspolitik nicht die Zeit hoher Inflationsraten. Hier gab es nur ein kurzes Zwischentief. Die sozialliberale Bundesregierung unter Helmut Schmidt änderte nun die Methode. Man suchte den Ausweg oder das finanzpolitische Heil in einer rücksichtslosen Verschuldungspolitik, die schließlich ein dreifaches Ergebnis zeitigte: Eine hohe Inflationsrate, eine hohe Zahl an Arbeitslosen und eine bislang nicht gekannte Verschuldung der öffentlichen Hand als schwere Hypothek für die Zukunft.

Ohne Zweifel ist gerade im Hinblick auf die exorbitante Neuverschuldung zu berücksichtigen, daß ihr Beginn in eine Zeit der Konjunkturabschwächung fiel, in der eine antizyklische Finanzpolitik durchaus sinnvoll sein mag. Darüber wird noch zu sprechen sein. Aber der eigentliche Grund für den Marsch in die finanzpolitische Liederlichkeit liegt in jener visionären »Politik der Reformen«, jener verhängnisvollen Mischung aus Utopie, Naivität und bewußter Systemveränderung, wie sie seit 1969 in Bonn betrieben wurde. Sie begann mit Bundeskanzler Willy Brandt, dem Gerhard Stoltenberg einmal bescheinigte, daß er »in seinem langen bewegten Leben den Unterschied zwischen einer Million und einer Milliarde Mark nie voll begriffen hat«: Und sie setzte sich fort unter Helmut Schmidt, der den Teufelskreis unsolider Finanzpolitik nicht durchbrechen will und auch nicht kann, weil er der Gefangene unermüdlicher »Reformer« und bereits bis zur Handlungsunfähigkeit zementierter Staatsfinanzen gleichermaßen ist.

Von Utopie und Naivität ist in diesem Zusammenhang deshalb zu sprechen, weil in unglaublicher Unbekümmertheit die staatlichen Ausgaben auf die Fiktion eines immerwährenden hohen Wachstums ausgerichtet wurden und weil vielfach staatliche Leistungen gesetzlich festgeschrieben wurden in der naiven Meinung, man könne sie auf diese Weise krisenfest machen. Die sozialliberalen Bundesregierungen und – bestärkt durch erheblichen publizistischen Beifall – auch Teile der Bevölkerung glaubten nach 1969, nun müßten die vermeintlichen Versäumnisse der CDU/CSU-Regierungen schnellstmöglich wettgemacht und alle kostspieligen politischen Zielvorstellungen möglichst gleichzeitig in die Tat umgesetzt werden. Man tat so, als hätten die CDU/CSU-Regierungen den Bürgern in klassenkämpferischer Weise oder ganz einfach aus Boshaftigkeit etwas vorenthalten. Einwände, besonders von bayerischer Seite, daß diese Politik langfristig zu einer systemgefährdenden Überlastung unserer privatwirtschaftlichen Ordnung führen müsse, wurden mit leichter Hand zurückgewiesen. Die »Reformen« genannten Gesetzesvorhaben wirkten sich in der Anlaufphase finanziell noch kaum aus, scheinbar »lief« alles problemlos.

Scheinargumente für Schuldenmacherei

Propagandistischer Nebel und die mit hohen Inflationsraten verbundene Geldillusion trübten lange Zeit den Blick für die längst ausgelöste Schuldenlawine. In den Jahren der Hochkonjunktur von 1970 bis 1973 wurde so ein zum größten Teil gesetzlich zementierter Ausgabensockel geschaffen, der seither die öffentlichen Haushalte belastet wie der sprichwörtliche Mühlstein am Hals eines Ertrinkenden. Die verheerenden haushaltsmäßigen Folgen dieser fahrlässigen Politik der sozialliberalen Bundesregierungen machten sich erst in der Rezession 1974/75 und in den Jahren seither bemerkbar. Konjunkturpolitisch bedingte Mehrausgaben, aber vor allem die nunmehr geradezu explodierenden finanziellen Lasten der Reformeuphorie, verbunden mit einer Überbeanspruchung der Wirtschaft, zwangen in den frühen siebziger Jahren zu stark überhöhten Kreditaufnahmen.

Die sozialliberale Bundesregierung argumentierte mit der Notwendigkeit einer antizyklischen Finanzpolitik in der Rezession. Aber dies waren nur Scheinargumente. Auch den Finanz- und Wirtschaftspolitikern der Bundesregierung mußte klar sein, daß die Anwendung der Konjunkturpolitik von Keynes erfolglos bleiben muß, wenn in den Unternehmen, in der Wirtschaft die Möglichkeit fehlt, Erträge zu erarbeiten. Und genau dies war in der Bundesrepublik der Fall, nachdem man sich entschlossen hatte, in geradezu mutwilliger Art und Weise die »Belastbarkeit« der Wirtschaft zu testen.

Zuerst waren die Unternehmer dran bei dieser Prozedur. Dabei ging es nicht nur um die Großunternehmen, es ging ebenso um die kleinen und mittleren Unternehmen. Erinnert sei an die von der SPD gestartete Aktion »Gelber Punkt«, die dem Einzelhandel schnöde Gewinnsucht unterstellte. In das Schußfeld der linken Ideologen kamen mit konkreten politischen Auswirkungen in Form von einschränkenden Gesetzen dann auch die Ärzte, die Apotheker und weitere Gruppen.

Das Ergebnis ist bekannt. Die Politik der sozialliberalen Bundesregierung, mit der die Belastbarkeit der Wirtschaft getestet werden sollte, endete in der Überlastung der Wirtschaft. Die Konjunkturprogramme griffen nicht, trotz riesiger Verschuldung. Eine Aufwärtsentwicklung setzte erst wieder ein, als auf Initiative und Drängen der Union für steuerliche Entlastungen gesorgt wurde und Arbeit und Investitionen sich wieder lohnten. Die Bundesregierung aber setzt ihre unsolide Haushaltspolitik fort, weil es ihr nicht zuletzt grundsätzlich um die Ausweitung des öffentlichen Sektors geht. Mittlerweile betreibt Bonn beides:

Man dreht an der Inflationsschraube und macht zugleich Schulden. Und beides ist unverantwortlich! Das eine trifft die heutige, das andere die nächste Generation.

Die in unserem Grundgesetz verbürgten Freiheiten dürfen sicher nicht allein aus einem verengten ökonomischen Blickwinkel betrachtet werden. Wenn von Freiheit gesprochen wird, geht es nicht nur um die Freiheit des Konsums. Doch scheint zunehmend in Vergessenheit zu geraten, daß zum Kern bürgerlicher Freiheiten vor allem auch die freie Entscheidung über die Verwendung des in harter Arbeit erworbenen Einkommens gehört. Die sozialliberalen Bundesregierungen haben es geschafft, dieses Stück Freiheit unserer Bürger durch eine bis an die Grenzen des Erträglichen gesteigerte Steuer- und Abgabenlast einzuschränken. Aus einem funktionierenden Sozialstaat hat sich so ein freiheitsverzehrendes Umverteilungsmonster entwickelt, das die Bürger unseres Landes zunehmend entmündigt und ihnen die Entscheidung über die Verwendung des erarbeiteten Einkommens mehr und mehr nimmt. Die hierzu nötige Bürokratie tut das Ihre zur Ineffizienz. Dies ist das Ergebnis einer Politik, die ihr Heil in immer mehr Staat, in immer mehr und neuen Ausgabeprogrammen und immer noch mehr Schulden gesucht hat. Der Zugriff des Staates in Form einer fast konfiskatorischen Besteuerung kann nur noch schwerlich mit Thomas von Aquin als »erlaubter Raub« bezeichnet werden. Er traf und trifft alle Bürger. Unstreitig wurden jedoch die Selbständigen und der gewerbliche Mittelstand besonders in die Zange genommen. Das bleibt nicht ohne Wirkung auf die wirtschaftliche Entwicklung. Die sozialliberale Koalition hat sich wie der Besitzer eines Rennpferdes benommen, der sein Tier mit gefesselten Hinterläufen in einen Geländeritt schickt, ihm zur Prüfung seiner Belastbarkeit noch Bleigewichte unter den Sattel schnallt und sich dann wundert, wenn das Tier seine alte Lebendigkeit verloren hat und auch starke Vitaminspritzen nicht mehr helfen.

Verfehlte Konjunkturpolitik

Seit 1974, als sich die Wirtschaftskrise des Jahres 1975 abzuzeichnen begann, hat die Bundesregierung geglaubt, die lahmende Konjunktur durch immer neue staatliche Ausgabenprogramme wirksam anspornen zu können. Rund 40 Milliarden DM, nach anderen Berechnungen sogar weit über 50 Milliarden DM, wurden so im Konjunkturofen verfeuert. Nur ist es nicht gelungen, um im Bild zu bleiben, ein nachhaltig und dauerhaft wärmendes Brikett- oder gar Koksfeuer zu entfachen, sondern nur ein mühsam dahinschwelendes Rauchfeuer. In der Sprache der Ökonomen ausgedrückt: Der Funke der Initialzündung sprang nicht über.

Das hat verständlicherweise dazu geführt, daß seit einigen Jahren zunehmend und von verschiedenster Seite – Sachverständigenrat, Wirtschaftswissenschaft, Bundesbank, Wirtschaftspublizistik – an der als immer unzureichender empfundenen antizyklischen Finanzpolitik Kritik geübt wird. Die einen rügen das überzogene öffentliche Engagement und die hieraus resultierende, exzessive Staatsverschuldung, andere haben eine schon panische Furcht vor den angeblich negativen Folgen einer Haushaltskonsolidierung.

Tatsächlich erweist sich vor allem die von der Bundesregierung über Jahre hinweg unverdrossen praktizierte Konjunktursteuerung durch Ausgabenvariation als immer problematischer. So ist eine je nach Konjunkturlage angezeigte Ausweitung oder Drosselung der öffentlichen Ausgaben nur sehr beschränkt möglich. Der weitaus größte Teil der öffentlichen Haushalte ist durch Gesetze und rechtliche Verpflichtungen gebunden. Rund 95 Prozent der Haushaltsvolumina stehen somit für eine Politik des antizyklischen Gegensteuerns nicht zur Disposition, überdies ist ein ständig wechselndes Bremsen und Beschleunigen bei den staatlichen Ausgaben dem notwendigen Bestreben abträglich, das Angebot an öffentlichen Gütern und Dienstleistungen kontinuierlich zu verbessern. Wie wichtig aber solche Stetigkeit ist, davon weiß vor allem der Bausektor ein Lied zu singen, der langfristiger disponieren muß.

Psychologische Hemmnisse kommen hinzu: Werden nach dem ebenso beliebten wie gefährlichen Gießkannenprinzip »Arme« und »Reiche«, Bedürftige und weniger Bedürftige, über Jahre hinweg mit den zweifelhaften Segnungen staatlicher Konjunkturprogramme berieselt, so löst dies schwer umkehrbare Gewöhnungsprozesse aus. Aus Furcht vor möglichen Reaktionen bei Industrie und Handel und Verbrauchern scheut so mancher Politiker notwendige, aber unpopuläre Entscheidungen, wenn es darum geht, Subventionen zu verweigern oder abzubauen. Mangelndes Vertrauen oder gar gewolltes Mißtrauen in die Selbstheilungskräfte des Marktes tun ein Übriges. Gute Vorsätze werden zwar immer wieder gefaßt, aber man sattelt das Pferd nur, ohne es zu reiten.

Einem wirkungsvollen »deficit-spending«, wie die Konjunkturpolitiker es seit Keynes nennen, steht auch entgegen, daß staatliche Nachfrage fehlende Privatnachfrage wegen ihrer gänzlich anderen Art und Struktur nur sehr bedingt und unzureichend ersetzen kann. Die immer wieder beschworene angebliche Nachfrage- oder deflatorische Lücke vermag sie jedenfalls nicht zu schließen. Das gilt auch und gerade für die öffentlichen Investitionen, weil sie sich weitgehend auf den Bausektor beschränken. Konkret: Einer stagnierenden Autonachfrage, einem darniederliegenden Bergbau oder notleidenden Werften ist weder durch verstärkten öffentlichen Hoch- noch Tiefbau zu helfen.

Soweit der Staat Konjunkturspritzen in Form öffentlicher Investitionen verabreicht, handelt es sich entgegen dem ersten Anschein nicht um ein einmaliges »In-die-Bresche-Springen«. Der Staat übernimmt vielmehr ein fortwährendes finanzielles Engagement. Zumeist trifft es die Länder und Gemeinden, weil deren Investitionen erhebliche Folgekosten nach sich ziehen. Man hat ermittelt, daß die jährlichen Folgekosten, also die Summe der Unterhaltungs-, Betriebs- und Verwaltungskosten, der kalkulatorischen Abschreibungen und der Zinsen, zwischen 9,5 Prozent des Herstellungsaufwandes bei Verkehrseinrichtungen und 31 Prozent dieses Aufwandes bei Schulen und Kindergärten schwanken. Diese Folgekosten belasten somit die Haushalte künftiger Jahre empfindlich und engen den ohnehin schmalen finanzpolitischen Handlungsspielraum weiter ein. Mancher Bürgermeister und Stadtkämmerer scheut daher begreiflicherweise selbst dann vor Investitionen zurück, wenn Bund und Land sie mehr oder weniger voll finanzieren.

Der Bund lebt über seine Verhältnisse

Nicht nur aus diesen Gründen, auch wegen der bereits mehrfach angesprochenen Höhe der Staatsverschuldung muß daran erinnert werden, daß die Konjunktursteuerung nicht die alleinige Aufgabe der staatlichen Finanzpolitik sein kann. Primäre Aufgabe muß vielmehr unverändert die fiskalische Funktion bleiben. Danach haben Staat und Gebietskörperschaften zur Erfüllung ihrer Aufgaben die hierfür notwendigen Mittel möglichst wirtschaftlich zu beschaffen, sparsam zu verplanen und etatmäßig einzusetzen. Die Bundesregierung hat diese wohl von kaum einem verantwortlichen Finanzpolitiker bestrittene Rangfolge in den Jahren ihrer Regierung regelmäßig verletzt. Praktisch bedeutet dies, daß sie bei Aufrechterhaltung einer Deckungslücke im Bundeshaushalt von jährlich bis zu 30 Milliarden DM auch in guten Konjunkturjahren seit 1970 weit über ihre Verhältnisse gelebt und die Länder in diesen unheilvollen Sog zwangsläufig mit hineingezogen hat. Nach dem Grundgesetz obliegt nämlich die Verwaltung und damit der Vollzug der Gesetze grundsätzlich den Bundesländern. Die meisten im Vollzug aufwendigen Bundesgesetze treffen damit in ihren kostenmäßigen Auswirkungen nicht den Bund, sondern die Länder und die Gemeinden. Gleiches gilt für Gesetze, die Geldleistungen an Bürger und Wirtschaft vorschreiben.

Das im Vergleich zum Wachstum des Bruttosozialprodukts überproportionale Wachstum der öffentlichen Ausgaben ist die Konsequenz dieser Entwicklung. Ein überproportionales Wachstum der Staatsausgaben kann jedoch – läßt man einmal Inflationierungstendenzen außer acht – nur auf zwei auf Dauer gleichermaßen fatalen Wegen finanziert werden. Entweder man greift sofort zu drastischen Steuererhöhungen, oder man greift zur Kreditfinanzierung. Da niemand dem Bürger die Kosten dieser Reformpolitik auf dem Wege von Steuererhöhungen sofort abverlangen kann – dies würde letztlich am Widerstand aller scheitern –, greift man zum vermeintlich geräuschärmeren Weg der Kreditfinanzierung. Dabei stellt dieser Weg jedoch keinen Ausweg dar, sondern es handelt sich um eine Sackgasse. Die Schulden von heute sind nämlich die Last für den Steuerzahler von morgen. Mit jeder Schuldenaufnahme beginnt eine zusätzliche Belastung des öffentlichen Haushalts durch Tilgung und Zinsen. Auch diese Belastung muß letztlich finanziert werden und fällt dementsprechend in späteren Jahren auf den Bürger zurück. Es handelt sich um nichts anderes als um eine vertagte Steuererhöhung.

Nun gibt es für die Verschuldung der öffentlichen Hände keine exakt meßbare Obergrenze, bis zu der die Kreditaufnahme als zulässig angesehen werden kann und oberhalb derer eine Kreditaufnahme plötzlich wirtschaftlich schädlich wird. Es gibt aber eine Reihe von Indizien, die anzeigen, wann der Grenzbereich der staatlichen Verschuldung erreicht ist. Ein solches Indiz ist das Verhältnis von Zinsen und Neuverschuldung. Beim Bund wird im Jahr 1983 die jährliche Neuverschuldung nicht mehr ausreichen, um allein die anfallenden Zinsen begleichen zu können. Wenn aber die Zinsbelastung die Neuverschuldung erst einmal übersteigt, dann haben die Zinsen einen derartigen Anteil des Staatshaushaltes erreicht, daß die Handlungsfähigkeit des Staates ernsthaft in Frage gestellt ist.

In Zeiten wirtschaftlicher und politischer Stabilität sind die Auswirkungen dieser geringen Handlungsfreiheit der öffentlichen Haushalte nicht sonderlich schmerzhaft spürbar. Bei einer wirtschaftlichen Abschwächung kann die fehlende Handlungsfreiheit jedoch fatale Folgen haben. Wenn im Falle eines Konjunktureinbruchs wegen der völlig ausgereizten Haushaltssituation keine Möglichkeit zum Gegensteuern besteht, dann ist die Wirtschaft der Rezession völlig ausgeliefert. Das bedeutet für jeden einzelnen Arbeitnehmer ein zusätzliches Arbeitsplatzrisiko, das bedeutet Wachstumsverluste erheblichen Ausmaßes.

In diesem Zusammemhang ist auch auf die Gefahren hinzuweisen, die mit einer überzogenen Staatsverschuldung für den Kapitalmarkt und die Preisstabilität verbunden sind. Diese Gefahren werden nur allzugern verharmlost. Die Ausweitung der öffentlichen Kreditaufnahme trägt zweifellos dazu bei, daß auf dem Kapitalmarkt, auf den die private Wirtschaft angewiesen ist, die Zinsen steigen oder auf hohem Niveau gehalten werden. Infolge der Zinsrobustheit der öffentlichen Hand kommt es zu einer Zurückdrängung der privaten Kreditnachfrager, es sei denn, die Bundesbank läßt eine starke Ausdehnung der Geldmenge zu, was aber aus stabilitätspolitischen Gründen unerwünscht und abzulehnen ist. Die Zurückdrängung der privaten Kreditwünsche führt zwangsläufig zu einer Einschränkung insbesondere der privaten Investitionen, daneben auch der privaten Konsumnachfrage. Hindert man aber die private Investitionstätigkeit an ihrer Entfaltung, dann kommt auch der Wirtschaftsaufschwung nicht in Gang oder wird jedenfalls in einem sehr frühen Stadium schon wieder gebremst. Hinzu kommt noch, daß jede Zinssteigerung nicht nur direkt die private Nachfrage beeinträchtigt, sondern darüber hinaus auf den Devisenmärkten die auf Aufwertung der D-Mark gerichteten Tendenzen verstärkt und so die Schwierigkeiten der deutschen Wirtschaft auf den Auslandsmärkten wie auch auf dem Binnenmarkt vergrößert.

Handlungsunfähig auch außenpolitisch

Eine überzogene Staatsverschuldung kann jedoch nicht nur zur innen-, sondern auch zur außenpolitischen Handlungsunfähigkeit führen. Das Beispiel lieferten die Milliardenzahlungen, die nach Ansicht der Bundesregierung 1980 zugesagt werden mußten, um die Europäische Gemeinschaft vor dem Auseinanderbrechen zu bewahren. Kurz vorher hatte sich die Problematik einer Finanzpolitik gezeigt, die ihre einzige Reserve im Schuldenmachen sieht, als im Zusammenhang mit dem Einmarsch der Sowjets in Afghanistan die Verteidigungsanstrengungen verstärkt werden mußten und überdies eine großzügige Hilfsaktion für den Bündnispartner Türkei zu finanzieren war. Als zu diesen Milliardenbrocken dann auch noch die EG-Milliarden kamen, mußte die Bundesregierung eingestehen, daß sie die Mittel nur noch über Steuererhöhungen aufbringen kann – und dies in einer Zeit durchaus guter Konjunktur, mit beachtlichen Steuermehreinnahmen.

Soweit gewissermaßen die Diagnose! Nun aber stellt sich die Frage nach der Therapie. Wenn die gesamtwirtschaftlichen Daten und Verhältnisse in einer Weise in Unordnung geraten sind, wie es im Zuge einer überzogenen Ausgabensteigerung der öffentlichen Hände seit 1969 eingetreten ist, dann muß auch hier angesetzt werden. Dazu bedarf es zunächst einmal der Einsicht, daß es im Kampf um die Gesundung der Staatsfinanzen ein untaugliches Mittel ist, aus konjunkturpolitischen Erwägungen heraus die Staatsausgaben und damit die Schulden noch weiter zu erhöhen. Das gilt ganz besonders in Zeiten guter Konjunktur. Das gilt aber auch allgemeiner, nachdem man mittlerweile weiß, daß Ausgabenprogramme allenfalls eine kurzfristige Belebung in einzelnen Wirtschaftszweigen bewirken, nicht aber von durchgreifendem Erfolg sind. Eine kurzatmige Stop- und Go-Politik hilft nichts, sie schadet nur. Erinnern wir uns an den Sommer 1973, als eine zehnprozentige Strafsteuer auf Investitionen eingeführt wurde, diese Investitionssteuer dann ein halbes Jahr darauf wieder aufgehoben und nach einem weiteren Jahr ein Investitionsbonus von 7,5 Prozent ausgelobt wurde. Den Finanzämtern verblieb schließlich 1975 entsprechend den Veranlagungszeiträumen die undankbare Aufgabe, den Scherbenhaufen aufzufegen und beide Steuern gegeneinander aufzurechnen. Die Konjunkturpolitiker hatten offenbar John Maynard Keynes nicht zu Ende gelesen, auf den sie sich so gern berufen. Keynes hat nämlich klipp und klar gesagt: »Arbeitslosigkeit ist nur dadurch zu beseitigen, daß den Unternehmern wieder eine angemessene Gewinnspanne verschafft wird«. Und dazu reichen kurzatmige Konjunkturprogramme nicht aus, dazu bedarf es eines dauerhaften leistungs- und wachstumsfreundlichen Ordnungsrahmens, der das für eine anhaltend gute Konjunktur nötige günstige Klima gewährleistet. Dazu bedarf es vor allem eines Steuerrechts, das Investitionen und Leistung interessant macht.

Konsequenzen aus der Staatsverschuldung

Vor diesem Hintergrund sind mit dem Ziel gesunder Staatsfinanzen eine Reihe von Konsequenzen zu ziehen. So müssen wir, wenn die öffentlichen Finanzen nicht vollends aus dem Ruder laufen sollen, endgültig von der Vorstellung Abschied nehmen, auch in den vor uns liegenden Jahren könnten die Staatsausgaben stärker als das Sozialprodukt wachsen. Das Gebot der Stunde ist eine möglichst sparsame Ausgabengestaltung und ein spürbarer Abbau der unerträglichen Staatsverschuldung. Dabei darf nicht verkannt werden, daß diese ungewohnte Kur mit möglicherweise deutlichen und schmerzhaften Entzugswirkungen und -erscheinungen verbunden sein wird. Diese sind aber das mit weitem Abstand kleinere Übel als der andernfalls drohende Kollaps der öffentlichen Finanzen. Die notwendige Einschränkung der staatlichen Ausgaben – heute sind wir noch in der Lage, uns dabei im wesentlichen auf eine Verringerung der Zuwachsraten zu konzentrieren. Absolute Kürzungen sind global vermeidbar, im Einzelfall dürfen sie jedoch nicht tabu sein. Es gibt eine Reihe von Transferleistungen und vor allem Subventionen, die zwar in ihrem Kerngehalt unangetastet bleiben können, dort aber abzubauen sind, wo sie aufgrund des inzwischen erreichten allgemeinen Einkommens- und Wohlstandsniveaus ihre gesellschafts- und wirtschaftspolitische Berechtigung verloren haben.

Überproportional gewachsene Ausgaben können auf ehrliche Weise nur durch Kürzungen beim Zuwachs der Ausgaben wieder auf ein vertretbares Maß gebracht werden. Dabei muß sich auch der Staat die Frage nach seinen Funktionen wieder gefallen lassen und dort zu einem Zurückstecken bereit sein, wo sein Eingreifen nicht unbedingt erforderlich ist.

Um gleich einem Mißverständnis vorzubeugen: Hiermit soll in keiner Weise etwa einem generellen Abbau der notwendigen sozialen Sicherheit oder gravierenden Schnitten im Netz der sozialen Sicherung das Wort geredet werden. Es besteht kein Zweifel, daß ein angemessenes Einkommen der Rentner, eine den auch nicht eben billigen Fortschritten der Medizin entsprechende Krankenversorgung, eine Entlastung junger Familien, um nur einige Beispiele zu nennen, unverzichtbare Forderungen sind, für deren Erfüllung der Staat wesentliche Verantwortung trägt und an denen niemand rütteln will. Wir müssen jedoch verhindern, daß das soziale Netz an allen Ecken so überspannt wird, daß es am Ende auseinanderreißt.

Die soziale Sicherung ist nur ein Beispiel. Generell ist dafür zu sorgen, daß die bereits um sich greifende Alimentations- und Subventionsmentalität abgebaut wird, die sicher nicht als hervorstechende Eigenschaft zu einem mündigen Bürger der achtziger Jahre paßt. Es gilt, der Eigenverantwortung und Eigeninitiative wieder einen ausreichenden Freiraum zu schaffen. Die öffentlichen Haushalte, heute zu stark auf Konsumausgaben ausgerichtet, müssen zugunsten der nötigen Zukunftsinvestitionen verändert werden, Investitionen, die dem Bürger Raum für Initiative und produktive Dynamik geben.

Subventionen verderben den Charakter

Zu den Subventionen: Hier gilt es zweifellos, kritisch zu sein, wenngleich grundsätzlich – auch im Hinblick auf die erwähnten notwendigen Zukunftsinvestitionen – Subventionen unabdingbarer Bestandteil einer funktionierenden Sozialen Marktwirtschaft sind. Es kommt freilich ganz entscheidend darauf an, wo und was und zu welchem Zweck und wie lange subventioniert wird. Bei einem mittlerweile auf rund 100 Milliarden DM angewachsenen Volumen der Subventionen stellt sich inzwischen unmißverständlich die Frage, ob es sich hier noch um indirekte Wirtschaftslenkung und Wirtschaftsförderung handelt oder ob nicht schon auf sehr direkte Weise der Staat Dirigismus praktiziert. Nach Angaben der Deutschen Bank sind bereits bei der Hälfte aller Investitionskredite Mittel aus staatlichen Förderprogrammen beteiligt. Die staatliche Investitionslenkung kann auch auf kaltem Wege kommen. Die Unübersichtlichkeit des Subventionswesens leistet Vorschub. Abzulehnen aber ist auch das Unwesen mit den Erhaltungssubventionen. Hier werden Unternehmen mit staatlichen Zuwendungen wirtschaftlich »über Wasser gehalten«, ohne daß Aussicht darauf besteht, daß diese Betriebe in absehbarer Zeit wieder rentabel arbeiten. Dies konserviert eine Wirtschaftsstruktur, die nicht mehr dem Markt entspricht, mit allen negativen Auswirkungen auf die Gesamtwirtschaft.

Im übrigen: Subventionen, über längere Zeit in Anspruch genommen, verderben den Charakter! Der Empfänger gewöhnt sich so nachhaltig an die staatliche Förderung, daß die Subvention in seiner Rechnung zu einer festen Einnahmequelle wird und er seine eigenen Anstrengungen einschränkt. Dieses »Besitzstandsdenken« des Subventionierten nimmt den Subventionen den Ausnahmecharakter. Ein Wegfall wird geradezu als Eingriff in das Vermögen des Subventionierten betrachtet.

Ohne Zweifel hat sich in den letzten Jahren geradezu eine Subventionsmentalität bei weiten Kreisen der Wirtschaft und der Bevölkerung herausgebildet. Man könnte auch von der Neigung sprechen, den Staat als Versicherungsunternehmen für alles zu betrachten. Das geht im Kleinen an, wenn zum Beispiel nach einem Hochwasser oder einem Windbruch sofort der Ruf nach dem Staat ertönt, der möglichst »unbürokratisch« Hilfe leisten, sprich den Schaden ersetzen soll. Und das macht erst recht nicht vor den Großen halt. Für Großunternehmen gehört es schon zum guten Ton, sich – geht die Konjunktur etwas nach unten – möglichst umgehend bei der öffentlichen

Hand zu erkundigen, was es denn demnächst angesichts der Abschwächungstendenz an Staatsaufträgen gebe? Oder: Ab einer gewissen Größe gilt es vielfach schon als ausgemacht, daß ein Unternehmen nicht mehr pleite gehen kann, weil zuviele Arbeitsplätze auf dem Spiel stehen: Der Ruf nach dem Staat wird dabei unüberhörbar.

In der Frage der Subventionen müssen zweifellos wieder strengere Maßstäbe angelegt werden. Es gilt auch hier, daß mehr Verantwortung übernommen und bewiesen werden muß, bei denjenigen, die die Subventionen zu vergeben haben, und bei denjenigen, die sie erhalten. In diesem Zusammenhang ist es gut,sich daran zu erinnern, daß auch die angeblich so angenehmen Subventionen bezahlt werden müssen. Und das geschieht meist in der Form, daß der Staat das, was er heute gibt, dem Bürger und der Wirtschaft gestern mit beiden Händen aus der Tasche gezogen hat oder demnächst aus der Tasche zieht, wenn er seine Haushaltsdefizite finanzieren muß.

Verfehlte »Schuldentilgung«

Verfehlt ist gewiß die – z. B. für das Jahr 1980 – erklärte Absicht der Bundesregierung, die Haushaltsdefizite durch die heimlichen oder besser unheimlichen, inflationsverursachten Steuermehreinnahmen vermindern zu wollen. Vor allem die Bundesregierung versucht, den falschen Eindruck zu erwecken, als bestehe zwischen der Rückgabe dieser Steuererhöhungen und der notwendigen Haushaltskonsolidierung ein Widerspruch. Den Bürgern wird eine in dieser Form gar nicht existierende Scheinalternative aufoktroyiert. Unter dem Druck der heimlichen Steuererhöhungen erreichen die Abgabenbelastung der Bürger und der steuerliche Zugriff auf die Unternehmenserträge erneut ein Ausmaß, das dem Leistungsprinzip und der Investitionstätigkeit außerordentlich abträglich wäre. Abermals zunehmender Leistungsunwille und erneut zurückfallende private Investitionstätigkeit aber hätten zwangsläufig ein Ende des derzeitigen ohnehin von anderer Seite bedrohten Aufschwungs zur Folge. Die Steuereinnahmen sänken, die gesamtwirtschaftliche Wachstumsrate bildete sich wieder zurück und würde gar negativ mit der unausweichlichen Konsequenz, daß dann die Gebietskörperschaften erneut zu Konjunkturstimulantien in Form eines neuerdings umfangreichen deficit-spending gedrängt würden und wohl auch Zuflucht nehmen müßten. Dies aber wäre nur durch eine noch höhere Staatsverschuldung zu finanzieren. Hieraus folgt schlüssig, daß die progressions- und inflationsbedingten heimlichen Steuererhöhungen an die Wirtschaftssubjekte zurückgegeben werden müssen.

Sparsamkeit ist aber auch im eigenen staatlichen Haus nötig. Die öffentlichen Hände haben fortan streng darauf zu achten, ihre Ausgabenpolitik als solche zu verstetigen. Das gilt auch für den Personalbereich. Die besonders von Gewerkschaftsseite unentwegt erhobene Forderung, die immer noch vorhandenen Schwierigkeiten auf dem Arbeitsmarkt dadurch zu beheben, daß der Staat zusätzliches Personal einstellt, verkennt die Probleme gründlich. Abgesehen von wenigen Bereichen, wie Steuerverwaltung und öffentliche Sicherheit, ist der öffentliche Dienst hinreichend mit Personal ausgestattet. Eine überproportionale Personalvermehrung gäbe daher dem Vorwurf, der Staatsdienst sei aufgebläht und arbeite unrationell, neue und dann sogar berechtigte Nahrung. Hinzu kommt, daß die überwiegende Mehrzahl der Arbeitslosen von ihrer Vorbildung und Qualifikation her überhaupt nicht geeignet ist, Aufgaben im öffentlichen Dienst wahrzunehmen.

Anstelle der nachweislich wenig wirksamen und viel zu teuren Ausgabevariationen also erhöhte Flexibilität bei den Einnahmen, freilich nicht mißverstanden im Sinn des erwähnten Trauerspiels von Investitionssteuer und -zulage. Flexibilität bedeutet in diesem Zusammenhang, daß die einzelnen Steuern ständig daraufhin zu überprüfen sind, ob sie nicht Arbeits- und Leistungswillen sowie Investitions- und Risikofreude lähmen. Konkret: Im internationalen Vergleich ist nicht nur die durchschnittliche Kapital- und Rentabilitätsbasis der deutschen Unternehmen schmal, auch die steuerliche Belastung im allgemeinen und die der Investitionen ist überdurchschnittlich hoch. Im übrigen müssen die Abschreibungsmodalitäten als relativ ungünstig und die steuerliche Förderung von Forschung und Entwicklung als recht bescheiden angesehen werden. Diese neuralgischen Punkte sind stets aufmerksam in ihren ökonomischen Auswirkungen zu beobachten und bei Bedarf steuerpolitisch zu entschärfen. Das bedeutet, statt kostspieliger Ausgabeprogramme muß durchaus auch mit Steuererleichterungen gearbeitet werden. Die von der Union erzwungene Ankündigung von entsprechenden Steuerkorrekturen und -senkungen haben 1978 mehr als deutlich bewiesen, was durch sie für Konjunktur, Wachstum, Beschäftigung und Preisstabilität positiv zu bewirken ist, wenn staatliches Handeln durch eine strenge und stabilitätsbewußte Geldpolitik der Deutschen Bundesbank sowie eine an den ökonomischen Möglichkeiten und Erfordernissen ausgerichtete Verteilungspolitik der Tarifpartner ergänzt wird.

Sieben Punkte zur Finanzpolitik

Gesunde Staatsfinanzen kommen nicht von alleine. Sie erfordern eine konsequente Finanzpolitik, die über den Tellerrand der nächsten Wahl hinaussieht. Heute, und nicht nur heute muß eine solche Finanzpolitik folgende Grundsätze erfüllen:

Erstens muß durch einen klaren ordnungspolitischen Kurs die überzogene Reglementierung aller Lebensbereiche und insbesondere der Wirtschaft abgebaut und so das Vertrauen in eine privatwirtschaftlich orientierte Entwicklung unserer Wirtschaft als Voraussetzung jeglichen langfristigen Wirtschaftswachstums wiederhergestellt werden. Das Wachstumspotential und die die Marktwirtschaft seit jeher auszeichnende Dynamik, die durch die sogenannten Reformgesetze fast völlig verschüttet waren, müssen wieder freigelegt werden.

Zweitens müssen Leistung, Risiko- und Verantwortungsbereitschaft sowie der Wille zur Selbständigkeit durch eine Verbesserung der steuerlichen Rahmenbedingungen gestärkt werden.

Drittens muß der für eine strukturelle Verbesserung unseres Steuersystems erforderliche finanzielle Spielraum durch eine äußerst zurückhaltende Ausgabengestaltung geschaffen werden. Hierzu müssen die Steigerungsraten der öffentlichen Haushalte künftig im Durchschnitt der Jahre hinter denen des Wirtschaftswachstums zurückbleiben.

Viertens darf der Staat deshalb seinen Gesamtaufgabenbestand grundsätzlich nicht mehr ausweiten. Neue Aufgaben werden nur in Angriff genommen, wenn ein entsprechender anderweitiger Abbau möglich ist. Vor der Übernahme einer neuen zusätzlichen Aufgabe ist durch den Staat stets zu prüfen, ob diese nicht auf später verschoben, zumindest aber die Erledigung der Aufgabe zeitlich gestreckt werden kann.

Fünftens muß auch daran gedacht werden, den raschen Anstieg öffentlichen Aufgaben dadurch zu bremsen, daß die Bereitstellung der bisher vom Staat angebotenen Leistungen soweit irgend möglich und vertretbar auf Private verlagert wird. Dies erscheint mir auch aus ordnungspolitischen Gründen als dringend erforderlich.

Sechstens muß insbesondere das Wachstum der Personalausgaben energisch begrenzt werden. Der Personalzuwachs wird künftig deutlich niedriger sein müssen als bisher. Im Rahmen der Anstrengungen, die uns eine restriktive Personalpolitik abverlangt, wird auch der Schulbereich nicht unberührt bleiben können.

Siebtens sind alle Rationalisierungsreserven im staatlichen Bereich zu erschließen.

Deshalb wird schließlich nur eine solche Finanzpolitik der Vernunft, des Augenmaßes und der Solidität zu der so dringend nötigen Einschränkung der Staatsverschuldung und zur Konsolidierung der Staatsfinanzen führen. Dies ist das Gebot der Stunde, und dies sind wir unseren Kindern schuldig.

Unsere Wirtschafts- und Gesellschaftsordnung hat langfristig nur dann eine Überlebenschance, wenn wir uns in der Finanzpolitik an solchen Zielen und Grundsätzen orientieren. Unser Gemeinwesen ist nach dem Krieg zu Wohlstand und einem vorher nicht gekannten Maß an sozialer Gerechtigkeit gelangt, weil es auf die Einsatzfreude und den Ideenreichtum, den Wagemut und das Engagement jedes einzelnen Bürgers gebaut hat. Wir werden das Erreichte nur sichern und ausbauen können, wenn der Staat Rahmenbedingungen gewährleistet, die die Entfaltung solcher Eigenschaften nicht hemmen, sondern nach Kräften fördern. Dies wird nur dann gelingen, wenn sich der Staat zur Selbstbescheidung fähig erweist. Wir brauchen nicht mehr Staat, sondern weniger Staat.

Die Länder – Nothelfer des Bundes?

Es war ein Akt der Verzweiflung, zugleich aber einer der massivsten Angriffe, den der Bund je auf die Bundesländer und damit die föderalistische Ordnung unseres Staates gestartet hat. In die Enge getrieben durch einen angeblich unausweichlich fällig werdenden Milliardenbetrag an die Europäische Gemeinschaft, versuchte Bundeskanzler Schmidt 1980 die Länder zu erpressen: Entweder die Länder beteiligen sich über Verzichte beim Anteil an der Umsatzsteuer an der Sanierungsaktion, die Großbritannien innerhalb der Europäischen Gemeinschaft entgegenkommen und die EG ungeschmälert am Leben halten soll, oder der Staatsbürger muß über Steuererhöhungen zur Kasse gebeten werden!

Helmut Schmidt garnierte seine finanzpolitische Bankrotterklärung in bekannter Weise. In Wahlkampfmanier sprach er von den »Finanzscheichs«, die in Ländern und Kommunen auf ihren »Horten« säßen und versuchten, den Bund »finanziell auszuhungern«. Natürlich sagte er kein Wort darüber, daß sich der Bund selbst durch seine hemmungslose Ausgaben- und Verschuldungspolitik in die innen- und außenpolitische Handlungsunfähigkeit manövriert hat: Ohne Steuererhöhungen geht nichts mehr! Der sozialdemokratische Bundeskanzler sagte auch kein Wort darüber, daß die Bundesländer – ob nun von der SPD oder der Union regiert – dem Bund keineswegs etwas verweigert haben. Die Steuerverteilung zwischen Bund und Ländern erfolgt ja nicht willkürlich, sondern nach demokratischen Spielregeln im Rahmen der bundesstaatlichen Verfassung. Ebenso wie Bayern waren und sind die anderen Länder auch bereit, den Bund bei der Erfüllung seiner Aufgaben zu unterstützen. Bayern und wohl auch die meisten der anderen deutschen Bundesländer sind jedoch auf keinen Fall bereit, sich dem antiföderalistischen und damit letztlich grundgesetzwidrigen Diktat eines zentralistischen Anspruchs des Bundes zu unterwerfen.

Die Länder sind Partner des Bundes, nicht aber gefügige oder zu kujonierende Nothelfer. Und danach hat sich auch künftig die Suche nach einem vernünftigen Ausgleich zwischen Bund und Ländern und umgekehrt innerhalb der bundesstaatlichen Ordnung zu orientieren. Und sie wird sich daran orientieren. Möglichkeiten gibt es durchaus, sofern der Bund auf die angemaßte Rolle des Zahlmeisters nicht nur der Nationen, sondern auch der Länder verzichtet.

Es geht um die Umsatzsteuer

Im Feuer der Auseinandersetzung zwischen Bund und Ländern steht vor allem das Aufkommen aus der Umsatzsteuer, das dem Bund und den Ländern gemeinschaftlich zusteht. Das erklärt sich daraus, daß über die Verteilung des Umsatzsteueraufkommens zwischen Bund und Ländern von Fall zu Fall, in der Regel im Zweijahresrhythmus, entschieden wird. Während die Ertragshoheit für die übrigen Steuerarten im Grundgesetz genau festgelegt ist, bildet die Verteilung des Umsatzsteueraufkommens das einzige bewegliche Ventil im System der Verteilung der Steuerquellen nach dem Grundgesetz.

In Artikel 106 des Grundgesetzes heißt es: »Das Aufkommen der Einkommensteuer, der Körperschaftsteuer und der Umsatzsteuer steht dem Bund und den Ländern gemeinsam zu (Gemeinschaftssteuern), soweit das Aufkommen der Einkommensteuer nicht nach Absatz 5 den Gemeinden zugewiesen wird. Am Aufkommen der Einkommensteuer und der Körperschaftsteuer sind der Bund und die Länder je zur Hälfte beteiligt. Die Anteile von Bund und Ländern an der Umsatzsteuer werden durch Bundesgesetz, das der Zustimmung des Bundesrats bedarf, festgesetzt. Bei der Festsetzung ist von folgenden Grundsätzen auszugehen:

1. Im Rahmen der laufenden Einnahmen haben der Bund und die Länder gleichmäßig Anspruch auf Deckung ihrer notwendigen Ausgaben. Dabei ist der Umfang der Ausgaben unter Berücksichtigung einer mehrjährigen Finanzplanung zu ermitteln.
2. Die Deckungsbedürfnisse des Bundes und der Länder sind so aufeinander abzustimmen, daß ein billiger Ausgleich erzielt, eine Überbelastung der Steuerpflichtigen vermieden und die Einheitlichkeit der Lebensverhältnisse im Bundesgebiet gewahrt wird.«

Bei der Festsetzung der Umsatzsteuerverteilung gibt es also – wie bereits angedeutet – keinen Automatismus. Hier muß von Fall zu Fall entschieden werden. Das Grundgesetz schreibt in Artikel 106 dazu vor: »Die Anteile von Bund und Ländern an der Umsatzsteuer sind neu festzusetzen, wenn sich das Verhältnis zwischen den Einnahmen und Ausgaben des Bundes und der Länder wesentlich anders entwickelt . . .« Die Länder haben sich dem nie entzogen. Aber da der Grundsatz »Geld ist Macht« nicht zuletzt auch im föderativen Staatssystem gilt, erklärt sich die Härte, mit der jeweils um die Anteile an der Umsatzsteuer gestritten und gerungen wird. Die Auseinandersetzung wird um so härter, je weniger die übrigen Steuerquellen ausreichen, die jeweiligen Ausgaben zu finanzieren. Und in dieser Hinsicht hat der Bund mit seiner unsoliden Finanz- und Schuldenpolitik zweifellos einige zweifelhafte Vorleistungen erbracht, die ihn jetzt bei den Ländern um Hilfe rufen lassen. Dabei muß allerdings von den Ländern darauf bestanden werden, daß der Bund den Nachweis zu führen hat, daß sich die Situation zu seinen Ungunsten verändert hat. Es kann nicht angehen, daß die Länder am Ende mit Verzichten auf Anteile aus dem Umsatzsteueraufkommen einspringen müssen, nur weil der Bund unsolide gewirtschaftet hat. Der Bund wird den Nachweis mit Akribie zu führen haben. Und die Länder werden mit Akribie prüfen. Allein in der letzten Legislaturperiode hat der Bund Leistungsgesetze mit einem Aufwand von 44,5 Milliarden DM verabschiedet, die die Länder mitbelasten.

Diese Situation, in der der Bund finanzpolitisch an der Wand steht, weil sein Zinsendienst alsbald die mögliche Neuverschuldung auffrißt, bringt zugleich auch die Chance, zu einer umfangreicheren Flurbereinigung im Finanzverhältnis zwischen Bund und Ländern zu kommen. Ziel dabei ist es, wieder klare Abgrenzungen auch in den Aufgaben zwischen Bund und Ländern zu erreichen, bei denen sich die Zuständigkeiten in den letzten Jahren in zunehmendem Maße verwischt haben. Dabei ist eines der wichtigsten Probleme eines föderativen Staates – das lehrt auch ein Blick ins Ausland – die Frage der Mittelverteilung auf die einzelnen staatlichen Ebenen. Föderalismus, Kompetenzverteilung und Finanzverfassung sind untrennbar miteinander verknüpft. Das Grundgesetz hat hier ursprünglich eine sehr differenzierte Abgrenzungsregelung getroffen. Trotzdem, sie war klar und eindeutig. In der Praxis ist sie jedoch leider immer mehr durchbrochen worden. Heute stehen wir vor der Tatsache, daß die Konturen unscharf geworden sind und die Bundes- und Landes-»Zuständigkeiten« ein nahezu unentwirrbares Gemenge darstellen. Dies aber muß geändert werden.

Flurbereinigung Bund–Länder notwendig

Nach dem Grundgesetz gibt es eine saubere Trennung von Länder- und Bundesverwaltung. Man kann – nach Maunz – davon ausgehen, daß es »eine Verwaltungsorganisation, bei der eine Bundesbehörde einer Landesbehörde übergeordnet ist oder bei der ein Zusammenwirken von Bundes- und Landesbehörden durch Zustimmungserfordernisse erfolgt«, nicht gibt. Dieser strengen Kompetenzverteilung folgt im Grundsatz auch die Finanzverfassung. Konkret: Der Bund und die Länder tragen die Ausgaben gesondert, die sich aus der Wahrnehmung ihrer Aufgaben ergeben. Eine Sonderregelung wurde für die Bundesauftragsverwaltung getroffen, bei der der Bund die Ausgaben zu tragen hat.

In der Staatspraxis hat sich freilich neben dem grundsätzlichen Trennsystem mit scharfer Abgrenzung der Zuständigkeiten zwischen Bund und Ländern schon früh eine Verzahnung der Kompetenzen angebahnt. Sie führte dazu, daß Bund und Länder, aber auch die Länder untereinander, sich in den unterschiedlichsten Formen und für die verschiedensten Aufgaben zu gemeinsamem Handeln zusammenfanden. Mit der Finanzreform des Jahres 1969 wurde versucht, die tatsächlichen Verhältnisse, wie sie sich entwickelt hatten, auf eine gesetzliche Grundlage zu stellen. Neben dem konjunkturpolitischen Ziel ersann man das Instrument der Gemeinschaftsaufgaben, das im Grundgesetz verankert wurde. Nach Artikel 91a des Grundgesetzes sollen folgende Gemeinschaftsaufgaben von Bund und Ländern gemeinschaftlich geplant und finanziert werden:

1. Ausbau und Neubau von Hochschulen einschließlich der Hochschulkliniken,
2. Verbesserung der regionalen Wirtschaftsstruktur,
3. Verbesserung der Agrarstruktur und des Küstenschutzes.

Darüber hinaus wurde die Möglichkeit eines Zusammenwirkens von Bund und Ländern bei der Bildungsplanung und bei der Förderung von Einrichtungen und Vorhaben der wissenschaftlichen Forschung eröffnet. Die Aufteilung der Kosten erfolgt nach Vereinbarung. Zur Abwehr einer Störung des gesamtwirtschaftlichen Gleichgewichts oder zum Ausgleich unterschiedlicher Wirtschaftskraft im Bundesgebiet oder zur Förderung des wirtschaftlichen Wachstums kann außerdem der Bund Finanzhilfen an die Länder für besonders bedeutsame Investitionen der Länder und Gemeinden geben.

Die verfassungsrechtliche Grundlage für die Gemeinschaftsaufgaben und

Mischfinanzierungen war geschaffen. Bewährt hat sie sich jedoch nicht! In der Praxis wurde sehr bald wieder die Grundlinie einer klaren Kompetenztrennung von Bund und Ländern verlassen. Aus den Vorschriften zur Verbesserung der gemeinsamen Aufgabenerfüllung in bestimmten, genau definierten Teilbereichen wurde ein bürokratisches Netz von bundes- und landesübergreifenden Koordinierungs-, Planungs- und Entscheidungsprozessen, das an Kompliziertheit kaum noch zu übertreffen ist. Trotz der Finanzreform – die chaotischen Mischfinanzierungen unseligen Andenkens feierten fröhliche Urständ. Das einzige, was sich geändert hatte: Es gab eine verfassungsrechtliche Basis. Das aber war ja nicht der eigentliche Zweck der Erfindung.

Nicht genug, über die Mischfinanzierung hinaus hat im Lauf der Zeit noch eine weitere finanzpolitische Mißgeburt immer mehr an Gewicht gewonnen: die sogenannten Modellvorhaben des Bundes. Ausgehend von der – in engen Grenzen unbestrittenen – Gesetzgebungszuständigkeit des Bundes »kraft Sachzusammenhangs« versucht der Bund, aus den verschiedensten Bereichen Finanzierungskompetenzen für sich herzuleiten. Da geht es um die Bereiche der Wirtschaftsförderung, der Großforschung und der sogenannten gesamtstaatlichen Repräsentation, die Ausübung der Ressortfunktion zum Beispiel im Wohnungsbau, die Förderung nichtstaatlicher zentraler Organisationen und noch einiges mehr. Überall versucht sich der Bund mit Finanzhilfen verschiedenster Art einzunisten. An die drei Milliarden DM läßt sich der Bund diese Einmischung in Angelegenheiten bereits kosten, für die es keine verfassungsrechtlichen Grundlagen gibt. Das ist immerhin bereits rund ein Viertel des Aufwands, den der Bund rechtlich gesichert im Rahmen der Gemeinschaftsaufgaben trägt. Dabei hat auch das Bundesverfassungsgericht ausdrücklich betont, daß ungeschriebene Verwaltungs- und Förderungskompetenzen für den Bund nur in ganz engen Grenzen bestehen. Der Bund hält sich jedoch nicht daran. Er versucht seine Kompetenzen ständig zu erweitern. Und ist erst einmal in Bonn ein Ministerium, wie zum Beispiel das Bundesministerium für Forschung und Technologie oder das Bundeswohnungsbauministerium, eingerichtet, dann existiert alsbald die entsprechende Bürokratie, die dann auch die zum Nachweis ihrer Daseinsberechtigung erforderlichen Projekte und Modelle entwickelt. So findet man unter der Flagge eines Modellprogramms mittlerweile Bundesfinanzierungen auf den verschiedensten Gebieten. Das sogenannte Modellprogramm zur Reform der Versorgung im psychiatrischen Bereich ist nur ein Beispiel, wenn auch ein besonders ärgerliches. Schon vom Umfang des Programms kann davon ausgegangen werden, daß die behauptete Ressortforschung nur Alibifunktion hatte. Außerdem erwartete der Bund wie selbstverständlich, daß die Länder später die sogenannten Anschlußfinanzierungen übernähmen. Fazit neben den üblichen Reibungsverlusten: eine weitere Verzögerung in diesem wichtigen Bereich, der von den Ländern durchaus selbst erledigt werden könnte.

Der Zugriff des Bundes

Zur Rechtfertigung dieses Zustandes werden von Bundesseite vor allem gesamtstaatliche Erwägungen geltend gemacht: Durch eine bedarfsgerechte Verteilung der Bundesmittel soll eine schnelle und flexible Mittelverteilung zwischen den einzelnen Ländern ermöglicht werden. Die Gemeinschaftsaufgaben sollen damit Umverteilungswirkungen analog dem horizontalen Finanzausgleich zwischen den Ländern bewirken. Trotzdem, insgesamt überwiegen bei weitem die Nachteile, wenn man die Ausweitung der Bundeskompetenz nicht als Selbstzweck betrachtet. Bayern wird in seiner Kritik im übrigen von den meisten Ländern unterstützt.

Dabei geht es um wesentliche Fragen. So widerspricht die Kompetenzverquickung auf der Bund-Länder-»Gemeinschafts«-Ebene eindeutig dem föderalistischen Prinzip, wonach die Länder ihre Aufgaben eigenverantwortlich wahrnehmen. Die Mitwirkungsmöglichkeiten im Bundesrat können kein Ersatz für den Verlust originärer Länderkompetenzen sein. Damit aber droht auch das Prinzip der föderativen Gewaltenteilung ausgehöhlt zu werden. Zwar enthält das Grundgesetz zahlreiche Gewaltenverschränkungen und -balancierungen. Dem Verfassungsaufbau des Grundgesetzes entspricht nicht eine absolute Trennung der Gewalten, sondern ihre gegenseitige Kontrolle und Mäßigung. Trotzdem ist es bedenklich, wenn grundlegende politische Weichenstellungen nicht mehr von den Parlamenten und auch nicht einmal von den diesen Parlamenten verantwortlichen Regierungen getroffen werden, sondern nur noch von Planungs- und Koordinierungsausschüssen auf intermediärer Bund-Länder-Ebene.

Darüber hinaus beeinträchtigen die Mischfinanzierungen auch das Budgetrecht der Parlamente. Zwar binden Regierungsvereinbarungen auch im Rahmen der Gemeinschaftsaufgaben und der Investitionshilfen nur die Regierungen. Aber wenn im Vollzug die Bereitstellung entsprechender Haushaltsmittel erforderlich wird, wird es einem Parlament äußerst schwer fallen, die eigene Regierung zu desavouieren und damit auch noch einen bundesweiten Eklat heraufzubeschwören. Die Parlamente haben somit praktisch keine andere Wahl, als nachträglich die auf Bund-Länder-Ebene getroffenen Grundsatzentscheidungen haushaltsmäßig zu vollziehen.

Die Einschränkung des Budgetrechts der Parlamente ist alles andere als eine quantité négligeable. Durch die Mischfinanzierungen werden in den Bundesländern mittlerweile bereits rund die Hälfte aller Investitionsmittel gebunden. Der Bund zwingt die Länder außerdem dazu, Mittel bereitzustellen, indem er vor allem bei den Investitionshilfen Geld nur unter der Bedingung zur Verfügung stellt, daß das Land den gleichen Betrag zuschießt. Ganz klar regiert der Bund mit seinen Investitionshilfen in die Länder hinein.

Diese Praxis war Anlaß genug, das Bundesverfassungsgericht zu beschäftigen. Und die obersten Verfassungshüter haben auch dem Bund insoweit einen Riegel vorgeschoben, als seine Finanzhilfen nicht von Bedingungen und Dotationsauflagen abhängig gemacht werden dürfen, die unmittelbar oder mittelbar darauf abzielen, die Planungs- und Gestaltungsfreiheit der Länder an bundespolitische Interessen und Absichten zu binden. Den Bund kümmert das wenig. Jedenfalls ist die Tendenz des Bundes unverkennbar, von seinen verbliebenen Gestaltungsmöglichkeiten extensiv Gebrauch zu machen. Jüngstes Beispiel: Der Bund widersetzt sich bei der Wohnungsbauförderung den Forderungen der Länder, 50 Prozent des Aufwands zu tragen. Zugleich aber möchte er den Ländern in einer Verwaltungsvereinbarung genau vorschreiben, welche Personen an welchen Orten zu welchen Förderungsmodalitäten begünstigt werden sollen.

Ob Gemeinschaftsaufgaben oder sonstige Mischfinanzierungen: Die Tendenz des Bundes ist unverkennbar, die Rahmenplanung auf die Regelung von Detailfragen auszudehnen. Bei der Gemeinschaftsaufgabe zur »Verbesserung der regionalen Wirtschaftsstruktur« läßt der Abstimmungsmodus im wesentlichen nur begünstigende, nicht aber die Fördergebiete reduzierende Beschlüsse des Planungsausschusses zu. Das führte zu einer Ausuferung der Fördergebiete und einem unbefriedigenden Präferenzsystem. Die Fördergebiete erstrecken sich auf etwa 60 Prozent des Bundesgebietes; gleichzeitig werden die Fördersätze immer stärker nivelliert.

Die Folge: Stark benachteiligte Gebiete wie etwa das bayerische Grenzland müssen mit weniger benachteiligten Gebieten wie zum Beispiel dem nördlichen Ruhrgebiet konkurrieren, ohne deutlich bessere Investitionsanreize bieten zu können.

Bei der Gemeinschaftsaufgabe »Verbesserung der Agrarstruktur und des Küstenschutzes« besteht ebenfalls die Neigung des Bundes, mit detaillierten Angaben und der Beanspruchung eines Prüfungsrechts die rechtlich festgelegten Grenzen zu überschreiten. Das Verfahren ist sehr verwaltungsaufwendig und wird den regionalen Bedürfnissen nicht ausreichend gerecht. So hat Bayern, jeweils bezogen auf das Bundesgebiet, einen Anteil an der land- und forstwirtschaftlichen Nutzfläche von 29,3 Prozent, an der Zahl der landwirtschaftlichen Betriebe von 31,2 Prozent, am benachteiligten Gebiet von 40 Prozent, an den Mitteln aus der Gemeinschaftsaufgabe jedoch nur rund 25 Prozent.

Finanzhilfen als Einflußinstrument

Mit einem extensiven Gebrauch der Finanzhilfen versucht der Bund, den Spielraum der Länder durch Einzelplanungen und Einspruchs- sowie Zustimmungsvorbehalte einzuschränken. Und selbst wenn es nicht gewollt sein sollte, so bleibt das Faktum, daß vielfach nicht gerechtfertigte Prioritäten gesetzt werden. Der Bund verfolgt mit seinen Finanzhilfen oft genug Ziele, die mit Konjunktursteuerung, Ausgleich unterschiedlicher Wirtschaftskraft, Wachstumsförderung – wie in der Verfassung angeführt – nichts mehr zu tun haben, sondern allgemein gesellschaftspolitischer Natur sind. Als Beispiel der soziale Wohnungsbau: Dabei sind Planung und Abstimmung sehr schwerfällig, was nicht nur zu Benachteiligungen einzelner Länder führen kann, sondern insbesondere auch zu Investitionsverzögerungen, die den Effekt der Finanzhilfen weiter relativieren.

Besonders fragwürdig sind die zahlreichen Konjunkturprogramme. Abgesehen davon, daß hier Zweifel an der Wirksamkeit dieser schnell beschlossenen, aber nur langwierig abzuwickelnden Programme angebracht sind. Darüber wurde bereits gesprochen. Für die Länder ist von zusätzlicher Bedeutung, daß die Konjunkturprogramme lediglich die Investition fördern, nicht jedoch die Folgelasten. Diese aber belasten nicht nur die Länder, sondern vor allem die Gemeindehaushalte. Manchem Gemeindeoberhaupt bereitet das neue Hallenbad schlaflose Nächte. Besonders schwierig wird die Situation, wenn der Bund durch Finanzierungen Initiativen veranlaßt, sich dann aber aus den Projekten zurückzieht und die Länder sie schließlich übernehmen müssen, um zu vermeiden, daß von ehrgeizigen Vorhaben am Ende nur »Ruinen« übrigbleiben.

In diesem Zusammenhang sei ganz deutlich die Frage gestellt, ob es eigentlich einen Sinn haben kann, daß der Bund die Länder mit Finanzierungs- und Projektangeboten lockt, sich nicht zuletzt aber auch dadurch in eine Finanzsituation bringt, die ihn dann nach einem Ausgleich über einen höheren Anteil an der Umsatzsteuer rufen läßt. Dies kann mit einer sinnvollen Kooperation zwischen Bund und Ländern ja wohl nicht gemeint sein, es sei denn, man verbindet damit bestimmte Absichten. In diesem Zusammenhang darauf zu verweisen, die Länder erlägen selbst nur allzu gerne den Lockungen des Bundes mit Förderungen und Zuschüssen, geht am Kern der Problematik vorbei. Es wird hier übersehen, daß sich die Länder den »Lokkungen« vielfach gar nicht entziehen konnten. Welches Land, welcher Landespolitiker kann es sich leisten, auf angebotenes Geld zu verzichten, ohne sich dem Vorwurf auszusetzen, den eigenen Interessen zuwiderzuhandeln. Und so ist es auch laufend von Seiten der Opposition in Bayern geschehen. An diesem bösen Spiel beteiligt sich auch der Bund, wenn er den Ländern im Zuge seiner » Angebotsdiktatur« vorwirft, sie handelten widersprüchlich, weil sie einerseits die Abschaffung von Mischfinanzierungstatbeständen verlangten, gleichzeitig aber die Hilfen des Bundes in Anspruch nähmen oder sogar deren Erhöhung forderten.

Dem Bund ist der Vorwurf zu machen, daß er die Mischfinanzierungstatbestände ausweitet, um so seinen Einfluß bei der Erfüllung öffentlicher Aufgaben auszubauen. Die grundgesetzlich gewollte Trennung zwischen den Aufgaben, die der Bund zu verantworten hat, und den Aufgaben, die im Zuständigkeitsbereich der Länder liegen, wird zunehmend aufgehoben und zu einer undurchschaubaren Mischverantwortung. Entscheidungen, die ihrer Natur nach eigentlich von den politisch Verantwortlichen zu fällen sind, werden in ein Bund-Länder-Gremium verlagert, wo der Entscheidungsvorgang selbst nicht mehr transparent, die Verantwortung für die Entscheidung anonym ist. Verbunden mit der Anonymität der Verantwortung ist, daß sich keiner der Beteiligten für das Ergebnis der Entscheidung wirklich rechtfertigen muß. Erfolge werden von beiden Beteiligten als Erfolge der eigenen Seite in Anspruch genommen. Fehler können der jeweils anderen Seite angelastet werden, so daß niemand für sie einzustehen hat. Mischfinanzierungen bedeuten am Ende Mischverantwortung. Und das ist von Übel!

Manchem Politiker ist dies vielleicht angenehm, weil er glaubt, die Verantwortung abschieben zu können. Aber damit gibt sich ein ernstzunehmender Politiker nicht nur selber auf, er desavouiert sich und die Politik auch beim Bürger. Dabei waren die Gemeinschaftsaufgaben und die Mischfinanzierungen ursprünglich ein wohlgemeintes Produkt des mit einigen Hoffnungen erwarteten kooperativen Föderalismus zur Bewältigung und Lösung der mit dem föderativen System verbundenen Probleme. Föderalistische Lösungen sind aufwendiger in der nötigen Abstimmung als zentralistische Entscheidungen. Dafür sind föderalistische Verfahren aber auch für den Bürger angenehmer, weil rücksichtsvoller und letztlich demokratischer. Daß dieser »kooperative Föderalismus« letztlich nicht funktioniert, liegt daran, daß ihn in Wirklichkeit Zentralisten als Instrument zur weiteren Substanzentleerung des Föderalismus mißbrauchen. Das Versagen der »Gemeinschaftsaufgabe« und der »Mischfinanzierung« liegt nicht im Föderalismus begründet, sondern darin, daß bereits die Finanzreform des Jahres 1969 zu viele »Gemeinschaftsaufgaben« eingerichtet hat und daß darüber hinaus die Möglichkeiten der bundesstaatlichen Finanzhilfen zu extensiv genutzt wurden.

Mißbrauchter »kooperativer« Föderalismus

Es wird nicht übersehen, daß die modernen Anforderungen, die an den Staat insgesamt gestellt werden, mit dem Föderalismusverständnis des vorigen Jahrhunderts nicht zu bewältigen sind. Diese Anforderungen sind vielmehr nur durch stetiges Zusammenwirken und Koordination zwischen Zentralstaat und Gliedstaat erfolgreich zu bewältigen. Der recht verstandene »kooperative Föderalismus« sollte jedoch die für die Zusammenarbeit notwendige Koordination institutionalisieren, gleichzeitig aber die Selbständigkeit der verschiedenen Ebenen dort sichern, wo die öffentlichen Aufgaben eine Zusammenarbeit nicht erfordern.

Es ist unbestritten, daß der Bund gewisse Planungs- und Steuerungsbefugnisse etwa in der Konjunkturpolitik besitzen muß und sich mitverantwortlich zeigt für – nach dem Grundgesetz – »einheitliche Lebensverhältnisse« im Bundesgebiet. Eine bundesstaatliche Kräftekonzentration und der entsprechende gemeinsame Einsatz von Mitteln zur Bewältigung politischer Probleme ist jedoch bei genauer Betrachtung nur selten erforderlich. Die für den Bund notwendigen Planungs- und Steuerungsbefugnisse machen es nicht erforderlich, daß der Bund zum Beispiel in der Konjunkturpolitik selbst und direkt Investitionsförderung betreibt. Auch die vom Grundgesetz genannte Aufgabe, »einheitliche Lebensverhältnisse« im ganzen Bundesgebiet zu schaffen, erfordert die Finanzhilfen des Bundes im bisherigen Umfang nicht. Die Bereitstellung eines gleichwertigen sozialstaatlichen Angebots im ganzen Land sollte schließlich nicht zur völligen Uniformität der Lebensverhältnisse führen. Um dies zu verhindern, sind die Länder selbst aufgerufen, eine geeignete Strukturpolitik zu betreiben.

Nach bayerischer Auffassung könnten die Länder durchaus die mit den Gemeinschaftsaufgaben und Mischfinanzierungen wahrgenommenen Aufgaben abdecken. Das gilt um so mehr, nachdem sich der Bund in das finanzpolitische »Aus« manövriert hat. Das kann natürlich nicht heißen, daß die Länder, die Haushaltsdisziplin geübt haben und sich bemühten, Einnahmen und Ausgaben im Gleichgewicht zu halten, nun dafür bestraft würden, indem der Bund von den finanziellen Lasten der Gemeinschaftsaufgaben und der Investitionshilfen einfach befreit würde. Hierüber muß verhandelt werden, wobei die Länder durchaus bereit sind, es sich etwas kosten zu lassen, wenn die Kompetenzen zwischen Bund und Ländern wieder klar getrennt und die Mischfinanzierungen entsprechend abgebaut würden. Zur Diskussion steht in erster Linie der Verzicht auf Bonner Millionen gegen mehr Kompetenzen. Finanzielle Entlastung durch die Länder gibt es nur gegen die Rückverlegung von Zuständigkeiten an die Länder.

So gesehen sollte sich der Bund grundsätzlich aus der Grauzone der »Modellvorhaben« oder sonstiger Programme zurückziehen, die er mit dem Grundsatz »aus der Natur der Sache« vertritt, nicht aber verfassungsrechtlich begründen kann. Zu nennen ist hier nicht nur das bereits einmal erwähnte Psychiatrieprogramm, sondern auch zum Beispiel das sogenannte Existenzgründungsprogramm des Bundes von 1979. Einschränken sollte der Bund seine Aktivitäten auch im Bereich der Investitionshilfen. Hier ließe sich kurzfristig auch ohne Verfassungsänderung einiges erreichen. Zu denken ist dabei vor allem an die Förderung des kommunalen Straßenbaus nach dem Gemeindeverkehrsfinanzierungsgesetz, an städtebauliche Sanierungs- und Entwicklungsmaßnahmen nach dem Städtebauförderungsgesetz, an die Krankenhausfinanzierung, die Wohnungsbauförderung einschließlich der

Wohnungsmodernisierung, die Studentenwohnraumförderung sowie die Schaffung zusätzlicher Ausbildungskapazitäten im Bereich der beruflichen Bildung.

»Gemeinschaftsaufgaben« abschaffen

Auf längere Sicht wird man freilich um entsprechende Verfassungsänderungen nicht herumkommen, um ursprünglich gut gemeinte, aber in der Praxis nicht erfolgreiche »Gemeinschaftsaufgaben« wieder abzuschaffen. Dabei geht es um die Gemeinschaftsaufgabe »Ausbau und Neubau von Hochschulen einschließlich der Hochschulkliniken«. Hier dürfte der Investitionsbedarf in absehbarer Zeit sowieso erfüllt sein. Die Gemeinschaftsaufgabe »Verbesserung der regionalen Wirtschaftsstruktur« sollte durch eine länderinterne Abstimmung über die Abgrenzung der Fördergebiete und das Präferenzsystem ersetzt werden. Im Fall der Gemeinschaftsaufgabe »Verbesserung der Agrarstruktur und des Küstenschutzes« müßte man sich beim Rückzug des Bundes über eine Regelung der Finanzierung der EG-Maßnahmen verständigen. Sehr viele EG-Maßnahmen werden bisher analog der Gemeinschaftsaufgaben finanziert.

Selbstverständlich können die Länder nicht, wenn sie die Gemeinschaftsaufgaben künftig in eigener Regie durchführen wollten, den ausfallenden Bundesanteil voll auffangen. Es muß ein vernünftiger Ausgleich gefunden werden. Hierfür gibt es bereits verschiedene Modelle. Da das Grundgesetz kein eigenes Steuerfindungsrecht der Länder vorsieht und die Länder somit die Ausgaben nicht über eigene Steuerquellen abdecken können, wird diese Problematik über die Verteilung des Steueraufkommens, insbesondere über die Umsatzsteuerverteilung zu lösen sein. Angesichts der erheblichen Größenordnungen der Gemeinschaftsaufgaben läßt sich keine Ausgleichsregelung vorstellen, die einen vollen Ausgleich ohne Antastung des Umsatzsteuerschlüssels gewährleisten könnte; auf der anderen Seite wird eben wegen dieser Größenordnungen ein Ausgleich bei der Umsatzsteuer eine sehr erhebliche Veränderung der Quoten zugunsten der Länder bedingen müssen.

Es geht nicht an, daß der Bund zu Lasten der Länder in immer weitere Bereiche der Mischfinanzierung vordringt, bzw. sogar Alleingänge unternimmt und dann wegen der daraus resultierenden Haushaltsbelastungen eine Neuverteilung der Umsatzsteuer zu seinen Gunsten fordert. Das verfassungsrechtliche Grundprinzip, wonach die Ausgaben den Aufgaben folgen und die Aufgaben primär Ländersache sind, wird auf diese Weise vom Bund in sein Gegenteil verkehrt. Zur bundesstaatlichen Ordnung gehört die Trennung zwischen Aufgaben und Ausgaben und gehört die Einhaltung des jeweiligen Zuständigkeitsbereichs. Bayern ist daher nicht bereit, Haushaltsungleichgewichte des Bundes, die sich aus einer Überschreitung seines Zuständigkeitsbereichs ergeben, hinterher über eine Neuverteilung des Umsatzsteueranteils mitzufinanzieren. Statt dessen müssen die Länder von vorneherein einen größeren Umsatzsteueranteil erhalten, damit sie ihre Aufgaben selbst erfüllen können. Sollten auf den Bund echte zusätzliche Lasten aus weltpolitischen und weltwirtschaftlichen Gründen zukommen, so werden sich die Länder der Notwendigkeit nicht verschließen, diese zusätzlichen Lasten mitzutragen. Aber es müssen auch tatsächlich zusätzliche Lasten sein. Und der Bund muß seine Finanzierungsmöglichkeiten zunächst selbst voll ausschöpfen.

Bayern betont die Eigenständigkeit der Bundesländer nicht nur aus historischen, sondern auch aus sachlichen Gründen. Die Erhaltung der Freiheitsräume, sachnahe Entscheidungsfindung und größtmögliche Effizienz sind bei der kleineren politischen Einheit besser gewährleistet. Die föderative Ordnung als unverzichtbare Grundlage unseres demokratischen Staates verwirklicht in der Garantie der Vielfalt wirtschaftlicher, politischer und kultureller Zentren die Subsidiarität im staatlichen Bereich. Das ist gleichbedeutend mit Bürgernähe, Sachkompetenz und Arbeitsteilung. Föderalismus als angewandtes Subsidiaritätsprinzip bedeutet ganz einfach, daß sich die Glieder der Gemeinschaft – wie der einzelne – zunächst selbst helfen, bevor die Hilfe oder Zuständigkeit der ganzen Gemeinschaft eintritt.

Im Prinzip gilt dies auch heute, da sich im Zuge des geschichtlichen Reifungsprozesses der Idee des Föderalismus die bundesstaatliche Gewaltenteilung in den Vordergrund geschoben hat. Es geht um die vertikale Gewaltenteilung zwischen Gesamtstaat und Gliedstaaten bei Gesetzgebungs-, Vollziehungs- und Rechtsprechungskompetenzen. Es geht aber auch um die horizontale Gewaltenteilung über den Bundesrat als Balance zu Bundestag und Bundesregierung.

Hesse weist zu Recht darauf hin, daß die bundesstaatliche Ordnung »auch unter den Voraussetzungen der Gegenwart rationalisierende und machtbegrenzende Wirkungen, die nur ihr eigen sind und die ähnliche Aufgaben erfüllen, wie die Ordnungen der Demokratie und des Rechtsstaates« entfaltet.

Föderalismus ist ohne Zweifel oft mühsamer als Zentralismus. Der Ausgleich der Interessen ist immer aufwendiger als der Befehl. Er ist aber auch immer menschlicher. Das gilt für die Bundesrepublik Deutschland, das gilt aber auch für Europa und für viele Gebiete der Welt, wo man den Föderalismus in immer stärkerem Maß als Instrument der Konfliktlösung erkennt. Und so wäre es in der Tat geradezu schizophren, wenn wir unter dem Stichwort Regionalismus den Selbständigkeitsbestrebungen der Provençalen und Korsen, der Basken, Andalusier, der Schotten, Südtiroler, Kroaten und anderer Minderheiten in Europa Beifall zollten und auf der anderen Seite die regional viel großflächigere Aufgliederung der Bundesrepublik in Bundesländer für überholt hielten. Ähnlich schizophren wäre es, auf lokaler Ebene durch Bürgerinitiativen mehr Partizipation an staatlichen Entscheidungen durchsetzen zu wollen und auf der anderen Seite die Teilhabe großer Bundesländer über den Bundesrat als rückständig zu belächeln oder gar als Obstruktionspolitik zu diskreditieren. In einem straff organisierten Einheitsstaat hat der einzelne die geringste Chance. Das Gefühl der Entfremdung und des Ausgeliefertseins an einen anonymen Apparat ist übermächtig. Föderalismus dagegen schafft Freiräume und Chancen zur Verantwortung. Deshalb war und ist ein ausgeprägter Föderalismus die Voraussetzung für die Anerkennung des Bundesstaats durch Bayern.

Fortschritt bei geringerem Wachstum

Die Propheten des »Club of Rome« wußten es schon beinahe aufs Jahr genau, wann angeblich auf dieser Erde alles vorbei sein würde. Trotzdem ist unbestritten, daß in den »Grenzen des Wachstums« ein Kern an Wahrheit steckt, der des Nachdenkens wert ist. Mehr noch: Es wäre nicht nur vermessen, sondern entspräche geradezu arroganter Selbstgerechtigkeit, der Erde und ihrer Bevölkerung, ob nun in den Armenvierteln Kalkuttas oder in den Hungergebieten der Sahelzone in Afrika, in den Favellas brasilianischer Großstädte oder in den Steppengebieten Chinas die Chance auf Wachstum und damit des Ausbruchs aus ihrem Elend streitig zu machen. Ohne Zweifel: Wachstum wird es immer geben, ansonsten würde sich diese Welt aufgeben! Aber für die hochindustrialisierten und hochentwickelten Staaten, zu denen sich die Bundesrepublik Deutschland nicht ohne Stolz zählen kann, sind die Steigerungsraten der fünfziger und sechziger Jahre wahrscheinlich vorbei, allenfalls vielleicht noch einmal für kurze Fristen herbeizuzaubern. Insgesamt wird man sich auf einen langsameren Zuwachs einstellen müssen: auf Fortschritt bei verringertem Wachstum.

Kein Mangel an Rohstoffen

Nachdem hier der »Club of Rome« zitiert wurde, könnte man versucht sein, die Gründe für das reduzierte Wachstum etwa den Erkenntnissen dieser Zukunftsprognostiker abzugewinnen. Dies allerdings wäre nur zu einem Teil berechtigt. Nehmen wir als Beispiel die in den dunkelsten Farben an die Wand gemalte Rohstofflücke im Zuge der »Plünderung unseres Planeten«. Ernstzunehmende Experten und Wissenschaftler lachen längst über dieses Schreckgespenst, was nicht heißen soll, daß wir und die Menschheit insgesamt nicht gehalten sind, von den natürlichen Ressourcen der Erde sparsam Gebrauch zu machen. Aber in erster Linie ist die Mengenverfügbarkeit von

Rohstoffen – so der Generalbevollmächtigte der Metallgesellschaft AG in Frankfurt, Walter Sies – eine Frage des Preises. Sies: »So werden die heute bekannten Kupfervorräte mit 456 Millionen Tonnen unter der Annahme eines Kupferpreises von 75 Cent/lb angegeben. Läge der Preis bei nur 50 Cents/lb., so betrügen die Vorräte nur etwa 335 Millionen Tonnen, während sie umgekehrt bei einem höheren Preis entsprechend größer wären.«

Ein anderes Beispiel bekommen wir Tag für Tag zu spüren: Mit der Steigerung der Ölpreise ist plötzlich der Abbau von Ölschieferlagern interessant geworden, die die auf Öl basierenden Energievorräte in gewaltige Höhen haben steigen lassen. Das ist nur ein Beispiel dafür, daß sich auch die Technologien für die Gewinnung von Rohstoffen auch aus minderwertigeren Lagern ständig verbessern. Hinzu kommen die Fortschritte bei der Recycling-Technik, die Tatsache, daß die Bedeutung des Anteils der Rohstoffe an der industriellen Produktion abnimmt, weil sie durch Kunststoffe ersetzt werden oder weil ganz einfach sparsamer produziert wird. Und schließlich kommt hinzu, daß in den wenigen tausend Jahren, die wir als menschliche Geschichte betrachten, die Erde allenfalls angeritzt worden ist, was den Griff auf die natürlichen Ressourcen anbelangt. Womit wir wieder bei der These von Walter Sies wären, daß nämlich die Mengenverfügbarkeit der Rohstoffe eine Frage des Preises ist, den wir bereit sind, zu ihrer Gewinnung zu bezahlen. Jedenfalls: Das Wachstum scheitert nicht am Vorhandensein von Rohstoffen. Ob sie auch verfügbar sind, hängt freilich auch von politischen Konstellationen ab, also davon, ob die jeweiligen Machthaber bereit sind, uns mit Rohstoffen zu beliefern. Aber dies ist hier zunächst nicht die Frage.

»Weder ein Mangel an grundlegenden natürlichen Hilfsquellen noch die Kosten des Umweltschutzes bedrohen die Aufrechterhaltung einer hohen umfassenden Wirtschaftswachstumsrate bis zum Jahre 2000 und darüber hinaus ernsthaft.« Mit dieser Feststellung greift W. Leontief schon über die Rohstoffrage hinaus. Aber auch das Problem der ökologischen Belastung durch zunehmende Industrialisierung muß differenziert betrachtet werden. Es steht fest, daß eine fortschreitende industrielle Expansion großen Schaden an der Umwelt anrichten kann. Unbestreitbar ist aber auch, daß die Industrialisierung keineswegs zu einer Überbelastung des Naturhaushaltes führen muß. Zwischen industrieller Expansion und Umweltbelastung besteht keineswegs ein zwangsläufiger Zusammenhang, schon gar nicht im Sinne einer Begrenzung der Wachstumsmöglichkeiten. Wie wir in den letzten Jahren gesehen haben, gibt es durchaus Mittel und Wege, die schädlichen Einflüsse in Grenzen zu halten oder zumindest zurückzudrängen. Letzten Endes hängt dies von der Einsicht und dem Willen derjenigen ab, die in Staat und Wirtschaft Verantwortung tragen.

Die Stagnationsthesen des »Club of Rome«, die zweifellos aus der Sorge um die Zukunft der Menschheit kamen, dürfen uns den Blick nicht verstellen. Wachstum ist nicht nur weiterhin nötig. Es ist auch weiterhin möglich. Dabei darf nicht übersehen werden, daß sich die Wachstumsbedingungen bei uns und anderen westlichen Volkswirtschaften seit einigen Jahren geändert haben: In den Nachkriegsjahren war das Wachstum wesentlich durch den Wiederaufbau von Produktionsstätten, Wohnungen und Infrastruktur, aber auch durch den Nachholbedarf an Gebrauchsgütern geprägt. Demgegenüber machen sich heute sowohl beim privaten Verbrauch als auch bei öffentlichen Einrichtungen zunehmend Sättigungserscheinungen bemerkbar, die durch den seit 1970 besonders in der Bundesrepublik zu verzeichnenden Bevölkerungsrückgang noch akzentuiert werden.

Zu dem ungewöhnlich starken Produktivitäts- und Wirtschaftswachstum der Nachkriegszeit hat auch der Strukturwandel vom landwirtschaftlichen zum gewerblichen Bereich in hohem Maße beigetragen. Dieser Strukturwandel wird sich aber aufgrund des inzwischen erreichten Niveaus keinesfalls im Tempo der Vergangenheit fortsetzen. Von 1949 bis 1979 wurde jeder zweite Bauernhof in der Bundesrepublik aufgegeben; die Zahl der landwirtschaftlichen Betriebe sank von 1,65 Millionen auf 815 000. Hinzu kommt, daß sich in den letzten Jahren die Wirtschaftsaktivität von der Grundstoffindustrie, aber auch vom produzierenden Gewerbe als solchem zum tertiären Dienstleistungssektor verlagert hat. Der Anteil dieses weit weniger investitionsintensiven Wirtschaftsbereiches an der gesamten Bruttowertschöpfung der deutschen Wirtschaft ist von etwa 40 Prozent im Jahr 1960 auf gut 47 Prozent im Jahr 1979 gestiegen. Die Wachstumsintensität wird aber wesentlich vom Anteil der Investitionen am Sozialprodukt mitbestimmt.

Weniger ist heute mehr

Bei den reduzierten Wachstumsraten darf vor allem eines nicht vergessen werden. Wir erleben das Phänomen, daß weniger Wachstumsprozente heute absolut mehr Wachstum bedeuten als vor einigen Jahren. Nach dem sogenannten Basiseffekt: Ein Prozentpunkt an realem Wachstum des Sozialprodukts bedeutet heute – in absoluten Zahlen gesehen – im Vergleich zu 1960 das Doppelte an Volumen, gegenüber 1950 gar das Vierfache. Auch aus diesem Blickwinkel erscheinen die hohen Wachstumsraten der fünfziger Jahre in einem anderen Licht. Wenn wir heute eine reale Zunahme des Sozialprodukts von 2,5 Prozent erzielen, dann erwirtschaften wir damit dieselbe zusätzliche Menge an Gütern und Diensten wie Anfang der fünfziger Jahre bei 10 Prozent Realwachstum!

Schon damit wird deutlich, daß Wachstumspessimismus nicht angebracht ist, Fortschritt auch bei verminderten Wachstumsraten möglich ist. Niemand, der zur Leistung bereit ist, braucht deshalb Angst zu haben, sein Leben in chancenloser Stagnation zu verbringen. Wir müssen jedoch – wie gesagt – zur Leistung bereit sein. Konkret heißt dies, die in der Bundesrepublik Deutschland vorhandenen Wachstumsreserven zu mobilisieren. Und solche Wachstumsreserven gibt es eine ganze Menge.

Sie beginnen bei der Garantie eines stabilen Rahmens für wirtschaftliche Betätigung und hören bei der Aktivierung der Regionen noch nicht auf. Und dabei ist klar, daß das Ergebnis dieses Wachstums sich nicht in einem Konsumrausch erschöpfen kann.

Weiteres Wachstum – die Flucht in die Wegwerf-Gesellschaft kann es nicht sein. Die Antwort ist in genau umgekehrter Richtung zu suchen. Dabei kommt es nicht etwa darauf an, daß wir zum Beispiel kein Wegwerf-Auto bauen. Gewiß, unsere Autos könnten besser sein. Aber genauso irrig wäre die Annahme, daß wir etwa in der Lage wären, ein Auto zu bauen, das – sagen wir – eine Lebensdauer von 20 Jahren hätte. Technisch wäre dies zweifellos möglich: Edelstahl und sonstige Hilfsmittel stünden gewiß zur Verfügung und auch was die Reifenabnützung anbelangt, könnte man wahrscheinlich einiges im Hinblick auf die Lebensdauer tun. Aber, wenn von diesem Qualitätsauto geschwärmt wird; dann wird immer vergessen, daß heute gewiß niemand mehr zum Beispiel mit einem VW-Käfer-Nirosta, made im Jahre 1960, durch die Landschaft fahren wollte. Denn ein Auto auf 20 Jahre, auch wenn es nicht rostet, ist natürlich in der technischen Entwicklung in diesen 20 Jahren qualitätsmäßig längst überholt. Und denken wir nur an die Folgen, was die Sicherheit anbelangt. Der schönste Spaß mit dem schönsten Oldtimer hört auf, wenn man tot ist.

Dies war das Negativ-Beispiel. Jetzt aber positiv: Fortschritt bei reduziertem Wachstum muß bedeuten, daß wir die Grundlagen unseres Wirtschaftens, die Grundlagen unseres Daseins verbessern, konsequent verbessern. Hier treffen wir wieder auf den Begriff der Infrastruktur und die Aufgabe, diese Infrastruktur im weitesten Sinn konsequent auszubauen. Dabei braucht man nicht so phantasielos zu sein, nun das dritte Schwimmbad in irgendeiner kleinen Gemeinde bauen zu wollen oder den letzten Güterweg auf irgendeinen Berg im Bayerischen Wald zu teeren. Darum geht es nicht. Es geht vielmehr um sehr produktive Dinge, die sich ebenfalls unter dem Begriff Infrastruktur zusammenfassen lassen. Es geht um leistungsfähige Verkehrsverbindungen, um neue, leistungsfähige Umschlagplätze für Wirtschaftsgüter, um neue Häfen, um fernmeldetechnische Einrichtungen, um Kommunikationsmittel jeglicher Art, aber auch um die Leistungssteigerung beim Angebot von Dienstleistungen, im Warenaustausch, bei der Sicherung von Vertriebsmöglichkeiten, bei der Gewährleistung von Zulieferung von Rohmaterial. Und das sind nur einige Beispiele.

Konkurrenzfähig trotz hoher Kosten

Hier liegt auch das Geheimnis, oder ein wesentlicher Teil davon, warum die deutsche Wirtschaft trotz enormer Produktionskosten nach wie vor international konkurrenzfähig ist. Wenn wir uns heute auf den Weltmärkten behaupten können bei Gewährleistung unseres hohen Lebensstandards, dann ist dafür ein wesentlicher Faktor die vergleichsweise gut ausgebaute Infrastruktur unserer Wirtschaft. Die Transportwege und die Transportmöglichkeiten erlauben eine reibungslose, relativ preisgünstige Anlieferung von Rohmaterialien. Ähnliches gilt für den Vertrieb des Fertigprodukts. Termine werden eingehalten, Fahrtzeiten stimmen, auf Fahrpläne ist Verlaß. Ebenso ist ein reibungsloser Geld- und Informationsverkehr gewährleistet. In den Bereichen vor und nach der Produktion liegen ebenso Wachstumsreserven wie in der Phase rationalisierter Produktion. Es gibt ernstzunehmende Untersuchungen, die nachgewiesen haben, daß Fertigungen etwa in der Türkei summa summarum teurer kommen als in der Bundesrepublik, trotz des dort niedrigeren Lohnniveaus, aber wegen der sonstigen Schwierigkeiten, Unwägbarkeiten, Unzuverlässigkeiten und unzureichenden Gegebenheiten der vorproduktionellen Einrichtung.

In diesem Zusammenhang ist selbstverständlich auch zu beachten, daß die Qualität unserer Arbeitskräfte – in Wirtschaft, Gewerbe und Verwaltung – eine große Rolle spielt. Das gilt sowohl im Hinblick auf die Ausbildung und das viel gerühmte Know-how. Das gilt aber auch nicht minder im Hinblick auf Zuverlässigkeit, Gewissenhaftigkeit, Pünktlichkeit, geringe Fehlzeiten usw., die noch immer charakteristische Eigenschaften des deutschen Arbeitnehmers sind. Auch dies trägt dazu bei, daß wir bei durchaus hohen Lohnkosten, so lange sie nicht zu hoch sind, international konkurrenzfähig sein können. Und wir müssen das auch sein! Wir müssen all diese Vorteile nutzen und zur Erhaltung dieser Vorteile beitragen, weil es eben ein Irrtum ist, daß wir künftig vielleicht nur noch von Blaupausen leben könnten, von Blaupausen, die wir ins Ausland verkaufen, woher wir alles übrige beziehen, was wir zum Leben brauchen.

Es wäre ein Holzweg, wenn wir uns allein auf die höchstwertigen Produkte spezialisieren wollten. Diese höchstwertigen Produkte sind unser Aushängeschild in der ganzen Welt und das Fundament zur Erhaltung unseres Lebensstandards, unseres Wirtschaftswachstums.

Aber wir müssen auch andere Produkte, einfachere Güter, produzieren. Einmal erscheint es schon geradezu als Unmöglichkeit, daß wir uns beispielsweise im Bereich der Textilien nur noch auf Hongkong verlassen, daß wir Hosen praktisch nur noch aus Nordafrika beziehen würden. Im übrigen, neben dieser unerwünschten Abhängigkeit auch in solchen Dingen brauchen wir die breite Palette der Industrieproduktion, um die nötigen Arbeitsplätze bereitstellen zu können. Es wird darauf ankommen, daß wir nicht nur höchstwertige Güter produzieren, sondern daß wir auch die einfachere Produktion nicht außer acht lassen, sondern sie besser und vielleicht sogar preiswerter bewerkstelligen können. Dazu gilt es die Chancen zu nutzen, die wir in der Rationalisierung unserer Produktionsstätten aufgrund unseres hohen technologischen Standards haben. Rationalisierung bedeutet selbstverständlich, daß Arbeitsplätze durch Maschinen, durch Automaten ersetzt werden. Aber die Bereitstellung und Herstellung dieser Maschinen und Automaten, wie wir sie zur Rationalisierung benötigen, schafft ihrerseits wieder Arbeitsplätze. Die Chancen der Bundesrepublik sind gerade bei den Investitionsgütern keineswegs ausgeschöpft. Hier liegt ein weites Feld für die Produktion, die ihren Absatz sowohl im Inland wie im Ausland findet.

Besinnung auf Leistungsbereitschaft

Auf die Qualität unseres Know-how, den hohen Standard unserer Technologie und die Qualität der deutschen Arbeitskräfte wurde bereits hingewiesen. Mit Können und Fertigkeiten ist es freilich nicht getan. Was wir in den kommenden Jahren nötiger denn je haben werden, ist eine Besinnung auf die Leistungsbereitschaft des einzelnen. Dabei geht es nicht etwa um die Primitivformel, die Deutschen müßten wieder mehr arbeiten, eine Formel, die gerne in Verbindung mit einem auf Japan deutenden erhobenen Zeigefinger gebraucht wird. Japanische Verhältnisse sind auf die Bundesrepublik nicht übertragbar und im übrigen auch alles andere als wünschenswert, sowohl in quantitativer Hinsicht, was Lohnniveau und soziale Sicherung anbelangt, wie auch in qualitativer Beziehung, was das paternalistische System in den japanischen Unternehmen angeht. Wir müssen in der Bundesrepublik Deutschland schon unseren eigenen Weg gehen und auch in Zukunft finden. Und wenn in diesem Zusammenhang von Leistungsbereitschaft gesprochen wird, dann geht es weitaus weniger um die Bereitschaft, eventuell mehr Arbeitsstunden in der Woche am Fließband zu stehen, als um das Verhältnis zur Arbeit an sich.

Konkret heißt dies, daß wir alle Möglichkeiten nutzen müssen, die uns der heutige hohe Standard an Technik und Know-how liefert, um zu möglichst phantasievollen Produkten zu kommen. Der Begriff phantasievolle Produkte umfaßt dabei nicht nur die bereits einmal als Fundament künftigen Wachstums apostrophierten höchstwertigen Produkte einer voll entwickelten Industriegesellschaft. Erhebliche Chancen liegen gerade in Bereichen, wo es möglich oder wieder möglich ist, die Individualität der Produkte zu gewährleisten, weil es dafür einen Markt gibt. Hierunter fallen eine Vielzahl von handwerklichen Erzeugnissen, vom mundgeblasenen oder handgeschliffenen Glas bis zum handgeschmiedeten Gartentor. In der Phantasie und der Qualität unserer Arbeit liegt eine nicht zu unterschätzende Reserve für Fortschritt auch bei reduziertem Wachstum; ein Fortschritt, der zudem und gerade die positive Eigenschaft hat, daß er Freude an der Arbeit und damit auch Zufriedenheit vermittelt. Es wird darauf ankommen, daß wir alles unterlassen, was diese so verstandene Leistungsbereitschaft beeinträchtigen und behindern könnte, und daß wir alles tun, was diese Leistungsbereitschaft fördert. Das gilt um so mehr, als sich die großen Hoffnungen, die man in den Dienstleistungssektor setzte, nicht in dem erwarteten Maß zu erfüllen scheinen.

Gerade was das Wachstum des Dienstleistungssektors und vor allem die Aufnahmefähigkeit des tertiären Bereichs für in der Produktion freigesetzte Arbeitskräfte anbetrifft, ist man mittlerweile vorsichtiger geworden. Der Dienstleistungssektor wächst wesentlich langsamer, und die Forderung, den Öffentlichen Dienst auszudehnen, um momentan dort Arbeitsplätze zu schaffen, die langfristig angeblich im Zuge der Dienstleistungsgesellschaft dort ohnehin gebraucht würden, erweist sich als unverantwortlich. Im Gegenteil, eine Besinnung auf die Güterproduktion scheint notwendig, wenn es um die Frage sowohl nach dem Wachstum als auch nach der Beseitigung und Vermeidung von Arbeitslosigkeit geht. Und diese Besinnung erscheint durchaus chancenreich. Bei einem Wachstumsforum des Instituts der Deutschen Wirtschaft, bei dem 30 Experten aus Wissenschaft und Praxis zu Wort kamen, fiel der bemerkenswerte Satz: »Überall, wo Dienstleistungen zu teuer werden, da liegen die Märkte und damit auch die Produktionen der Zukunft!«

Dieser Satz soll nicht absolut genommen werden. Selbstverständlich gibt es nach wie vor Wachstumsindustrien, die einen Bedarf befriedigen, der mit der Ersetzung von zu teuren Dienstleistungen nichts oder wenig zu tun hat. Trotzdem: Der Hinweis auf die teurer und teurer werdenden Dienstleistungen und die damit verbundene Auswirkung auf die Gütererzeugung öffnet ein zusätzliches Wachstumsventil, das auch zusätzliche Arbeitsplätze bedeutet. Ein Beispiel kann es konkretisieren: Die steigenden Preise beim Damen-Friseur haben dazu geführt, daß sich auch in diesem Bereich das Do-it-yourself-Verfahren verstärkt hat oder daß zur Freundschafts- und Nachbarschaftshilfe gegriffen wurde. Das Entscheidende aber dabei ist nicht das Do-it-yourself. Ausschlaggebend ist der Wachstumsprozeß, der davon ausgeht, daß für die Frisur im Heimwerkerverfahren Geräte benötigt werden. Und – wie zu beweisen war– die zu teuren Dienstleistungen beim Damen-Friseur haben bei den einschlägigen Herstellern von Trockenhauben, Föhnkämmen, Lockenscheren usw. einen wahren Boom ausgelöst, der sich am Ende auch in neuen Arbeitsplätzen niederschlägt.

Das ist nur ein Beispiel von Dutzenden, die die Renaissance der Sachgüterproduktion als Wachstumsquelle auch der Zukunft signalisieren. Neben der Qualität der Arbeitskräfte ist dazu eine optimal ausgebaute Infrastruktur notwendig. Aber diese Infrastruktur ist natürlich nur ein Punkt. In Wirklichkeit ist ein Bündel von Maßnahmen, ein Bündel von Verhaltensweisen notwendig, die am Ende in ihrer Kombination Erfolg versprechen. In diesem Zusammenhang einige Beispiele, die besonders wichtig erscheinen im Hinblick auf Fortschritt bei reduziertem Wachstum.

Neue Anforderungen an die Tarifpartner

Wenn es um die Mobilisierung der Wachstumsreserven geht, wird es in der Zukunft zweifellos notwendig sein, daß sich die Arbeitnehmerseite, vertreten durch ihre Gewerkschaften, Zurückhaltung auferlegt. Man sollte nicht vergessen, daß ein wesentlicher Teil der Arbeitslosigkeit der letzten Jahre in der Bundesrepublik letztlich auf überzogene Lohnsteigerungen zurückzuführen war. Da kann man von Recht auf Arbeit reden, da kann man wieder einmal das Wort Gerechtigkeit strapazieren – an der Einsicht führt jedoch kein Weg vorbei, daß die Lage auf dem Arbeitsmarkt nur dann stabil gehalten werden kann, wenn der Kostendruck so in Schach gehalten wird, daß nicht überproportional Arbeitsplätze wegrationalisiert werden. Der von den Gewerkschaften geforderten größeren Einsicht entspricht die Notwendigkeit auf der Unternehmerseite, ungerechtfertigten Forderungen auch konsequenteren Widerstand entgegenzusetzen.

Beide Tarifpartner könnten sich überlegen, ob sie nicht die Vermögensbildung der Arbeitnehmer als gewichtigere Komponente in ihre autonome Tarifpolitik einbeziehen sollten. Die Integration der Vermögensbildung in die Tarifpolitik könnte den Tarifvertragsparteien gewiß bei der Überwindung der Schwierigkeit helfen, die für sie im Boom wie in der Rezession besteht, die jeweils konjunkturgerechte Tarifbewegung zu vereinbaren.

Wenn man die Gesamttariferhöhung in einen konsumtiven und einen investiven Teil aufspalten würde, dann ergäbe sich die Möglichkeit, entsprechend den konjunkturellen Erfordernissen dem jeweils notwendigen Teil stärkeres Gewicht zu geben. Konkret: Fehlt es im Konjunkturbild an der Nachfrage, so wäre der konsumtive Teil der Tarifbewegung zu betonen, droht hingegen ein Nachfragestoß die Inflationsrate nur noch weiter anzuheizen, dann müßte man sich stärker auf den investiven Teil der Tarifbewegung konzentrieren. Entscheidungshilfe könnte den Tarifpartnern hier durch eine wiederbelebte und neu orientierte »Konzertierte Aktion« geboten werden. Um eventuellen Mißverständnissen von vorneherein vorzubeugen, sei hier betont, daß sich die Entscheidungshilfe ausschließlich darauf beziehen könnte, wieviel von der Gesamttarifbewegung nun investiv und wieviel konsumtiv verwendet werden sollte. Die Gesamttarifbewegung bliebe insgesamt unberührt, womit auch die Tarifautonomie der Tarifvertragsparteien nicht beeinträchtigt würde.

Möglicherweise ergibt sich nicht nur aus konjunkturpolitischen Überlegungen, sondern vor allem aus der Notwendigkeit heraus, die Wachstumsreserven in einer hochentwickelten Industriegesellschaft zu mobilisieren, für eine ernstzunehmende Vermögenspolitik eine echte Chance. Dabei muß man sich allerdings klar sein, daß es nicht um eine Ausweitung etwa der Sparförderung der vergangenen Jahre und Jahrzehnte gehen kann. Diese Aktivitäten haben zweifellos ihren Sinn gehabt. Eine Vermögenspolitik, die diese Bezeichnung auch verdient, muß breiter angelegt sein, in der Methode und im Ziel. Die sozialliberale Koalition war dazu nicht in der Lage. Nicht nur das: Initiativen über den Bundesrat wurden ganz einfach abgewürgt.

Drei Thesen zur Vermögenspolitik

Eine Vermögenspolitik, die diese Bezeichnung auch verdient – sie sei mit drei Thesen beleuchtet:

Erste These: Die Vermögensbildung darf nicht – in bewußter oder unbewußter Übernahme marxistischen Gedankenguts – allein auf die Beteiligung am Produktivkapital beschränkt werden. Sie muß vielmehr alle Formen des Vermögens umschließen. Es kann nicht angehen, die Diskussion über Vermögensbildung auf das »Produktivvermögen« zu verengen. Die oft zitierte Zahl, wonach nur 1,7 Prozent aller Haushalte 71 Prozent des Produktivvermögens der deutschen Wirtschaft besäßen, ist unvollständig und irreführend: einmal deshalb, weil sie das erhebliche landwirtschaftliche und das außerhalb der vermögensteuerlichen Freibeträge liegende Vermögen nicht erfaßt; zum zweiten deshalb, weil das Produktivvermögen als die risikovollste Anlageform z. B. 1974 nur einen Anteil von rund 34 Prozent am gesamten Volksvermögen ausmachte; der Anteil des privaten inländischen Produktivvermögens lag sogar nur bei 19 Prozent. Was die Verteilungsverhältnisse beim Vermögenszuwachs angeht, so sei nur an die hohe Lohnquote – Anteil der Einkommen aus unselbständiger Tätigkeit am gesamten Volkseinkommen – erinnert, die bei etwa 71 Prozent liegt, während Einkommen aus Unternehmertätigkeit und Vermögen bei rund 29 Prozent des Bruttosozialprodukts liegen.

Die privaten Haushalte und insbesondere auch die Arbeitnehmerhaushalte verfügen insgesamt über ein erhebliches Geldvermögen, vor allem in Spareinlagen, festverzinslichen Wertpapieren und Bausparguthaben. Dieses Geldvermögen der privaten Haushalte hat sich zwischen 1970 und 1975 auf rund 770 Milliarden DM nahezu verdoppelt, für 1979 ergab sich ein Betrag von 1159,7 Milliarden DM. Daraus folgt zwingend, auch im Hinblick auf eine Vermögenspolitik: Stabilitätspolitik muß für den Finanzpolitiker an erster Stelle stehen. Der Schutz des Sparers vor Geldentwertung und Substanzverlust hat volkswirtschaftlich gesehen eine große Bedeutung: Jedes Prozent Inflation mehr führt beim Geldvermögen zu Verlusten von ca. 11 Milliarden DM!

Die Sparer ziehen hieraus bereits Konsequenzen: Nach einer Übersicht der Deutschen Bundesbank sind die Spareinlagen 1979 nur noch um 13,8 Milliarden DM gestiegen, während im Jahr zuvor die Zunahme mehr als doppelt so hoch gewesen ist. Um so stärker engagierten sich die privaten Anleger bei festverzinslichen Papieren: Sie kauften dreimal soviel wie 1978 (1978: 9,4 Mrd. DM – 1979: 27,8 Mrd. DM).

Auch die Vermögensbildung im privaten Haus- und Grundvermögen hat eine erhebliche Bedeutung. Sie betrug 1979 plus 32,9 Milliarden DM und wurde vom Staat durch die Bausparförderung, durch Wohnungsbauprämien und durch § 7 b-Abschreibung mehr gefördert als Beteiligungen an unternehmerischen Risikovinvestitionen.

Wenn dennoch die »Eigentumsquote« der Bundesrepublik – der Anteil der vom Eigentümer selbst genutzten Wohnungen am Gesamtbestand – im internationalen Vergleich nach wie vor zurückliegt, hängt dies mit anderen Faktoren zusammen: Als Beispiel ist der hohe Bestand an Wohnungen zu nennen, den Wohnungsbaugesellschaften im eigenen oder fremden Namen verwalten. Deshalb ist es unumgänglich, daß das Wohnungsgemeinnützigkeitsrecht und die an das Gemeinnützigkeitsrecht gekoppelten Steuervergünstigungen unter diesem Gesichtspunkt überprüft werden. Anreize zur Überführung des fremdverwalteten Wohnungsbestandes in individuellen Besitz sind zu schaffen.

Zweite These zur Vermögensbildung: Die breite Streuung von Vermögen in allen seinen Formen ist ein wesentliches Element der Sozialen Marktwirtschaft und damit ein stabilisierender Faktor in unserem demokratischen System.

Die Bildung breit gestreuten Eigentums, sei es nun Geld-, Sach- oder auch Produktivvermögen, ist ein wesentliches Element der Sozialen Marktwirtschaft, eine der Säulen, auf der die soziale Komponente unserer Wirtschaftsordnung beruht – neben der Sozialversicherung, der Sicherung der Beschäftigung und der Geldwertstabilität.

Breit gestreutes Vermögen ist gewissermaßen eine Ergänzung der Gewaltenteilung; es gibt dem einzelnen Unabhängigkeit vor Bevormundung durch staatliche Stellen oder gesellschaftliche Gruppen und Verbände, stärkt das Verantwortungsbewußtsein und erschwert das Entstehen einer »Fürsorgeempfänger«- und Subventionsmentalität.

Dritte These: Die mit der Vermögensbildung angestrebten ordnungspolitischen Ziele lassen sich nur über eine individuelle, freiwillige und – im Bereich des Produktivvermögens – betriebsnahe Vermögensbildung erreichen.

Diese Gründe für die Vermögensbildung, die Stärkung der persönlichen Initiative, der Anreiz zur Leistungssteigerung, das verstärkte Interesse an wirtschaftlichen Zusammenhängen, vor allem die größere Aufgeschlossenheit für ordnungspolitisches Denken, etwa die Auswirkungen von Inflation und Verteilungskämpfen – alle diese Gründe gelten nur für eine individuelle, freiwillige und – im Bereich der Produktionsvermögensbildung – betriebsnahe Vermögensbildung. Die Scheidelinie zwischen einem Wohlfahrtsstaat einerseits und einem freiheitlich geprägten sozialen Rechtsstaat andererseits läßt sich gerade bei der Vermögensbildung deutlich ziehen.

Kollektive Vermögensbildungsmodelle à la vermögenspolitische Grundlinien der sozialliberalen Koalition des Jahres 1974 zeichnen sich dadurch aus, daß sie den Unternehmen über Sonderabgaben viel nehmen, der einzelne aber nur wenige hundert Mark in Form steriler, unverzinslicher Fondszertifikate erhalten soll. Der Erwerb der Anteile wäre unabhängig von der Leistung des einzelnen; die Bezugsberechtigung wäre losgelöst vom Einsatz der Arbeitnehmer an Arbeit und Intelligenz, aber auch unabhängig vom Erfolg »ihres« Betriebes. Die Ansammlung von Jahr zu Jahr sich kumulierender

Fondsvermögen würde zwangsläufig Ansatzpunkt für die begehrlichen Blicke der Investitionslenker, der Befürworter der »Strukturräte«, der »Branchenausschüsse« und ähnlicher Formen bürokratischer Aufsicht über die Wirtschaft. Statt individueller Vermögensbildung für den einzelnen würde die »Macht der Funktionäre« wieder Triumphe feiern. Das aber ist nicht Sinn einer breitgestreuten Vermögensbildung. Es kann deshalb auch nicht in Frage kommen, der Wirtschaft ein Modell aufzunötigen. Es muß vielmehr darum gehen, der Wirtschaft freien Spielraum dadurch zu gewähren, daß man die Hemmnisse beseitigt, die einer betriebsnahen, individuellen und leistungsbezogenen Vermögensbildung entgegenstehen.

Der von der Bayerischen Staatsregierung dazu eingebrachte Gesetzentwurf zur Verbesserung der betrieblichen Vermögensbildung geht aufgrund dieser Überlegungen von folgenden Grundannahmen aus:

- Steuerliche Förderung der Ausgabe von »Beteiligungswerten« an Arbeitnehmer, unabhängig von der Rechtsform des Unternehmens. Soweit der Vorzugspreis, für den der Arbeitnehmer die Beteiligung erhält, nicht um insgesamt mehr als 500 DM pro Jahr unter dem Börsenkurs bzw. dem gemeinen Wert liegt, ist der Erwerb steuerfrei.
- Der Anlagekatalog nach dem dritten Vermögensbildungsgesetz und dem Sparprämiengesetz wird um die Beteiligungswerte erweitert; der Erwerb von Beteiligungswerten wird damit ebenso begünstigt wie die Bildung von Geldvermögen (Sparkapital) oder Leistungen für eine Lebensversicherung.
- Hemmnisse im Gewerbesteuer- und Kapitalverkehrsteuerrecht, die der Bildung von stillen Mitarbeiterbeteiligungen bisher entgegenstanden, sollen entfallen. So war nach geltendem Recht eine in der Rechtsform der stillen Beteiligung gewährte Beteiligung des Arbeitnehmers am Betriebsergebnis dem zu versteuernden Gewerbeertrag hinzuzurechnen und also nicht etwa als »nachträglicher« Lohn abzugsfähig. Ergänzend haben wir noch eine Verbesserung für den Mittelstand in das Gesetz einbezogen und durch eine Zusatzinitiative im Finanzausschuß eine ausbildungshemmende Vorschrift entschärft:
- Die Steuerermäßigung nach § 14 des Dritten Vermögensbildungsgesetzes für Betriebe mit bis zu 50 Arbeitnehmern, die für ihre Arbeitnehmer vermögenswirksame Leistungen erbringen, soll von 6 000 DM auf 9 000 DM erhöht werden.
- Außerdem sollen in diese Höchstzahl von 50 Arbeitnehmern »Auszubil-

dende« nicht mehr eingerechnet werden; wer mehr Ausbildungsplätze in seinem Betrieb schafft, soll nicht durch Wegfall von Steuervergünstigungen noch »bestraft« werden.

Die Bundesregierung und ihre sozialliberale Mehrheit im Bundestag haben diesen Vorschlag, der in wesentlichen Teilen vom Bundesrat übernommen wurde, vordergründig mit haushaltsmäßigen Bedenken abgelehnt. Die haushaltspolitische Situation lasse es nicht zu, die staatliche Vermögensbildung auszubauen und dafür Steuermindereinnahmen von etwa 500 Millionen DM hinzunehmen. Dieses Argument freilich ist alles andere als überzeugend. Abgesehen davon, daß die finanziellen Schwierigkeiten des Jahres 1980 schwerlich für die Versäumnisse der Bundesregierung bei der Vermögensbildung in den vergangenen Jahren als Alibi herhalten können, ein großer Teil der notwendigen Mittel ließe sich durch eine Umschichtung innerhalb der Sparförderung freisetzen. In Wahrheit geht es der sozialdemokratischen Regierungsmehrheit jedoch darum, auch in der Vermögenspolitik keine individuelle Lösung zuzulassen, sondern am Ende die kollektive Fondslösung durchzusetzen. Dafür nimmt man auch in Kauf, daß die individuelle Vermögenspolitik als Wachstumsträger ausfällt, wahrscheinlich noch auf viele Jahre hin ausfällt: Vermögensbildung als Stimulanz der persönlichen Leistungsbereitschaft, Vermögensbildung aber auch als Quelle des wachsenden Kapitalbedarfs unserer Gesellschaft.

Und damit sind wir bei einem weiteren Punkt, der für den Fortschritt bei reduziertem Wachstum und die Mobilisierung der Wachstumsreserven dringend notwendig ist. Die Verschiebungen im Gefüge der Weltwirtschaft, die durch die Rohstoffkrise nicht erst verursacht, wohl aber beschleunigt wurden, sind von der deutschen Wirtschaft nur zu bewältigen, wenn sie die Mobilität ihrer Produktionsfaktoren, ihre Bereitschaft zum Strukturwandel erhält und steigert. Nichts wäre für unsere wirtschaftliche Enwicklung auf mittlere und lange Sicht tödlicher als eine – möglicherweise noch durch Investitionslenkung und ähnliche Begriffe aus dem Gebrauchtwarenbestand marxistischer Begriffe verstärkte – Vergreisung der Wirtschaftsstrukturen und des Produktionsapparates. Der Wettbewerb wird auch in Zukunft das Ausscheiden unrentabler oder strukturell überholter Unternehmenseinheiten mit sich bringen.

Mehr Eigenkapital für die Unternehmen!

Eine Eigenkapitalausstattung, die das in Zukunft notwendige riesige Investitionsvolumen abdecken kann, ist nur dann möglich, wenn die Bildung unternehmerischen Risikokapitals auch von den Masseneinkommen getragen wird. Die Vermögenspolitik einschließlich des Ausbaus der betrieblichen Vermögensbeteiligung der Arbeitnehmer ist dabei nur ein Punkt. Nicht minder ist ein Abbau der ertragsunabhängigen Substanzsteuern notwendige Voraussetzung für eine Verbesserung der Eigenkapitalausstattung unserer Wirtschaft. Gerade die vom Ertrag unabhängigen Steuern haben sich als die ärgsten Wachstumsbremsen erwiesen. Von kurzatmigen Steuergeschenken an die Wirtschaft ist allerdings nichts zu halten. Die allgemeine wirtschaftliche Lage und der desolate Zustand der öffentlichen Haushalte müssen uns vielmehr veranlassen, eine funktionsgerechte Besteuerung zu schaffen. Nur eine funktionsgerechte Besteuerung führt zu der notwendigen Bildung ausreichenden Eigenkapitals.

Der Eigenkapitalanteil der deutschen Unternehmen ist seit Jahren rückläufig. Nach Erhebungen der Deutschen Bundesbank sank der Anteil der Eigenmittel an der Bilanzsumme (Eigenkapitalquote) im Durchschnitt aller Unternehmen von 30 Prozent in den Jahren 1965–69 auf 22,5 Prozent im Jahr 1978. Dabei bestehen freilich erhebliche Unterschiede sowohl in Abhängigkeit von der Rechtsform wie auch im Vergleich der einzelnen Wirtschaftsbereiche und nicht zuletzt von Unternehmen zu Unternehmen. Insgesamt läßt sich aber feststellen, daß sich die Kapitalstruktur der deutschen Unternehmen deutlich verschlechtert hat.

Diese negative Entwicklung gilt auch im Hinblick auf das Ausland. So haben eine wesentlich günstigere Eigenkapitalausstattung im Durchschnitt die Unternehmen in den USA, in Großbritannien, in Kanada und in der Schweiz. Auch Belgien, die Niederlande und Dänemark sind besser dran. Die Verhältnisse in der Bundesrepublik Deutschland sind nur mit denen in Frankreich oder Schweden vergleichbar. Schlechter als in Deutschland sind die Unternehmen nur in Japan und in Italien mit Eigenkapital ausgestattet.

Hauptursache für den Rückgang der Eigenkapitalquote ist in der Bundesrepublik Deutschland die starke Verschlechterung der Ertragsverhältnisse seit Anfang der siebziger Jahre. Die verringerte Ertragskraft macht eine verstärkte Finanzierung mit Fremdkapital notwendig. Die Eigenkapitalrendite industrieller Aktiengesellschaften zum Beispiel bewegt sich seit 1974 zwischen 5,1 und 6,3 Prozent. Nur das Jahr 1976 brachte mit 9,9 Prozent eine Ausnahme und entsprach in etwa dem, was in den Jahren 1962–70 mit durchschnittlich 8,8 Prozent üblich war.

Die immer geringere Eigenkapitalbasis der deutschen Unternehmen war zumindest mitverantwortlich für die Welle der Unternehmenszusammenbrüche in den letzten Jahren. 1977 erreichte die Zahl der Insolvenzen mit fast 10 000 einen Höhepunkt. 1980 muß nach einer vorübergehenden Abschwächung dieser Entwicklung bereits wieder eine Zunahme der Insolvenzen registriert werden.

In den nächsten Jahren wird es darauf ankommen, die Eigenkapitalbasis der deutschen Unternehmen zu stärken. Die Ausstattung mit ausreichendem Risikokapital ist wesentliche Voraussetzung für das Wachstum der Unternehmen und damit der Volkswirtschaft schlechthin. Eine zu geringe Eigenkapitalbasis erschwert auch die Aufnahme von Fremdkapital und beschränkt so die Expansionsmöglichkeiten. Die Versorgung der Wirtschaft mit genügend Risikokapital ist vor allem auch wichtig zur Sicherung der Energieversorgung. Die dazu nötige Entwicklung neuer Technologien erfordert in den kommenden 20 Jahren nach fundierten Schätzungen ein zusätzliches Investitionsvolumen von – in heutigen Preisen – 400 Milliarden DM. Gerade derartig risikoreiche Investitionen können nicht allein mit Fremdkapital finanziert werden. Dazu braucht die Wirtschaft risikotragendes Wagniskapital; Kapital also, das bei etwaigen Fehlschlägen nicht auch noch mit Zinsen bedient werden muß. Der Schlüssel dazu ist der Ertrag.

Eine Verbesserung der Ertragslage setzt nicht nur voraus, daß die Lohnpolitik auf eine Verbesserung der Ertragslage, eventuell über das Instrument des Investivlohns, ausgerichtet wird und die parafiskalischen Lohnkosten vermindert werden. Es kommt für die Unternehmen nicht nur auf die Erträge vor Steuern an, für sie ist vielmehr entscheidend, welcher Ertrag ihnen nach Steuer verbleibt. In der Tat hat sich immer wieder gezeigt, daß für die Ausdehnung der Produktion und für Erweiterungsinvestitionen die Gewinnaussichten ausschlaggebend sind. Darauf müssen wir im Interesse aller Rücksicht nehmen. Daß diese Einsicht alles andere als eine Selbstverständlichkeit ist, beweist der hinhaltende Widerstand der sozialdemokratisch geführten Bundesregierung gegen die von der Union dann durchgesetzten Steuerentlastungen 1977 und 1979.

Forschungsförderung besser indirekt

Der zu beobachtende weltwirtschaftliche Strukturwandel zwingt uns dazu, das technologische Leistungsvermögen unserer nationalen Volkswirtschaft zu mobilisieren, um es zur Modernisierung der Wirtschaft einzusetzen, um neue Produktions- und Absatzmöglichkeiten zu schaffen und den vom Strukturwandel betroffenen Arbeitnehmern sichere Arbeitsplätze anbieten zu können. Der staatlichen Forschungs- und Technologiepolitik kommt dabei die Aufgabe zu, die Fähigkeit und die Bereitschaft der Wirtschaft zu verbessern, neue technologische Entwicklungen in gesamtwirtschaftlich erwünschte, arbeitsplatzschaffende oder arbeitsplatzerhaltende Innovationen umzusetzen. Dabei ist der indirekten steuerlichen Forschungs- und Innovationsförderung grundsätzlich der Vorzug vor direkten Subventionen zu geben. Ausnahmen eingeräumt, aber mit der indirekten steuerlichen Förderung für Forschung und Entwicklung wird eine am Markt orientierte Innovation der Wirtschaft erreicht, die eine ansonsten unmöglich zu erzielende Breitenwirkung zur Folge hat. Zumindest ist ein ausgewogeneres Verhältnis zwischen direkter und indirekter Förderung herzustellen.

Und darum geht es: Wir müssen die Chance nutzen, die uns die Vielzahl der kleinen und mittelständischen Unternehmen durch ihre Marktnähe auch für die Innovationen bietet. Die Wirtschaft muß in ihrer ganzen Breite an der lebenswichtigen Suche nach neuen Produkten, neuen Märkten und neuen Technologien beteiligt werden. Dies aber ist nur dadurch zu erreichen, daß man besonderes Gewicht auf die indirekte Förderung legt. Deshalb ist es notwendig, die bestehenden steuerlichen Vergünstigungen zugunsten von Forschung und Entwicklung auszubauen. Die Investitionszulage nach § 4 a des Investitionszulagengesetzes beträgt 20 Prozent bis 500 000 DM und 7,5 Prozent für darüber hinausgehende Aufwendungen. Der Höchstbetrag von 500 000 DM sollte ersatzlos gestrichen werden, so daß die erhöhte Zulage auch darüber hinaus in Anspruch genommen werden kann. Zusätzlich zur Förderung mit der Investitionszulage sollte die 1974 ausgelaufene Sonderabschreibung wieder eingeführt werden.

Eine Verstärkung der indirekten Forschungs- und Entwicklungsförderung statt der Bezuschussung einzelner Projekte aus Mitteln des Bundeshaushalts wäre ohne weiteres fiskalisch zu verkraften. Dies gilt um so mehr, als die Bundesregierung die Absicht hat, bis 1982 die Mittel für die direkte Forschungsförderung um 7 Milliarden DM auszuweiten. Die Verbesserung der indirekten Forschungszulage würde dagegen nur rund 60 Millionen DM und die Wiedereinführung der Sonderabschreibungen für Forschung und Entwicklung etwa 300 Millionen DM kosten. Diese relativ geringen Beträge versprechen einen erheblichen Erfolg, weil auf diese Art und Weise schon ein beachtlicher Posten an bürokratischen Reibungsverlusten wegfiele. Die 5,5 Milliarden DM an Forschungsmitteln, die bisher bereits vergeben werden, erfordern allein einen bürokratischen Apparat von rund 1 200 Beamten und Sachverständigen. Die wirtschaftliche Zukunft der Bundesrepublik Deutschland aber wird gewiß nicht durch eine Vermehrung des bürokratischen Apparats sichergestellt, sondern weit aussichtsreicher durch die Erfindungs- und Anpassungsfähigkeit der Unternehmen und damit der privaten Initiative, die es möglichst ohne Behinderung zu fördern gilt.

Mobilisierung der Bildungsreserven

Mobilisierung der Wachstumsreserven, daran kann kein Zweifel bestehen, heißt auch Mobilisierung der Bildungsreserven! Der technische Fortschritt und damit ein wesentliches Kriterium für Produktivitäts- und Wachstumsfortschritte hängt eng mit dem Bildungs- und Wissensniveau eines Volkes zusammen. Der »Club of Rome«, der mit seiner Studie »Grenzen des Wachstums« so großes Aufsehen erregte, hat in seiner jüngsten Studie »No Limits To Learning« nach den pessimistischen Prognosen der vorausgegangenen Veröffentlichungen die unbegrenzte Lernfähigkeit des Menschen entdeckt.

Der »Club of Rome« spricht von den grenzenlosen »inneren Ressourcen« des Menschen, die allein die Gewähr für die Überwindung der künftigen Probleme der Menschheit bieten. Menschliche Phantasie und Kreativität also werden die knapper werdenden materiellen Ressourcen ersetzen.

Ohne Zweifel, die Aktivierung von Bildung und Ausbildung sind gewichtige Komponenten künftigen Wachstums. Und dabei geht es nicht nur um Materielles. Das Grundrecht auf Bildung hat den vielleicht unmittelbarsten Bezug zur zentralen Aussage unserer freiheitlich-demokratischen Verfassung: der Menschenwürde. Erst ein nach seinen Fähigkeiten gebildeter Mensch kann von seiner Freiheit verantwortungsvoll Gebrauch machen. Diese zentrale Bedeutung der Bildung für die Verwirklichung unserer freiheitlichen Demokratie hat auch in der Bayerischen Verfassung ihren Niederschlag gefunden: In Art. 128 der Bayerischen Verfassung ist deutlich ausgesprochen, daß jeder Bewohner Bayerns einen Anspruch darauf hat, eine seinen erkennbaren Fähigkeiten und seiner inneren Berufung entsprechende Ausbildung zu erhalten.

Aus diesem Verfassungspostulat läßt sich für die Gestaltung unseres Schulsystems eine konkrete Forderung ableiten. Eine begabungs- und neigungsgerechte Förderung aller Schüler ist nur möglich, wenn den Schülern verschiedene Schultypen angeboten werden. Dies ist nur in einem gegliederten Schulsystem gewährleistet. Und das bedeutet eine klare Absage an die Gesamtschule, die nur dazu dient, einen Einheitsschüler auf dem Niveau der leistungsschwächsten Schüler hervorzubringen. Chancengleichheit in der Bildung kann nicht bedeuten, daß alle eine mäßige Ausbildung erhalten; sie verlangt vielmehr, daß jedem Schüler die Chance auf eine bestmögliche Ausbildung nach Begabung und Neigung gewährleistet wird.

Einseitig orientierte Bildungspolitiker haben mit ihrer Schulpolitik rücksichtslos herumexperimentiert und damit dazu beigetragen, daß heute Schüler und Eltern zutiefst verunsichert sind. Die Kinder finden in der Schule keine Geborgenheit mehr. Fachwissenschaftler statt Klassenlehrer begegnen ihnen im Unterricht, statt Klassenkameraden gibt es nur noch Kursteilnehmer. Die Schule muß wieder eine geistige Orientierung vermitteln. Sie muß aber auch wieder für Schüler und Eltern eine überschaubare Stätte werden, wo nicht nur Fachwissen vermittelt wird, sondern auch Bildung und Erziehung.

Zur Überschaubarkeit gehört, daß sich Schule und Hochschule ergänzen. Die Schule darf nicht verwissenschaftlicht, die Hochschule soll nicht verschult werden. Das klar gegliederte Schulsystem ist ein Beitrag zu einem menschlichen Schulsystem, das seine Leistungsfähigkeit längst erwiesen hat. Es ist alles zu vermeiden, was auf eine Diskriminierung der Hauptschüler hinauslaufen könnte. Die Hauptschule muß ihre eigenständige Aufgabe behalten, nämlich eine grundlegende Allgemeinbildung zu vermitteln, die Schüler auf die Berufswelt vorzubereiten und sie zu einer sachlich begründeten Berufsentscheidung zu befähigen.

In der Hochschulausbildung liegt nicht das Heil für alle. Durch eine teilweise auf Abwege geratene Bildungsdiskussion in den sechziger Jahren und Anfang der siebziger Jahre ist dieser Eindruck entstanden. Wir sind dadurch in eine bildungspolitische Sackgasse geraten. Die Schwierigkeiten der Hochschulabsolventen am Arbeitsmarkt führen das immer wieder deutlich vor

Augen. Dies bedeutet freilich nicht, daß nicht studieren dürfte, wer es wollte. Aber zur Neigung gehört unweigerlich auch die Begabung. Ein Hochschulstudium »um jeden Preis« ist abzulehnen. Wer allerdings Neigung und Begabung zu einer Universitätsausbildung hat, sollte vom Staat gefördert werden. Und er wird auch in Zukunft gefördert werden. Die Förderung der Hochbegabten ist eine besondere Aufgabe.

Die Erfüllung des Verfassungsauftrages, eine allgemeine und berufliche Bildung entsprechend den Neigungen und Fähigkeiten des einzelnen zu vermitteln, schließt keineswegs aus, das Bildungssystem auch an den Anforderungen und dem erkennbaren Bedarf des Wirtschaftslebens und der Gesellschaft zu orientieren. Das gebietet die Rücksichtnahme auf die Interessen der zukünftigen Hochschulabsolventen. Auch ihnen ist nicht damit gedient, einen Hochschulabschluß zu besitzen, mit dem sie in der Praxis nichts anfangen können. Das versteht sich aber auch im Interesse der Nichtstudierenden, der Berufstätigen ohne Studium, die mit ihren Steuerabgaben den Studenten ihr Studium mit ermöglichen. Eine bedarfsgerechte Ausbildung hat sowohl im Hinblick auf die Berufs- und Lebenschancen des einzelnen wie auch im Hinblick auf die Leistungs- und Wettbewerbsfähigkeit unserer Wirtschaft einen hohen Stellenwert. Es ist daher mit eine Aufgabe des Staates, durch Aufklärungsarbeit auf ein Gleichgewicht zwischen Bildungs- und Beschäftigungssystem hinzuwirken.

Während es in diesem Bereich bis etwa Mitte der siebziger Jahre kaum Schwierigkeiten gegeben hat, kumulieren seither mehrere Entwicklungen, die verstärkte Anstrengungen notwendig machen. So hat der gesamtwirtschaftliche Einbruch der Jahre 1974/75 eine Vielzahl von Arbeitsplätzen vernichtet. Zugleich aber drängen die sogenannten starken Jahrgänge auf den Arbeitsmarkt. Und überdies führen die deutlich gestiegene Übertrittsquote auf weiterführende Schulen und die erheblich gestiegene Quote an Hochschulabsolventen dazu, daß der Arbeitsmarkt das starke Angebot von Akademikern kaum noch aufzunehmen vermag.

Bis Ende der siebziger Jahre konnte der Staat noch rund 60 Prozent aller Hochschulabsolventen, es ging vor allem um Lehrer im Bildungsbereich, übernehmen. Nach verläßlichen Prognosen wird dieser Anteil in den achtziger Jahren bis auf rund 15 Prozent absinken, weil auf Grund des veränderten Altersaufbaus im Öffentlichen Dienst der Ersatzbedarf erheblich absinkt und Zusatzbedarf nicht mehr besteht. Es ist daher aus der Sicht des gesamten Beschäftigungssystems vor einer Entwicklung zu warnen, die immer mehr

Schüler eines Altersjahrgangs zu den Hochschulen führt. Dadurch wird nicht nur der Arbeitsmarkt für Akademiker immer schwieriger, es fehlen auf der anderen Seite auch qualifizierte Facharbeiter. Dieser Facharbeitermangel ist bereits heute so stark, daß er sich auf die Entwicklung unserer Wirtschaft auswirkt. Eine vernünftige Gesamtbildungspolitik muß auf derartige Entwicklungen und Störquellen im System hinweisen. Dabei geht es nicht nur um finanzielle Belange. Es geht vor allem um die Verantwortung gegenüber den jungen Menschen, die heute ihre Berufsentscheidungen zu treffen haben.

Nicht am Markt vorbei!

Es hat keinen Sinn, im Bereich von Bildung und Ausbildung an den Bedürfnissen des Marktes vorbeizuproduzieren. Für den einzelnen bedeutet das, daß er angesichts der in Gang befindlichen und noch zu erwartenden Strukturverschiebungen auf dem Arbeitsmarkt große Bereitschaft zu beruflicher Flexibilität aufbringen muß. Dabei ist unverzichtbare Voraussetzung, daß die Berufe und der Zugang zu Bildung und Ausbildung für jeden einzelnen offen sind. Genauso unverzichtbar aber ist, daß die qualitativen Momente in Form von Fähigkeiten und Begabungen nicht ausgeschaltet werden dürfen. Jeder, der will und kann, muß seine Chance haben. Daß er sie wahrnimmt, diese Verantwortung kann ihm keiner abnehmen.

Auch die soziale Differenzierung zwischen schulischer und beruflicher Ausbildung muß in Zukunft abgebaut werden. Die Bildungspolitik der siebziger Jahre ist geradezu umgekehrt gelaufen. Das Recht des einzelnen auf eine seinen Neigungen und Fähigkeiten entsprechende Ausbildung schließt ein, daß er nach Durchlaufen der einen oder anderen Ausbildung sozial gleich geachtet wird. Dies kann man nicht erzwingen. Aber der Staat, dic für die Politik Verantwortlichen, können darauf einwirken, damit man von der Vorstellung wegkommt, der Hochschulabsolvent sei der eigentlich gebildete Mensch und jede andere Ausbildung gegenüber dem Hochschulstudium sei minderwertig. Richtig ist doch, daß die Gesellschaft den Handwerker, den Landwirt, den Facharbeiter ebenso braucht wie den Akademiker. Nachgerade unverständlich muß es sein, daß die SPD, die sich so gerne selbst als »Arbeiterpartei« bezeichnet, ein solches Sozialprestige an das Studium knüpft. Dabei sollte doch unumstritten sein, daß jeder, der seine Funktion erfüllt, gleiche Achtung verdient. In wirtschaftlicher Hinsicht setzt sich diese Tendenz bereits durch. Nicht umsonst bedeutet ein Hochschuldiplom in der Wirtschaft keine Freifahrkarte zu Spitzenpositionen mehr; oft wird der erfahrene Praktiker, der sich durch beständig gute Leistungen und langjährige Treue zu einem Unternehmen ausgezeichnet hat, dem – meist wenig praxiserfahrenen – Studierten vorgezogen. Und im Handwerk lacht der tüchtige Meister den Vollakademiker nicht selten aus: Materiell hat er allen Grund dazu.

Hier soll gewiß nicht der Eindruck entstehen, eine qualifizierte theoretische Ausbildung sei für die Bewältigung unserer immer komplexer werdenden Lebenszusammenhänge unnötig. Das wäre ebenso verfehlt wie die Unterschätzung der praktischen Ausbildung in den vergangenen Jahren des Bildungsbooms. Wie so oft gilt es auch hier, einen vernünftigen Mittelweg zu finden. Er könnte etwa darin bestehen, die berufliche und die theoretische Ausbildung wieder mehr miteinander zu verzahnen, d. h. schulische und berufliche Bildung einander anzunähern und gegenseitig durchlässiger zu machen. Warum soll ein Student vor Aufnahme seines Studiums nicht praktisch tätig sein? Er wird aufgrund seiner praktischen Erfahrungen die Theorie seines Studiums viel leichter und viel nutzbringender verarbeiten können! Andererseits spricht genausowenig dagegen, daß der Facharbeiter nach einigen Jahren Berufstätigkeit wieder eine Schule besucht und so seine beruflichen Erfahrungen in einen größeren Rahmen stellen kann.

Die grundsätzliche Gleichwertigkeit von schulischer und beruflicher Ausbildung ist die Grundlage für das Zusammenwirken von Staat und Wirtschaft in der beruflichen Ausbildung. Das duale System von Schule und betrieblicher Ausbildung wird auch künftig eine wesentliche Stütze weiteren Wachstums in der Bundesrepublik sein. Auch aus diesem Grund gilt es, dieses Zusammenwirken von Staat und Wirtschaft zu stärken. Die Einführung der beruflichen Grundbildung im Rahmen des dualen Systems soll die Qualität der Ausbildung stärken. Die Verwirklichung des Berufsgrundbildungsjahres in kooperativ-dualer Form, wie es in Bayern der Wirtschaft angeboten wird, ist ein Beitrag in dieser Richtung. Hier verbinden sich die Möglichkeiten, die theoretische und die praktische Ausbildung qualitativ zu verbessern.

Die Jugend hat große Chancen

Es ist eine der erfreulichsten Entwicklungen der jüngsten Zeit, daß sich die Ausbildungsbereitschaft der Jugend deutlich erhöht hat. Die Jugend will lernen! Mehr Jugendliche suchen einen Ausbildungsplatz, mehr Jugendliche schließen einen Ausbildungsvertrag ab. Jugendliche dürfen deshalb in ihrem Lernwillen nicht dadurch enttäuscht werden, daß ihnen kein Ausbildungsplatz zur Verfügung gestellt wird. Die Wirtschaft hat hier in den letzten Jahren Erhebliches geleistet. In der Bundesrepublik hat es noch nie so viele Auszubildende wie 1980 gegeben. Und die Wirtschaft hat in ausreichendem Maß Ausbildungsplätze zur Verfügung gestellt. Die Zahl der Berufsschüler ohne Ausbildungsvertrag entspricht heute rund 6 Prozent der entsprechenden Altersjahrgänge. Noch vor 10 Jahren lag dieser Anteil doppelt so hoch. Allein Bayern hat mit Hilfe seiner seit 1976 laufenden Ausbildungsförderungsprogramme bis Ende 1979 rund 17 000 zusätzliche Ausbildungsplätze geschaffen.

Die Jugend lernt nicht nur. Sie lernt auch mit Erfolg. Neun von zehn Jugendlichen, die sich der Abschlußprüfung bei den zuständigen Stellen unterziehen, bestehen die Prüfung. Die Prüfungsanforderungen sind im Zusammenhang mit der Qualitätsverbesserung der Berufsausbildung weiter entwickelt worden. Und zweifellos ist für die Jugendlichen – die wachsende Lern- und Ausbildungsbereitschaft zeigt auch dies – die berufliche Bildung attraktiv geworden.

Schon diese wenigen Fakten strafen Schwarzseher und nicht selten ideologisch bestimmte Pessimisten Lügen, die die heutige Jugend eine Generation ohne Hoffnung, ohne Ziele, ohne Chancen nennen. Sie begründen diese Aussage mit den Schwierigkeiten, die weitere Entwicklung im gesellschaftlichen und insbesondere im beruflichen Bereich in Einzelheiten voraussagen zu können. Die Welt sei voller Unsicherheiten. Natürlich! Aber wann ist dies nicht der Fall gewesen? Keiner Generation – weder der vorhergehenden noch der folgenden – bleibt erspart, sich mit unbekannten künftigen Anforderungen auseinanderzusetzen. Die jetzige Generation befindet sich in keiner Weise in einer Ausnahmesituation. Und sie denkt in der Mehrzahl auch gar nicht daran, das in Zweifel zu ziehen, was sie allen Unkenrufen zum Trotz hat: Chancen, Aussicht auf Fortschritt, Wachstum und Zukunft!

Zu den Wesenselementen unserer Gesellschafts- und Lebensordnung zählen Risiko und Chance. Es ist die Aufgabe, die Pflicht und das Recht der jungen Generation, beides anzunehmen, die Risiken zu meistern, aber auch die Chancen zu nutzen. Für Bildung und Ausbildung heißt dies auch die Notwendigkeit, ein Leben lang zu lernen und notfalls auch bereit zu sein umzulernen. Die Mobilität ist ein wesentlicher Faktor eines erfolgreichen Berufslebens. Die Jugend soll jedoch auch wieder stärker ermutigt werden, in die berufliche Selbständigkeit zu gehen. Die Bereitschaft, im Berufs- und Arbeitsleben das Risiko einer selbständigen Existenz zu übernehmen, muß mindestens eine ähnliche Förderung und Aufmerksamkeit genießen wie die Bereitstellung von Arbeitsplätzen. Dabei geht das eine in das andere über. Ein Blick in die USA beweist es. Dort entfällt der größere Teil der in der jüngsten Zeit neu geschaffenen Arbeitsplätze auf die Gründung neuer Unternehmen. Die Bundesrepublik hat hier einen echten Nachholbedarf.

Neben der gezielten Förderung von selbständigen Existenzgründungen gilt es in diesem Zusammenhang, vor allem die Rahmenbedingungen zu verbessern. Ohne Zweifel wurde in den letzten Jahren die zunehmende Belastung der Unternehmen mit öffentlichen Abgaben und öffentlichen Aufgaben negativ spürbar. Die Gängelung der Wirtschaft durch den Staat, durch eine Vielzahl von Auflagen und Vorschriften und Verordnungen und vielem anderen mehr wirkte sich noch ungünstiger aus als die Beschimpfungen und Verleumdungen, die sich die Unternehmer bieten lassen mußten. Das trug zu ihrer Verunsicherung bei. Weitaus gravierender ist jedoch, daß durch langwierige Genehmigungsverfahren, staatliche Reglementierung und wuchernde Vorschriften nach vorsichtigen Schätzungen ständig Investitionsprojekte zwischen 25 und 50 Milliarden DM blockiert sind, was nicht selten dazu führt, daß sich im Verlauf des oft Jahre dauernden Verfahrens die Marktsituation ändert und schließlich von der Verwirklichung des Vorhabens ganz Abstand genommen werden muß. Das können wir uns auf die Dauer nicht leisten!

Im Gegenteil, in Zukunft gilt es alles zu tun, um solche Verschleuderungen und Vergeudungen zu vermeiden. Auch das gehört dazu, wenn es darum geht, die Existenz als selbständiger Unternehmer wieder attraktiv zu machen. Das genügt natürlich nicht. Man braucht ebenso eine leistungsfreundliche Gestaltung des Steuersystems, den Abbau bürokratischer Hemmnisse, gezielte Hilfen für mittelständische Unternehmen. Dabei geht es nicht darum, ihnen ein Schonrevier einzurichten, sondern lediglich darum, objektiv vorhandene Benachteiligungen gegenüber Großunternehmen auszugleichen. Denn die Soziale Marktwirtschaft lebt nicht nur von großen Einheiten. Im Gegenteil!

Ohne eine breite Schicht unabhängiger kleiner und mittlerer Unternehmer ist eine freiheitliche Wirtschaftsordnung nicht denkbar. So wie die großen Unternehmen innerhalb der Sozialen Marktwirtschaft ihre Aufgaben haben, erfüllen die Klein- und Mittelbetriebe ebenso unentbehrliche Funktionen wie die freien Berufe. Der risiko- und innovationsfreudige Unternehmer schafft die Basis für Fortschritt auch im reduzierten Wachstum. Nicht nur das! Viele kleine und mittlere Unternehmen bedeuten nicht nur viele selbständige Unternehmer, sie bedeuten zugleich auch eine Vielzahl zusätzlicher Arbeitsplätze mit selbständigen Betätigungsspielräumen. Formal sitzen auf diesen Arbeitsplätzen zwar Arbeitnehmer, aber in ihrer Selbständigkeit und Verantwortlichkeit übertreffen sie oft bei weitem vergleichbare Positionen in längst bürokratisierten Großunternehmen. Die kleinen und mittleren Unternehmen verkörpern primär die Merkmale privaten Unternehmertums, das eigentlich zur Überlegenheit unserer freiheitlichen Wirtschafts- und Gesellschaftsordnung geführt hat: die Vielfalt und Differenzierung des Angebots an Waren, Dienstleistungen, Arbeitsplätzen und Kapitalanlagemöglichkeiten bei gleichzeitiger Bereitschaft, selbst Verantwortung zu übernehmen. Dies aber ist unverzichtbar für Wachstum und Chancen auch in der Zukunft.

Keine soziale Demontage

In den Diskussionen über die »Grenzen des Wachstums« ist es klar geworden, aber auch die Fakten signalisieren uns die Gewißheit: Es ist keine Frage mehr, daß in den achtziger Jahren nicht in gleicher Weise gewirtschaftet werden kann, wie man es in den siebziger und in den sechziger Jahren getan hat, ganz zu schweigen von den Nachkriegsjahren. Vorbei sind die Jahre des Wachstumsoptimismus.

Mit der Diskussion über ein Null-Wachstum kam freilich nicht nur der Pendelschlag in die andere Richtung. Die verringerten Wachstumserwartungen stellen die modernen Industrienationen auch vor konkrete wirtschaftliche Probleme, die in ihren Auswirkungen durchaus geeignet erscheinen, die demokratischen Systeme in ihren Grundfesten zu erschüttern. Es wurde schon betont, wir werden auch künftig Wachstum haben, wenn auch ein verringertes Wachstum. Das aber bringt Probleme genug. Für die Bundesrepublik lautet die Diagnose kurz und bündig: Wir haben unsere Leistungsgesetzgebung auf Wachstumserwartungen von sechs bis sieben Prozent aufgebaut und damit ein Leistungssystem entwickelt, das wir bei einem reduzierten Wachstum ganz einfach nicht bezahlen können. Die eklatantesten Beispiele dafür liefert unser soziales Sicherungssystem, das mittlerweile fast ein Drittel des Bruttosozialprodukts beansprucht.

Wenn auf den nächsten Seiten eine ganze Menge von Renten- und Krankenversicherung, von Mutterschutz und Mitbestimmung, von Unfallversicherung und Kindergeld gesprochen wird, dann sollte darüber nicht vergessen werden, daß sich hinter all dem mehr verbirgt, als man gemeinhin annimmt; nämlich nicht weniger als das Grundverständnis, in dem wir versuchen, gesellschaftliche Probleme in unserem Staat zu lösen. Und darauf kommt es an, denn die notwendigen Veränderungen im sozialen Bereich können nicht ohne eine grundlegende Neuorientierung bewältigt werden. Ohne diese Neuorientierung bleibt alles Flickschusterei, nicht nur unzureichend, sondern letztlich gefährlich.

Sozialpolitik ist mehr als Sozialversicherungspolitik. Und um das deutlich zu machen, sei die Frage gestellt: Was ist eigentlich sozial? Eine einfache Frage, aber wie es einfache Fragen so an sich haben, gar nicht einfach zu beantworten. Um jedoch die Probleme lösen zu können, die uns heute vordergründig in roten Zahlen und zunehmenden Beitragslasten bewußt werden, müssen wir über diese einfache Frage gründlich nachdenken: Was ist eigentlich sozial?

Der Wirtschaftswissenschaftler Friedrich von Hayek, dessen vor Jahren geschriebenes Buch über den »Weg zur Knechtschaft« sich so taufrisch liest wie 1944, dieser Friedrich von Hayek hat einmal sarkastisch gesagt: »Sozial ist immer das, was den Politikern helfen soll, die nächste Wahl zu gewinnen.« Ein böses Wort. Aber gewiß nicht ohne Wahrheitsgehalt. Das sei selbstkritisch hinzugefügt. Der einstige Präsident des Bundes der Steuerzahler, Volkmar Muthesius, hat es anders herum ausgedrückt: »Wer sich gegen immer mehr und immer größere Leistungen des Staates an seine Bürger aus deren eigener Tasche wendet, wird als sozialer Unhold beschimpft, der sich als Mensch und Politiker disqualifiziert hat.«

Erinnern wir uns an das Wort von der »sozialen Demontage«, das jedem entgegengeschleudert wurde und vielfach auch noch wird, der auf die Grenzen auch der Sozialleistungen und der Belastung der Beitragszahler hinzuweisen wagte oder es nach wie vor tut, weil sich nichts an der Bedrohung des sozialen Sicherungssystems geändert hat. Auch wenn die Diffamierung wohlfeil ist, es soll auch hier darauf hingewiesen werden, daß sich im sozialen Bereich bei reduziertem Wachstum Grenzen sozialer Leistungsfähigkeit und Belastbarkeit zeigen. Und im übrigen haben die sozialliberale Bundesregierung und die sie tragenden Parteien SPD und FDP, in deren Reihen sich die lautesten Diffamierer befinden, längst die sozialpolitische Notbremse gezogen. Mit dem Kostendämpfungsgesetz im Gesundheitswesen wurden ebenso soziale Leistungen gekürzt und zurückgenommen wie mit den Rentenanpassungsgesetzen von 1977 und 1978, die eine Sanierung der Rentenversicherung durch Aussetzen der Rentendynamik und Beitragssatzerhöhung versuchten. Wenn man den Jargon der Bundesregierung anwenden will, nichts anderes als »soziale Demontage«. Doch worum ging es im einzelnen?

Die soziale Demontage der Bundesregierung

Die Bilanz ist aufsehenerregend. Das 20. Rentenanpassungsgesetz vom 27. 6. 1977 brachte eine lange Reihe von Verschlechterungen und Einschränkungen:

- Halbjährliche Verzögerung der Rentenanpassung. Die 1972 eingeführte Anpassung jeweils zum 1. 7. eines Jahres wurde rückgängig gemacht durch die Verschiebung der Rentenerhöhung vom 1. 7. 1978 auf den 1. 1. 1979. Renten und Kriegsopferrenten werden von 1979 an wie die Altershilfe der Landwirtschaft und die Unfallrenten jeweils zum Jahreswechsel erhöht.
- Die allgemeine Bemessungsgrundlage der Rentenversicherung wurde (auch mit Wirkung für die Kriegsopferrenten) »aktualisiert«. Das rentengünstige Jahr 1974 mit seinen hohen Lohnzuwächsen (+ 11 Prozent) ging nicht mehr in die Rentenberechnung ein. Die Bemessungsgrundlage erhöhte sich damit im Jahre 1978 um 7,3 Prozent und nicht wie nach der bisherigen Berechnungsformel um etwa 8,5 Prozent. Bei den Renten, die 1978 zum ersten Mal ausgezahlt wurden, bedeutete dies ein Absinken des Steigerungssatzes um etwa 1,2 Prozent. Von 1979 an schlägt diese Regelung auch auf die Bestandsrenten durch.
- Kürzung der Krankenversicherungsbeitragszuschüsse an Privatversicherte und freiwillig Versicherte. Der bisherige pauschale Beitragszuschuß der Rentenversicherung für die privat krankenversicherten und die freiwillig in der gesetzlichen Krankenversicherung versicherten Rentner von knapp 150 DM wurde in einen Zuschuß in Höhe von 11 Prozent des individuellen Rentenbetrages umgewandelt.
- Einfrieren der Kinderzuschüsse bei den Rentenversicherungen ab 1. 7. 1977 auf den Satz von 152,90 DM. Dieser Zuschuß erhöht sich seitdem nicht mehr mit den Renten. So hätte ohne diese Kürzung 1979 ein Kinderzuschuß von rund 170 DM gezahlt werden müssen.
- Der Mindestbeitrag für die freiwillige Versicherung in der gesetzlichen Rentenversicherung wird durch die mehrmalige Veränderung der niedrigsten monatlichen Beitragsberechnungsgrundlage um jährlich jeweils 100 Prozent massiv angehoben: Mindestbeitrag 1977 = 18 DM; 1978 = 36 DM; 1979 und 1980 = je 72 DM. Betroffene sind die 1972 in die gesetzliche Rentenversicherung hineingelockten Selbständigen und Hausfrauen, wenngleich sich hier eine gewisse sachliche Rechtfertigung nicht bestreiten läßt.

- Rentenzahlungen ins Ausland wurden eingeschränkt. Dies gilt vor allem für Heimatvertriebene.
- Die Möglichkeiten des Hinzuverdienstes für Bezieher eines vorzeitigen Altersruhegeldes werden eingeschränkt.
- Minderbewertung von Ausbildungszeiten: Zeiten der Schul-, Fachschul- und Hochschulausbildung werden bei der Berechnung der Rente künftig nur noch mit dem jeweiligen Durchschnittsverdienst aller Versicherten bewertet.

Das 21. Rentenanpassungsgesetz vom 25. Juli 1978 setzte die ein Jahr vorher begonnene Politik der Leistungseinschränkung und des Leistungsabbaus fort. Die sozialliberale Bundesregierung nahm zugleich Beitragserhöhungen in Aussicht und setzte sich damit in Widerspruch zu ihren eigenen Ankündigungen. Im einzelnen legte das Gesetz fest:

- Statt Bruttolohnanpassung nach der dynamischen Rentenformel von 1957 erstmals willkürliche Rentenerhöungen. Dies gilt auch für die Kriegsopferrenten. Danach wurden die Renten 1979 um 4,5 Prozent statt 7,2 Prozent nach der Rentenformel erhöht, 1980 um 4 Prozent statt 6,2 Prozent. 1981 ist eine Erhöhung ebenfalls um 4 Prozent statt 6,1 Prozent vorgesehen.
- Beitragserhöhung ab 1. 1. 1981 von 18 Prozent auf 18,5 Prozent.
- Einführung eines Krankenversicherungsbeitrags der Rentner von 1982 an.
- Langfristig niedrigere Renten bei den Zugangsrenten aufgrund der gekürzten Rentenerhöhungen bis 1981. Dies ist ein glatter Bruch des Generationenvertrags.

Das Kostendämpfungsgesetz vom 27. Juni 1977 bewirkte in der gesetzlichen Krankenversicherung das, was mit den Rentenanpassungsgesetzen für die Rentenversicherung verfügt wurde: Leistungsabbau und Erhöhung der Belastung für die Versicherten. Im einzelnen wurde festgelegt:
- Rezeptgebühr (auch für Rentner und Schwerbehinderte) in Höhe von einer DM für jedes verordnete Arzneimittel.
- Begrenzung der Kassenanteile bei Zahnersatz, Kronen und bei der Kieferorthopädie auf 80 Prozent der Zahnarztrechnung.
- Wegfall der Bezahlung häuslicher Krankenhilfe durch Verwandte.
- Einschränkung des Kreises der Familienangehörigen, für die der Versicherte Familienhilfe beanspruchen kann. Angehörige, die 1979 und 1980 mehr als 390 DM verdienen, erhalten keinen Familienkrankenschein mehr. Dasselbe gilt für Kinder, wenn ein Elternteil nicht Mitglied einer

gesetzlichen Krankenkasse ist und ein Einkommen bezieht, das über der Versicherungspflichtgrenze von 3 150 DM (1980) liegt.

- Der Personenkreis der in der Krankenversicherung der Rentner beitragsfrei Versicherten wird eingeschränkt; versichert wird nur noch derjenige, der nach Aufnahme einer Erwerbstätigkeit mindestens die Hälfte dieser Zeit Mitglied eines Trägers der gesetzlichen Krankenversicherung war.

Was muß jetzt geschehen?

Die sozialliberale Bundesregierung hat »soziale Demontage« in großem Stil betrieben. Und auch wenn die Prognosen mittlerweile wieder optimistischer klingen: Die Wiederaufnahme der Eingriffe in das Leistungsniveau und die zusätzliche Belastung der Versicherten sind eine latente Gefahr. In diesem Zusammenhang kann man nur vor der Hoffnung auf neue Finanzierungsquellen warnen. Die Mittel, die der Gesetzgeber seit Bestehen der Rentenversicherung eingesetzt hat, sind ausgeschöpft: die Ausweitung des Kreises der Versicherungspflichtigen, die Anhebung der Beitragsbemessungsgrenze und im Prinzip wohl auch die Anhebung des Beitragssatzes.

Nimmt man die Forderung nach einer Begrenzung des Ausgabenwachstums in den öffentlichen Haushalten ernst, so kommt man um die Erkenntnis nicht herum, daß sich auch im Sozialbudget keine Finanzierungsspielräume mehr auftun: Der Sozialausgabenanteil im Bundeshaushalt beträgt derzeit rund 35 Prozent. Einen Schwerpunkt bilden hier die Zuschüsse an die Rentenversicherung der Arbeiter und Angestellten sowie der Knappschaft. Sie machen im Jahre 1980 39 Prozent der Sozialausgaben aus und werden sich nach der mittelfristigen Finanzplanung des Bundes bis 1983 auf fast 42 Prozent erhöhen. Dabei ist nicht berücksichtigt, daß im Falle einer erneuten konjunkturellen Abschwächung der Bund aufgrund seiner gesetzlichen Garantieverpflichtung zur Deckung der Finanzierungsdefizite der Rentenversicherung zusätzliche Haushaltsmittel würde bereitstellen müssen. Hüten wir uns also vor anderen als unabdingbaren Reformen des Rentenleistungsrechts. Gönnen wir der gesetzlichen Rentenversicherung die notwendige Erholungspause.

Unabdingbar ist die vom Bundesverfassungsgericht dem Gesetzgeber aufgegebene Reform der Hinterbliebenenversorgung. Hier muß eine Regelung getroffen werden, daß der hinterbliebene Ehegatte künftig eine Rente in Höhe von 70 Prozent der gemeinsamen Rentenanwartschaften beider Ehegatten, mindestens aber in Höhe der selbsterworbenen Rentenansprüche haben sollte. Dies erscheint mir noch finanzierbar. Um die zugegebenermaßen kostspielige Besitzstandsgarantie führt aus verfassungsrechtlichen und sozialpolitischen Gründen kein Weg herum.

Unabdingbar ist ferner aus Gründen der sozialen Gerechtigkeit und familienpolitischen Notwendigkeit die Verbesserung der sozialen Sicherung der Mutter durch die Anerkennung von Erziehungszeiten in der gesetzlichen Rentenversicherung.

Notwendig ist schließlich die Rückkehr zur bruttolohnbezogenen Anpassung der Renten. Nur die Bruttoanpassung garantiert dem Sozialrentner die dauerhafte Aufrechterhaltung seines bisherigen Lebenszuschnittes – gemessen an dem nicht manipulierbaren Wertmaßstab des Bruttolohnes.

Der zweite kritische Schwerpunkt der sozialen Sicherung ist die gesetzliche Krankenversicherung. In der Bundesrepublik sind 90 Prozent der Bevölkerung Mitglieder der gesetzlichen Krankenversicherung oder genießen ihren Schutz. Und was die Finanzen der gesetzlichen Krankenversicherung anbelangt, so ist hier nichts Gutes zu erwarten. Die Kosten steigen laufend. Und da sich die gesetzliche Krankenversicherung eng am Umlageprinzip orientiert, werden die Beitragszahler alsbald wieder verstärkt zur Kasse gebeten werden. Die zehn Jahre der sozial-liberalen Bundesregierung haben hierzu Fakten geliefert: Der durchschnittliche Beitragssatz ist von 8,1 Prozent im Jahr 1970 auf 11,3 Prozent im Jahr 1979 gestiegen.

Allein um dieses Beitragssatzniveau zu halten, müssen in den nächsten Jahren wirksame Maßnahmen zur Kostendämpfung getroffen werden. Die Kostendämpfung muß dabei nicht unbedingt vom Gesetzgeber ausgehen. Ihm fällt es in der gegenwärtigen Situation vor allem zu, dafür zu sorgen, daß die gesetzliche Krankenversicherung nicht neue zusätzliche Belastungen, etwa durch neue Leistungen, aufgebürdet erhält. Ansonsten ist jeder Beitrag zur Kostendämpfung willkommen. So haben zum Beispiel in Bayern Ärzte und Kassen vertraglich vereinbart, daß möglichst viele ärztliche Leistungen ambulant und eine stationäre Unterbringung nur soweit notwendig erfolgen sollen. Auch das ist ein Schritt in die richtige Richtung.

Langfristiges Sanierungsprogramm

Die aktuellen Erfordernisse in den gewichtigen Bereichen der sozialen Sicherung verlangen aktuelle und kurzfristig realisierbare Maßnahmen. Sie dürfen jedoch nicht den Blick dafür verstellen, daß das insgesamt so eindrucksvolle System der sozialen Sicherung in der Bundesrepublik mittlerweile eine Dimension erreicht hat, die auch langfristige Überlegungen notwendig macht, um ein hohes Niveau an sozialer Sicherheit für die Bürger gewährleisten zu können. Ein paar Zahlen machen die Dimension deutlich: Die Summe aller Sozialleistungen ist in den letzten 20 Jahren ständig stärker als das Bruttosozialprodukt gestiegen. 1960 betrug der Anteil des Sozialbudgets am Bruttosozialprodukt noch 20 Prozent, mittlerweile liegen wir bei über 30 Prozent. In der Bundesrepublik wird heute jede dritte verdiente Mark für Sozialleistungen ausgegeben. Von 1960 bis 1980 stiegen die Sozialleistungen um das Achtfache, von 58 Milliarden DM auf sage und schreibe 450 Milliarden DM.

Die Leistungs- und damit die Kostensteigerung unseres Systems der sozialen Sicherung hat eine Dynamik erreicht, die die Prognose ziemlich risikolos macht, daß die Sanierung und die Sicherung unseres sozialen Sicherungssystems langfristig nicht ohne wohlverstandene Systemveränderung vorgenommen werden kann. Verachtfachung der Sozialleistungen auf der einen Seite – auf der anderen Seite signalisieren Stichworte wie Arbeitslosenzahl, verringertes Wachstum, enorme Staatsverschuldung, daß in den achtziger Jahren bereits heute sicher voraussehbare Entwicklungen zusammentreffen, die es in ihrer Kumulation unmöglich machen, das System der sozialen Sicherung in seiner heutigen Gestalt fortzuführen.

Gegenwärtig sind wir immerhin noch in der günstigen Position, daß es bei einer Reform des sozialen Sicherungssystems nicht um absolute Kürzungen gehen muß, was freilich nicht heißt, daß eine längst überflüssig gewordene Sozialleistung im Einzelfall nicht wegfallen oder auch absolut reduziert werden könnte. Nicht alles, was vor Jahren einmal sinnvoll war, muß es heute noch sein; und nicht jede Sozialleistung der Vergangenheit kann heute noch als »sozial« bezeichnet werden. Man wird hier einiges tun müssen und auch können, um Wildwuchs zu beseitigen oder zurückzuschneiden.

Aber im wesentlichen wird man sich an zwei Punkten zu orientieren haben: Einmal daran, daß es um eine Beschneidung der überproportionalen Steigerung der Sozialleistungen, also des Zuwachses, geht, und zum anderen, daß die Probleme im Zusammenhang mit der Sanierung des sozialen Sicherungssystems nicht im Hauruck-Verfahren zu lösen sind, sondern nur in einem langfristigen Prozeß. Nur so wird man dieser bedeutenden Säule des Zusammenlebens gerecht. Nur verantwortungsvolle Zurückhaltung und verantwortungsbewußte Vorsicht bei Eingriffen in die in hundert verdienstvollen Jahren deutscher Sozialpolitik gewachsene soziale Sicherung verleihen auch die Legitimation, über auf den ersten Blick vielleicht Unkonventionelles, nichtsdestoweniger aber Notwendiges nachzudenken.

In diesem Sinn sind auch die weiteren Ausführungen zu verstehen, die sich – eingebettet in ein Gesamtkonzept – vor allem mit den Bereichen der Altersvorsorge und des Gesundheitswesens befassen. Diese zwei großen Säulen der sozialen Sicherung, zu der noch die Unfallversicherung und die Arbeitsförderung kommen, stehen bereits heute – wie wir gesehen haben – im Mittelpunkt der Sanierungsanstrengungen. Bezogen auf die achtziger Jahre und die weitere Zukunft der sozialen Sicherung geht es jedoch nicht nur um die vordergründig sichtbaren Finanzdefizite. Bestimmend für die Reformüberlegungen muß vielmehr sein, daß sich Grundgrößen des sozialen Sicherungssystems wesentlich verändern.

Eine solche Grundgröße, die für die soziale Sicherung von eminenter Bedeutung ist, stellt die Bevölkerungsentwicklung dar. Anders ausgedrückt: Ab den neunziger Jahren ist damit zu rechnen, daß sich das Verhältnis Erwerbstätige – Rentner weiter verschlechtert. Immer weniger aktiv Erwerbstätige müssen immer mehr Rentner und Leistungsempfänger bedienen. Diese Entwicklung ist nicht nur auf die Struktur der Bevölkerung zurückzuführen. Sie wird auch dadurch bestimmt, daß immer mehr Bürger vor dem 65. Lebensjahr Rente beantragen. Das ist eine Folge der flexiblen Altersgrenze, die in weit höherem Maß in Anspruch genommen wird, als man ursprünglich annahm. Hinzu kommt, daß sich im Laufe der Jahre, nicht zuletzt im Zuge eines gewandelten Gesundheitsbegriffs, die Ansichten auch über das Faktum von Berufs- und Erwerbsunfähigkeit verändert haben. Berufs- und Erwerbsunfähigkeitsrenten werden heute wesentlich früher beantragt und auch gewährt. Ein weiterer Punkt ist, daß im Zusammenhang mit den verstärkten Bildungs- und Ausbildungsangeboten der Nachwuchs später als bisher in das Erwerbsleben eintritt. Nicht zu vergessen ist aber auch, daß mit einer höheren Sockelarbeitslosigkeit für längere Zeit gerechnet werden muß.

Diese Entwicklung bringt zweifellos finanzielle Belastungen mit sich.

Dabei ist jedoch zu berücksichtigen, daß eine rückläufige Bevölkerungsentwicklung und eine Abnahme der Zahl der Erwerbstätigen grundsätzlich noch nicht bedeuten muß, daß eine Volkswirtschaft weniger erwirtschaftet. Im Gegenteil: So ist eigentlich die ganze Geschichte der Industrialisierung ein Beweis dafür, daß man durchaus mit einer geringeren Zahl an Arbeitskräften mehr erzeugen kann.

Wenn man nicht daran glaubt, und es wäre irrig anzunehmen, daß der Wohlstand eines Volkes allein von der Zahl der Erwerbstätigen abhängt, dann kann man zuversichtlich sein, daß unsere hochentwickelte Volkswirtschaft auch künftig in der Lage sein wird, die wachsende Zahl an Renten zu verdienen und bereitzustellen. Das wird uns angesichts der Leistungsansprüche nicht leicht fallen. Die hohe Leistungsfähigkeit unserer Volkswirtschaft, auch bei reduziertem Wachstum, vorausgesetzt, stellt sich jedoch im Zusammenhang mit der Rentenversicherung die Frage auch nach dem Wie der Finanzierung. Anders ausgedrückt: Es ist die Frage zu beantworten, wie und wo das Geld beschafft werden kann zur Sicherung der Renten auch in der Zukunft, wenn auf Grund mehrerer Faktoren, wie sie vorhin genannt wurden, bei der heutigen Finanzierungsmethode der Beitragssatz auf 30 oder mehr Prozent steigen müßte.

Statt »Maschinensteuer« mehr Eigenvorsorge

Darüber nachzudenken und zu diskutieren, was angesichts der bedrohlichen Aussicht geschehen muß, daß alsbald jeder Arbeitnehmer ein rundes Drittel seiner möglichen Einkünfte allein für die Alterssicherung auszugeben hätte: damit hat man gerade erst angefangen. Die Junge Union in Bayern hat es getan. In der Wirkung naturgemäß relevanter sind die Überlegungen von Bundesarbeitsminister Ehrenberg, die unter dem Schlagwort »Maschinensteuer« konkret folgendes enthalten: Die Rentenversicherung soll künftig nicht mehr nur aus Beiträgen der Versicherten, der Arbeitgeber und aus einem Zuschuß des Staates finanziert werden. Abgetrennt vom individuellen Beitrag des Versicherten soll künftig ein Arbeitgeberbeitrag eingeführt werden, der sich nach dem produktiven Ergebnis des Unternehmens bemißt.

Ein spezieller Arbeitgeberbeitrag – entsprechend dem produktiven Ergebnis des Unternehmens – dies macht sich für eine sozialdemokratisch geführte

Bundesregierung gut. Doch so eigentlich kann wohl kein Zweifel bestehen, daß das Beitragszahler-Tal, das sich infolge des Geburtenrückgangs aufzutun beginnt, nicht von der Wirtschaft allein, sondern von der Gesamtheit der Gesellschaft zu verantworten ist. Mit anderen Worten: Die steuerähnliche Abgabe, wie sie das Bundesarbeitsministerium angedeutet hat, entpüppt sich am Ende als eine Steuer; eine Sozialsteuer, die in der Rentenversicherung die Beitragsfinanzierung ablösen würde. Auf den ersten Blick könnte es dem Rentner und demjenigen, der einmal Rentner sein wird, gleichgültig sein, wie seine Rente nun eigentlich finanziert wird. Die Bezahlung der Renten aus einer Steuer oder steuerähnlichem Aufkommen hat jedoch zur Folge, daß der Zusammenhang zwischen der eigenen Leistung des Versicherten in Form von Beiträgen entsprechend seinem persönlichen Einkommen und der späteren Rente verlorengeht. In der Konsequenz bedeutet die Finanzierung der Renten aus einem einheitlichen Topf die Einheitsversicherung. Nach welchen Kriterien wollte man denn auch die individuelle Rente bemessen, wenn die individuellen Beiträge als Bezugsgrößen fehlen oder auf einen unbedeutenden Restposten zusammenschmelzen?

Damit aber ergibt sich der Ansatz für die tatsächliche Reform der Rentenversicherung, jenseits bekannter Flickschusterei: Die Politiker müssen einsehen, daß der Weg in die Vollversorgung durch die staatliche Sozialversicherung eine Sackgasse war und ist, eine Sackgasse, die ihr Ende da findet, wo der einzelne nicht mehr weiter durch Beiträge belastet werden kann. Und dieser Punkt ist nach übereinstimmender Meinung der relevanten politischen Gruppierungen erreicht. Der Ruf nach der Sozialsteuer beweist es schlagend. Will man aber nicht die Einheitsversicherung als Folge der einheitlichen Finanzquelle in Kauf nehmen, dann muß man sich darauf besinnen, was Sozialpolitik in einem freiheitlichen Sozialstaat leisten kann: nicht die Vollversorgung, sondern die Gewährleistung einer ausreichenden Grundsicherung, die der einzelne entsprechend seinen Bedürfnissen und Fähigkeiten individuell ergänzt.

Bei der Gewährleistung einer solchen Grundsicherung, die großzügig und dynamisch angelegt sein muß, ergibt sich grundsätzlich für den einzelnen die Chance, seine zusätzliche Vorsorge auf seine individuellen Bedürfnisse abzustellen. Er könnte auf einer soliden Basis wieder frei entscheiden, dies und nicht das zu tun, sich zusätzlich zu versichern, oder ein Haus zu bauen, ein Grundstück zu erwerben oder sich in einen Betrieb einzukaufen oder Aktien zu kaufen, oder verschiedene Möglichkeiten individueller Vorsorge zu mischen. Es wäre falsch, hier eine Politik des Mißtrauens gegenüber dem einzelnen zu betreiben. Die Bürger dieses Staates zeigen in weit höherem Maße Bereitschaft zur Verantwortung und Verantwortungsbewußtsein, als ihnen von sozialistischer Seite unterstellt wird. Auch die betriebliche Altersversorgung kann ein solches System sinnvoll ergänzen. Hier kann der Ansatz für eine Lösung liegen, die am Ende mehr individuelle Gestaltungsmöglichkeiten auch im sozialen Bereich bietet, und aufgrund der viele Probleme erst wieder lösbar werden.

Dies ist kein verbindliches Konzept. Aber über diese und andere Probleme der Rentenversicherung zu diskutieren, darum wird man in den achtziger Jahren nicht herumkommen. Grundsätzliche Fragen wirft nicht minder die gesetzliche Krankenversicherung auf. Auch hier gilt, daß die aktuelle Diskussion zu sehr an der Oberfläche klebt und noch nicht einmal die Frage stellt, ob wir uns im Gesundheitsbereich tatsächlich auch weiterhin ein System leisten können, das zum verschwenderischen Konsum von medizinischen Leistungen geradezu anreizt, anstatt zum sparsamen Gebrauch anzuhalten. Dies ist der entscheidende Punkt! Wenn die Kosten im Gesundheitswesen so weitersteigen wie in den letzten Jahren, werden wir im Jahr 2000 all unser Einkommen allein für unsere Gesundheit aufwenden. Das Ergebnis solcher Hochrechnungen zeigt immerhin, daß wir uns im Bereich des Gesundheitswesens auf einem gefährlichen Weg befinden. Es zeigt aber auch, daß wir mit einfachen Sparrezepten nicht mehr zu Rande kommen, sondern auch hier eine »Systemveränderung« im wohlverstandenen Sinne brauchen.

In welche Richtung könnte oder müßte diese Veränderung gehen? Auch hier gibt es kein Patentrezept, man wird vielmehr ein ganzes Bündel an Überlegungen anstellen müssen. Ein wesentlicher Punkt ist dabei die Frage, ob die Krankenversicherung heute nicht eine ganze Reihe von Aufgaben erfüllen muß, die eigentlich gar nicht in ihren Bereich fallen. Dabei geht es um soziale Ausgleichsfunktionen, die der Gesetzgeber der Krankenversicherung aufgebürdet hat und zum Teil sogar noch verstärken will. Es sei an die stärkere Heranziehung der gesetzlichen Krankenkassen und ihrer Beitragszahler zur Finanzierung der Rentnerkrankenversicherung erinnert. Ein weiteres Beispiel: der weite Bereich der Vorsorge. Hier handelt es sich um Leistungen, die eigentlich nicht versicherbar sind, weil sie allen Versicherten zur Verfügung stehen und damit kein Risikoausgleich stattfinden kann.

In der Unterscheidung von nichtversicherbaren und versicherbaren Risiken im Gesundheitswesen könnte aber auch der Schlüssel zu einer Reform liegen, die den Gesundheitsbereich sowohl aus seiner rasanten Kostensteigerung löst, die Krankenversicherung aber auch für den einzelnen wieder bezahlbar und individuell gestaltbar macht. Der einzelne muß stärker bestimmen können, wie seine Versicherung ausgestattet sein soll. Und der einzelne muß auch stärker in die Kontrolle der Leistungsseite eingeschaltet werden. Auch bei der gesetzlichen Krankenversicherung gilt dabei, daß die zusätzliche individuelle Vorsorge auf einer soliden Basis aufbauen kann und muß.

Bei einer soliden allgemeinen Grundlage: In der stärkeren Nutzung individuell gestalteter und gestaltbarer zusätzlicher Vorsorge liegt auch die Chance, um deren Nutzung man bei einer dauerhaften Sanierung der sozialen Sicherung nicht herumkommen wird. Es geht um die Einsicht, daß der in den letzten Jahrzehnten so enorm gewachsene allgemeine und individuelle Wohlstand nicht nur zu einer ständigen Leistungsvermehrung im sozialen Bereich benutzt werden kann, sondern vielmehr zu erhöhter Eigen- und Selbstverantwortung genutzt werden muß. Sofern die individuelle Disposition gewährleistet ist, ergibt sich hier durchaus ein hoher Grad an Belastbarkeit. Aus dem Bereich des Wohnungsbaus ist ein schlagendes Beispiel bekannt. Danach ist der Bundesbürger in der Regel bereit, allenfalls 20 Prozent seines Nettoeinkommens für eine Mietwohnung aufzuwenden. Um jedoch in einer Eigentumswohung oder in einem eigenen Haus wohnen zu können, dafür ist der Bundesbürger durchaus bereit, auch bis zu 40 Prozent seines Nettoeinkommens zu verwenden.

Und noch eines: Nichts fördert die Sparsamkeit mehr als klare Verhältnisse bei den Zuständigkeiten und die klare Zuordnung von Verantwortung an denjenigen, der Leistungen gewährt, auslöst und in Anspruch nimmt. Das gilt für den Staat, das gilt für Versichertengemeinschaften, das gilt für den einzelnen. Dies auch im Bereich der sozialen Sicherung durchzusetzen, wäre zusammen mit den anderen angeschnittenen Punkten und vielleicht noch einigem mehr eine durchaus wünschenswerte »Systemveränderung«.

Jenseits der Tages-Sozialpolitik

Dies sind zweifellos Überlegungen jenseits der Tages-Sozialpolitik. Und die dringend notwendige Neuorientierung unserer sozialen Sicherung braucht – wie gesagt – ihre Zeit. Renten- und Krankenversicherung sind überdies nur zwei Probleme. Auch soll nicht verschwiegen werden, daß mit einer so weitgehenden Neuorientierung erhebliche Schwierigkeiten verbunden sind, vor allem was die bereits erworbenen Rechte der Versicherten und Beitragszahler anbelangt. Hier sei ausdrücklich klargestellt, daß selbstverständlich nicht daran gedacht werden kann, in wohlerworbene Besitzstände einzugreifen. Jede Reform des sozialen Sicherungssystems, die diese Bezeichnung verdient, hat vom Bestehenden auszugehen und darauf aufzubauen. Das gilt für das Leistungsniveau, das gilt ebenso für die Institutionen, die bestehenden Versicherungseinrichtungen, die Selbstverwaltung.

In der politischen Auseinandersetzung um die soziale Sicherung stehen sich im wesentlichen zwei Grundpositionen gegenüber:

1. Die eine bedeutet die Fortsetzung der bisherigen Übung, immer umfassendere Leistungen zu schnell steigenden Zwangsbeiträgen anzubieten. Zunehmende Gleichschaltung und wachsende Minderung des Leistungswillens sind die Folge.
2. Die zweite Grundposition zielt auf die allmähliche Entlastung der öffentlichen Einrichtungen,verbunden mit einer Förderung der Initiativen der Bürger, die in der Lage und auch willens sind, mehr Eigenvorsorge zu betreiben. Das aber setzt voraus, daß ihr frei verfügbares Einkommen nicht durch öffentliche Eingriffe ständig weiter geschmälert wird.

Es braucht wohl nicht sonderlich betont zu werden, welche Grundposition für eine eigentlich fortschrittliche Sozialpolitik in Frage kommt. Allerdings, und hier ist auch Selbstkritik angebracht: Eigenverantwortlichkeit und Gemeinschaftsbezogenheit sind in der Sozialpolitik von seiten der Union zwar des öfteren verbal betont worden, mit einer Ausnahme hat man sich jedoch nicht daran gehalten. Diese Ausnahme war Professor Ludwig Erhard. Ihm ist es gelungen, anstatt der »Division des Sozialprodukts« die »Multiplikation des Sozialprodukts« nicht nur zu predigen, sondern mit durchschlagendem Erfolg zu betreiben. Die Soziale Marktwirtschaft bewies hierin am stärksten ihren sozialen Inhalt und ihre soziale Bestimmung.

Die enorme Mehrung auch des individuellen Wohlstandes, wie sie die Soziale Marktwirtschaft bewirkte, wurde jedoch nicht im Sinn von mehr

Selbständigkeit und Unabhängigkeit sowie Selbstbestimmung des einzelnen auch in der Sozialpolitik umgesetzt. Tatsächlich nutzte man den steigenden Wohlstand letztlich nur dahingehend, um immer neue sozialpolitische Wohltaten in Form von nivellierenden Gesetzen und Maßnahmen zu erfinden. Nach Hans Achinger stimmen alle Systeme der sozialen Sicherung darin überein, daß sie »die Lösung der gestellten Aufgaben nur in einer Richtung versuchen, nämlich in der Richtung auf eine weiter fortschreitende Sozialisierung der Einkommen«.

Sozial heißt eigentlich »frei«

Auf der einen Seite ist diese Richtung ausgedrucktes Programm. Die Bundesarbeitsminister der sozialliberalen Koalition bekannten freimütig, daß es darum gehe, noch mehr »wohlfahrtsstaatliche Elemente« in das soziale Sicherungssystem einzubauen. Auf der anderen Seite, der Union, verzettelte man sich – solange man in Regierungsverantwortung stand – nach der ersten ordnungspolitischen Phase des Wiederaufbaus in einer Flut von tages- und wahlpolitisch motivierten pragmatischen Einzelentscheidungen. Man begann sich durchzuwursteln und verschüttete dabei sein programmatisches Profil: Man opferte die Erweiterung des Freiheitsraumes des einzelnen in der Sozialpolitik einer fortgesetzten Einschränkung personaler Freiheitsrechte, um materielle Anspruchsrechte zu vermehren, zum Beispiel durch die ständige Anhebung der Pflichtversicherungsgrenzen. Man übersah ganz einfach, daß jede Anspruchs- und Sozialleistung letztlich vom Bürger selbst bezahlt werden muß und nur um den Preis reduzierter persönlicher Entscheidungsfreiheit und deshalb wachsender Fremdbestimmung zu erhalten ist.

Dies konnte noch ein sinnvoller Ansatz sein, als es im 19. Jahrhundert darum ging, die nackte Not zu lindern und die physische und psychische Existenzbedrohung weiter Bevölkerungskreise aufzuheben. Existenzsicherung ging hier vor formalen und persönlichen Freiheitsrechten. Heute haben sich die Prioritäten geändert, weil der ökonomische Druck der damaligen Zeit nicht mehr vorhanden ist. Dies gilt es zu nutzen. Und hier darf man sich nicht durch wohlfeile Gleichheitspostulate irre machen lassen. Gleiche Startchancen – ja! Im sozialpolitischen Bereich kann dies heißen: Grundsicherung für alle. Aber, sozialistische Gleichmacherei – nein! Im sozialpolitischen

Bereich kann dies heißen: individuelle Gestaltungsmöglichkeiten auf der Basis einer Grundsicherung für alle.

Als die Sozialpolitik begann, galt es nur die Not zu lindern. Heute ist weder für den einzelnen noch für die Gesellschaft die Not das Charakteristikum, sondern der Wohlstand. Davon hat heute auch die Sozialpolitik auszugehen, der dabei die Rolle zufällt, diesen Wohlstand für den einzelnen in Form von mehr Freiheit und weniger Abhängigkeit zu mobilisieren. An die Stelle sozialistischer Quantität muß eine so verstandene Sozialpolitik – bei Abdeckung einer Grundsicherung für alle – die Qualität der individuellen Gestaltungsmöglichkeit setzen.

Zurück zur eingangs gestellten Frage: Was ist sozial? Oder: Was heißt eigentlich sozial? Gerhard A. Friedl schreibt: »Eigentlich müßte ›sozial‹ nur ein anderes Wort für ›frei‹ sein.« Und er fügt hinzu: »Die materiellen Grundlagen sind heute vorhanden. ›Freiheit von Not‹, diese bedeutende soziale Forderung ist verwirklicht. Niemand braucht heute in der Bundesrepublik Not zu leiden, dank eines rasanten wirtschaftlichen Fortschritts und eines sozialen Sicherungssystems, das dadurch ermöglicht wurde. Aber hüten wir uns davor, zu vergessen, daß der Ruf nach ›sozialen Verhältnissen‹ eigentlich ein Ruf nach mehr ist als nach Freiheit von Not. Niemand braucht heute mehr einen Rückfall in die elenden Proletarierverhältnisse des 19. Jahrhunderts zu befürchten. Was wir jedoch alle fürchten müssen, ist eine viel subtilere Form neuer Proletarisierung, deren Ende der bis ins einzelne reglementierte Mensch wäre. Auf dem Weg ins Jahr 2000 wird es deshalb besonders darauf ankommen, daß man alles tut, was die Selbständigkeit, die Verantwortlichkeit, die ›Mündigkeit‹ des einzelnen fördert, und daß man alles unterläßt, was für den einzelnen neue Abhängigkeit bedeutet. Denken wir daran: Sozial heißt in seinem besten Sinne – frei . . .«

Wenn wir diese Chance und dieses Ziel nicht aus den Augen verlieren, dann werden auch die Probleme lösbar, die uns das in 100 Jahren geflochtene System der sozialen Sicherung heute bereitet – und zwar ohne »soziale Demontage«. Das gilt für die Versicherungszweige unserer sozialen Sicherung ebenso wie für die anderen wichtigen Bereiche, von denen der Familienlastenausgleich einer der wichtigsten, wenn nicht der wichtigste überhaupt ist.

»Staat und Gesellschaft haben über die Jahrhunderte hinweg die Familie ausgelaugt und ausgebeutet, bis am Ende von der Institution nur noch die Schrumpfform eines privaten Wohn- und Versorgungszirkels übriggeblieben ist«, schreibt Ludolf Herrmann und beantwortet die Frage, warum die Gesellschaft dies tut, mit der Feststellung: »Weil sie sich an der Familie bereichert!«

Auf Mark und Pfennig gebracht, ergibt sich eine Vernachlässigung und Benachteiligung der Familien in der Bundesrepublik, die angesichts der wohl von niemandem bestrittenen Notwendigkeit, daß eine Gesellschaft Kinder braucht, schlichter Ausbeutung gleichkommt. Einkommensvergleiche ergeben, daß in einer Ein-Kind-Familie ein alleinverdienender Arbeitnehmer bei typischen Mietbelastungen brutto 2050 monatlich verdienen muß, um für seine Frau und sich jeweils ein verfügbares Pro-Kopf-Einkommen von 625 DM und zusätzlich etwa 350 DM für das Kind zu erzielen, wobei Kindergeld und Wohngeld schon in die Rechnung einbezogen sind. Damit der Lebensstandard durch ein zweites Kind nicht absinkt, müßte das Bruttoeinkommen bereits um 450 DM auf 2500 DM ansteigen, bei weiteren Kindern um jeweils etwa 150 DM, weil hier die Entlastungswirkungen von 200 DM Kindergeld ab dem 3. Kind etwas mehr, wenn auch nicht ausreichend durchschlagen.

Werner Hüttche knüpft an diese Beispielsrechnung der »Stimme der Familie« aus dem Jahr 1979 die Feststellung: »Da vielfach die Bruttomonatseinkommen von Arbeitnehmern unter 2200 DM liegen, wird deutlich, daß viele Alleinernährer von Mehrkinderfamilien einkommensmäßig nicht einmal die Sozialhilfeschwelle erreichen, zumal der sozial-kulturelle Mindestbedarf für ein Kind bereits bei durchschnittlich 300 DM liegt. Es ist deshalb nicht zu leugnen, daß der Trend zur Ein-Kind-Familie weitgehend materiell bedingt ist und daß selbst eine zunehmende Tendenz zur geplanten Kinderlosigkeit in Ehen oder zum Rückgang der Eheschließungen weitgehend durch die materielle Deklassierung der Familien motiviert ist.«

Die Benachteiligung der Familien ist nicht nur ein Problem für die Zeit, in der diese kleine Kinder haben. Sie wirkt über die Zeit der Erwerbstätigkeit hinaus. Kann man Kinderlosigkeit und Erwerbstätigkeit beider Ehegatten oder die Nettoerwerbseinkommen Alleinstehender heute praktisch mit der Sicherung eines doppelt so hohen Lebensstandards gegenüber der Einverdienerfamilie mit einem Kind gleichsetzen, so gilt dies auch für die Rente. Ehegatten, die beide erwerbstätig waren, erhalten auch beide ihre Renten, während das Ehepaar, von dem sich ein Partner aus familiären Gründen zum Erwerbsverzicht entschloß, auch im Alter nur eine oder eine geringere Rente hat. Und hier reicht die Benachteiligung bereits über das Finanzielle hinaus. Unsere Gesellschaft leistet sich zwar das Ideal der Emanzipation in Form der Berufstätigkeit der Frau. Die Gesellschaft kassiert auch den Gewinn daraus. Für die Kosten aber haben letztlich die aufzukommen, die dafür sorgen, daß trotz allem noch Kinder geboren werden.

Schlimme Folgen für uns alle

Die Folgen sind bereits in Zahlen erfaßt: Es werden immer weniger Familien gegründet. Während sich im Jahr 1962 noch 530 000 Paare trauen ließen, entschlossen sich 1979 nur noch 350 000 Paare zur Ehe; dies bedeutet einen Rückgang von 34 Prozent in 17 Jahren. Erheblich rückläufig ist auch die Zahl der Geschiedenen oder Verwitweten, die ein zweites oder drittes Mal den Bund der Ehe eingehen. Zwischen 1960 und 1976 verdoppelte sich aber die Zahl der Ehen, die vor dem Scheidungsrichter endeten.

Die Geburtenentwicklung ist mittlerweile alarmierend negativ. Wurden im Jahr 1966 in der Bundesrepublik noch 1 050 345 lebend geborene Kinder gezählt, so waren es 1978 nur noch 576 468. Das bedeutet einen Rückgang von 45 Prozent in nur 12 Jahren. Die 1979 laut Bundesfamilienministerium 577 227 registrierten Geburten signalisieren eher eine Stagnation als eine Wende. Die jüngste amtliche Vorausschätzung der Bevölkerungsentwicklung geht davon aus, daß die deutsche Bevölkerung – 1975 noch 57,9 Millionen – im Jahr 2000 auf 52,2 Millionen und im Jahr 2030 auf 39,4 Millionen schrumpfen wird. Noch problematischer wird diese Entwicklung durch die gleichzeitig drohende Überalterung der Bevölkerung. Die über Sechzigjährigen werden dann nicht mehr 21, sondern fast 33 Prozent der Bevölkerung stellen.

Die Zahl der Schwangerschaftsabbrüche hat rapide zugenommen und steigt weiter an. Nach den Angaben des Statistischen Bundesamtes stiegen die Abtreibungen von 54 309 im Jahre 1977 auf 82 788 im Jahre 1979. Besonders bedauerlich, aber auch bezeichnend ist dabei, daß mehr als zwei

Drittel der Schwangerschaftsabbrüche mit der sogenannten sozialen Indikation begründet werden.

Es ist ein Armutszeugnis für ein wohlhabendes Land wie die Bundesrepublik Deutschland, daß nicht zuletzt aus materiellen Gründen werdendes Leben vernichtet wird. Wahrscheinlich zeigt sich hier mehr als ein Armutszeugnis, wahrscheinlich zeigt sich hier die Krise einer Gesellschaft, die vom Verlust ihrer Werte gekennzeichnet ist. Mutter Teresa hat bei der Verleihung des Friedensnobelpreises 1979 in Oslo die Mahnung ausgesprochen, die wir beachten sollten: »Ich habe eine Überzeugung, die ich Ihnen allen mitteilen möchte: der größte Zerstörer des Friedens ist heute der Schrei des unschuldigen, ungeborenen Kindes. Wenn eine Mutter ihr eigenes Kind in ihrem eigenen Schoß ermorden kann, was für ein schlimmeres Verbrechen gibt es dann noch, als wenn wir uns gegenseitig umbringen . . . Für mich sind die Nationen, die Abtreibung legalisiert haben, die ärmsten Länder. Sie fürchten die Kleinen, sie fürchten das ungeborene Kind . . .«

Die Entwicklung der letzten Jahre zeigt, wie notwendig eine Neuorientierung ist, um die Familie aus der Krise zu befreien, die am Ende zu schweren Störungen in Gesellschaft und Staat führen kann. Zunächst müssen dazu die materiellen Rahmenbedingungen für die Familien verbessert werden. Ein Bündel von Maßnahmen ist notwendig. Einiges sei hier angesprochen, ohne Anspruch auf Vollständigkeit.

Hilfe für die Familien

Die Familien brauchen familiengerechte Wohnungen zu bezahlbaren Preisen. Im Bereich der Wohnungsversorgung für junge Ehepaare und für Kinderreiche liegt vieles im argen: Der Dritte Bericht zur Lage der Familien in der Bundesrepublik Deutschland stellt fest, daß die »flächenmäßige Unterversorgung der Bevölkerung – vor allem der Familien mit mehreren Kindern – noch recht erheblich« ist. Im Klartext: 26 Prozent der Familien mit vier Personen verfügen nicht einmal über 69,5 qm. Der Bericht stellt weiter fest, daß 36 Prozent aller Kinder in unzureichenden Räumen untergebracht sind und daß Familien mit Kindern gezwungen sind, schlechter ausgestattete Wohnungen zu wählen. Die sozialliberale Bundesregierung hat bislang keine den Bedürfnissen der Familie entsprechende Wohnungsbauförderung betrieben. Vor allem gilt es, die Abschreibungsbedingungen für Familien mit Kindern zu verbessern. Zur Förderung der Beschaffung von Wohnungen für junge Familien hat Bayern auch eigene Initiativen mit erheblichen Fördermitteln ergriffen.

Um den Familienlastenausgleich wirksamer zu gestalten, fordert die Union die Einführung eines Erziehungsgeldes von 400 DM monatlich bis zum vollendeten dritten Lebensjahr des Kindes. Die Benachteiligung der nichtberufstätigen Mütter beim Mutterschaftsgeld ist zu beseitigen. Auch diese Mütter müssen bei der Geburt eines Kindes für die Dauer von sechs Monaten ein Mutterschaftsgeld in Höhe von 500 DM monatlich erhalten. Das Erziehungsgeld soll sich zeitlich an dieses Mutterschaftsgeld anschließen.

Die Benachteiligung der nichtberufstätigen Frau durch die sozialliberale Bundesregierung ist symptomatisch für die SPD und ihr materialistisches Weltbild. Auf dieser Basis wird die Irrlehre vertreten, die Befreiung der Frauen erfordere ihre Eingliederung in den industriellen Arbeitsprozeß. Gegen diese einseitige »Emanzipation« sind schwerste Bedenken anzumelden. Die Frauen sollen selbst in eigener Verantwortung über ihren Lebensweg entscheiden können, ohne materielle Nachteile befürchten zu müssen. Viele Frauen üben einen Beruf aus, der ihnen Freude macht, wollen aber auch nicht auf Kinder verzichten. Es ist richtig, daß man ihnen hilft, beides zu verwirklichen. Andererseits aber darf auch nicht mit unzumutbaren sozialen Härten die Entscheidung erkauft werden, auf berufliche Tätigkeit zu verzichten und sich ganz der Familie zu widmen. Die Frauen sollen auch nicht gezwungen sein, sich aufgrund sozialer Leistungen ein für allemal zwischen Familie und Beruf zu entscheiden. Gleichberechtigung erreicht man nicht durch Gleichmacherei, wie sie die Folge der SPD-Vorstellungen ist, die grundsätzlich von der berufstätigen Frau ausgeht. Die Gleichberechtigung der Frau kann nur verwirklicht werden, wenn man ihr die Wahlfreiheit zu einer Vielfalt von Lebensmöglichkeiten einräumt. Konkret: Die Benachteiligung der Hausfrauentätigkeit und der Kindererziehung muß beseitigt werden. Dazu ist es notwendig, diese Aufgaben als Berufstätigkeit anzuerkennen und schrittweise für eine soziale Absicherung zu sorgen.

Wer mit seinem Einkommen eine Familie zu unterhalten hat, muß im Verhältnis zu einem Gleichverdienenden, dem sein Einkommen allein zur Verfügung steht, auch steuerlich spürbar entlastet werden. Kinder müssen steuerrechtlich berücksichtigungsfähig sein, und dies nicht nur am Rande!

Deshalb muß das duale System des Kinderlastenausgleichs wieder eingeführt werden: Neben dem bestehenden Kindergeld sollen wieder wirksame steuerliche Kinderfreibeträge stehen. Ein erster Schritt in die richtige Richtung war die Einführung des ab 1980 geltenden Kinderbetreuungsbetrages, den die Union der sozialliberalen Koalition mühsam abgerungen hat. Das Kindergeld ist neben den Steuerfreibeträgen erforderlich, um allen Familien mit Kindern eine finanzielle Mindestausstattung zu geben. Dabei ist es wichtig, das Kindergeld der Steigerung der allgemeinen Lebensunterhaltungskosten anzupassen.

Dem Elternteil, der Aufgaben in Familie und Haushalt übernimmt, muß dies schließlich auch bei der Rente honoriert werden. Eine Verbesserung versprechen wir uns von der Anrechnung von Erziehungszeiten in der Rentenversicherung. Nach den Vorstellungen der Union sollen künftig fünf Erziehungsjahre je Kind anerkannt werden. Die Bemessungsgrundlage für die Anrechnung der Erziehungsjahre soll sich am entsprechenden Durchschnittseinkommen der in der Rentenversicherungen Versicherten orientieren. Eine Farce ist es demgegenüber, wenn SPD und FDP der Mutter lediglich ein einziges Erziehungsjahr anrechnen wollen. Dies würde zu einer monatlichen Minirente von 20 DM führen.

Das Geld, das für die Familie ausgegeben wird, muß an anderer Stelle des Haushalts eingespart werden. Möglicherweise sind auch nicht alle Maßnahmen sofort finanzierbar, wobei die Finanzierbarkeit entscheidend auch von der Entwicklung der wirtschaftlichen Lage abhängt. Daß es aber auch im Rahmen einer verantwortungsbewußten Haushaltswirtschaft möglich ist, aktive Familienpolitik zu betreiben, hat die CSU in Bayern vorexerziert. Wir haben in Bayern 1980 rund eine Milliarde DM für familienpolitische und familienbezogene Leistungen bereitgestellt und sind damit eines der führenden Länder in der Familienpolitik geworden. Trotzdem hat Bayern einen soliden Haushalt.

Geld allein genügt nicht

Intakte Familien, Kinder, glückliche Ehen lassen sich nicht mit Geld allein erreichen. Materielle Hilfe für die Familie muß sein, sie darf aber nicht alles sein. Wir müssen auch den Kampf gegen familienzerstörerische Ideologien aufnehmen. Eine neue Familienpolitik muß größere Wertschätzung und die Anerkennung der Familie in Politik und Gesellschaft zum Ziel haben. Und wahrscheinlich liegt in der Vernachlässigung der Familie, wie sie die sozialliberale Bundesregierung betrieben hat, die eigentliche Ursache für die heutige Krise der Familie.

Beweisstück ist hier der zweite Familienbericht der Bundesregierung, der davon ausging, daß die Kleinfamilie der Erziehungsaufgabe nicht mehr gerecht werde. Die Familie wird allen Ernstes als »isoliert« beschrieben, in der »machtbesessene Eltern« die Kinder »ihrer Gewalt unterwerfen«. Und nicht zuletzt, weil die Erziehung von »Ungelernten« ausgeübt wird, betrachtet man die Erziehung als eine gesamtgesellschaftliche Aufgabe. Hier wurde nicht nur ein Zerrbild der Familie gezeichnet, hier wurde auch der Freibrief für hemmungslose Eingriffe des Staates in die Familie ausgestellt. Und dabei handelt es sich keineswegs um das Gedankengut vielleicht etwas weltfremder Professoren und Wissenschaftler: In seiner Substanz ist der zweite Familienbericht Regierungspolitik der SPD/FDP-Koalition in Bonn.

Das tiefe Mißtrauen gegen die Erziehung durch die Eltern ist das beherrschende Moment des Gesetzes der elterlichen Sorge. Im Entwurf aus dem Jahr 1973 fand sich der entlarvende Satz: »Das Kind ist nach heutigem Rechtsbewußtsein nicht als Objekt elterlicher Fremdbestimmung anzusehen, sondern als Grundrechtsträger, der mit zunehmendem Alter grundrechtsmündig wird.« Den Eltern wurden nicht nur gesetzliche Leitbilder und bestimmte Erziehungsziele zwingend vorgeschrieben, auch die Eingriffsschwelle des Staates wurde deutlich herabgesetzt. Der Staat soll schlichtend in die Konflikte eingreifen, die nach dem Familienbild der sozialdemokratisch geführten Regierungskoalition die Familien permanent beherrschen. Gegenüber den ersten Entwürfen zur Novellierung des Gesetzes konnten Abschwächungen erreicht werden. Aber man soll sich nicht täuschen: Das neue Sorgerecht von 1979 ist nur der Einstieg in eine Richtung, die letztlich familienfeindlich und familienzerstörend ist.

Der Beweis liegt in Form des Entwurfs eines »Jugendhilferechts« bereits vor. Mit diesem Gesetz sollen die Rechte der Kinder und Jugendlichen auf Kosten der Eltern verstärkt werden. Die Jugendlichen sollen ein eigenes Antragsrecht bei den Jugendämtern erhalten, und diesen Ämtern soll es auch gegen den Willen der Eltern möglich sein, in die Erziehung einzugreifen. Ein lückenloses Netz an familienergänzenden Erziehungshilfen soll immer dann zur Verfügung stehen, wenn Bedarf vorhanden ist und das Wohl des Kindes dies erfordert. Dieser Bedarf läßt sich mühelos feststellen, denn das Wohl des Kindes definieren natürlich die Ämter. Unter Zuhilfenahme ganzer Armeen von Psychologen, Soziologen und Sozialarbeitern soll der Staat zur Ersatzfamilie hochstilisiert werden. Selbst wenn es nicht gewollt sein sollte: Auf diese Weise wird der Familie ihre eigentliche Funktion entzogen und ihre Zerstörung eingeleitet.

Wie sehr sich die SPD und die FDP, die beiden Regierungsparteien in Bonn, bereits vom gewachsenen Familienbild entfernt haben, kommt in ihren Beschlüssen zum Ausdruck. Den Gipfel erreichten dabei zweifellos die Jungdemokraten der FDP bei ihrem Kongreß 1980, als sie beschlossen: »Neben Ehe und Familie haben sich in den letzten Jahren vermehrt neue Formen des Zusammenlebens entwickelt, die zur Zeit rechtlich und gesellschaftlich diskriminiert werden . . . Die Jungdemokraten fordern daher die rechtliche und materielle Gleichstellung aller Formen des Zusammenlebens. Die Form der lebenslangen Ehe soll nur noch eine von vielen vertraglichen Möglichkeiten sein, mit der Menschen sich zur Lebensgemeinschaft zusammenschließen können . . . Alle materiellen und immateriellen Privilegien der Ehepaare sind abzuschaffen. Das in Artikel 6 des Grundgesetzes festgeschriebene Familienprivileg ist Ausdruck des teilweise klerikalen Gehalts unserer Verfassung . . . Daher fordern die Jungdemokraten, daß es weder zahlenmäßige, noch zeitliche, noch geschlechtliche Beschränkungen geben soll . . .«

Kommentar überflüssig! Es bleibt nur anzumerken, daß sich auf diesem Weg nicht nur die Jugendorganisation einer Partei der Regierungskoalition in Bonn befindet, sondern die SPD mit ihren Beschlüssen zur Familienpolitik ebenfalls bereits die Reise in diese Richtung angetreten hat. Auch die SPD setzt Wohngemeinschaften bereits schlechthin mit Familien gleich, wenn festgestellt wird: »Die SPD bejaht die Ehe und die Familie und sieht in ihnen erstrebenswerte Formen des Zusammenlebens. Familien sind auf Dauer angelegte Lebensgemeinschaften eines oder mehrerer Erwachsener mit einem oder mehreren Kindern.« Eine derartige Neudefinition läßt es zu, auch eine Kommune als »Familie« zu verstehen; sie bedeutet in letzter Konsequenz die Auflösung von Ehe und Familie. Die Gleichstellung aller möglichen Lebensgemeinschaften macht den vom Grundgesetz garantierten besonderen Schutz von Ehe und Familie zur Fiktion.

Hier kann es keinen Kompromiß mehr geben. Denn Ehe und Familie können nicht zur Disposition gestellt werden. Der Aushöhlung des Familienbegriffs stellen wir unser Bild von der Familie entgegen, wie es im Grundsatzprogramm der CSU gezeichnet wurde: »Die Familie ist die erste und wichtigste Lebensgemeinschaft in Gesellschaft und Staat. Die Förderung der Familie, auch der Teilfamilie, ist die wirksamste Form aller Sozialpolitik, weil die Familie unersetzbare Leistungen für die Gesellschaft erbringt und für die besten Lebensbedingungen des einzelnen die Grundlage schafft. Die Familie ist, vor allem durch ihre Erziehungsfunktion, die am stärksten prägende und für Gesellschaft und Staat wichtigste Lebensgemeinschaft. Ihre sichere Grundlage ist die Ehe.«

An diesem Familienbild haben sich auch die Maßnahmen zur Unterstützung und Förderung der Familien zu orientieren. Hier gibt es viel zu tun. Aber der Staat hat sich dabei nicht als Ersatzfamilie aufzuspielen. Seine Aufgabe kann und muß es allein sein, den Familien den materiellen und ideellen Rahmen zu geben. Alles weitere besorgen die Familien dann durchaus selbst, wie sie es immer schon getan haben – ohne staatliche Gängelung, in freier Verantwortung für sich und so als wichtigster Baustein der Gesellschaft.

III. Herausforderungen an Deutschland

Noch leben wir in Frieden, Freiheit und Wohlstand! In einer Zeit zunehmender internationaler Spannungen und Konflikte ist dies nicht so selbstverständlich, wie es uns die Gewöhnung an diesen angenehmen Zustand vielleicht glauben machen mag. Frieden, Freiheit und Wohlstand sind aber auch keineswegs eine Selbstverständlichkeit angesichts unserer geographischen und politisch-historischen Lage. In der Mitte Europas stoßen in Deutschland seit Ende des Zweiten Weltkriegs Ost und West unmittelbar aneinander. Deutschland ist politisch, militärisch, wirtschaftlich und ideologisch gespalten. Die Demarkationslinie geht mitten durch Deutschland und mitten durch Berlin, dessen westlicher Teil von kommunistischem Herrschaftsgebiet umgeben ist.

In dieser Situation, und nicht nur deswegen, müssen alle Regierungen der Bundesrepublik Deutschland die Erhaltung des Friedens in Freiheit als das erste Ziel ihres Handelns betrachten. Die von der CDU/CSU geführten Bundesregierungen unter Konrad Adenauer, Ludwig Erhard und Kurt Georg Kiesinger haben das Fundament geschaffen, das es nach 1969 auch der sozialliberalen Koalition in Bonn erlaubte, den Frieden zu bewahren. Aber sicherer ist der Friede nicht geworden. Im Gegenteil, auch wenn es führende Vertreter der sozialliberalen Regierung gerne glauben machen möchten. Nach zehn Jahren sozialliberaler Amtszeit mußte Bundeskanzler Schmidt sogar von Kriegsgefahr wie im Jahr 1914 sprechen.

Nach dem Überfall der Sowjetunion auf Afghanistan Ende des Jahres 1979 ist es hohe Zeit, sich auf die Grundlagen zu besinnen, denen die Bundesrepublik Deutschland ihren friedlichen Aufstieg verdankte. Der Überfall ist nicht ein Unfall im Szenarium der »Entspannungspolitik« gewesen, sondern die konsequente Fortsetzung sowjetischer Expansionspolitik, wie wir sie seit langem als globale Strategie der Sowjets kennen oder kennen müßten. Keineswegs alle, nur einige Stationen: Panzer gegen den Volksaufstand in der Sowjetzone 1953, Panzer gegen den Volksaufstand 1956 in Ungarn, Panzer gegen den »Prager Frühling« 1968, Panzer gegen ein tapferes Volk in Afghanistan. Hinzu kommen die weltweiten Engagements der Sowjets in Asien, aber auch in Afrika, wo der Vorstoß über das Horn von Afrika, Mozambique, Angola, Zimbabwe und Südwestafrika/Namibia auf das Kap der Guten Hoffnung in der Republik Südafrika zielt. Und wer möchte es bestreiten, daß in Mittel- und Lateinamerika vieles geschieht, bei dem die Sowjets ihre Hand direkt oder indirekt über die Kubaner ebenso wie in Afrika im Spiel haben.

Der Überfall auf Afghanistan war kein Unfall! Und gerade weil es so ist, haben wir allen Grund, uns auf die Grundlagen zu besinnen, die in den ersten zwanzig Jahren der Bundesrepublik Deutschland mit der Orientierung und Bindung unserer Demokratie und unseres Staates an die westliche Welt gelegt worden sind. Auch Ausflüge nach Osten, wie etwa das Tête-à-tête des französischen Staatspräsidenten Giscard d'Estaing mit dem sowjetischen Staats- und Parteichef Breschnew und das Gespräch des deutschen Bundeskanzlers mit der sowjetischen Führung in Moskau 1980 nach der sowjetischen Invasion Afghanistans, können und dürfen nicht den Blick für die Realität verstellen: Die Bundesrepublik Deutschland ist in der Garantie ihrer Sicherheit ebenso wie das übrige westliche Europa auf das Bündnis mit den Vereinigten Staaten angewiesen.

Dies heißt selbstverständlich nicht, daß wir mit der Sowjetunion nicht sprechen und nicht möglichst gute Kontakte unterhalten sollten. Über eines müssen wir uns jedoch bei aller Bereitschaft zum Gespräch mit dem Osten klar sein, allein ist die Bundesrepublik Deutschland kein Partner für die Supermacht Sowjetunion; nicht einmal Westeuropa ist es, bei aller wirtschaftlichen Potenz. Der sozialliberalen Bundesregierung scheint auch in diesem Punkt der Sinn für die Realitäten abhanden gekommen zu sein. Ohne ihn aber hat die Bundesrepublik Deutschland gewiß nicht Krieg aus dem Osten zu erwarten. Auch die Sowjetunion hat heute kein Interesse mehr, ein zerstörtes und verwüstetes Deutschland in die Hand zu bekommen. Man erinnert sich selbst in Moskau lieber an Clausewitz, nach dem der Eroberer am liebsten friedlich ins Land kommt und – den Faden weitergesponnen – nicht nur die Opfer des Krieges vermeidet, sondern auch die Früchte und Potenzen eines eroberten oder zumindest botmäßig gemachten Landes genießt. »Finnlandisierung« kann man diesen Prozeß auch nennen, wobei nur die Vokabel verwendet, aber nichts Abfälliges gegen ein kleines und tapferes Volk an der Grenze zur Sowjetunion gesagt sei. Nur das eine soll ausgedrückt werden: Dieses Schicksal darf nicht das Schicksal der Bundesrepublik Deutschland und damit im Verständnis der vom Grundgesetz gebotenen Wiedervereinigung das Schicksal Deutschlands werden!

Die Frage der äußeren Sicherheit macht es überdeutlich, sie ist jedoch nur Teil einer der wesentlichen Konstanten, von der die deutsche Außenpolitik heute und auch in den kommenden Jahren auszugehen hat: die extreme Abhängigkeit der Bundesrepublik Deutschland von Mächten und Kräften außerhalb der eigenen Grenzen. Bei der Verteidigung und der Verteidigungsfähigkeit fängt dies an. Hier ist keine Sicherheit ohne das westliche Verteidigungsbündnis mit der Führungsmacht USA zu gewährleisten! Bei der Abhängigkeit unserer Wirtschaft und damit des inneren Friedens in einer wohlhabenden Gesellschaft hört es noch nicht auf. Hier gilt es, unsere Interessen zu sichern in einer engen Zusammenarbeit mit Frankreich, in einem weiteren Ausbau Europas, in einer freizügigen Partnerschaft mit unseren Freunden in der Welt, ob Industriestaat oder Entwicklungsland. Unsere Handels- und Wirtschaftspolitik, unsere Außen- und Entwicklungspolitik müssen sich unserer Gesamtpolitik einordnen, deren Ziel die Sicherung von Frieden, Freiheit und Wohlstand in der Bundesrepublik Deutschland ist.

Die extreme Abhängigkeit der Bundesrepublik Deutschland – das ist die eine außenpolitische Konstante, mit der wir leben müssen. Die zweite Konstante sind die enormen Anforderungen und Erwartungen, die weltweit an die Bundesrepublik Deutschland auf Grund ihrer wirtschaftlichen Potenz und ihrer Prosperität gestellt werden. Hier erleben wir konkret, daß Wohlstand verpflichtet; nicht nur innerhalb der Europäischen Gemeinschaft, wo dem Leistungsfähigen zwangsläufig auch zusätzliche Aufgaben entsprechend seiner Leistungsfähigkeit zufallen. Hier geht es auch um unsere Verpflichtungen gegenüber der Dritten Welt, die im ebenso wohlverstandenen Interesse auch unserer Position und Situation liegen wie unsere Verpflichtungen gegenüber unseren Partnern im Verteidigungsbündnis, das unsere äußere Sicherheit gewährleistet. So schließt sich der Kreis der Herausforderungen an Deutschland.

Wenn wir diesen Herausforderungen gerecht werden wollen, dann kann das Instrument auch hier nicht die Brechstange sein. Auch der Alleingang – soviel wurde gewiß bereits deutlich – kann kein Weg sein, es sei denn, man bevorzuge die Sackgasse. Was Deutschland braucht, ist ein realistischer Kurs, der die Abhängigkeiten anerkennt, zugleich aber überall dort zu handeln versucht und sich vor allem handlungsfähig hält, wo dies möglich ist. Nur auf diese Weise können wir der Verantwortung gerecht werden, die Deutschland nicht nur für sich, sondern auch für seine Partner trägt.

Ein dem Witz nicht abgeneigter Zeitgenosse hat einmal gesagt: »Deutsch sein heißt zahlungsfähig bleiben!« Wie gesagt, der Schöpfer dieses Ausspruchs schätzt den Humor und die damit verbundene Tiefe. In der Tat ist das Zitat nicht ohne Ernst, von welchem Ernst – davon bekamen wir einen kleinen Vorgeschmack, als mit der Afghanistan-Invasion, mit der Sanierungsaktion für die Türkei, mit der Erhaltungssubvention für die Europäische Gemeinschaft, mit verstärkten Verteidigungsanstrengungen im Jahr 1980 angesichts einer unverantwortlichen Zuwachsrate unserer Staatsverschuldung die Handlungsfähigkeit oder besser Handlungsunfähigkeit der Bundesrepublik Deutschland ernsthaft zur Diskussion stand. Verpflichtungen, Belastungen und keine Reserven, sondern nur Schulden! Auch nach Afghanistan wird es neue weltpolitische Krisen geben. Wer dies nicht zur Kenntnis nehmen will, wer dies hinter wolkiger Entspannungsgläubigkeit verbirgt und sich nicht darauf einrichtet, daß die extreme Abhängigkeit der Bundesrepublik Deutschland besondere finanzielle und wirtschaftliche Anstrengungen notwendig macht – der macht deutsche Außenpolitik letztlich zum Abenteuer. Dies aber darf sie nicht sein!

Abhängigkeit vom Ausland

Als rohstoffarmes Land war Deutschland, das anders als etwa Großbritannien oder Frankreich niemals über an Rohstoffen reiche Kolonien verfügte, schon immer auf den Welthandel angewiesen. Aber erst seit dem Ende des Zweiten Weltkriegs erreichte der Austausch von Gütern und Dienstleistungen mit dem Ausland nie gekannte Ausmaße.

Die politische Teilung Deutschlands, die Trennung der Welt in zwei verschiedene Wirtschaftsblöcke, die unter Konrad Adenauer gegen den Widerstand der SPD betriebene Integration der Bundesrepublik in den Westen, politisch-militärisch vor allem durch den Eintritt in die NATO, wirtschaftlich durch den Eintritt in die OEEC, die später in die OECD erweitert wurde, sowie durch die Gründung der Europäischen Gemeinschaften – dies und einiges mehr brachte es mit sich, daß sich die Handelsbeziehungen vor allem mit dem freien Westen abspielten. Der Handel mit dem Ostblock hat in der Außenhandelsbilanz der Bundesrepublik nie eine große Rolle gespielt. Während rund 50 Prozent des deutschen Außenhandels auf die EG, 6,7 Prozent auf die USA und 4 Prozent auf die übrigen OECD-Länder entfallen, macht der Handel mit den europäischen Ostblockstaaten rund fünf Prozent aus. Unser Außenhandel in absoluten Zahlen: 1979 hat die Bundesrepublik Waren und Dienstleistungen im Wert von 314 Milliarden DM ausgeführt und im Wert von 292 Milliarden DM eingeführt. Damit man sich hinter diesen Zahlen etwas vorstellen und auch die Abhängigkeit vergegenwärtigen kann: Jeder fünfte Arbeitsplatz in der Bundesrepublik hängt vom Export ab.

Wirtschaftsriese ohne Rohstoffe

Schon von diesen Fakten her hat die Bundesrepublik Deutschland allen Grund, für einen möglichst liberalen Welthandel einzutreten. Es gilt allen protektionistischen Tendenzen, wie sie heute zweifellos in immer stärkerem Maß in der Welt auftauchen, entschieden engegenzuwirken. Festigkeit in der Position ist dabei ebensowichtig wie das eigene gute Beispiel. Dabei tut sich die Bundesrepublik Deutschland heute als Mitglied der Europäischen Gemeinschaft bereits einigermaßen schwer, weil viele Entscheidungen in Fragen des Warenaustausches bereits verbindlich in Brüssel getroffen werden. Die Liberalisierungspolitik muß deshalb auch für die deutsche Bundesregierung in der Europäischen Gemeinschaft anfangen. Und hierbei wird man auch nicht daran vorbeikommen, den gemeinsamen Agrarmarkt einer ernsten Prüfung zu unterziehen. Mit den hohen Schutzmauern, die die Europäische Gemeinschaft auf dem Agrarsektor gegenüber Drittländern aufgerichtet hat, treffen wir nicht nur unsere traditionellen Handelspartner außerhalb der Gemeinschaft, wir sperren auch die Länder der Dritten Welt vom europäischen Markt weitgehend gerade bei den Produkten aus, die sie entsprechend ihrem noch geringen Entwicklungsstand am ehesten liefern könnten. Die sozialliberale Bundesregierung hat es hier einwandfrei versäumt, auf eine Korrektur hinzuwirken.

Überlegungen zur Bereinigung der mittlerweile von nahezu allen Seiten als korrekturbedürftig angesehenen europäischen Agrarkonzeption dürfen diese Gesichtspunkte nicht außer acht lassen. Sie sind für die Bundesrepublik Deutschland auch deshalb wichtig, weil in nicht wenigen Fällen ein Zusammenhang auch mit unserer extremen Rohstoff- und Energieabhängigkeit vom Ausland besteht. In ihrer Dramatik kann diese Abhängigkeit kaum übertrieben werden. Außer Kohle besitzt die Bundesrepublik als größte Handelsnation der Welt kaum andere natürliche Ressourcen. So hängen das wirtschaftliche Wachstum und Millionen von deutschen Arbeitsplätzen davon ab, daß die Rohstofflieferungen aus so unterschiedlichen Ländern wie den USA, der Sowjetunion oder Südafrika, vor allem aber aus der Dritten Welt, nicht ausbleiben. Im Gegensatz zu den USA, wo ein mehrjähriger Bedarf von rund hundert wichtigen Rohstoffen als »strategische Reserve« auf Lager liegt, sind in der Bundesrepublik die Vorräte nur auf ein von den einzelnen Unternehmen eingeschätztes Mindestmaß begrenzt.

Wie wichtig eine Rohstoff-Reserve für die Bundesrepublik Deutschland ist, illustriert folgendes Beispiel: Wenn nur 30 Prozent des jährlichen deutschen Chrombedarfs ausblieben, würde sich die gesamte Bruttoproduktion der Bundesrepublik Deutschland um ein Viertel verringern, und mehrere Millionen Arbeitsplätze gingen verloren oder wären gefährdet. Nach Untersuchungen der Bundesregierung sind die wichtigsten Lieferländer der deutschen Bundesrepublik für Chrom Südafrika (1977: 60 Prozent) und die Sowjetunion (15 Prozent). Ohne ausreichende Mengen von Chrom käme die deutsche Kugellager-Produktion zum Stillstand, und ohne Kugellager wäre die in der Welt führende deutsche Maschinenbau-Industrie in ihrer Existenz gefährdet. Ein Ausfall der Asbest-Lieferungen würde die Herstellung von Fahrzeug-Kupplungen bedrohen – mit unabsehbaren Folgen für die deutsche Automobil-Industrie. Eine Liste der Bundesregierung über die »Rangfolge der Rohstoffe nach Gefährdung durch politische Versorgungsstörungen« umfaßt 28 Positionen. In dieser Skala, in der die Risikofaktoren aufgeschlüsselt sind, steht Chrom an erster Stelle, gefolgt von Mangan, Asbest, Niob/Tantal, Wolfram, Kobalt und Vanadium.

Mittlerweile gibt es zwischen der Bundesregierung und der Wirtschaft Verhandlungen mit dem Ziel, zumindest für einige besonders »sensible« Rohstoffe Vorräte anzulegen, die dem Verbrauch eines Jahres entsprechen. Als »sensibel« gelten solche Mineralien, die nur schwer durch andere Stoffe zu ersetzen sind und deren Verknappung – etwa durch politische Entwicklung – weite Teile der deutschen Industrie lähmen könnte. Prinzipiell besteht Einigkeit darüber, daß nicht der Staat, sondern die Wirtschaft diese Lagerhaltung in eigener Verantwortung übernimmt. Es erscheint jedoch durchaus angemessen, daß der Staat hier Anreize schafft. Die Kosten der Lagerhaltung werden auf 10 bis 15 Prozent des Anschaffungswertes geschätzt. Der jährliche Einfuhrwert der fünf genannten »sensiblen« Rohstoffe liegt bei über einer Milliarde Mark, so daß sich die Lagerhaltung auf 100 bis 150 Millionen Mark beläuft. Insgesamt gibt die Bundesrepublik Deutschland jährlich fast drei Milliarden Mark für solche Rohstoffe aus, die von der Bundesregierung und der Wirtschaft als »sensibel« eingestuft werden. Dazu gehören auch noch Wolfram, Kautschuk, Platin, Antimon, Molybdän und Titan. Würde für all diese Mineralien eine Jahres-Reserve angelegt, so kämen die Lagerkosten auf fast eine halbe Milliarde Mark zu stehen.

Heißes Problem: Energieversorgung

Die mit den Rohstoffen verbundenen Probleme der Abhängigkeit und Anfälligkeit der Bundesrepublik Deutschland lassen sich gewiß nicht nur mit einer Vorratshaltung lösen. Die Anlage einer angemessenen Reserve ist gewissermaßen nur ein vergleichsweise kleiner, wenn auch notwendiger Schritt, um unsere Handlungsfähigkeit zu nutzen und zu gewährleisten. So eigentlich muß die Sicherung der Rohstoffe und damit der wirtschaftlichen Grundlage unseres Staates ein Prinzip sein, das sich im Gesamtkonzept unserer Außen- und Außenwirtschaftspolitik niederschlägt. Im Fall der Abhängigkeit von den Rohstoffen sind wir darauf noch in stärkerem Maße angewiesen als im Bereich der Energieversorgung, die seit der ersten Ölkrise in den Jahren 1973/74 im Vordergrund des Interesses und der öffentlichen Diskussion steht. Allerdings, in der Energieproblematik wird nach wie vor mehr diskutiert als agiert. Jedenfalls hat man weder aus der Ölkrise 1974 noch aus der neuerlichen Energiekrise des Jahres 1979 die nötigen Konsequenzen gezogen. Dieser Vorwurf ist der Bundesregierung in Bonn um so härter zu machen, als wir in diesem Bereich – Stichworte Kernenergie und verstärkte Nutzung heimischer Kohle – tatsächlich in der Lage wären, selbst zu handeln. Zunächst jedoch, wie schaut es im Sektor Energieversorgung aus?

Nicht zuletzt, weil es in der Bundesrepublik dank der Sozialen Marktwirtschaft möglich ist, flexibel zu reagieren, gab es bis heute keine größeren Engpässe in der Versorgung mit Heizöl und Benzin. Unsere Nachbarländer beneiden uns darum durchaus. In der Tat war die Ölversorgung jedenfalls bisher hierzulande ein Preis-, nicht jedoch ein Mengenproblem. Dies kann sich jedoch ändern! Es wird sich ändern, wenn wir nicht die nötigen energiepolitischen Schritte tun.

Der Zuwachs beim Primärenergieverbrauch wurde in den letzten Jahren zwar größtenteils durch Erdgas und auch durch Kernenergie gedeckt, während der Erdölverbrauch seit der ersten Ölkrise nur unterdurchschnittlich stieg. Dennoch bedeuten die 1979 erreichten 210 Millionen Tonnen Steinkohleeinheiten Ölverbrauch gegenüber den 209 Millionen Tonnen im Jahr 1973 eine neue Rekordmarke. Der Ölverbrauch ist also absolut weiter gestiegen, wenn auch der Ölanteil etwas zurückgegangen ist. Der Primärenergieverbrauch hat auch im letzten Jahr wieder stärker zugenommen als das deutsche Bruttosozialprodukt. Der Anteil des Erdöls an der gesamten Primärenergieversorgung liegt immer noch bei rund 50 Prozent.

Vor allem der Stromverbrauch ist in den vergangenen Jahren stärker als das Wirtschaftswachstum gestiegen. Selbst bei rationeller und sparsamer Anwendung wird diese Tendenz im Grunde anhalten. Bis zum Jahre 1973 stieg der Stromverbrauch in der Bundesrepublik jährlich um durchschnittlich 8,7 Prozent und verdoppelte sich damit jeweils in einem Zeitraum von etwa 10 Jahren. Auch wenn sich hier eine Abflachung des Zuwachses seit der ersten Ölkrise ergeben hat, so kann nicht übersehen werden, daß gerade energiepolitische Maßnahmen zur Verminderung des Energieverbrauchs insgesamt beim Strom eine umgekehrte Wirkung haben. Die laufende Ölverteuerung veranlaßt immer mehr Menschen, auf elektrischen Strom umzusteigen, was zu neuen Problemen führt.

Der weltweite Energieverbrauch wird über das Jahr 2000 hinaus maßgebend vom Anstieg der Weltbevölkerung beeinflußt. Sie betrug im Jahr 1976 bereits rund 4,1 Milliarden Menschen. Nach vorsichtigen Schätzungen werden im Jahr 2030 rund neun Milliarden Menschen auf der Erde leben. Die zweite wesentliche Komponente für den Energieverbrauch, das Wirtschaftswachstum, wird nach Schätzungen namhafter Forschungsinstitute weltweit bis zum Jahr 2000 mit durchschnittlich 2,2 Prozent pro Jahr steigen. Das ist nicht gerade üppig. Aber selbst bei dieser bescheidenen Wachstumsrate wird sich der Weltenergieverbrauch bis zum Jahr 2000 nahezu verdoppeln und bis zum Jahr 2030 verdreifachen.

Am gegenwärtigen Energieverbrauch sind die OECD-Länder mit knapp 60 Prozent beteiligt. Ihr Bevölkerungsanteil beträgt aber nur knapp 20 Prozent. Die Länder Afrikas, Asiens und Südamerikas verbrauchen demgegenüber nur 10 Prozent bei einem Bevölkerungsanteil von 50 Prozent, während sich bei den Staatshandelsländern der Anteil am Energieverbrauch und an der Bevölkerung mit je 30 Prozent die Waage halten. Gemessen am Pro-Kopf-Verbrauch sind die USA mit 12 t Steinkohleeinheiten (SKE) pro Person Spitzenreiter, jeder Bürger der Bundesrepublik verbraucht 6,7 t SKE, bei den meisten Entwicklungsländern liegt der Verbrauch noch unter 0,5 t SKE pro Jahr. Hier zeichnet sich politischer Sprengstoff ab, weil die fossilen Energiequellen zur Neige gehen, nicht zuletzt aufgrund des enormen Bedarfs der Industrieländer. Bei konstantem Verbrauch wird in 30 Jahren der letzte Tropfen Öl aus dem Boden geflossen sein. Die Gasvorräte sind in 50 Jahren erschöpft, die Kohlevorräte werden auf ca. 200 Jahre geschätzt. Diese Fristen verringern sich rapide, wenn man eine jährliche weltweite Verbrauchssteigerung von nur 3 Prozent unterstellt.

Nun muß man mit Prognosen, speziell wenn sie in so konkrete Zahlen gefaßt sind, von Haus aus vorsichtig sein. Noch dazu beruhen diese Schätzungen auf der unwahrscheinlichen Annahme, daß keine neuen Vorkommen entdeckt werden. Und sie berücksichtigen auch nicht, daß bei steigenden Energiepreisen schließlich auch bisher nicht rentable Energiequellen erschlossen werden. Unweigerlich kann man jedoch davon ausgehen, daß wir enorme Schwierigkeiten und Probleme bekommen, solange wir uns auf die fossilen Energieträger verlassen. Dabei ist das Erdöl zweifellos das Sorgenkind Nummer eins. Am empfindlichsten davon abhängig sind die OECD-Länder, also vor allem die EG-Staaten, die nur über rund 10 Prozent der Ölreserven verfügen, jedoch derzeit 48 Prozent des Weltverbrauchs beanspruchen. Die OPEC-Staaten haben eine nahezu monopolartige Stellung mit 67 Prozent Anteil an den Weltölreserven. Die erdölproduzierenden Länder, die OPEC-Staaten, haben uns bereits 1974 das Fürchten gelehrt. Die seitdem im wesentlichen andauernde Politik der weltweiten Verknappung und Verteuerung der Energie stellt mittlerweile jedoch eine nicht mehr vorübergehende, sondern ernsthafte und andauernde Belastung der Weltwirtschaft dar, mit der wir erst noch fertig werden müssen. Vor allem, was das sogenannte Recycling anbelangt, das Zurückfließen der Milliardenströme, die von den Ölverbraucherländern in die OPEC-Länder geleitet werden, stehen wir vor einer gegenüber der ersten Ölkrise völlig veränderten Situation.

Zwischen 1974 und 1978 erlösten die OPEC-Staaten aus ihren Ölverkäufen rund 600 Milliarden US-Dollar, kauften jedoch gleichzeitig für rund 500 Milliarden Dollar Güter und Dienstleistungen hauptsächlich in den Industriestaaten. Dies hat sich grundlegend geändert. Trotz steigender Erlöse stagniert die Wareneinfuhr der OPEC-Länder aus den westlichen Industrieländern. Die Ursache ist einfach erklärbar. Die Ölländer haben keinen zusätzlichen Bedarf an hochwertigen Konsum- und Investitionsgütern. Im übrigen wirkt in den OPEC-Staaten auch der »Iran-Schock« nach. Man nimmt Rücksicht auf die religiösen Eiferer, die eine forcierte Industrialisierung ablehnen. Die Folge: Die Ölländer kaufen weniger in ihren Absatzländern. Das aber hat wiederum ein gefährliches Ungleichgewicht in der Weltwirtschaft zur Folge.

Bei weltweit ansteigendem Ölverbrauch werden die Überschüsse der OPEC-Staaten in den nächsten Jahren mindestens 100 Milliarden Dollar pro Jahr erreichen. Diese riesigen Überschüsse schlagen sich auf der Kehrseite als Fehlbeträge in den Zahlungsbilanzen der Nicht-Förderländer nieder.

Besonders betroffen davon sind die Entwicklungsländer, die kein Öl besitzen. Und das sind die meisten. Ihre Ölrechnung ist heute schon doppelt so hoch wie die ihnen von den Industrieländern zufließende Entwicklungshilfe. Dies hat Konsequenzen, die heute noch kaum absehbar sind. Mit einiger Sicherheit kann man jedoch sagen, daß auf die Industrieländer und speziell auf die wohlhabenden Industrieländer zusätzliche Belastungen zukommen. Schon heute zeigt sich das konkret in der Notwendigkeit, einzelnen Entwicklungsländern ihre Schulden ganz einfach zu erlassen. Allerdings, auch hier gibt es Grenzen.

Die Bundesrepublik Deutschland hat in den vergangenen Jahrzehnten stets einen erheblichen Überschuß in der Handelsbilanz erwirtschaftet. Damit konnten nicht nur die Defizite in der Dienstleistungs- und Übertragungsbilanz ausgeglichen, sondern auch erhebliche Zahlungsbilanzüberschüsse erzielt werden. Seit 1979 aber weist auf Grund der hohen Ölrechnungen auch die deutsche Leistungsbilanz ein Minuszeichen auf. Das Defizit in der Leistungsbilanz in Höhe von 10,5 Milliarden DM ist kein Grund zur Panik. Wir haben ein gutes Polster. Trotzdem ist hier Vorsicht angezeigt, weil eben auch künftig hohe Erwartungen und Anforderungen an die Bundesrepublik gestellt werden. Auf Grund der Erkenntnis, daß eine Mark immer nur einmal ausgegeben werden kann, müssen wir uns klarmachen, daß der gewaltige Einkommenstransfer der letzten Jahre in die OPEC-Länder nicht ohne Einfluß auf den Einkommenszuwachs im Inland bleiben kann. Diese Erkenntnis hat sich noch nicht durchgesetzt. Lohn- und Einkommenszuwächse aber, die über das verteilungspolitisch vertretbare Maß hinausgehen, müssen zwangsläufig zu einer Verteuerung und Erschwerung unserer Exporte und damit zur Gefährdung von Arbeitsplätzen führen.

Entscheidung für die Kernenergie

Es ist eine Binsenweisheit, daß eine sichere, auf verschiedenen Energieträgern beruhende und preiswürdige Energieversorgung nicht nur Grundlage für eine gesunde Wirtschaft, sondern auch Voraussetzung für die Aufrechterhaltung unseres Lebensstandards ist. Unsere Vorstellungskraft reicht kaum aus, sich auszumalen, was sich ereignen würde, wenn die Energieversorgung plötzlich und über längere Zeit erheblich gestört wäre.

Um so härter muß der sozialdemokratisch geführten Bundesregierung der Vorwurf gemacht werden, daß sie keinen klaren energiepolitischen Kurs anzubieten hat. Weder die SPD noch die FDP sind dazu in der Lage. Zu zerstritten ist man untereinander, und zu zerstritten sind die Parteien ineinander. In der SPD ist es soweit gekommen, daß der mächtige linke Flügel praktisch einen Baustopp für Kernkraftwerke erzwungen hat.

Die Etappen: 1973 hieß es in der SPD noch: »Optimaler Ausbau der Kernenergie.« 1974 hörte man es schon anders: »Maßvoller, aber verstetigter Ausbau.« 1977 war man dann beim »begrenzten Ausbau«. Und im Leitantrag des Parteivorstandes zum Berliner SPD-Parteitag 1979 hieß es dann: »Beim derzeitigen Stand der Diskussion ist die definitive Entscheidung für oder gegen die weitere Nutzung von Kernenergie nicht reif. Beide Optionen, die weitere Nutzung von Kernenergie wie der Verzicht auf Kernenergie, müssen noch für eine gewisse Zeit nebeneinander bestehenbleiben.«

Das ist ein Dokument der Verlegenheit. In Wirklichkeit ist die Entscheidung zugunsten der Kernenergie längst getroffen. Um dies festzustellen, muß man nicht nur zu unseren Nachbarn in Ost und West schauen, wo die Kernkraftwerke nachgerade am Fließband errichtet werden, während bei uns die energiepolitische Zukunft in Demonstrationen, Bauplatzbesetzungen, wochenlangen Hearings und jahrelangen Rechtsstreitigkeiten versinkt. Unter der Verantwortung der Bundesregierung in Bonn liefern wir hier ein Beispiel dafür, daß wir selbst da nicht handeln, wo wir handeln könnten, um unsere Abhängigkeit zu verringern oder aufzuheben. Die Entscheidung zugunsten der Kernenergie ist ganz einfach aufgrund der Fakten gefallen! Wir brauchen sie, wenn nicht in absehbarer Zeit die Lichter ausgehen sollen, was für die Bundesrepublik Deutschland mehr bedeuten würde als dunkle Nächte. Ein Einbruch in die Energieversorgung mit allen Folgen für Beschäftigung und Wohlstand könnte die freiheitliche Gesellschaft in diesem Land in ihren Grundfesten erschüttern.

So darf in diesem Zusammenhang auch nicht übersehen werden, daß die Sowjetunion und der kommunistische Block auch in diesem Bereich eine langfristige Strategie betreiben. Anders ausgedrückt: Die Förderung der Abhängigkeit des Westens ist Bestandteil sowjetischer Politik. Um so vorsichtiger gilt es zu sein, wenn – auf den ersten Blick zugegeben durchaus verlockende – Angebote der Rohstoff- und Energieversorgung aus dem Osten zur Debatte stehen. Aus der Lieferung von Erdgas wird nur allzu leicht eine unvertretbare Abhängigkeit vom Lieferland bei der Energieversorgung. Billige Kohle verleitet dazu, die heimischen Quellen, weil schwieriger und teurer abzubauen, zu vernachlässigen. Und ganz schnell befindet man sich in einer Situation, in der man sich kaum mehr oder nur noch unter mühsamen Anstrengungen aus der Umarmung des russischen Bären befreien kann. In diesem Zusammenhang muß auch berücksichtigt werden, daß parallel zu den Offerten aus dem Osten eine Kampagne in der Bundesrepublik Deutschland gegen den Ausbau der Kernkraft läuft, mit deren Hilfe die Abhängigkeit der Bundesrepublik von ausländischen Energiequellen verringert werden könnte. Die linken Gruppen, die sich besonders lautstark gegen die Kernenergie wenden, sympathisieren oft offen mit der Sowjetunion oder sind gar ihre Hilfstruppen.

Der sozialliberalen Bundesregierung sei nicht unterstellt, daß sie eine solch gefährliche Entwicklung tatsächlich will oder wollen kann. Nicht erspart kann ihr jedoch der Vorwurf werden, daß sie durch ihre unklare Haltung und die vielfachen Hinweise und Redereien über mögliche Ersatzenergien für das zu Ende gehende Öl und die ungeliebte Kernkraft in der Bevölkerung Illusionen geweckt hat, als gäbe es einen Weg am Atom vorbei. Wenn es nicht so traurig wäre, dann könnte man sich über die in diesem Zusammenhang intensiv ventilierten Möglichkeiten der Energiegewinnung aus Schweinemist oder sonstigen hochtrabend »Biomasse« genannten Stoffen köstlich amüsieren. Schlimm und unverantwortlich von den Urhebern und Förderern solchen Unsinns ist nur, daß in der Bevölkerung ungerechtfertigte Hoffnungen geweckt werden, weil über die tatsächlichen Relationen von Leistungsfähigkeit solcher Energiequellen und Energiebedarf keine Vorstellungen existieren und der Bevölkerung auch in der Regel nicht mitgeteilt werden.

Dies gilt nicht nur für die angebliche Zukunftsenergie aus Schweinemist. Das gilt für vergleichsweise seriöse Zukunftsprojekte wie Sonnen-, Wind- und Gezeitenkraftwerke ebenso. Nehmen wir die Sonnenenergie als Beispiel. Natürlich läßt sich hier einiges an Sonnenstrahlen auch in der dafür nicht sonderlich geeigneten, weil klimatisch eher trüben Bundesrepublik für zusätzliche Energie einfangen. Und die Methoden werden gewiß auch noch verbessert. Aber einmal könnte und kann man Sonnenenergie allenfalls für Heizzwecke, nicht aber zur Erzeugung von Strom verwenden. Und zum anderen müßte man eine Landschaftszerstörung gigantischen Ausmaßes in Kauf nehmen. Wahrscheinlich würde man dagegen dieselben Demonstranten aufmarschieren sehen, die heute in Brokdorf den Bauplatz besetzen.

Aber davon abgesehen: Um zum Beispiel die Leistung des in Gundremmingen neu geplanten Kernkraftwerks von 2600 Megawatt aus Sonnenkollektoren zu decken, müßte man eine Fläche von rund 160 Quadratkilometern mit solchen Kollektoren zupflastern. 160 Quadratkilometer – das ist eine Fläche so groß wie der Chiemsee, der Starnberger See, der Walchen- und der Königsee zusammen!

Aber auch die Hoffnung »Kohle« ist in Wahrheit nicht die große Hoffnung. Zwar haben wir in der Bundesrepublik ansehnliche Reserven. Aber die Expansion der Kohleförderung stößt auf natürliche Grenzen. Unsere ergiebigsten Flöze liegen tief. Ihr Abbau ist kompliziert und kostspielig. So kann die Kohleförderung in der Bundesrepublik von derzeit 87 Millionen Tonnen bis 1990 nur auf etwa 95 Millionen Tonnen gesteigert werden. Trotzdem wird der Anteil der deutschen Steinkohle im Jahre 1990 nur rund 15 Prozent des gesamten Primärenergiebedarfs in der Bundesrepublik Deutschland decken können, während der Wert der Kohle heute noch bei 18 Prozent liegt. Kohleförderung ist speziell in der Bundesrepublik eine teure Angelegenheit. In den Ländern, die wie Indien und China reich an Kohle sind, verschlingen die nötigen Investitionen erst einmal Milliardensummen. Und dann darf auch nicht übersehen werden, daß die herkömmliche Kohlenutzung mit einer erheblichen Umweltbelastung verbunden ist. Im übrigen ist Kohle eigentlich genauso wie Öl zu teuer und kostbar, um sie einfach zu verfeuern. Öl ist ein wichtiger Grundstoff für die chemische und petrochemische Industrie. Kohle sollte mehr und mehr für die Kohleverflüssigung und Kohlevergasung, also die Kohleveredelung, eingesetzt werden.

Der Energieträger Erdgas wird zwar auch in Zukunft im Aufwärtstrend liegen, aber auch er unterliegt natürlichen Begrenzungen, und die Wasserkraft – in der Bundesrepublik nahezu ausgeschöpft – hat sowieso nur marginalen Charakter. Sie kommt zur Deckung der Energielücke nicht in Frage, wenngleich man sie als Sicherheitsreserve nicht verachten sollte. Ein weiterer Ausbau der heimischen Wasserkraft kann freilich nur wenig Strom erbringen. Das Walchensee-Kraftwerk liefert zum Beispiel nicht einmal ein Sechstel der Leistungen des Kernkraftwerkes Isar I (Ohu) von rund 900 Megawatt.

Und dann gibt es in der energiepolitischen Diskussion den Riesenflop des »Energiesparens«. Das Einsparen von Energie ist ohne Zweifel dringend erforderlich, der sparsame Umgang mit diesem kostbaren Gut kann nicht ernst genug genommen werden. Nur, wenn das Einsparen von Energie als

Weg angeboten wird, der uns um eine klare energiepolitische Entscheidung herumführen könnte, dann wird der Mißbrauch zum Skandal! Wenn wir noch so viel an Energie einsparen, wenn wir sparsamere Autos bauen, wenn wir den Stromverbrauch drosseln, bis wir im Halbdunkel sitzen, wenn wir die Häuser und Wohnungen isolieren und die Fenster und Türen abdichten, wo immer wir können, wenn wir alle nur erdenklichen Sparmaßnahmen ergreifen, dann war und ist dies alles gewiß wünschenswert und nicht umsonst! Nur die Tatsache wachsenden Energiebedarfs auch in der Zukunft ist damit nicht aus der Welt geschafft.

Man kann es drehen und wenden, wie man will: Nach dem heutigen Stand der Erkenntnisse führt an der friedlichen Nutzung der Kernenergie zur Deckung des Energiebedarfs kein Weg vorbei. Auch die Bundesregierung weiß das. Aber sie ist unfähig, die entsprechenden Konsequenzen daraus zu ziehen. CDU und CSU dagegen haben sich von Anfang an zur Kernenergie bekannt – nach reiflicher Abwägung von Chancen und Risiken. Dabei ist selbstverständlich, daß die Sicherheit von Leben und Gesundheit der Menschen vor allen energiewirtschaftlichen Überlegungen zu stehen hat.

Des Risikos bewußt

Wir waren und sind uns bewußt, daß mit der friedlichen Nutzung der Kernenergie ein Risiko neuer Dimension auftritt. Entsprechend notwendig war es, eine Sicherheitstechnologie aufzubauen, die es bisher noch nicht gegeben hat. Sie laufend zu verbessern, ist permanente Aufgabe. Aber auch diese Aufgabe ist letztlich nur zu erfüllen, wenn man sich nicht selbst von der Praxis abschneidet. Nur im Umgang mit der Kernenergie lernt man ihre völlige Beherrschung.

Bayern hat als erstes Land ein vollelektronisches Kernreaktorüberwachungssystem aufgebaut, mit dem jeder, auch der kleinste Störfall registriert werden kann. Die weltweite Unfallstatistik belegt, daß das Risiko beim Betrieb von Kernenergieanlagen sehr viel niedriger ist als bei allen anderen technischen Betätigungen des Menschen. So hat es im Zeitraum 1945–1976 auf der ganzen Welt nur sieben reaktorbedingte Todesfälle in Kernkraftwerken gegeben. Im Vergleich dazu: Zwischen 1949 und 1978 verloren 15 500 Bergleute in Deutschland ihr Leben.

In diesem Zusammenhang wird von den Kernkraftgegnern häufig der Störfall Harrisburg zitiert. Dabei ist Harrisburg gerade das Gegenbeispiel. Nicht der Störfall Harrisburg ist doch entscheidend, sondern die Tatsache, daß er beherrscht wurde. »Der stärkste gesundheitliche Effekt war schwerer psychologischer Streß«, stellte die Untersuchungskommission des amerikanischen Präsidenten fest. Da deutsche Reaktoren des gleichen Typs mit viel stärker automatisierten Sicherheitsanlagen ausgerüstet sind, hätte sich im übrigen dieser Störfall in der Bundesrepublik nicht ereignet.

Noch eines: Kernkraft ist die umweltfreundlichste Energieproduktion. Kernkraftwerke sind auf alle Fälle umweltfreundlicher als Kraftwerke auf Kohlebasis. Sie verbrauchen keinen Sauerstoff und emittieren keine Verbrennungsprodukte wie Kohlenmonoxyd, Schwefeldioxyd, Ruß und Staub. Wollte man beispielsweise die in Bayern geplanten Kernkraftwerke durch Kohlekraftwerke ersetzen, müßte man jährlich rund 10 Millionen Tonnen Steinkohle verfeuern. Das würde bedeuten, daß jährlich 200 000 Tonnen SO_2, 60 000 Tonnen Stickoxyde, 20 000 Tonnen Feinstaub und 800 000 Tonnen Schlacke und Asche anfielen; eine Menge, die etwa dem derzeit in Bayern zu bewältigenden gesamten Hausmüll entspricht.

Und was die Strahlenbelastung anbetrifft, die von Kernkraftwerken ausgeht: Sie beträgt weniger als 1 Prozent der natürlichen Strahlenbelastung. Aufgrund der natürlichen Gegebenheiten ist jedermann einer Strahlenbelastung um rund 110 Millirem pro Jahr ausgesetzt. Die künstliche Strahlenbelastung, vor allem durch medizinische Behandlungen, beträgt insgesamt rund 60 Millirem. Dabei schwankt die natürliche Strahlenbelastung je nach geographischer Lage des Wohnorts. Wer beispielsweise seinen Wohnort von Hamburg nach München verlegt, erhöht damit seine natürliche Belastung um rund 15 Millirem, also um das 15fache von dem, was eine Übersiedlung in die unmittelbare Umgebung eines Kernkraftwerkes bringen würde.

Die Kernenergie ist nicht risikofrei. Das sollte und darf nicht verschwiegen werden. Der Bevölkerung muß aber auch klargemacht werden, daß die aus der Assoziation zur Atombombe von Hiroshima kommende Angst vor der friedlich genutzten Kernenergie irreal ist. Kernkraftwerke sind keine Atombomben. Jedenfalls ist es technisch gar nicht möglich, daß ein Kernkraftwerk wie eine Atombombe explodieren könnte. Daß das Funktionieren von Kernkraftwerken kompliziert ist, dies nützen Kernkraftgegner in Verbindung mit der Hiroshima-Angst immer wieder für ihre Zwecke aus. Sie können sie ausnützen, weil es dem Normalbürger unmöglich ist, die Sicherheit von

Kernkraftwerken zu durchschauen; gelingt es ihm doch schon kaum, die Verkehrssicherheit seines Autos festzustellen. Es ist dringend notwendig, daß in der Kernkraftdiskussion eine systematische Information betrieben wird und die Bürger so bald wie möglich aufgeklärt werden, wenn sie von der Standortwahl für ein Kernkraftwerk betroffen sind. Bayern hat hier beste Erfahrungen gemacht. Allerdings, es geht nicht nur um Aufklärung – Voraussetzung ist, daß überhaupt klare Entscheidungen in der Energiepolitik getroffen werden.

Versäumnisse der Bundesregierung

Solange die Bundesregierung und die sie tragenden Parteien hier nicht eindeutig Farbe bekennen, sondern einmal davon sprechen, daß die Kernenergie nur zur Deckung des »Restbedarfs« an Energie herangezogen werden soll, dann wieder vom »geordneten Rückzug« aus der Kernenergie, wird es auch kein Vertrauen in der Bevölkerung geben, das wir zur Bewältigung unserer Energieprobleme brauchen. Dabei verfährt die führende Regierungspartei nicht redlich. Als Beweis die Materialien zum SPD-Parteitag in Berlin Ende 1979. In ihnen wird davon ausgegangen, daß bis zum Jahr 2000 zwischen 290 und 510 Milliarden Kilowattstunden Strom erzeugt werden müssen. Und selbst im Fall größter Sparmaßnahmen rechnet auch die SPD damit, daß davon zwischen 48 300 Megawatt und 85 000 Megawatt aus Kernkraftwerken geliefert werden müssen. Im einen Fall ist die Zahl identisch mit 37 Kernkraftwerken, im anderen Fall sind sogar 65 Kernkraftwerke notwendig.

Selbst wenn man nur die in dem sogenannten Entsorgungskompromiß zwischen dem Bundeskanzler und den Regierungschefs der Bundesländer zugrundegelegte Zahl von 53 000 MW Kernkraftwerkskapazität für das Jahr 2000 heranzieht, müssen zu den knapp 20 000 MW, die 1985 betriebsbereit sein dürften, zwischen 1985 und dem Ende dieses Jahrhunderts Kernkraftwerke für 30 000 MW neu errichtet werden. Dies bedeutet einen Zubau von knapp zwei Kernkraftwerken pro Jahr in diesem Zeitraum. Daneben müßten selbstverständlich noch Kohlekraftwerke gebaut werden.

Die Bundesregierung zieht daraus jedoch nicht die notwendigen Konsequenzen. Es geht nicht um das Offenhalten von Optionen für den Bau oder

Nichtbau, was den Bürger verwirren und verunsichern muß. Es geht um einen klaren energiepolitischen Kurs. Auch durch fehlende Perspektiven in der Energiepolitik kann man künftige Generationen um ihre Lebenschancen bringen. Die Energiepolitik ist eine zu ernste Sache, als daß sie zu fruchtlosen ideologischen Auseinandersetzungen mißbraucht werden dürfte. Ohne gesicherte Energie wird es keine sichere Zukunft geben. Die Kernenergie muß dabei ohne Wenn und Aber als Teil eines energiepolitischen Gesamtkonzepts betrachtet werden.

Der Versuch dazu wurde mit der Arbeit einer Enquête-Kommission des Deutschen Bundestages unternommen, die 1980 ihren Bericht vorgelegt hat. Der Bericht war mit rund 1000 Seiten so umfangreich wie enttäuschend. Zum einen vermied man eine klare Empfehlung. Die SPD/FDP-Mehrheit der Kommission verschob gegen die Stimmen der Unions-Mitglieder die geforderte Entscheidung, ob die Nutzung der Kernenergie ausgebaut werden muß oder nicht, um weitere zehn Jahre. Zum anderen flüchtete man sich in die Empfehlung, daß verstärkt Energie gespart, erneuerbare Energien entwickelt und mehr Kohle gefördert und verfeuert werden sollen. Das ist zweifellos die bequemste politische Lösung, die man sich ausdenken kann. Eingeschworene Kernenergiegegner werden weiterhin jeglichen Bau von Kernreaktoren zu verhindern versuchen. Wer dagegen Kernenergie für unverzichtbar hält – und selbst die Bundesregierung tut dies ja, wenn auch mehr oder weniger verschleiert –, der muß mit noch stärkerer Blockade als bisher rechnen.

Und was das Energiesparen anbelangt, so folgt die Mehrheit der Enquête-Kommission getreu dem SPD-Parteitag von Ende 1979 der Empfehlung, der Energieverschwendung vor allem mit Vorschriften, staatlicher Reglementierung, Bürokratie und am Ende Polizei zu begegnen. Wenn es nach der SPD ginge, dann würde ein Wust an Sparvorschriften erlassen und das ganze Land mit einem menschenunwürdigen Kontrollsystem überzogen. Für die Großemmitenten soll eine Abwärmeabgabe eingeführt werden, ohne Rücksicht darauf, ob diese wirtschaftlich sinnvoll nutzbar ist oder nicht. Auch die Hersteller von energiebetriebenen Geräten gehen keinen guten Zeiten entgegen. Sie müssen nach dem Willen der SPD mit neuen Typenzulassungen für Haushaltsgeräte rechnen, die bis zu den Klimaanlagen und Spülmaschinen reichen. Ebenfalls gesetzlich sollen neue Wärmedämmwerte für Neubauten festgelegt werden. Alle Neubauten sollen in bezug auf ihren Energieverbrauch klassifiziert und beim Abschluß von Mietverträgen berücksichtigt werden.

Für öffentliche und öffentlich geförderte Bauten sind Betriebskostenrechnungen vorzulegen, und die Gemeinden sollen örtliche Konzepte für die Versorgung mit Energie entwickeln. Der private Kraftfahrer muß sich auf eine gesetzliche Regelung für Kraftstoffverbrauchsgrenzwerte von Pkws einrichten sowie auf die Erhebung einer Sondersteuer für Kraftfahrzeuge mit besonders hohem Verbrauch. Selbstverständlich wird auch die Einführung einer Höchstgeschwindigkeit auf Autobahnen und Fernstraßen nicht fehlen.

Die Enquête-Kommission des Bundestages hat gegen die Stimmen ihrer Mitglieder aus der CDU/CSU kräftige Anleihen bei diesem SPD-Sparprogramm genommen. Nachdem sie in der Hauptaufgabe versagt hat, nämlich eine Empfehlung zur künftigen Nutzung der Kernenergie abzugeben, ist das Ablenkungsmanöver auch nicht verwunderlich. Auf der Strecke bleibt dabei die bei der SPD allerdings sowieso ungeliebte Erkenntnis und Tatsache, daß die Sparerfolge auch auf dem Energiesektor bisher weniger durch Vorschriften als durch umsichtiges Verhalten der Bürger und Unternehmen erzielt worden sind. Und diese Erfolge wurden über den freien Markt durch den zunehmenden Druck steigender Preise erreicht.

Wenn wir nach Amerika schauen oder die Entwicklung der Energieversorgung und der Energiepreise bei unseren Nachbarländern verfolgen, dann können wir mit Genugtuung feststellen, daß die bislang aufgetretenen Probleme sowohl mengenmäßig als auch in preislicher Hinsicht im Rahmen der Sozialen Marktwirtschaft der Bundesrepublik Deutschland am besten gelöst worden sind. Es gab bisher keine spürbare Ölverknappung. Und was die Preise anbelangt, so liegt die Bundesrepublik noch immer an unterster Stelle. Trotz enormer Steuerbelastung fährt und heizt man in Deutschland noch immer billiger als in vergleichbaren Ländern, wo der Staat auch im Energiebereich die erste Geige spielt.

Daraus ergibt sich ein wichtiger Hinweis darauf, wie wir auch in Zukunft mit den Energieproblemen am besten fertig werden. Mehr als auf alle dirigistischen Reglementierungen kommt es darauf an, unserem marktwirtschaftlichen Konzept treu zu bleiben und den Preis als wichtigstes Steuerungsinstrument zu nutzen. Das schließt selbstverständlich die soziale Komponente nicht aus, wenn es darum geht, sozial Schwächeren – ähnlich dem Wohngeld – bei den Heizungskosten zu helfen. Aber das Steuerungsinstrument Preis übertrifft in seiner Effizienz alle Eingriffe. Der Staat muß den Rahmen setzen. Aber er muß es endlich tun! Höhere Energiepreise schaffen zudem den Anreiz, die dringend benötigten neuen und zusätzlichen Energieträger zu entwickeln, die uns dann vielleicht fähig machen – man denke an die Kernfusion –, die heutige Kernenergie als vielleicht konventionell zu den Akten zu legen.

Hier haben wir Gestaltungsmöglichkeit, hier sind wir – bei aller Abhängigkeit vom Ausland – durchaus selbst handlungsfähig. Wir wären es jedenfalls, wenn die energiepolitischen Weichen umsichtig, nüchtern abwägend, aber dann entschlossen gestellt werden. Dies zu tun, ist Aufgabe des Staates, der Bundesregierung. Wir wollen gewiß nicht den »Atomstaat«, wir wollen aber auch nicht den »Energiesparstaat« à la SPD, in dem am Ende der eine Nachbar den anderen Nachbarn beobachtet, ob er seinen Swimming-pool beheizt oder ob er kalt badet, in dem am Ende die Polizei durch die Wohnungen geht und prüft, ob auch die Wärmedämmung den Vorschriften entspricht. Es geht um eine Energiepolitik, die unsere Zukunft sichert und unsere Abhängigkeit verringert. Der hohe Stand unserer Technologie gibt uns die Chance zu verantwortlicher Entscheidung.

Erinnerung an unsere Freunde

Die Bundesrepublik Deutschland hat ihre Entwicklungshilfeleistungen an Länder der Dritten Welt von 1977 bis 1979 nahezu verdoppelt. Wir stellen den Entwicklungsländern Asiens, Afrikas und Lateinamerikas mittlerweile über sechs Milliarden DM jährlich zur Verfügung; nicht gerechnet der Kapitaltransfer, der auf private Initiative stattfindet. In den nächsten Jahren werden die Entwicklungshilfeleistungen zweifellos noch zunehmen. Mit den erwähnten sechs Milliarden DM wurde ein Anteil am Bruttosozialprodukt von 0,44 Prozent erreicht. Die Bundesregierung hat den Richtwert der Vereinten Nationen anerkannt, nach denen die wohlhabenden Industrieländer jährlich 0,7 Prozent ihres Bruttosozialprodukts für Entwicklungshilfe aufwenden sollen. In absolute Zahlen übertragen bedeutet dies, daß die Bundesrepublik Deutschland jährlich rund 11 Milliarden DM aufwenden müßte, um den Forderungen der Vereinten Nationen gerecht zu werden.

Entwicklungshilfe – Teil der Gesamtpolitik

Die Entwicklungshilfe ist somit ein Beispiel dafür, wie hoch die Erwartungen der Welt geschraubt sind, wenn es um die Leistungsfähigkeit der Bundesrepublik Deutschland geht, deren wirtschaftlicher und technischer Standard zweifellos Spitzenklasse in der Welt ist. Die Entwicklungshilfe ist freilich nicht der einzige Bereich, der Anforderungen an die Bundesrepublik stellt. Wir haben Verpflichtungen auch innerhalb Europas, wir haben Verpflichtungen aber auch im Bereich der Verteidigung, die heute nur noch im Bündnis mit unseren Partnern in der freien Welt zu bewältigen ist. Die Bundesrepublik kann und darf sich diesen Verpflichtungen nicht entziehen; in ihrem eigenen Interesse nicht, das auf Ausgleich und Frieden, Zusammenarbeit und Entwicklung gerichtet ist. Entwicklungshilfe, besser Entwicklungspolitik, spielt hierbei keine Sonderrolle. Sie ist vielmehr als Bestandteil einer

Gesamtpolitik zu sehen, die auch unseren Interessen dient. Entwicklungspolitik bedeutet somit nicht nur die Gewährung von billigen Krediten und sonstigen Hilfeleistungen. Entwicklungspolitik kann und soll nicht losgelöst werden von unseren Interessen an einer ausreichenden Rohstoff- und Energieversorgung, von einem möglichst unbehinderten internationalen Warenaustausch.

Entwicklungspolitik kann aber auch nicht übersehen, daß im sogenannten Nord-Süd-Konflikt der Ost-West-Konflikt durch die weitausgreifenden Aktivitäten der Sowjetunion eine wesentliche Rolle spielt. Und Entwicklungspolitik ist schließlich auch nicht zu trennen von unserem Wertebild. Das bedeutet nicht, daß wir nun unsere Demokratie als den Exportartikel Nummer eins betrachten sollten. Die Verwirklichung von Demokratievorstellungen hängt sehr entscheidend auch vom wirtschaftlichen, allgemeinpolitischen und sozialen Entwicklungsstand eines Landes ab, nicht zu vergessen die mentalitäts- und nationalkulturellen Besonderheiten der Länder der Dritten Welt. Die Achtung der Menschenrechte, wie sie die UN-Charta als verbindlich angesehen hat, muß jedoch auch für unsere Entwicklungspolitik ein Richtzeichen sein, das nicht leichtfertig außer acht gelassen werden darf. In diesem Zusammenhang kann man der sozialdemokratisch geführten Bundesregierung nicht den Vorwurf ersparen, daß sie im wesentlichen der Konzeption zu folgen scheint, die deutschen Entwicklungsmilliarden und sonstige Leistungen möglichst breit an alle Länder zu verteilen, die nur in Bonn an die Türe klopfen – ohne Rücksicht darauf, was in diesen Ländern auch ansonsten geschieht.

Wir müssen uns klar darüber sein, daß – auch wenn wir die von den Vereinten Nationen geforderten 0,7 Prozent Entwicklungshilfeleistungen erreichen sollten – unsere Leistungsfähigkeit beschränkt ist. Schon deshalb ist eine Zielsetzung der bedingungslosen Unterstützung und Stärkung aller Entwicklungsländer unmöglich. Sie ist aber auch zutiefst unpolitisch, nicht zuletzt auch im Hinblick auf den Ost-West-Konflikt, der die Entwicklungsländer nicht ausklammert.

Die westlichen Interessen verlangen eine gezielte und verstärkte Förderung unserer Freunde in der Dritten Welt und nicht unserer Gegner oder gar Feinde! Wir können und sollen den Ländern der Dritten Welt durchaus selbstbewußt gegenübertreten. Der Bundesrepublik Deutschland fällt dies um so leichter, als wir nicht durch eine koloniale Vergangenheit belastet sind. Dabei sei angemerkt, daß diese »Belastung« den einstigen Kolonialmächten heute im Rahmen einer weltweiten Propaganda weitgehend nur angedichtet wird. Es gibt ernstzunehmende Untersuchungen auf wissenschaftlicher Basis, die für die Länder der Dritten Welt nachweisen, daß summa summarum die Kolonialzeit nicht materielle Ausbeutung, sondern letztlich durchaus einen Gewinn bedeutete. Der freie Westen braucht sich aber auch gegenüber den Entwicklungsländern nicht im Hinblick auf die Sowjetunion zu verstecken. Mit der Unterdrückung ihrer Minderheiten innerhalb der UdSSR und ihrer permanenten Expansion ist die Sowjetunion noch heute die größte Kolonialmacht, während die übrige Welt die Entkolonialisierung praktisch abgeschlossen hat.

Eine neue Weltwirtschaftsordnung

Die Wende in der Geschichte der kolonialen Welt hat der Ausgang des Zweiten Weltkrieges ausgelöst. Was bereits am Ende des Ersten Weltkrieges im Nahen Osten, in Nordafrika und Indien sichtbar geworden war, die Emanzipation von der europäischen Vorherrschaft, das nahm nach dem Zweiten Weltkrieg sehr rasch globalen Charakter an. Um die Mitte der sechziger Jahre waren die meisten Staaten der Dritten Welt politisch unabhängig, und es begann jener dramatische Prozeß, den wir heute mit dem Begriffspaar »Nord-Süd-Konflikt« umschreiben.

Die westliche Welt setzte ihre Hoffnungen zunächst darauf, daß durch die Schaffung einer offenen Weltwirtschaftsordnung auch den Entwicklungsländern die Möglichkeit gegeben sein sollte, zu gleichwertigen Partnern eines weltweiten Handelssystems zu werden. »Hilfe durch Handel« hieß die Devise in den fünfziger und sechziger Jahren. Die neuen Staaten lieferten Öl und Rohstoffe, und gleichzeitig boten sie für die Industrienationen Absatzmärkte. Europas Wirtschaft wuchs schneller als die Amerikas, und nur wenige wollten sich eingestehen, daß diese Sicherheit und Prosperität damals auf einem sehr einseitigen und deshalb fragwürdigen Konzept basierte.

Am 15. August 1971 verkündete Präsident Nixon eine »neue Wirtschaftspolitik«. Unter dem Druck massiver Zahlungsbilanzdefizite hob er die Konvertibilität des Dollars in Gold auf und gab damit dem Bretton-Woods-System der festen Währungsrelationen den Todesstoß. Die USA gaben ihre

Rolle auf, weiterhin der Garant eines von ihnen geschaffenen offenen Weltwirtschaftssystems zu sein. In dieser Zeit rührte sich aber auch die Dritte Welt. Die Rohstoffländer, speziell die Ölländer, die nahezu ein Monopol besitzen, machten den Vorreiter. Das Ölembargo gegen die USA und die Niederlage im Gefolge des Yom-Kippur-Krieges 1973 signalisierte, daß die Dritte Welt mit ihrer Rohstoffwaffe nun für die Industrienationen insgesamt einen Machtfaktor darstellte und auch als solcher betrachtet werden wollte.

Mit einem Paukenschlag gab die Dritte Welt ihren Eintritt in die Weltpolitik bekannt! Triumphierend feierten die OPEC-Staaten damals ihren Sieg und verkündeten eine »neue Ära«: Nach der politischen Unabhängigkeit gelte es nun die wirtschaftliche zu erlangen. Der Ruf nach einer »neuen Weltwirtschaftsordnung« ist seitdem nicht mehr verstummt und stellt alle Beteiligten – die Industrienationen genauso wie die Entwicklungsländer – vor die größte politische und wirtschaftlich-soziale Herausforderung dieses zu Ende gehenden Jahrhunderts. Ferdinand Otto Miksche schreibt: »Alles deutet darauf hin, daß sich das Weltbild im Laufe der zwanzig kommenden Jahre von Grund auf verändert. Zum erstenmal in der Geschichte wird das Schicksal des Abendlandes von Entwicklungen und Entscheidungen bestimmt, die nicht in den westlichen Industriestaaten, sondern wahrscheinlich in den ölreichen Ländern, die allmählich eine Vierte Welt bilden, getroffen werden. Hierdurch verschieben sich aber auch die Schwerpunkte des Weltgeschehens in rohstoffreiche Räume, die infolge der Entkolonialisierung zu einer Art Niemandsland geworden sind, in denen sich ein Ringen um die Neuaufteilung der Machtsphären entfesselt hat. Wir erleben den Beginn einer neuen Epoche, die infolge der Entkolonialisierung entstanden ist, das Zeitalter des Nachkolonialismus . . .«

Hinter dem Nord-Süd-Konflikt verbirgt sich nichts anderes als ein Ringen um die Neuaufteilung von Machtsphären. Dieses Ringen erhält eine zusätzliche Dramatik durch die Tatsache, daß sich daran inzwischen auch die Sowjetunion – im Gegensatz zu den fünfziger und sechziger Jahren – als globale Weltmacht beteiligt. Moskau greift – Afghanistan ist das vorerst letzte Glied in dieser Kette – nach Regionen aus, die für die Rohstoffversorgung des Westens von zentraler Wichtigkeit sind, und es wird alles von dem Willen und der Fähigkeit Europas zur Selbstbehauptung abhängen, wer dieses Rennen am Ende gewinnt.

Mit der Gründung der Welthandels- und Entwicklungskonferenz der Vereinten Nationen (UNCTAD) in Genf 1964 bekam die Entwicklungspolitik internationalen Charakter. Die Staaten der Dritten Welt bezeichneten ihren damaligen Zusammenschluß in die »Gruppe 77« als einen entscheidenden Schritt, von nun an solidarisch gegen die industrialisierte Welt aufzutreten und umfassende Programme zu entwickeln. Die Charta von Manila (1976) und die Erklärung von Aruscha (1979) sind die wichtigsten Dokumente von seiten der Dritten Welt für eine neue Weltwirtschaftsordnung, nachdem sie überzeugt ist, daß die bestehende Weltwirtschaftsordnung sie benachteiligt. Nach ihrer Meinung sind beispielsweise die Regeln des GATT und des Internationalen Währungsfonds zu einseitig auf die Bedürfnisse der Industrienationen zugeschnitten, überhaupt fehle dem marktwirtschaftlichen System die soziale Komponente, was vor allem die rohstoffarmen Länder der Dritten Welt betreffe. Ein aggressiver Nationalismus der jungen Staaten verstärkt die emotionalen Vorurteile. Man sieht nur das Wohlstandsgefälle und glaubt, durch mehr entwicklungspolitische Leistungen allein von seiten der Industrienationen müßte man dem »Übel« beikommen können: mit einer Entwicklungshilfe, die gewissermaßen als eine Art Wiedergutmachung für frühere koloniale Ausbeutung möglichst à fonds perdu und ohne Einflußnahme auf die Verwendung von den Industrieländern an die Entwicklungsländer gegeben werden sollte.

In Wirklichkeit ist die These nicht haltbar, daß das Phänomen der Unterentwicklung ausschließlich oder vor allem auf die früheren Kolonialmächte zurückzuführen ist. Umgekehrt stimmen die Fakten. Die Unterentwicklung in der Dritten Welt hat hauptsächlich interne Ursachen in den Entwicklungsländern selbst. Eine positive und rasche Entwicklung wird durch Mangelsituationen und Strukturschwächen blockiert.

Die Erfahrungen der letzten 20 Jahre haben gezeigt, daß es nur wenigen Entwicklungsländern gelungen ist, den Anschluß an die Industrieländer zu schaffen. Für die große Zahl trifft das Gegenteil zu. Angesichts des sprunghaft gewachsenen Kapitalbedarfs der Entwicklungsländer sind die Grenzen der traditionellen Entwicklungspolitik deutlich geworden. Viele Entwicklungsländer sind inzwischen so verschuldet, daß sie nicht selten mehr als 50 Prozent der mühsam erwirtschafteten Einnahmen zur Schuldentilgung benötigen, die dadurch für die eigene Volkswirtschaft verloren sind. Übersteigerter Ehrgeiz, falsche Projekte und eine oft unrealistische Einschätzung der eigenen Möglichkeiten haben nicht wenige Länder zum Bankrott geführt.

Weitaus größere Bedeutung als der traditionellen Kreditpolitik muß in Zukunft der Verbesserung der Wirtschaftsbeziehungen und damit der Erhöhung der Selbsthilfemöglichkeiten beigemessen werden. Auch die Entwicklungsländer haben Verantwortung zu übernehmen. Im Jahresbericht der Weltbank von 1979 heißt es dazu: »In den letzten 25 Jahren konnten in vielen Entwicklungsländern eindrucksvolle Fortschritte erzielt werden, ein großer Teil dieser Erfolge kann auf die beispiellose Ausweitung der Produktion, des Handels und des Kapitalverkehrs zurückgeführt werden, die in diesem Zeitabschnitt stattfand. Die Abschwächung des Wachstums, der globalen Produktion und des Welthandels seit den frühen fünfziger Jahren hat die Kernfrage dieses Jahrzehnts aufgeworfen: Ist diese Abschwächung nur ein vorübergehender Rückschlag als Folge des zufälligen Zusammentreffens ungünstiger Ereignisse, oder ist sie ein Urbote einer lange währenden Periode langsamen Wachstums und ungeordneter internationaler Wirtschaftsverhältnisse?« In dem vorliegenden Bericht wird weiter die Auffassung vertreten, daß die Gesundheit der Weltwirtschaft weniger das Resultat unausweichlicher historischer Prozesse ist als vielmehr das Ergebnis wirtschaftlicher Entscheidungen und Maßnahmen in den wichtigsten Industrie- und Entwicklungsländern der Welt: »Der boomartige Aufschwung des globalen Wirtschaftswachstums und des Welthandels in den sechziger und frühen siebziger Jahren war in erster Linie das Ergebnis gezielter und erfolgreicher internationaler Bemühungen um die Verringerung der internationalen Handelsschranken. Mit ähnlichen Erfolgen könnte gerechnet werden, falls die starke Zunahme protektionistischer Praktiken in der jüngsten Zeit rückgängig gemacht würde und die Schlüsselnationen eine entschlossene Wachstumspolitik verfolgten.«

Aus diesem Zitat wird deutlich, daß nicht Weltplanwirtschaft, sondern nur Weltmarktwirtschaft eine Lösung für die Probleme der Dritten Welt darstellen kann. Die Forderungen nach dirigistischen Regelmechanismen in der Weltwirtschaft, wie sie mit der Forderung nach einer neuen Weltwirtschaftsordnung gestellt werden, sind wirtschaftlich falsch, sie sind aber auch politisch gefährlich.

Was das wirtschaftliche Argument anbetrifft: Durch dirigistische Regelungen werden die Wachstumschancen aller am Welthandel beteiligten Partner eingeschränkt. Speziell in den Entwicklungsländern hat sich aber auch gezeigt, daß marktwirtschaftliche Konzepte zu besseren Ergebnissen geführt haben als planwirtschaftliche. Jedenfalls waren marktwirtschaftlich orientierte Entwicklungsländer in der Regel in ihrer Wirtschaftspolitik bisher weitaus erfolgreicher als vergleichbare sozialistische Entwicklungsländer. Südkorea war erfolgreicher als Nordkorea. Kenia erzielte wesentlich bessere Ergebnisse als Tansania, Chile war erfolgreicher als Kuba, um nur einige Beispiele aus einer Vielzahl zu nennen. Auch die sozialistische These kann nicht aufrechterhalten werden, daß in markwirtschaftlichen Entwicklungsländern die Verteilungsgerechtigkeit geringer sei als in sozialistischen Entwicklungsländern. Eine Weltbankstudie hat darauf hingewiesen, daß es hier keinen direkten Zusammenhang gibt.

Den dirigistischen Forderungen der Entwicklungsländer darf aber auch aus politischen Gründen nicht nachgegeben werden. Nur allzu leicht wird übersehen, daß dem Marktmechanismus neben seiner Rolle als wirtschaftliches Lenkungsinstrument eine wichtige friedenstiftende und konfliktlösende Funktion zukommt. Das ist von internationaler Bedeutung. Mehr Politisierung, Reglementierung und Bürokratisierung im Weltwirtschaftssystem wirkt sich aber auch freiheitsmindernd auf die nationalen Wirtschafts- und Gesellschaftsordnungen aus. Auch das können wir in unserem, aber auch im Interesse der Entwicklungsländer nicht wollen.

Aus unserem freiheitlichen Selbstverständnis heraus kann Bestandteil unserer Entwicklungspolitik letztlich nur die Verwirklichung einer Internationalen Sozialen Marktwirtschaft sein. Die westlichen und marktwirtschaftlichen Demokratien haben hier zweifellos noch kein komplettes und befriedigendes Modell entwickelt. Wir werden darum allerdings nicht herumkommen, wenn wir nicht weiter scheibchenweise den dirigistischen Forderungen der Entwicklungsländer nachgeben wollen, wie es bislang geschieht. Die deutsche Bundesregierung beteiligt sich an diesem allmählichen Ausverkauf der freiheitlichen Weltwirtschaftsordnung einmal mangels einer marktwirtschaftlichen Alternative, zum anderen aber auch durchaus den in ihren Reihen tief verankerten dirigistischen Neigungen folgend. Hier geht es wieder einmal nicht zuletzt um den grundsätzlichen Ansatz, der im Ziel zum Ausdruck kommt, das letztlich verfolgt wird.

»Ziel unserer Entwicklungshilfe ist nicht internationale Gleichheit, sondern Entwicklung«, schreibt Jürgen G. Todenhöfer und fährt fort: »Eine Strategie, die internationale Gleichheit durch Beseitigung der sogenannten Kluft zwischen den Industrieländern und der Dritten Welt will, ist nicht nur utopisch, sondern auch wegen der unterschiedlichen Voraussetzungen und der zum Teil bewußt unterschiedlichen Entwicklungswege der Länder dieser Welt zutiefst freiheitsfeindlich. Es wird immer arme und reiche Länder geben. Allerdings werden es nicht immer dieselben Länder sein, die arm oder reich sind. Die Geschichte ist ein überzeugendes Lehrbuch über den Aufstieg und Abstieg der einzelnen Länder und Kulturen. Ziel unserer Entwicklungshilfe ist die Überwindung der absoluten Armut und die Ermöglichung einer freien, eigenständigen und menschenwürdigen Entwicklung jedes Entwicklungslandes. Entwicklung als zentrales Ziel der Entwicklungshilfe muß zahlreiche Komponenten mit berücksichtigen. Entwicklung ist nicht nur von wirtschaftlichen und sozialen, sondern auch von politischen, historischen, religiösen, kulturellen, verhaltensmäßigen, geographischen und anderen Voraussetzungen abhängig. Dies setzt gleichzeitig jeder Entwicklungshilfe von außen gewisse Grenzen.«

Die grundsätzliche marktwirtschaftliche Orientierung der Entwicklungspolitik bedeutet nicht, daß die Probleme der Dritten Welt oder die Entwicklungsländer insgesamt über einen Kamm zu scheren wären. Im Gegenteil, gerade die marktwirtschaftliche Orientierung erlaubt auch international eine dem Dirigismus fremde Differenzierung. Und in dieser Differenzierung liegt auch ein wesentlicher Aspekt der sozialen Komponente einer Internationalen Marktwirtschaft. In der Tat ist die Dritte Welt alles andere als ein gleichstrukturierter Block. Die Unterschiedlichkeiten sind riesengroß und durchaus weiter im Wachsen begriffen. Darauf gilt es Rücksicht zu nehmen, will man Entwicklungshilfe und Entwicklungspolitik nicht von vorneherein zum aussichtslosen Unternehmen machen.

Man kann heute die Dritte Welt in wenigstens vier Kategorien einteilen: In die 30 ärmsten Länder mit über einer Milliarde Menschen und einem Pro-Kopf-Einkommen von rund 250 Dollar; 20 Länder mit 450 Millionen Bewohnern, die über ein Pro-Kopf-Einkommen von 250 bis 500 Dollar verfügen. An dritter Stelle folgen 15 Staaten der Mittelklasse mit einer Bevölkerung von 165 Millionen und einem Pro-Kopf-Einkommen von rund 500–1000 Dollar und schließlich die fortgeschrittenen Länder mit einer halben Milliarde Menschen und einem Pro-Kopf-Einkommen von über 1000 Dollar. Zu ihnen zählen die OPEC-Staaten, die Mittelmeerländer und der größte Teil Lateinamerikas.

Diese Aufteilung zeigt, wie groß das Ungleichgewicht innerhalb der Dritten Welt ist und wie sehr man sich vor Globalrezepten hüten sollte. Jede Entwicklung ist ein dynamischer Prozeß. Schuldentilgungsaktionen sind gewiß für die ärmsten Länder wünschbar und auch sinnvoll, aber dieses Prinzip auf die fortgeschrittenen Länder angewendet, müßte kontraproduktiv wirken, da es die Kreditwürdigkeit und den Zutritt zu den Kapitalmärkten beeinflussen würde. Für wettbewerbsschwache Länder sind multilaterale Abkommen zweifellos ein Schutz gegen die Konkurrenz der dynamischen Entwicklungsländer auf ihrem eigenen Markt, für letztere jedoch eine Behinderung des Exportwachstums. Es sind also differenzierte Lösungen erforderlich, um sowohl der Interessenlage Rechnung zu tragen wie auch, um die verfügbaren finanziellen Mittel in abgestufter Weise einzusetzen. Größenordnung und Ausmaß von Entwicklungsgeldern müssen also laufend den wirtschaftlichen Realitäten angepaßt werden. Je mehr ein Land international wettbewerbsfähig wird, um so geringer muß sein Anspruch auf Hilfe sein.

Nun gibt es Regionen und Länder in dieser Welt, die aufgrund ihrer Naturgegebenheiten nur sehr schwer zu einem Wachstumsprozeß kommen können, der sich am Ende selber trägt. Sie werden auf lange Zeit hin Armutsgebiete bleiben, wie zum Beispiel die Sahel-Zone in Afrika. Die Weltbank hat errechnet, daß selbst bei günstigsten Bedingungen im Jahr 2000 immer noch 600 Millionen Menschen in absoluter Armut leben werden. Wo Rückständigkeit durch ungünstige geographische Gegebenheiten verursacht wird, da sind Armut und Unterentwicklung nicht nur durch gewaltige Infrastrukturanlagen und durch Anwendung moderner Technologie zu beseitigen. Entwicklungshilfe unter rein humanitären Gesichtspunkten ist hier auch in Zukunft notwendig. Bei der Bereinigung des Nord-Süd-Problems spielt dies allerdings nur eine untergeordnete Rolle.

Zitieren wir noch einmal den Weltbankbericht von 1979: »Mit dem Auslaufen der siebziger Jahre wird die Interdependenz der Weltwirtschaft zunehmend deutlich. Internationaler Handel, Kapitalbewegungen und Entwicklungen im Energiebereich sind Fäden im Netz wirtschaftlicher Verbindungen und gemeinsamer Interessen, die die Nationen miteinander verknüpfen. Der Bruch eines dieser Fäden gefährdet zugleich den Bestand anderer Verbindungen. So verringert die Errichtung höherer Handelsschranken gegen die

Ausfuhren der Entwicklungsländer ihre Schuldendienstfähigkeit und schwächt das globale Finanzierungssystem. Grundsätzlich gilt, daß sich die Interdependenz nicht in gemeinsamen wirtschaftlichen Interessen erschöpft. Ein Entwicklungskurs, der die Erde von der Plage absoluter Armut befreit und ihren Bewohnern sinnvolle Beschäftigungsmöglichkeiten und Sicherheit bietet, kann allen Nationen nur Vorteile bringen. Die internationale Gemeinschaft steht vor der Herausforderung, weitsichtige wirtschaftspolitische Initiativen zu ergreifen, um die grundlegenden gemeinsamen Interessen zu verwirklichen und sie vor schlecht beratenen Schritten auf der Jagd nach kurzlebigen Gewinnen zu bewahren.«

Nord-Süd-Konflikt und Ost-West-Konflikt

Um so entscheidender ist es, die Entwicklungspolitik in die Gesamtpolitik einzuordnen. Neben der Bereitschaft zu einer Internationalen Sozialen Marktwirtschaft, die auf freiheitliche Entwicklung und internationalen sozialen Ausgleich bedacht ist, müssen die westlichen Industriestaaten in der Lage sein, bei Konflikten in der Dritten Welt zu friedlichen Lösungen beizutragen. Zur Stabilisierung und Friedenssicherung gehört dabei die Mithilfe bei der Herstellung militärischer Gleichgewichte. Dies bedeutet die Bereitschaft zum Engagement, wie sie Frankreich mehrmals bewiesen hat. Das bedeutet aber auch die Bereitschaft der westlichen Länder, die Fähigkeit ihrer Freunde in der Dritten Welt zur Selbstverteidigung zu stärken. Die Bundesrepublik Deutschland kann und darf sich einer sinnvollen Arbeitsteilung in der westlichen Welt auch in diesen Punkten nicht entziehen.

In diesem Zusammenhang ist die Frage zu stellen, ob nicht die Entscheidung zu überprüfen ist, grundsätzlich keine Waffen in Spannungsgebiete zu liefern. Bei diesem Entschluß handelt es sich um eine ähnliche Sache wie mit der Abrüstung. Sie ist ein erstrebenswertes Ziel, sie setzt aber voraus, daß sich alle daran beteiligen. Auch was die Enthaltsamkeit bei Waffenlieferungen anbelangt, ist zu berücksichtigen, daß dieses gute deutsche Beispiel keineswegs Schule gemacht hat, sondern letztlich nur zu einer Benachteiligung nicht nur bei den Sicherheitsinteressen der Bundesrepublik, sondern des freien Westens insgesamt geführt hat. Man soll sich nicht täuschen! Viele Länder und Staaten, die in lokale Konflikte verwickelt sind, werden nicht zuletzt dadurch in die Arme der Sowjetunion getrieben, weil sie zur Gewährleistung ihres Sicherheitsinteresses auf sowjetische Waffen angewiesen sind, die in der Regel bereitwilligst geliefert werden. Auch Waffenlieferungen gehören zur sowjetischen Globalstrategie. Wenn wir daraus nicht die nötigen Konsequenzen ziehen, schaden wir unseren Freunden in der Welt und uns.

Die Sowjetunion und ihre Verbündeten haben in den letzten Jahren den Ost-West-Konflikt bewußt offensiv in die Entwicklungsländer hineingetragen. Während man in Europa von Entspannung sprach, wurde diese Politik für weite Teile der Dritten Welt bewußt ausgeklammert. Die Erfolge blieben nicht aus. Auf die Zielrichtung hat Franz Josef Strauß früh genug hingewiesen: die Erdölgebiete in den Golfstaaten. Schon vor Afghanistan sind Länder wie Südjemen, Äthiopien, Sambia, Mozambique, Angola unter sowjetische Vorherrschaft geraten. Franz Josef Strauß betonte im Bundestag: »Das Ganze ist eine große strategische Offensive. Die Gründe: Mitte der siebziger Jahre wird die Sowjetunion ein erdölimportierendes Land werden und aufhören, ein erdölexportierendes Land zu sein. Dazu kommt ein Druck auf die Europäer und deren Südflanke sowohl militärstrategisch wie auch rohstoffpolitisch und energiepolitisch in immer größerem Maße zustande.« Und direkt an die Adresse von Helmut Schmidt fügte Strauß hinzu: »Da sollen wir mit einem Kanzler in die achtziger Jahre gehen, der von diesen Dingen entweder nichts versteht oder gar nichts verstehen will, weil er darüber nichts auszusagen wagt und nichts aussagen kann, weil die Ideologievorurteile seiner Partei und seine eigene Unkenntnis der Probleme ihn daran hindern, mit anderen europäischen Freunden und mit Amerika diese Probleme so rechtzeitig aufzugreifen, daß ihr verhängnisvolles Endergebnis uns erspart bleibt.«

Hier soll auch ein klares Wort zu Südafrika gesagt werden! Eine internationale Kampagne, die nicht zuletzt mit Moskau abgestimmt ist, versucht seit Jahren – und nicht ohne Erfolg –, einen Keil zwischen die westlichen Staaten und die Republik Südafrika zu treiben. Ihr Ziel ist es, Südafrika an der strategisch wichtigen Südspitze Afrikas vom freien Westen zu isolieren und diese Bastion dann sturmreif für die Revolution zu machen. Nun besteht kein Zweifel, daß die Politik der Apartheid, der strengen Trennung der Rassen, in Südafrika überwunden werden muß. Aber Südafrika braucht Zeit für die Lösung eines so schwerwiegenden und komplizierten Problems, wie es der Ausgleich zwischen den Rassen und den über 100 Völkern darstellt. Weder uns noch den Menschen im südlichen Afrika – ob weiß, schwarz oder farbig – wäre gedient, wenn dieser Ausgleich um den Preis zustande käme, daß das südliche Afrika den Kommunisten in die Hände fiele.

Auch im Interesse der Menschen in Südafrika ist es unverantwortlich, daß die soziallberale Bundesregierung zum Beispiel in der Frage der Unabhängigkeit von Südwestafrika als künftiges Namibia nicht auf der Seite der gemäßigten Kräfte dieser ehemals deutschen Kolonie steht, sondern die militante SWAPO unterstützt, die von Angola aus einen blutigen Bürgerkrieg gegen Südwestafrika und seine Bevölkerung führt. Die SWAPO nennt sich »Befreiungsbewegung«. Dabei gibt es in Südwestafrika/Namibia längst nichts mehr zu »befreien«. Die Republik Südafrika ist seit langem bereit, Namibia in die Unabhängigkeit zu entlassen. Südafrika ist aber in wohlverstandener Verantwortung nicht bereit, Namibia einer Guerillaorganisation auszuliefern, die sich freien Wahlen nicht stellt, sondern sich nach Windhuk vorschießen will, wo sich die gemäßigten Kräfte, Schwarze, Farbige und Weiße, in der gemischtrassigen Demokratischen Turnhallen-Allianz gesammelt haben.

Südwestafrika/Namibia ist nur ein Beispiel. Bei ihrem Vordringen und dem Versuch, die Dritte Welt auch mit ihrer Ideologie zu durchdringen, bedient sich die Sowjetunion mit Vorliebe sogenannter Befreiungsbewegungen, um regionale Konflikte zum Bestandteil ihrer Ost-West-Strategie zu machen. Die Nord-Süd-Problematik spielt dabei die für »nützliche Idioten« notwendige Begleitmusik. Ganz klar will man unter dem Vorwand der Nord-Süd-Problematik nichts anderes als die Konfrontation zwischen Entwicklungsländern und Industrieländern vorantreiben, um so das Gleichgewicht zwischen Ost und West zugunsten der kommunistischen Welt zu verändern.

Hilfe für unsere Freunde

In diesem Kampf um Einfluß und Macht darf der freie Westen seine Freunde nicht im Stich lassen. Das bedeutet einmal, daß eine Unterstützung derjenigen Entwicklungsländer nicht infrage kommen kann, die sich in die offensive Globalstrategie der Sowjetunion in der Dritten Welt einordnen lassen oder von sich aus aktiv daran teilnehmen. Das gilt nicht nur für Länder, das gilt auch für die sogenannten Befreiungsbewegungen. Es sollte nicht bezweifelt werden, daß ein großer Teil der von den Vereinten Nationen anerkannten Befreiungsbewegungen nicht legitim ist. Kein Widerstandsrecht rechtfertigt jedenfalls gezielte Gewalt und Terror gegen die Zivilbevölkerung. Und hier liegt auch ein wesentlich brauchbareres Kriterium für die

Beurteilung von sogenannten Befreiungsbewegungen als etwa der Katalog der Vereinten Nationen. Mit der Unterstützung – sei es nun materieller oder immaterieller Art in Form von Begegnungen oder der Erlaubnis zur Eröffnung von offiziellen Vertretungen in Bonn –, mit einer solchen Unterstützung beispielsweise von Guerillaorganisationen im früheren Rhodesien oder etwa zur angeblichen Befreiung von Südwestafrika/Namibia macht sich die Bundesregierung zum Kumpan von Terroristen, die nicht unsere Freunde sein können. Im übrigen würden sie es auch nie bei aller Anbiederung unsererseits, weil sie sich in Wirklichkeit der weltrevolutionären Globalstrategie verpflichtet fühlen.

Aus unserem Selbstverständnis heraus können Terroristen nicht die Partner des freien Westens sein. Das Gegenteil ist der Fall! Entwicklungspolitik hat sich der Gesamtpolitik auch dahingehend einzuordnen, daß wir versuchen müssen, der Geltung und Respektierung der Menschenrechte in der Dritten Welt Gewicht zu verleihen. Der Anspruch stößt sich hier mit den harten Realitäten. Es ist durchaus bekannt, daß das vordringliche Interesse vieler Regierungen einfach die Erhaltung der Macht ist, dem vieles untergeordnet wird. Trotzdem muß für uns die Achtung der Menschenrechte, die Bereitschaft zur Einrichtung freiheitlicher und gerechter Systeme ein Kriterium dafür sein, wen wir in der Dritten Welt unterstützen. Unsere Partner können nur die gemäßigten Kräfte sein. Extremisten und Terroristen sind es auf jeden Fall nicht!

Erinnerung an unsere Freunde – eine weithin undifferenzierte Entwicklungshilfe der sozialliberalen Bundesregierung macht es nötig, sich darauf zu besinnen. Das Recht dazu erwerben wir aus dem Bewußtsein, daß wir mit unserem freiheitlichen Konzept den Menschen in den Entwicklungsländern sowohl wirtschaftlich als auch politisch mehr zu bieten haben, als es Sozialisten und Kommunisten können. Eine Tatsache macht es aufwühlend deutlich: Von den 12 Millionen Menschen, die in der Dritten Welt auf der Flucht sind, stammen nicht weniger als 95 Prozent aus Staaten mit marxistischer Gesellschaftsordnung, vor deren Unmenschlichkeiten diese Menschen geflohen sind . . .

Solidarität mit dem Westen

Die Abhängigkeit der Bundesrepublik Deutschland vom westlichen Bündnis und den Vereinigten Staaten wurde als Konstante der gegenwärtigen und auch der künftigen deutschen Außenpolitik bezeichnet. Konrad Adenauer hat darauf seine Friedensordnung für Deutschland begründet. Schon damals war erkennbar, daß es für diese Politik eine realistische Grundlage gab. Einmal konnte man davon ausgehen, daß die Interessen der Vereinigten Staaten und Westeuropas zwar nicht in allen Fragen, aber doch in wesentlichen Punkten übereinstimmten. Einer dieser wesentlichen Punkte war und ist die Gewährleistung der Sicherheit, die durch eine aufeinander abgestimmte Verteidigungsbereitschaft erfüllt wurde. Westeuropa ist dabei gewissermaßen das Glacis der USA gegenüber einer auf Expansion eingestellten Sowjetunion, die sich im harten Zugriff nach dem Zweiten Weltkrieg einen Gürtel von Satelliten in Osteuropa verschaffte. Nicht weniger als die Identität der Verteidigungsinteressen wirkte als Fundament einer dauerhaften Allianz zwischen den USA und Westeuropa jedoch die Gleichartigkeit ihrer Ideale von einer freiheitlichen und demokratischen Gesellschaft, der Würde und der Verantwortung des Menschen.

Zweifel an der Westorientierung

Eine ganze Menge von Entwicklungen und Fakten wirkten zusammen, daß die so lange Zeit geradezu als Selbstverständlichkeit empfundene Solidarität des Westens nicht mehr selbstverständlich ist. Dabei spielt gewiß eine Rolle, daß diese Solidarität, die früher eine relativ einseitige Solidarität von seiten Amerikas gewesen ist, sich mit dem wirtschaftlichen Erstarken Westeuropas zu einer Partnerschaft entwickelte, in der es den Europäern heute oft stärker auffällt, daß die Vereinigten Staaten – neben ihren Interessen in Europa – als Supermacht auch ein weltweites Engagement besitzen. Dabei haben die

USA Europa stets ermutigt, eine selbständigere Rolle zu übernehmen. Man ist jedoch auch in den Vereinigten Staaten davon ausgegangen, daß diese selbständigere Rolle im Rahmen des großen Bündnisses bleibt. Mittlerweile ist jedoch nicht zu leugnen, daß in Europa manche Ambitionen durchaus weitergehen. Ausdruck dieser weiterreichenden Entwicklung ist die falsch verstandene »Entspannungspolitik«. Davon wird noch die Rede sein. Die Ursachen dafür, daß heute diesseits und jenseits des Atlantiks politische Kräfte am Werk sind, die das amerikanische Engagement in Westeuropa als historisch überholt abwerten, liegen jedoch tiefer.

In den Vereinigten Staaten wächst eine Generation heran, die zwar den guten Willen zur Zusammenarbeit mit Westeuropa mitbringt, der aber die persönliche Erfahrung fehlt, daß Rückzug vom außenpolitischen Engagement in Europa und jedwede Form von Isolationismus keine globale Friedensgarantie sein können, weder für Amerika selbst noch für die übrige freie Welt. Aber auch auf der europäischen Seite der Allianz lichten sich die Reihen jener Politiker, die in den Vereinigten Staaten noch jene Macht sehen, die den freien Teil Europas bisher vor dem Zugriff der Sowjetunion bewahrt hat, die in den USA den Verbündeten und großzügigen Helfer in materieller Not begreifen. An deren Stelle tritt heute jene Generation, die während des Vietnam-Krieges ihren Anti-Amerikanismus einübte. Die Sowjetunion ist für sie eine Macht wie jede andere. Ungarn 1956 und Tschechoslowakei 1968 waren schnell vergessen oder verdrängt. Afghanistan hat den Westen zum Teil wieder aufgerüttelt. Aber die Verharmloser sind bereits am Werk. Die sozialliberale Bundesregierung tut sich dabei besonders hervor. Und so muß man die Frage stellen, wie lange das aufrüttelnde Ereignis Afghanistan seine Wirkung behält. Geopolitische und militärische Fakten spielen eine beschämend geringe Rolle.

Vor allem im politischen Nachwuchs der derzeitigen Regierungsparteien in Bonn, der SPD und der FDP, scheint man offenkundig längst auf dem Marsch zurück in die Zeit vor dem Godesberger Programm zu sein. Außenpolitisch bedeutet die Zeit vor Godesberg, daß Neutralismus und Anti-Amerikanismus die sozialdemokratischen Dominanten waren. Nur vor diesem Hintergrund wird auch die Haltung der SPD in der Frage der Neutronenwaffe und der Modernisierung des nuklearen Mittelstreckenpotentials der NATO verständlich. In der Tat, man müßte blind sein, wollte man die neuerlichen Optionen für eine neutrale Bundesrepublik und für revidierte Neuauflagen früherer Disengagements übersehen. Die Befürworter einer solchen

Politik verschweigen freilich aus Kalkül oder aus Leichtsinn, daß sie dadurch der Sowjetunion stärkste Einwirkungsmöglichkeiten nicht nur auf die Innen- und Außenpolitik der Bundesrepublik, sondern darüber hinaus im gesamten westlichen Europa schaffen würden. Doch wie begann es?

Die europäische Geschichte der vergangenen 35 Jahre hängt aufs engste mit den großen weltpolitischen Veränderungen am Ende des Zweiten Weltkrieges zusammen. Das gilt für die osteuropäischen Staaten in gleicher Weise wie für die Nationen Westeuropas. »Was ist Europa jetzt«, fragte Winston Churchill im Jahr 1947, und er kam zu der bedrückenden Schlußfolgerung: »Ein Schutthaufen, ein Knochenhaus, eine Brutstätte für Pest und Haß«.

Was der britische Staatsmann Churchill in so anschaulicher und drastischer Weise ausdrückte, das formulierte der Philosoph Karl Jaspers in zwar mehr verhaltenen, aber dennoch nicht weniger düsteren und resignativen Begriffen, wenn er sagte, den Europäern bliebe von nun an nur noch die Aufgabe, die »Heiligen Stätten des Abendlandes« zu pflegen.

Der europäische Kontinent war in den unmittelbaren Nachkriegsjahren eine politische, wirtschaftliche und kulturelle Wüste. Die Zuversicht, daß wieder einmal eine Zeit anbrechen würde, in der die europäischen Völker ihr Schicksal selbst in die Hand nehmen könnten, war äußerst gering. In besonderer Weise galt dies für das geschlagene Deutschland, dem von der gesamten Weltöffentlichkeit die Schuld für die brutale Herrschafts- und Vernichtungspolitik des Dritten Reiches überantwortet wurde. Trotz unvorstellbarer materieller Not, trotz düsterer politischer Zukunftsperspektiven begann man Ende der vierziger Jahre in Europa den politischen und wirtschaftlichen Wiederaufbau. Man erinnerte sich der gemeinsamen Kraftquellen der Vergangenheit. Aber man vermied alte Fehler. An die Stelle rein nationaler Ambitionen trat die Einsicht in die Notwendigkeit einer Selbstbeschränkung nationaler Souveränität.

Das Jahr 1947 sollte ein Entscheidungsjahr für Europa werden. Am 12. März 1947 verkündete der damalige amerikanische Präsident Harry S. Truman in einer Botschaft an den Kongreß: »Ich glaube, daß es die Politik der Vereinigten Staaten sein muß, freie Völker zu unterstützen, die sich weigern, sich bewaffneten Minderheiten oder Druck von außen zu unterwerfen. Ich glaube, wir müssen den freien Völkern beistehen, damit sie ihre Selbstbestimmung sichern können.«

Mit dieser Botschaft, die man allgemein später als Truman-Doktrin bezeichnete, hat die westliche Weltmacht Amerika auf all die Herausforderungen reagiert, die die Sowjetunion unter Stalin an Europa gestellt hat. Und diese Erklärung wurde für das freie Europa die sichere Garantie dafür, daß es nicht das gleiche Schicksal wie Osteuropa erleiden mußte. Die Truman-Doktrin hat einmal nach außen den Rahmen geschaffen, um die sowjetische Expansion zumindest in Europa zu stoppen. Zum anderen schuf sie nach innen die Voraussetzungen zum Aufbau parlamentarischer Demokratien, zum Wiederaufbau einer liberalen und freiheitlichen Wirtschafts- und Gesellschaftsordnung. Die wirtschaftliche Stabilisierung, mit dem Begriff »Marschall-Plan« eng verbunden, sorgte für eine weithin sichtbare Attraktivität des westlichen Modells. Die Mißerfolge der kommunistischen Wirtschaftspolitik in Osteuropa lieferten den düsteren Kontrast, vor dessen Hintergrund die demokratische Stabilisierung Westeuropas zur erfolgreichen antikommunistischen Alternative wurde. Die USA hatten durch wirtschaftliche Unterstützung und militärische Abschirmung den Rahmen geschaffen und damit die Weichen für eine dauernde europäisch-amerikanische Zusammenarbeit gestellt. Die Entscheidungen waren gefallen, die für Westeuropa bis zum heutigen Tag bestimmend sind.

Deutschland an der Nahtstelle

Was für Westeuropa insgesamt am Ende der vierziger Jahre galt, das traf in besonderem Maße für den westlichen Teil Deutschlands zu, die spätere Bundesrepublik. Sie war am stärksten auf eine Politik der Stabilität angewiesen, war sie doch geographisch am nächsten der Ost-West-Konfrontation ausgesetzt. Die unmittelbare Anschauung der sowjetischen Zwangspolitik in Ostdeutschland und die Chancen für eine politische Rehabilitierung und einen raschen Wiederaufstieg aus der Katastrophe von 1945 bildeten verständlicherweise die mächtigsten Antriebskräfte. Freilich, schon damals, Ende der vierziger und Anfang der fünfziger Jahre, gab es in der Bundesrepublik Bemühungen, deutsche wie gesamteuropäische Alternativen zur Westorientierung ausfindig zu machen. Die außenpolitischen Grundentscheidungen von 1947/48 sollten revidiert werden. Aber solche Alternativen hatten keine Chance. Sie scheiterten an den Realitäten, die noch heute wirksam sind: Unvereinbarkeit demokratischer und kommunistischer Ordnungsvorstellungen, die Befürchtung, auch der freie Teil Deutschlands und Europas könnte in die sowjetische Hegemonie abrutschen, Sachzwänge aus der weltwirtschaftlichen Verflechtung und der entschlossene Wille der Mehrheit der Bevölkerung, nicht in den Sog der östlichen Weltmacht zu geraten.

Maßgeblich für die freiwillige Westorientierung des freien Teils Europas und der Bundesrepublik waren die christlich-bürgerlichen Parteien. In der Bundesrepublik waren es vor allem die CDU/CSU, indem sie den politischen Organisationskern für eine umfassende bürgerliche Sammlungsbewegung legten. Die Union wurde die entscheidende Gegenkraft zum demokratischen Sozialismus. In Konrad Adenauer hatte sie die politische Persönlichkeit, die die Ideen der Westbindung glaubhaft vertrat. Mit dem ordnungspolitischen Konzept der Sozialen Marktwirtschaft gelang es, breiten Wohlstand und sozialen, inneren Frieden zu sichern. All dies zusammen hat die Bundesrepublik als freiheitliche Demokratie sowohl in den Augen der Welt wie auch in den Augen der eigenen Bevölkerung als demokratischen Staat legitimiert. Im Gegensatz zur Weimarer Republik, in der große Teile der deutschen Bevölkerung das westliche Demokratiekonzept ablehnten, wurde die Westintegration der Bundesrepublik nach dem Zweiten Weltkrieg als konserativ-liberale Errungenschaft zur ermutigenden Überlebensgarantie der westdeutschen Demokratie.

Es bleibt festzuhalten: Anders als nach dem Ersten Weltkrieg zogen sich die USA nicht von Europa zurück, sondern unterstützten aktiv den alten Kontinent. Sie übernahmen die Abschirmung Europas, zumindest des westlichen Teils, gegen den sowjetischen Expansionismus durch militärische Abschreckung und die Politik der Eindämmung gegenüber der kommunistischen Welt. Amerika schuf somit die Grundlagen für eine intensive atlantische Zusammenarbeit. Seitdem ist die Welt nicht stehengeblieben. Aber im Prinzip sind die inneren und äußeren Bedrohungen für die freie westliche Welt geblieben. Zu den kommunistischen Herausforderungen sind neue Gefahrenmomente gekommen. Es sei nur an den Ölboykott erinnert, der für die Industriestaaten lebensgefährlich sein kann. Gründe genug, an den fundamentalen Weichenstellungen der ausgehenden vierziger Jahre festzuhalten! Nüchterne Analyse ergibt: Bei aller Veränderung der weltpolitischen Gesamtlage, auch in den achtziger Jahren, gibt es keine tragfähige Alternative zum westlichen Bündnis und zur Solidarität der darin zusammengeschlossenen Nationen. Dennoch haben die Brüche und Risse in der westlichen Allianz inzwischen ein Maß erreicht, die den Bestand des Bündnisses in Frage stellen. Begonnen hat dies in den siebziger Jahren.

Außenpolitisch waren dies die Jahre des Rückzugs Amerikas aus dem Indochina-Krieg. Es war die Zeit von Watergate, der Lähmung der Macht amerikanischer Präsidenten, es waren die Jahre, die ein Ende der amerikanischen Vormacht in der Welt signalisierten. Der Vietnamkrieg war der erste Krieg, den die USA verloren haben. Verlauf und Ausgang zehrten an der innenpolitischen Basis der amerikanischen Politik, vor allem am Glauben an die Moral der eigenen politischen Zwecke. Der innere Zweifel daran schlug sich in außenpolitischer Unsicherheit und Schwäche nieder. Die Präsidentschaft Carters brachte keine Wende, sie wurde eher Ausdruck der Zerrissenheit der USA, die Klarheit über die amerikanische Position in der Welt und damit auch die Entwicklung von Perspektiven für die Zukunft nicht zuließ. Amerika, so scheint es, hat jene politische, wirtschaftliche und militärische Dynamik verloren, auf die man in der Neuen Welt traditionell immer stolz war.

Gefährliches Spiel zwischen Ost und West

Nun wäre eine zeitweilige Schwäche oder ein Atemholen der Vereinigten Staaten zu verkraften, wenn diesseits des Atlantiks eine europäische Staatenwelt entstanden wäre, die das machtpolitische Vakuum ausfüllen könnte. Aber dem ist nicht so! Dies macht die Situation für die gesamte westliche Welt um so bedrohlicher, nachdem die Sowjetunion in weiten Bereichen der Rüstung zur stärksten militärischen Macht der Welt aufgestiegen ist. Statt einer zupackenden Politik, erschöpfen sich die europäischen Staaten in rein verbalen und halbherzigen Solidaritätsbekundungen. Weder die Herausforderung der USA durch die Geiselnahme in Teheran noch die in Afghanistan durch den sowjetischen Einmarsch ist von Westeuropa als solche verstanden worden, geschweige denn, man hat darauf entsprechend reagiert. Offenbar bevorzugte man die Illusion, daß Europa sich heraushalten könnte, daß es Europa nichts anginge, wenn sein größter Verbündeter in Schwierigkeiten gerät.

Das gilt für die meisten Länder Westeuropas. Das gilt speziell für die Bundesrepublik Deutschland, in der führende Politiker der SPD, wie ihr Vorsitzender Willy Brandt oder Geschäftsführer Egon Bahr, unverhüllt davon sprachen, daß die Interessen der USA und Deutschlands nicht mehr identisch seien. Herbert Wehner entdeckte sogar, die Rüstung der Sowjetunion habe in erster Linie defensiven Charakter. Und Helmut Schmidt sprach vom Sicherheitsbedürfnis auch der Sowjetunion und bekundete damit geradezu Verständnis dafür, daß in Afghanistan sowjetische Panzer ein weiteres Mal die Selbstbestimmung eines tapferen Volkes zermalmten.

Die beginnende Abkoppelung von den Vereinigten Staaten muß auch vor dem Hintergrund gesehen werden, daß Helmut Schmidt sowohl gegen die Wiederbewaffnung der Bundesrepublik Deutschland wie auch gegen den Beitritt zur NATO gestimmt hat, als dies in den fünfziger Jahren im Bundestag zu entscheiden war. Es war derselbe Helmut Schmidt, der der Abkoppelungsbewegung von den USA einen ersten Höhepunkt verschaffte, als er 1980 als deutscher Bundeskanzler und selbsternannter Mittler ohne ausdrückliches westliches Mandat nach Moskau reiste und mit der sowjetischen Führungsspitze Gespräche führte, um die angebliche »Sprachlosigkeit« der Supermächte zu überwinden.

Allein dieser Besuch in Moskau, sechs Monate nach dem Überfall auf Afghanistan, dokumentierte jedoch in der damit verbundenen Anerkennung der Teilbarkeit der Entspannungspolitik den angestrebten Abstand zu den USA. Hauptsache: »Entspannung« in Europa, was kümmert uns außer verbalen Protesten die übrige Welt? In dieses Bild paßt nahtlos das nach außen zelebrierte Bekenntnis der Bundesregierung zum Boykott der Olympischen Spiele 1980 in Moskau und das Faktum, daß der deutsche Bundeskanzler noch vor den Spielen nach Moskau reiste.

Mit einem solchen Verhalten ist man weit über die Turbulenzen hinaus, die es auch seit dem Zweiten Weltkrieg immer wieder im europäisch-amerikanischen Verhältnis gegeben hat. Es droht eine Auszehrung der Fundamente des Bündnisses. Der Sowjetunion ist es zum ersten Mal gelungen, einen Keil zwischen die NATO-Staaten zu treiben. Symptome sind die Unfähigkeit und der bei einzelnen Partnerländern auch vorhandene Unwille, sich in so entscheidenden Fragen wie der Neutronenbombe zu einigen oder mehr als nur windige Kompromisse zu erzielen, wie etwa in der Frage der »Nachrüstung«, mit der der sowjetischen Bedrohung durch strategische Mittelstreckenraketen begegnet werden soll. Man scheint sowjetischen Worten bereits mehr zu vertrauen, als der Fähigkeit zur Abschreckung. Dabei ist man versucht, die Frage zu stellen, ob die Verantwortlichen für diese Politik nicht bereits den Blick für die Realitäten verloren haben. Die Europäer und vor allem wir Deutsche können doch einfach nicht an der Tatsache vorbei, daß die Vereinigten Staaten trotz der gegenwärtigen außenpolitischen Schwächeperiode noch allemal stark genug sind, um augenblickliche Krisen zu überstehen. Für Westeuropa hingegen entfällt die innen- und außenpolitische Geschäftsgrundlage, wenn die amerikanische Sicherheitsgarantie nicht mehr vorhanden sein sollte.

Spätestens nachdem die westeuropäischen Staaten dank der amerikanischen Sicherheitsgarantie und dank einer auf wirtschaftlichem Gebiet erfolgreichen Politik innerhalb der Europäischen Gemeinschaft sich politisch und ökonomisch konsolidiert hatten, trat an die Stelle einer einvernehmlichen atlantischen Politik wachsende Rivalität. Die Idee einer Partnerschaft zwischen Europa und Amerika, wie sie John F. Kennedy im Juli 1962 verkündet hatte, blieb genauso auf der Strecke wie das zwölf Jahre später von Henry Kissinger proklamierte »Jahr Europas«. In beiden Fällen ging es in erster Linie darum, die entstandenen Ungleichgewichte in wirtschaftlichen, finanz- und handelspolitischen Fragen zwischen Amerika und Europa abzubauen. Schon in den sechziger und erst recht in den siebziger Jahren war eine deutliche Gewichtsverlagerung auf Grund einer veränderten Konstellation in der Weltwirtschaft im westlichen Bündnis zu verzeichnen. Sie hat auch die NATO in ein neues weltpolitisches Koordinatensystem gestellt. Während bislang Amerika die erste Handelsmacht in der Welt war, rückte in den siebziger Jahren die Europäische Gemeinschaft an die erste Stelle. Erste Anzeichen einer wirtschaftlichen Verwundbarkeit Amerikas waren gegeben, aber nur mühsam konnten sich die europäischen Verbündeten zu entlastenden Maßnahmen bereitfinden. Wo sie erzielt wurden, fielen sie letzten Endes so bescheiden aus, daß sie kaum Gewicht hatten. Die Folge: Ein wirtschaftlich geschwächtes und verwundbar gewordenes Amerika muß auch weiterhin die Hauptlast der europäischen Verteidigung erbringen. Die langjährige Erwartung der USA, in Europa eines Tages nicht bloß eine wirtschaftliche, sondern auch politische Handlungseinheit vorzufinden, ist bis heute nicht in Erfüllung gegangen. Statt dessen müssen die USA in Europa wieder stärkere nationale Entwicklungen feststellen, die es erschweren, daß dieses Europa die seiner wirtschaftlichen Potenz entsprechende Verantwortung übernimmt.

Dies geschieht in einer Situation, die von einem traditionellen und einem neuen Element gekennzeichnet ist. Von jeher war es sowjetische Politik gegenüber Europa, dieses mit massivem Druck zur Distanz zu Amerika und zum Neutralismus zu ermutigen, Westeuropa unter Hinweis auf Macht und Stärke davon zu überzeugen, daß es keine Alternative als Anpassung an den

Willen Moskaus hätte. Es ist aber das erste Mal in der Geschichte Europas, daß ein Staat militärisch so stark ist, daß Bündnissysteme innerhalb Europas nicht ausreichen, um ein Gleichgewicht der Mächte in Europa zu schaffen. Dieser eine Staat ist die Sowjetunion! Und angesichts dieser Tatsache muß man auch davor warnen, daß sich zwischen der Bundesrepublik und Frankreich eine Art neo-gaullistischer Allianz anbahnt, ein Konzept, das eine teilautonome Sicherheitspolitik der europäischen Staaten anstrebt.

Aufs erste gesehen ist eine solche Politik in der Tat verlockend, suggeriert sie doch die Vorstellung, Westeuropa könnte dadurch eine zwischen den beiden Großmächten USA und Sowjetunion ausbalancierende Größe werden. Der Moskau-Besuch von Bundeskanzler Schmidt 1980 gehört in diese Welt der Illusionen, die sich schon als solche entlarvt, wenn man allein daran erinnert, daß Frankreichs Austritt aus dem militärischen Verbund der NATO 1966 nur so lange für die Gesamtheit der westlichen Sicherheit zu verkraften war, solange die amerikanisch-britische Präsenz in Europa nicht in Frage gestellt war und die Bundesrepublik mit der Bundeswehr die entstandenen Lücken abdeckte. Vor dem Hintergrund der rüstungstechnischen Entwicklung und einer wachsenden militärischen Übergewichtigkeit der Sowjetunion sind der französischen Kernwaffenoption enge Grenzen gesetzt. Ohne die zusätzliche amerikanische Garantie für Europa war sie auch schon in der Vergangenheit lediglich eine »nationale Spielerei«, aber kein wirksamer Schutz im Sinne der Abschreckung.

Würde die Bunderepublik dem französischen Beispiel folgen – wobei ihr auf Grund des Verzichts auf Kernwaffen enge Grenzen gesetzt sind –, dann wäre dies das Ende der NATO; ein solcher Versuch käme einer Kapitulation zu Gunsten der von Moskau instrumentierten gesamteuropäischen »Friedensordnung« gleich. Aus der »Pax America« würde sehr schnell eine »Pax Sowjetica«; ganz abgesehen davon, daß Westeuropa gar nicht die Mittel aufbringen könnte, um am Rüstungswettlauf der Weltmächte in Ost und West mitzuhalten. Ein solcher europäischer Alleingang wäre kein »Gaullismus der Stärke, sondern der Schwäche«.

Selbst wenn man unterstellen könnte, daß Amerika ein autonomes westeuropäisches Sicherheitssystem tolerieren und langfristig in der Aufbauphase gegenüber sowjetischem Druck absichern würde, so fehlten die innereuropäischen Voraussetzungen, die nur in einem voll integrierten Europa zu sehen sind. Ein voll integriertes Europa aber ist heute weniger denn je in Sicht. Weder mittelfristig noch langfristig gibt es also tragfähige Alternativen zur Atlantischen Allianz. Es hieße auch, die geschichtlichen Erfahrungen dieses Jahrhunderts in den Wind zu schlagen. Die Sowjetunion ist keine »saturierte« Macht; sie kann es gar nicht sein, so lange sie den Anspruch auf Weltrevolution nicht freiwillig aufgibt. Und diesen Anspruch kann sie nicht aufgeben, weil sie damit ihr ideologisches Fundament, ihr System, ihre stärkste Motivation und schließlich sich selbst aufgäbe.

Die alten Ziele der Sowjetunion

Die sowjetische Politik ist darauf gerichtet, das Wiedererstarken des nationalstaatlichen Denkens in Westeuropa zu stärken, um damit die ohnehin stagnierenden Integrationskräfte weiter zu schwächen, Amerika aus dem europäischen Konzert zu verdrängen, um dann in einer späteren Phase in die entscheidende Auseinandersetzung mit den Vereinigten Staaten einzutreten. Analysiert man die Politik des Kreml nach Afghanistan, so fällt auf, in welchem Maße die westeuropäischen Staaten geschont werden und Amerika in Mißkredit gebracht werden soll. Die Stoßrichtung der sowjetischen Europapolitik ist klar: Sie zielt auf die Abkoppelung und damit auf die Zerstörung des Bündnisses ab. Von jeher ist die sowjetische Außenpolitik unzweideutig. Was die Herren im Kreml denken und sagen, das tun sie auch, sofern sich die Gelegenheit dazu bietet. Es ist geradezu tragisch, wie wenig ernst man den Kreml diesbezüglich nimmt.

Manch bittere Erfahrung wäre manchem Volk und auch dem Westen erspart geblieben, wenn man nicht so vertrauensselig gewesen wäre. Aber noch immer nicht scheint sich die Erkenntnis durchgesetzt zu haben, daß man den Frieden nicht durch Entgegenkommen erhält. Das wohl folgenschwerste Beispiel ist in diesem Zusammenhang wohl die Appeasementpolitik, die gegenüber Hitler getrieben worden ist, personifiziert in dem Beschwichtiger Chamberlain. Vorleistungen bringen nichts! Wenn man verhandelt, dann kann es Ergebnisse nur Zug um Zug, Gegenzug um Gegenzug geben. Und noch eines lehrt uns die Geschichte: In den Machtbereich der Sowjetunion einbezogen oder direkt aufgesaugt wurden und werden immer und am ehesten die Länder, die sich sowohl in ihrer inneren Struktur und ideologischen Verfassung wie auch in ihrem Verhalten nach außen der UdSSR am stärksten anpassen. Mut und Entschlossenheit, Verantwortungsbereitschaft innerhalb eines Bündnisses, dies sind notwendige Bestandteile im Abwehrkampf gegen die Sowjetunion und ihre Expansionspolitik. Dabei braucht man nicht zimperlich zu sein. So imperialistisch die Sowjetführung auch ist, so wenig ist sie am Ende bereit, sich selbst durch eine riskante Politik aufs Spiel zu setzen. Man wartet auf die Schwäche des Gegners, ansonsten beschwichtigt man!

Schon sieht es danach aus, als sei es der sowjetischen Führung bereits gelungen, die vorherrschende Meinung der tonangebenden Kräfte in Politik und Publizistik im Westen davon überzeugt zu haben, die Sowjetunion hätte den Glauben an die Ideen der Weltrevolution abgeschrieben. Dabei müßte ein Blick auf die Landkarte alle Illusionisten eines besseren belehren. Mit der Stabilisierung der Herrschaft in Osteuropa hat sich Moskau nichts anderes als die Ausgangsbasis für ein weiteres Ausgreifen über den Rest Europas geschaffen. Wie anders läßt es sich erklären, daß gerade im letzten Jahrzehnt in Osteuropa ein militärisches Potential aufgebaut wurde, das den Rahmen der bloßen Verteidigung sprengt? Selbst wenn es nicht zu militärischen Aktionen benützt wird, so hat dieses Potential zumindest eine eminent politische Funktion. Worauf es der sowjetischen Strategie in Europa ankommt, ist ja nicht, Widerstand mit Gewalt zu brechen, sondern vielmehr die Kräfte eventuellen Widerstands einzuschüchtern. Ebenso wie die Innenpolitik des Kreml sich auf Gewalt gründet, basiert auch die Außenpolitik auf Macht.

Eine Abrüstung auf das Niveau des Westens bleibt so nach wie vor eine naive Vorstellung. Und das ist gerade der Unterschied zwischen den beiden militärischen Blöcken in Ost und West: Der Warschauer Pakt ist ein offensives politisches Instrument sowjetischer Außenpolitik, die NATO hingegen hat sich von jeher auf die Abschreckung beschränkt. Die westliche Allianz soll »Sicherheit produzieren« und nicht wie im Osten auch ein Druckmittel darstellen, direkt oder indirekt den Status quo möglichst auf »friedlichem Wege« zu verändern. Vor diesem Hintergrund sind Schlußfolgerungen zu ziehen. Dabei steht an vorderster Stelle: Die NATO als atlantische Sicherheitsgemeinschaft zum Schutz Westeuropas vor der Sowjetunion ist notwendiger denn je!

Die europäischen Mitgliedstaaten der NATO müssen sich von der bequemen Haltung lösen, die amerikanische Präsenz als gegeben hinzunehmen, ohne gleichzeitig bereit zu sein, in einer Art Arbeitsteilung zusätzlich notwendige Lasten mitzutragen. Dazu gehört auch die Sicherung der für die westlichen Industrienationen wichtigen Zugänge zu den Energie- und Rohstoffquellen. Hier eröffnen sich neue Felder für die atlantische Zusammenarbeit. Die Krisenplanung der europäischen NATO-Staaten ist bis heute auf die Sicherheitslage in Zentraleuropa fixiert. Es ist höchste Zeit, Überlegungen und Perspektiven zu entwickeln, wie an den Randzonen, etwa im Mittelmeer oder in den nordatlantischen Seegebieten, etwaigen Krisenfällen begegnet werden kann, ohne sofort auf die Hilfe der USA zurückgreifen zu müssen. Während die USA einen Ausfall nahöstlicher Öllieferungen zumindest partiell auffangen könnten, nämlich durch eigene Reserven, stünde Westeuropa mangels entsprechender Alternativen vor dem Nichts. Allein sich damit zu trösten, daß nicht sein kann, was nicht sein darf, ist eine Politik der Verantwortungslosigkeit.

Europa keine »Insel der Seligen«

Eine weitere Erkenntnis: Die internationale Staatengesellschaft bewegt sich schon seit längerem wieder in eine Richtung, in der militärische Gewaltanwendung als Mittel der Politik nicht ausgeschlossen werden kann. Natürlich muß es das Ziel der westeuropäischen Demokratien auch künftig bleiben, zwischenstaatliche Konflikte mit den Mitteln der Politik und Diplomatie zu lösen, aber es wäre lebensbedrohend, allein darauf abzustellen, daß friedliche Konfliktlösung im Ernstfall genügen würde. Europa kann für sich nicht in Anspruch nehmen, weltweite Handelspolitik zu treiben, aber die Absicherung dieser Politik den Vereinigten Staaten allein überlassen. Der Westen muß sich ingesamt wieder daran gewöhnen, daß seine Sicherheit in nächster Zukunft schwieriger und gefährdeter werden wird. Für uns gilt es Abschied zu nehmen von den Illusionen, daß wir in Europa auf einer »Insel der Seligen« leben. Die globalen Perspektiven des Ost-West-Konfliktes sind inzwischen unübersehbar geworden.

Über das Ziel läßt man in Moskau keinen Zweifel aufkommen. Im Gegenteil, man spricht es offen aus. Im April 1979 sagte der sowjetische Staats- und Parteichef Breschnew vor Offizieren des Warschauer Pakts klipp und klar, womit der Westen zu rechnen hat: »Wir Kommunisten müssen eine Zeitlang mit den Kapitalisten zusammenarbeiten. Wir brauchen deren Landwirtschaft und Technologie. Aber wir werden unsere massivsten Rüstungsprogramme fortsetzen und Mitte der achtziger Jahre in der Lage sein, zu einer wesentlich aggressiveren Außenpolitik zurückzukehren, um in unseren Beziehungen zum Westen die Oberhand zu bekommen.«

Wir haben allen Grund, diese Worte ernst zu nehmen. Die Sowjetunion hat eine Aufrüstung betrieben, und sie betreibt sie noch, die so gewaltig ist, daß sie auf keinen Fall nur defensiv motiviert sein kann. Der Westen hat alle Hände voll zu tun, um diesen sowjetischen Rüstungsanstrengungen zu begegnen und sich nicht weiter in falsch verstandener »friedlicher Koexistenz« einlullen zu lassen. Solschenizyn hat dem Westen eine düstere Prognose gestellt, als er sagte: »Noch zwei oder drei so ruhmreiche Dezennien friedlicher Koexistenz wie jetzt, und der Westen verschwindet von der Erdoberfläche.«

In der Tat: In einer Welt, die sich in stürmischem Wandel befindet und die zudem von der sowjetischen Weltrevolutionsforderung bedroht ist, genügt passives Zuschauen nicht mehr, wenn der Westen überleben will. Dabei braucht es gar nicht zum heißen Krieg zu kommen. In Moskau handelt man nach dem Spruch Lenins, daß höchste Kriegskunst die sei, den Feind ohne Krieg zu besiegen. 30 Jahre Sicherheit nach außen und Wohlstandsmehrung im Inneren verlocken zu satter Selbstzufriedenheit, in der uns allen leicht der Mut und die Verantwortung verlorengehen, die Herausforderungen anzunehmen. Statt dessen flüchtet man lieber in die Geborgenheit von Wunschträumen. Der amerikanische Diplomat J. Robert Schaetzel warnt: »Jede lebensfähige Weltordnung braucht auch weiterhin in erster Linie die amerikanisch-europäische Zusammenarbeit; in einer Atmosphäre atlantischer Feindseligkeiten und des Durchkreuzens der Ziele des anderen kann sie nicht gedeihen. Unser gemeinsames Kulturerbe, das Bekenntnis zum fortdauernden Wagnis der Demokratie, an der in der heutigen Welt nur noch eine immer kleinere Schar von Völkern Geschmack zu finden scheint, verpflichtet uns zu diesem Bündnis auch in Zukunft.«

In einer Welt eines wachsenden prekären Gleichgewichts zwischen den Supermächten kann sich Europa auf die Dauer nicht mit einer bloßen Statistenrolle auf der großen außenpolitischen Bühne begnügen. Ob dies unseren Neigungen entspricht oder nicht, die Westeuropäer müssen mehr weltpolitische Verantwortung übernehmen als in den letzten Jahrzehnten. Nicht nur die Staaten der Dritten Welt nehmen mit Enttäuschung das Ausbleiben der europäischen Stimme im Konzert der Mächte zur Kenntnis. Auch die Vereinigten Staaten werden, ja müssen von uns ein stärkeres außenpolitisches Engagement fordern, selbst wenn es nicht in allen Fragen Übereinstimmung geben kann. Dies gilt für Europa, dies gilt besonders für die Bundesrepublik Deutschland. Wir brauchen die USA als Garanten unseres Überlebens! Auf der anderen Seite brauchen uns auch die USA, weil wir die stärkste Macht auf dem Kontinent sind und damit ein wesentlicher Stützpfeiler europäischer Stabilität. Als Kernland Europas hängt vom Verhalten der Bundesrepublik auch das Verhalten der übrigen europäischen Länder mit ab. Diese Leitfunktion erfordert von uns auch eine besondere Verantwortung.

Die Perspektive, die uns Amerika eröffnet, ist dabei nicht ohne Attraktion. Mehr: Sie wäre ganz in unserem Verständnis von Freiheit und Selbstbestimmung. Dazu der amerikanische Sicherheitsberater Zbginiew Brzesinski: »Es ist eines der Dilemmas in den amerikanisch-europäischen Beziehungen, daß wir kein schwaches unterwürfiges Europa wünschen, aber gleichzeitig anerkennen müssen, daß Europa, je stärker es wird und je mehr es zum Partner wird, uns um so sicherer mehr und mehr widersprechen wird. Aber diesen Preis sind wir zu zahlen bereit. Unsere historische Perspektive ist die einer Welt der Mannigfaltigkeit, die mehrere bedeutende Mitspieler zuläßt, die zusammen ihren Beitrag zur Stabilität leisten . . . Wenn wir die Wahl zwischen einem passiven und unterwürfigen Europa und einem aktiven, wenn auch manchmal eigensinnigen Verbündeten haben, so entspricht die zweite Möglichkeit besser dem Bild, das wir uns von einem stabilen internationalen System machen.«

Europa als Partner – aber ein Partner, der weiß, wohin er gehört: zum freien Westen!

Warten auf Europa

Warten auf Europa – welches Europa? Ist es das Europa der neun Mitgliedsstaaten der Europäischen Gemeinschaft, umfaßt es auch die Länder, die noch in der Rest-EFTA, der kleinen Freihandelszone, zusammen sind, umgreift es auch die Staaten Osteuropas, die im COMECON zusammenarbeiten, bezieht sich der Begriff auch auf die Staaten, die keinem oder noch keinem dieser Wirtschaftsblöcke oder politischen Gruppierungen angehören? Soll Europa ein zentralistisch regierter Einheitsstaat sein oder ein Bundesstaat oder ein Staatenbund, oder soll es nur von einem losen Band multilateraler und bilateraler Beziehungen zusammengehalten werden? Soll es ein sozialistisches, planwirtschaftliches Europa sein, in dem das Kollektiv und nicht der einzelne Mensch im Mittelpunkt der Politik steht, oder soll es ein freiheitliches, demokratisches, rechts- und sozialstaatliches Europa mit marktwirtschaftlichem Wirtschaftssystem sein? An diesen Fragen ist zu erkennen, wie leicht es ist, von Europa allgemein zu sprechen, wie schwer dagegen, sich darunter Genaueres vorzustellen.

Die Dimension Europas

Europa reicht weiter als die heute bestehenden wirtschaftlichen und politischen Blöcke und Gruppierungen. Geographisch erstreckt es sich immer noch vom Atlantik bis zum Ural, vom Nordkap bis Sizilien. Nach wie vor hat es ein geistiges und kulturelles Erbe, das Slawen, Romanen und Germanen gemeinsam geschaffen haben. Die Wurzeln des modernen Demokratiebegriffs reichen in das hellenistische Athen, Staat und Recht erfuhren ihre erste Blüte im antiken Rom, vom Christentum gingen ethisch-moralische Kräfte hervor. Die Polarität von Kaiser und Papst im Mittelalter war eine der Grundbedingungen für die Entfaltung der Freiheitsrechte des einzelnen. Die Charta der Menschenrechte, eine der großen Leistungen des Europarats, die vom Grundgesetz verbürgte Unantastbarkeit der Würde des Menschen, gründen schließlich auf der christlichen Lehre. Der Engländer John Locke erhob die Forderung nach einer Legitimation der Regierungen durch die Zustimmung der Regierten, daß diese an Recht und Gesetz gebunden sind und Steuern nur mit Zustimmung der Volksvertreter erhoben werden dürfen. Die Ideen der Französischen Revolution von Freiheit, Gleichheit und Brüderlichkeit griffen weit über Europa hinaus. Aber auch Kommunismus und Sozialismus haben mit Karl Marx und Friedrich Engels ihren Ursprung in Europa. Die künftige Gestalt Europas wird in hohem Maße von dem Ausgang des Ringens zwischen Freiheit und Sozialismus abhängen, das die geistesgeschichtliche Auseinandersetzung des zu Ende gehenden Jahrhunderts beherrschen wird.

Europäische Völker haben andere Kontinente entdeckt und erschlossen, über Kreuzzüge und Entdeckungsfahrten europäisches Kulturgut in alle Welt gebracht. Neben Ideen haben sie aber auch auf technischem Gebiet Hervorragendes geleistet. Die meisten Erfindungen gingen von Europa aus. England war das Ursprungsland der ersten industriellen Revolution. Die »soziale Frage« fand im Bismarckschen Kaiserreich eine – wenn auch im Vergleich zu heute bescheidene – erste Antwort. Das heutige Amerika und Rußland sind ohne ihre europäischen Wurzeln nicht vorstellbar. Nichts drückt die Universalität europäischen Gedanken- und Kulturguts besser aus als der Begriff vom Abendland. Abendländische Tradition umfaßt Europa im weitesten Sinne des Wortes.

Dieses Bild von Europa wäre jedoch nicht vollständig, ja einseitig, wollte man die dunklen Stellen aussparen. Neben Eintracht gab es Zwietracht, neben Frieden Krieg, neben Freiheit Unfreiheit, neben Geist Ungeist, neben Aufbau Zerstörung. Die ursprünglich universelle Gestalt Europas – auf Karl den Großen berufen sich schließlich sowohl die Deutschen als auch unter Charlemagne die Franzosen – löste sich bald in zahlreiche Nationalstaaten und kleinere geistliche und weltliche Territorien auf. Deutschland und Italien brachten es erst im letzten Jahrhundert zu nationaler Einheit. Noch vor 150 Jahren gab es in Deutschland 36 souveräne Staaten, die alle ihre eigenen Zölle und Mauten erhoben. Handelte es sich lange Zeit um innereuropäische Kriege, in denen es hauptsächlich entweder um Religionsfragen oder Erbauseinandersetzungen in einem nur schwer durchschaubaren Geflecht von verwandten und verschwägerten Herrschaftshäusern ging, griff der Funke der beiden letzten europäischen Kriege auf die ganze Welt über. In beiden

Weltkriegen standen sich die »Erbfeinde« Frankreich und Deutschland gegenüber, deren endgültige Aussöhnung Grundlage eines in Frieden und Freiheit vereinten Europas ist.

Aus der Kenntnis der Geschichte kann man keine Patentrezepte für die Zukunft beziehen. Sie wird immer anders verlaufen. So wird sich die Einigung Europas nicht etwa nach dem Muster des Deutschen Zollvereins von 1833 vollziehen, der schließlich der Deutschen Reichsgründung von 1871 den Weg bereiten half, oder nach dem Muster der Gründung der Vereinigten Staaten von Amerika. Ohne Kenntnis der Vergangenheit läßt sich jedoch mit Sicherheit die Zukunft nicht gestalten. Ein Blick in die europäische Geschichte mit all ihren Höhen und Tiefen gibt uns nicht nur die Gewißheit, daß auch die Welt von heute und morgen die Kraft und die Ideen eines einigen Europas braucht. Er bewahrt uns auch vor einem Hochmut gegenüber den Völkern der Dritten Welt, von denen wir häufig erwarten, sie sollten Entwicklungen in wenigen Jahrzehnten vollziehen, wozu Europa viele Jahrhunderte gebraucht hat. Er bewahrt uns aber auch vor Kleinmut über das langsame Tempo, in dem sich die Einigung Europas vollzieht.

Bei aller Gemeinsamkeit des geistig-kulturellen europäischen Erbes, das im Prager Hradschin oder im Leningrader Winterpalais genauso zu Stein geworden ist wie im Kölner Dom oder in der Kathedrale zu Reims, ist ein Europa »vom Atlantik bis zum Ural« für absehbare Zeit Utopie. Eine der katastrophalsten Folgen des Zweiten Weltkriegs war die Teilung Deutschlands und Europas in zwei völlig verschiedene Gesellschafts- und Wirtschaftssysteme. Ein »Wandel durch Annäherung«, das Leitmotiv der Bonner Ostpolitik seit 1969, hat bisher nicht stattgefunden. Es wird ihn auch nicht geben, solange die Bundesrepublik und der Westen ihren gesellschafts- und wirtschaftspolitischen Prinzipien treu bleiben, denn vom Osten ist nicht zu erwarten, daß er auch nur einen Finger breit von seinen Zielen abweicht.

Wenn sich also ein vereintes Europa zunächst nur auf die freien Völker erstrecken kann, so muß es dennoch auf der Grundlage des Selbstbestimmungsrechts der Völker auch unseren Nachbarn des Ostens offenstehen. Auch für die Wiedervereinigung Deutschlands, nach wie vor Verfassungsgebot, müssen wir uns die Möglichkeit offenhalten, diese Wiedervereinigung auch innerhalb eines vereinten Gesamteuropas zu verwirklichen. So ist die deutsche Frage heute auch eine europäische Frage. Eine Wiedervereinigung um den Preis einer Herauslösung der Bundesrepublik Deutschland aus dem westlichen Bündnissystem, eine »Finnlandisierung« Deutschlands, um den

Preis eines Verzichts auf die freiheitlich-demokratische Gesellschaftsordnung kann nicht in Frage kommen. Die Bemühungen der Sowjetunion um eine Aufweichung des westlichen Bündnissystems sind ebensowenig verkennbar, wie die Tatsache, daß sie sich durch die Ostpolitik der SPD/FDP-Koalition am meisten davon verspricht, den Hebel bei der Bundesrepublik anzusetzen. Für den Kreml gilt nach wie vor das Wort von Lenin, wonach derjenige, der Deutschland beherrscht, auch Europa in der Hand hat.

Für die Einigungsbemühungen der freien Völker Europas gab und gibt es somit zwei wesentliche Gründe:

- erstens, daß sich nie mehr in der Geschichte die Europäer gegenseitig mit der Waffe in der Hand bekämpfen,
- zweitens, die Bedrohung durch den Osten.

Begeisterung und Ernüchterung

Winston Churchill hat in seiner berühmten Züricher Rede bereits ein Jahr nach dem Ende des Zweisten Weltkriegs den Menschen in Europa aus dem Herzen gesprochen. Seine Worte lösten insbesondere bei der Jugend eine Europabegeisterung aus, wie sie heute kaum noch anzutreffen ist. Es lag ihnen aber mehr zugrunde als nur emotionale Friedenssehnsucht. Churchill hatte erkannt, daß die Einigung des freien Europas das erste außenpolitische Ziel sein müßte, wenn Westdeutschland und ganz Westeuropa nicht das gleiche Schicksal wie Thüringen, Sachsen oder Brandenburg, Polen, Ungarn oder Bulgarien erleiden sollte.

»Wenn Europa einmal einträchtig sein gemeinsames Erbe verwalten würde, dann könnten seine drei- oder vierhundert Millionen Einwohner ein Glück, einen Wohlstand, einen Ruhm ohne Grenzen genießen . . . Wir müssen eine Art Vereinigte Staaten von Europa schaffen . . .« Diese Worte Churchills zeigen, wie weit sein Blick in die Zukunft reichte. Gleichzeitig war aber in seiner Rede bereits die auch heute in England noch weit verbreitete Reserviertheit gegenüber Kontinentaleuropa zu spüren, wenn er etwa sagte: »Wenn zu Anfang auch nicht alle Staaten Europas willens oder in der Lage sind, der Union beizutreten, müssen wir uns dennoch ans Werk machen, diejenigen Staaten, die es wollen und können, zusammenzufassen und zu vereinen . . . Bei dieser Aufgabe müssen Frankreich und Deutschland die Führung zusammen übernehmen.«

So ist es schließlich auch gekommen. Frankreich und Deutschland, die ehemaligen »Erbfeinde«, wurden zu den Initiatoren der Einigung Europas, dessen Kernstück die Aussöhnung zwischen diesen beiden Nachbarn geblieben ist. Es hat sich als ein Glücksfall der Geschichte erwiesen, daß Europa in diesen dunklen Stunden der ersten Nachkriegszeit so hervorragende Staatsmänner wie General de Gaulle und Konrad Adenauer hervorbrachte, die zutiefst von der Notwendigkeit einer dauernden Aussöhnung überzeugt waren. Im Jahre 1963 wurde sie im Deutsch-Französischen Freundschaftsvertrag feierlich besiegelt. Aber auch Alcide de Gasperi, Robert Schumann, Jean Monnet und Walter Hallstein, der erste Präsident der EWG-Kommission, zählen zu den großen Europäern der ersten Stunde.

Es war vor allem das historische Verdienst Konrad Adenauers, daß es ihm in kurzer Zeit – sicherlich begünstigt durch den »Kalten Krieg« zwischen den ehemaligen Siegermächten – gelungen ist, aus einem Deutschland in Schutt und Asche, von der Welt verfemt, ein blühendes Gemeinwesen zu machen, das als gleichberechtigter Partner Aufnahme in der Völkerfamilie gefunden hat. Adenauer wußte, daß für Deutschland Friede und Freiheit, Demokratie und Rechtsstaat, Wohlstand und soziale Sicherheit nur im westlichen Bündnis zu sichern sind. Seine eindeutige Westpolitik, seine entschiedene Förderung des Europäischen Einigungswerks und sein Wissen um den Wert der Atlantischen Partnerschaft, also das enge Verhältnis zu den USA, waren die tragenden Säulen seiner Außenpolitik. Für ihn war eine feste, zuverlässige Westpolitik gleichzeitig die beste Ostpolitik.

Konrad Adenauer sagte zu Beginn der europäischen Diskussion: »Die Einheit Europas war ein Traum von wenigen; sie wurde eine Hoffnung für viele; sie ist heute eine Notwendigkeit für uns alle.« In der Tat können die meisten Probleme unserer Zeit nicht mehr national und isoliert gelöst werden. In der Außenpolitik muß Europa mehr und mehr mit einer Stimme sprechen, will es sich unter den Weltmächten Gehör verschaffen. Die Europäer sind sich oft selbst nicht bewußt, wie sehr man sie von außen, vor allem seitens der Länder der Dritten Welt, bereits als Einheit sieht. Amerika hat den Integrationsprozeß der Europäer stets gefördert und begrüßt, weil ihm an einem starken Partner auf der Bühne der Weltpolitik gelegen sein muß, auch wenn dies gelegentlich mit Unbequemlichkeiten verbunden ist. Ein starker Partner fordert schließlich Mitspracherechte und kann nicht bloßer Befehlsempfänger sein. Die Sowjetunion betrachtete dagegen den Einigungsprozeß im Westen stets mit Sorge und Mißtrauen. Lange Zeit hat sie die EG nicht anerkannt, bis sie sich schließlich doch den Realitäten beugen mußte. Sie versucht auch heute noch alles, diesen Einigungsprozeß zu stören, um die in ihren Augen gefahrvolle Entwicklung in Westeuropa doch noch zu stoppen.

Europa kann sich nur vereint und gemeinsam mit den USA wirkungsvoll verteidigen. Trotz des Scheiterns der Europäischen Verteidigungsgemeinschaft im Jahre 1954 am Widerstand Frankreichs, was sich inzwischen als bedeutendes Hindernis für die politische Einigung Europas herausstellte, trotz des Ausscherens Frankreichs unter Charles de Gaulle aus der NATO, ist die militärische Kooperation auch mit Frankreich eng geblieben. Die großen wirtschaftspolitischen Probleme unserer Zeit, wie Arbeitslosigkeit, Inflation, Währungsunruhen, Sicherung der Energieversorgung, die gesellschaftspolitischen Probleme, wie etwa Umweltschutz, Kampf gegen Terrorismus, Drogenmißbrauch und Kriminalität, fordern eine Zusammenarbeit auf europäischer Ebene.

Nachdem kurz nach dem Zweiten Weltkrieg sehr schnell klar wurde, daß wegen des heraufziehenden Ost-Westkonflikts Europa ein »Torso« bleiben würde, weil für den Einigungsprozeß nur die freien westeuropäischen Länder in Frage kamen, standen zwei wesentliche Lösungsmodelle zur Diskussion:
- entweder der supranationale Weg, verbunden mit der schrittweisen Aufgabe von Souveränitätsrechten, dem Aufbau gemeinsamer Organe, die letztlich zur politischen Union und zum Bundesstaat führen sollten;
- oder eine mehr oder minder lose Zusammenarbeit, wie sie etwa im Europarat oder in den Plänen zu einer großen Freihandelszone zum Ausdruck kam, wobei die nationalstaatliche Souveränität voll gewahrt bleiben sollte.

Anfang mit der Wirtschaft

Mit der 1952 gegründeten Europäischen Gemeinschaft für Kohle und Stahl und vor allem mit den römischen Verträgen von 1957 wurde der richtige Schritt in die richtige Richtung Supranationalität getan. Es war besser, zunächst mit der Integration der Volkswirtschaften der sechs zu beginnen, die zumindest zu teilweisen Souveränitätsverzichten bereit waren, als auf ein Großeuropa zu warten oder auf die britischen Vorstellungen von einer großen Freihandelszone einzugehen, was schließlich nicht über einen gegenseitigen Zollabbau hinausgeführt hätte. Es war auch richtig, mit der wirtschaftlichen Zusammenarbeit innerhalb der EWG zu beginnen, weil damit eher Fortschritte als bei der politischen Kooperation zu erwarten waren. Vor allem Walter Hallstein, der das Vorschlagsrecht der Europäischen Kommission, die in den Anfangsjahren der eigentliche Motor der Entwicklung war, optimal nutzte, war überzeugt, daß die wirtschaftliche Einigung automatisch die politische nach sich ziehen müßte. Wenn die Gemeinschaft erst einmal ihren »point of no return« erreicht habe, so Hallstein, wäre der Weg zurück in die Nationalstaatlichkeit versperrt.

Der Abbau der Zölle und der mengenmäßigen Beschränkungen, der Aufbau eines gemeinsamen Zolltarifs gingen schneller voran, als dies ursprünglich in den Verträgen vorgesehen war. Der Handel zwischen den EG-Mitgliedstaaten erfuhr eine enorme Ausweitung. Die deutschen Ausfuhren in die EG-Länder stiegen von 1960 bis 1978 um 925 Prozent. Der gemeinsame Markt hat erheblich zur Wohlstandssteigerung auch in der Bundesrepublik beigetragen. Das deutsche Sozialprodukt stieg seit 1960 (in jeweiligen Preisen) von 100 auf 408 Prozent.

Die Bundesrepublik Deutschland hat als modernes Industrieland vom Abbau der Handelsbarrieren am meisten profitiert. Dies muß berücksichtigt werden, wenn man darauf verweist, daß Frankreich weit mehr Nutzen als Deutschland aus dem gemeinsamen Agrarmarkt gezogen hat. Sicherlich gehört Deutschland zu den größten Nettozahlern in die Gemeinschaftskasse. Aber bei der Einigung Europas geht es ja nicht nur um Geld. Deshalb ist es absolut unangebracht, wenn von der Bundesrepublik als dem »Zahlmeister« der Gemeinschaft gesprochen wird. Die europäische Idee hat ihre Attraktivität behalten. Das zeigt sich an der Erweiterung der Europäischen Gemeinschaft um Großbritannien, Dänemark und Irland ebenso wie am Interesse der vor der Tür stehenden beitrittswilligen Mittelmeerstaaten Spanien und Portugal. Die Aufnahme Griechenlands als zehntes Mitglied ist bereits beschlossen und wird 1981 de facto vollzogen.

Freizügigkeit des Waren-, Dienstleistungs- und Kapitalverkehrs, die gegenseitige Anerkennung von Diplomen, die Niederlassungsfreiheit innerhalb der Gemeinschaft zählen zu den großen Erfolgen in der wirtschaftlichen Integration, deren Schwergewicht in den fünfziger und sechziger Jahren lag. Das gemeinsame Auftreten der EG-Mitgliedstaaten, etwa bei den weltweiten Zollsenkungsverhandlungen in der »Kennedy-Runde«, im Rahmen des Allgemeinen Zoll- und Handelsabkommens GATT oder bei den Verhandlungen mit den Entwicklungsländern über Rohstoffabkommen und die zollfreie Einfuhr ihrer Halb- und Fertigwaren in die EG, waren sichtbare Zeichen der einigen Zusammenarbeit auf wirtschaftlichem Gebiet. Ein echter gemeinsamer Markt setzt jedoch mehr als eine gemeinsame Zoll- und Handelspolitik voraus. In erster Linie muß eine Harmonisierung der Wirtschafts-, Währungs- und Konjunkturpolitik erfolgen. Die Harmonisierung der Steuer-, Sozial- und Arbeitsmarktpolitik ist daneben genauso notwendig wie etwa eine Angleichung der Rechtsvorschriften nach Art. 100 EWG-Vertrag. Gerade die oft jahrelangen Diskussionen darüber, wie etwa eine Richtlinie der Kommission über die Höhe von Führersitzen bei Traktoren oder über das Anbringen von Blinkleuchten bei Kraftfahrzeugen auszusehen hat, sind nicht nur gern zitierte Negativbeispiele für die Brüsseler Technokratie, sie zeigen auch, wie stark die Versuchungen sind, den freien Warenverkehr durch unterschiedliche technische Normen zu behindern.

Der politische Schwung in der Europapolitik ist in den siebziger Jahren erlahmt. Sicherlich haben dazu bereits das Scheitern des ersten Beitrittsversuchs Großbritanniens am Veto General des Gaulles im Jahre 1963 sowie die Politik des »leeren Stuhls« durch den General beigetragen, womit die in den Römischen Verträgen vorgesehenen Mehrheitsentscheidungen verhindert wurden. Die Väter der EG-Verträge ließen sich von der richtigen Erkenntnis leiten, daß eine echte Integration auf das Instrument der Mehrheitsentscheidung nicht verzichten kann. Das heißt wiederum nicht, daß ein Staat in einer für ihn lebenswichtigen Frage einfach überstimmt werden soll, ohne das äußerste zu versuchen, schließlich doch einen tragbaren Kompromiß zu finden. Wenn man jedoch das geeinte Europa ernsthaft will, muß man auch bereit sein, auf nationale Interessen zu verzichten, auch wenn dies weh tut.

Bis heute wurde das integrationspolitisch so entscheidende Instrument der Mehrheitsentscheidung in der Gemeinschaft kaum angewandt, ein Grund dafür, weshalb der Integrationsprozeß ins Stocken geraten ist. Weder Frankreich noch Großbritannien scheinen in absehbarer Zukunft zu wesentlichen Souveränitätsverzichten und damit zur Anerkennung von Mehrheitsentscheidungen bereit zu sein. Eine weitere wesentliche Ursache für das langsame Tempo des Integrationsprozesses liegt darin, daß die politische Union keine großen Fortschritte gemacht hat. Der formelle Beschluß einer »Europäischen Politischen Zusammenarbeit« aus dem Jahre 1970, in dem regelmäßige Treffen der Außenminister und der Regierungschefs der Mitgliedstaaten vereinbart wurden, und die seit 1975 stattfindenden Gipfeltreffen sind sicherlich ein Schritt in die richtige Richtung. Es ist aber noch nicht klar erkennbar, ob daraus mehr werden kann als ein enger Meinungsaustausch.

Neuer Schwung für Europa

Das »Kleineuropa« der Sechs war der Anfang für ein größeres Europa der Neun und ein Europa, das noch mehr Staaten umfassen wird. Bereits Adenauer und de Gaulle war klar, daß eine Erweiterung der Gemeinschaft die Integration erschweren dürfte. Diese Befürchtung hat sich zwischenzeitlich bestätigt. Dennoch gab und gibt es zur Erweiterung der Gemeinschaft keine Alternative. Deshalb sollte baldmöglichst eine Europapolitik für die achtziger Jahre entwickelt werden, die dem historischen Erbe, dem geschichtlichen Auftrag Europas gerecht wird. Die Bundesrepublik Deutschland muß als geteiltes Land, als ein vom Außenhandel stark abhängiger Staat das allergrößte Interesse an einem geeinten Europa haben. Die FDP/SPD-Koalitionsregierungen haben in den siebziger Jahren die Ostpolitik in den Vordergrund ihres Interesses gerückt und dabei die West- und Europapolitik vernachlässigt. Welche bedeutsamen europapolitischen Initiativen gingen in den letzten zehn Jahren von Deutschland aus? Man kann sich des Eindrucks nicht erwehren, daß den Bonner Regierungen das Zögern und Zaudern der westlichen Partner, vor allem Großbritanniens und Frankreichs, nicht ungelegen kam. Hätte sich Bonn mit dem gleichen Eifer auf die Europapolitik wie auf die Ostpolitik gestürzt, wäre die Gemeinschaft heute sicher weiter.

Ausgangspunkt für Überlegungen zur künftigen Europapolitik muß sein, daß es in dem Einigungsprozeß weder im wirtschaftlichen noch im politischen Bereich irgendwelche »Automatismen« gibt. Die Zollunion führt nicht automatisch zur Währungsunion, die Koordinierung wirtschaftspolitischer Maßnahmen nicht automatisch zur Wirtschaftsunion. Genausowenig realistisch wäre die Annahme, wie sie zu Beginn der Einigung vielfach bestand, die wirtschaftliche Integration führe zwangsläufig zur politischen Union. Zwar schafft der schrittweise Angleichungsprozeß Sachzwänge, aber der politische Wille, die politische Aktion bleiben unersetzlich.

Theoretische Grundlagen für die Weiterentwicklung der Europäischen Gemeinschaft gibt es eine ganze Menge. Es sei nur beispielhaft an den sogenannten »Werner-Plan«, benannt nach dem luxemburgischen Premierminister Pierre Werner, aus dem Jahr 1971 zur Einführung der Wirtschafts- und Währungsunion in drei Stufen erinnert. Oder an den sogenannten Tindemanns-Bericht, den 1976 der belgische Ministerpräsident Leo Tindemanns dem »Europäischen Rat« vorlegte. Aber auch die konkreten Schritte, wie etwa das Inkrafttreten des Europäischen Währungssystems (EWS) im Frühjahr 1979, mangeln am Ende an der Konsequenz, die nötig wäre, zu zukunftsträchtigen Erfolgen zu kommen. Auch in der gemeinsamen Agrarpolitik war man bislang nicht in der Lage, die hier gewiß nötigen harten Schnitte zu machen, um wieder handlungsfähig zu werden. Hier erzwingt wahrscheinlich die finanzielle Überforderung der Mitgliedsländer durch eine Agrarpolitik, die zunächst einmal sinnlose Überschüsse produziert, die längst fällige Korrektur.

Was die Überschußproduktion des gemeinsamen Agrarmarktes anbelangt, so muß überlegt werden, ob es – wenn wir schon einen Überfluß landwirtschaftlicher Erzeugnisse haben – nicht eine sinnvollere und auch politisch wünschenswertere Verwendung dafür gibt als die mit Steuergeldern subventionierte Verschleuderung an die Sowjetunion. Es stünde Europa nicht übel an, wenn es den phänomenalen quantitativen Erfolg seiner Agrarpolitik in den Dienst seiner Entwicklungspolitik stellen würde. Gewiß, der Transport und die Abgabe von Überschüssen an die Hungergebiete der Erde würden wahrscheinlich noch teurer kommen als der verbilligte Verkauf an die Sowjetunion. Auch würden zusätzliche organisatorische Aufgaben und Transportprobleme entstehen. Aber wir sollten diesen Aufwand nicht scheuen, unseren Überfluß dorthin zu bringen, wo er am notwendigsten gebraucht wird. Dies gäbe unserer Agrarpolitik nicht nur wieder einen Sinn, dies würde sie auch dem Bürger wieder vermittelbar machen. Und mit einer solchen Politik könnten wir auch international bestehen.

Die EG muß aus dem routinemäßigen Tagesgeschäft heraus – das ohne Zweifel auch notwendig ist – zur politischen Union gelangen. Darauf wird in den achtziger Jahren das Hauptaugenmerk zu richten sein. Das Ziel muß ein Europäischer Bundesstaat bleiben, der zwar noch in weiter Ferne liegt und nicht unbedingt etwa die Form des deutschen oder des amerikanischen Bundesstaates annehmen muß. Schließlich besteht Europa bei allen Gemeinsamkeiten aus unterschiedlichen Nationen, Sprachen, Traditionen und Eigenheiten. Es ist nicht auszuschließen, daß sich das Ziel »Bundesstaat Europa« als zu ehrgeizig erweist. Vielleicht wird es auch nur zu einem Staatenbund reichen. Der jetzige Zustand ist in jedem Fall unbefriedigend, kann und darf nur vorübergehender Natur sein.

Die Gewichte in den Europäischen Entscheidungsgremien sind trotz der Direktwahl des Europäischen Parlaments im Juni 1979 immer noch so gelagert, daß Macht und Entscheidungsbefugnisse weitgehend bei den Mitgliedstaaten liegen. Die ständig wiederkehrende Floskel bei allen Entscheidungen der EG: »Auf Vorschlag der Kommission, nach Anhörung des Europäischen Parlaments erläßt der Rat folgende Verordnung . . .« zeigt bereits, wo die eigentliche Entscheidungsbefugnis liegt, nämlich beim Ministerrat. Dort sind die Minister von den Weisungen ihrer Regierungen abhängig. Das Parlament, Herzstück eines jeden demokratischen Staates, führt dagegen mehr ein Schattendasein. Nachdem die Mitglieder des Parlaments bis zur Wahl im Jahr 1979 von den nationalen Parlamenten entsandt wurden, könnte von der Direktwahl der europäischen Abgeordneten durch die Bürger Europas durchaus ein neuer, kräftiger Impuls ausgehen. Die Stärkung der Befugnisse des Europäischen Parlaments wird wesentliches Anliegen der kommenden Jahre sein müssen. Dabei wird es von den Europaabgeordneten zum Teil selbst abhängen, ob sie sich Schritt für Schritt mehr Rechte erkämpfen können.

Ein geeintes freies Europa setzt voraus, daß die heute noch sehr hohen Entwicklungsunterschiede zwischen den Ländern der Gemeinschaft schrittweise abgebaut werden. Dies ist ein Gebot europäischer Solidarität, wirtschaftlicher und politischer Vernunft. So wie Entwicklungsunterschiede innerhalb der Bundesrepublik oder Bayerns abgebaut werden müssen, ist das Wohlstandsgefälle etwa zwischen dem Pariser Becken, der Rhein-Main-Schiene, der norditalienischen Industrieregion einerseits und den Rückstandsgebieten im »Mezzogiorno«, in Südfrankreich, Irland oder des Zonenrandgebiets einzuebnen. Der 1975 geschaffene Europäische Regionalfonds ist ein Schritt in die richtige Richtung. Auch hier ist eine »Zahlmeistermentalität« nicht der richtige Ansatz für europäisches Denken. Das soll nicht heißen, daß nicht nach einer der wirtschaftlichen Leistungsfähigkeit entsprechenden Lastenverteilung gesucht werden sollte.

Europas Reichtum besteht in seiner Vielfalt, die es zu erhalten gilt. Würde Europa ein Schmelztiegel, in dem unterschiedliche Sprachen und Dialekte, Traditionen und Gebräuche, die Vielfalt der Kultur, in einem europäischen Einheitsbrei aufgingen, so wäre dies kein erstrebenswertes Europa. Bei dem gerade in den letzten Jahren erstarkten Regionalismus ist jedoch die Gefahr einer »Gesichtslosigkeit« Europas nicht allzu groß. Genauso wie man etwa als Bayer Deutscher, als Bretone Franzose und als Flame Belgier sein kann, wird man gleichzeitig auch Europäer sein können. Bisher sind die Regionen in Brüssel allerdings zu kurz gekommen. Eine Stärkung des Gewichts der Regionen wäre geeignet, dem Bürger Europa näherzubringen, als dies bisher der Fall war.

Die Bundesrepublik Deutschland könnte mit ihrem föderativen Aufbau ein Modellfall für Europa sein. Dabei bedarf es bei weitem nicht der starken Stellung des Zentralstaates, wie das in der derzeitigen Verfassungswirklichkeit der Bundesrepublik der Fall ist. Das kann weder bedeuten, daß »am deutschen Wesen Europa genesen« soll noch daß die Bundesrepublik ihre Wirtschaftskraft zu Hegemonialbestrebungen mißbrauchen sollte. Europa wird nur Bestand haben, wenn es von einem Gleichgewicht der Kräfte bestimmt ist. Der Beitritt Großbritanniens hat den kleineren EG-Staaten viel von der Furcht einer Vorherrschaft durch Deutschland und Frankreich genommen. Das enge Zusammenwirken zwischen Deutschland und Frankreich auf Grund des deutsch-französischen Freundschaftsvertrags hat schließlich nicht nur diese beiden Länder einander nähergebracht, sondern die kleineren EG-Staaten gelegentlich irritiert.

Keine Chance für die Sozialisten

Über die künftige Gestalt Europas gibt es auch zwischen den deutschen Parteien durchaus unterschiedliche Auffassungen. Hier geht es nicht nur um die zentralistische oder regionalistische Gestaltung. Es geht wieder einmal um die Grundorientierung. Die Wahlprogramme der großen politischen Kräfte in der Bundesrepublik Deutschland zur ersten Direktwahl des Europäischen Parlaments 1979 machten die Unterschiede deutlich. Die SPD macht kein Hehl daraus, daß sie ein sozialistisches Europa will. In ihrem Programm zur Europawahl kamen die Grundtendenzen des »demokratischen Sozialismus« deutlicher als irgendwo sonst zum Ausdruck. Das Godesberger Programm und der Orientierungsrahmen 85 der SPD müssen im Licht des SPD-Wahlprogramms nachgerade als Ablenkungsmanöver zur Verschleierung der wahren Absichten erscheinen. Alle sozialistischen Forderungen, die die SPD in der Bundesrepublik nicht verwirklichen konnte, finden sich im Europa-Wahlprogramm wieder. Zum ersten Mal bekannte sich die

SPD offen zu gesellschaftsverändernden Maßnahmen in einem Programm. Investitionsmeldestellen, Investitionslenkung, Struktur- und Branchenräte sollen die Marktwirtschaft ersetzen. Der Katalog sozialistischer Forderungen, die über den Umweg Europa verwirklicht werden sollen, ließe sich noch lange fortsetzen.

Und nachdem sich die SPD gerade im Jahr der Europawahlen nach außen hin als die wahre Hüterin der Europapolitik Konrad Adenauers zu gerieren versuchte, muß daran erinnert werden, daß die Sozialdemokraten die europäischen Nein-Sager erster Qualität gewesen sind. Die SPD hat in den fünfziger Jahren zu allen entscheidenden Schritten zur Eingliederung der Bundesrepublik in den freien Westen, in ein vereintes Europa, nein gesagt. Die SPD stimmte gegen den Beitritt zum Europarat, gegen eine Mitgliedschaft in der Europäischen Verteidigungsgemeinschaft, gegen einen Beitritt zur NATO und zur Westeuropäischen Union (WEU). Sie lehnte schließlich eine Mitgliedschaft in der Montanunion ab, ohne die es nicht zu den heutigen Europäischen Gemeinschaften gekommen wäre. All dies könnte vergessen sein, wenn nicht heute wieder ein sozialistisches Europa im Visier der SPD stünde. Die SPD will nur ein sozialistisches Europa. Sie folgt hier ohne Vorbehalt Joseph Luns, den auch sein Amt als Generalsekretär der NATO nicht davon abhalten konnte, vor der ersten Direktwahl zum Europäischen Parlament zu verkünden: »Europa wird entweder sozialistisch sein, oder es wird kein Europa sein.« Allerdings, die SPD beläßt es nicht bei Bekundungen. Mit ihren engen Kontakten zu europäischen kommunistischen Parteien und ihrer Bereitschaft, mit dem Eurokommunismus zusammenzuarbeiten, hat sie die ersten praktischen Schritte bereits getan, um ihr Ziel, ein sozialistisches Europa, zu erreichen.

So einfach freilich ist dies nicht! Die Absage an den Sozialismus und an ein sozialistisches Europa ist sowohl in der Bundesrepublik wie in anderen Ländern durchaus eindrucksvoll ausgefallen. In Italien haben am Ende die Kommunisten doch keine Chance bekommen, sich an der Regierung zu beteiligen. In Frankreich ist das Bündnis zwischen Sozialisten und Kommunisten zerbrochen. Eindrucksvoll trennte sich Portugal als junge Demokratie von sozialistischen Experimenten. Und auch im Europäischen Parlament sind die Sozialisten nicht in der Mehrheit. Diese Entscheidung der europäischen Wähler ist ebenso ermutigend wie es die Bekenntnisse zu einem freien Europa sind, wie sie immer wieder auch aus den osteuropäischen Staaten zu uns dringen.

In scharfem Kontrast zum europolitischen Eiertanz der deutschen Sozialdemokraten steht das klare europäische Konzept der Union. Während die SPD Europa gewissermaßen erst zur Europawahl für sich entdecken mußte, konnten CDU und CSU zusammen mit den anderen europäischen christlichen und konservativen Parteien im Zusammenschluß zur Europäischen Volkspartei an ihr jahrzehntelanges Bemühen um ein freiheitlich-demokratisch-rechtsstaatliches Europa anknüpfen, in dem soziale Gerechtigkeit auf der Grundlage eines marktwirtschaftlichen Ordnungssystems herrschen soll. Ein solches Europa, in enger atlantischer Partnerschaft mit den USA, kann nach Auffassung der Unionsparteien seiner politischen, wirtschaftlichen und kulturellen Bedeutung gerecht werden und dazu beitragen, Frieden und Freiheit zu sichern. Darum lohnt es sich zu kämpfen, darauf lohnt es sich zu warten . . .

Realistische Entspannungspolitik

Die Prognose ist nicht allzu riskant: In die spätere Geschichtsschreibung werden die siebziger Jahre wahrscheinlich als das Jahrzehnt der »Entspannung« eingehen. Und ebenso wahrscheinlich ist, daß sich diese Periode relativ scharf eingrenzen läßt. Denn mit dem Einmarsch der Sowjetunion in Afghanistan Ende 1979 ist jedenfalls das zu Ende gegangen, was man als die Entartung der wohlverstandenen Entspannungspolitik bezeichnen könnte: Die Entartung bestand darin, daß man glaubte, die Politik des vorsichtigen Ausgleichs nicht mit einer grundsätzlich auf Expansion ausgerichteten Sowjetunion zu betreiben, sondern mit einer angeblich friedfertigen UdSSR. Die Entspannungsfetischisten der sozialliberalen Bundesregierung in Bonn halten an dieser Fiktion noch immer fest.

Entspannung – worum geht es?

Entspannungspolitik wird es auch künftig geben! Entspannungspolitik ist in der Tat ohne Alternative in einer vor Waffen starrenden Welt, in der der vielfache Overkill möglich ist. Voraussetzung für diese Entspannungspolitik ist jedoch, daß sie realistische Ansätze wählt. Zu Beginn war Entspannungspolitik als Parallele der »friedlichen Koexistenz« zwischen Ost und West der Versuch, bei aller Gegensätzlichkeit der gesellschaftlichen und politischen Systeme einen Modus vivendi zu finden. Man erkannte die Gegensätze an! Aber man ging davon aus, daß Krieg, in welcher Form auch immer, »kalt« oder »heiß«, angesichts der nuklearen Parität der Supermächte nicht mehr die Fortsetzung der Politik mit anderen Mitteln sein könne und sein dürfe.

Dabei ging es nicht nur um den großen Krieg. Auch regionale Konflikte sollten, so das Moskauer Abkommen vom Mai 1972 zwischen den USA und der Sowjetunion, im gegenseitigen Interesse der beiden Weltmächte nicht zum jeweils eigenen Vorteil genützt werden. Schließlich kann an lokalen

Konflikten angesichts der wachsenden Interdependenz der große Krieg entstehen. Statt mit Waffen und Soldaten sollten Sicherheitsprobleme mit den friedlichen Mitteln der Diplomatie sowie einem politischen und wirtschaftlichen Interessenausgleich gelöst werden.

Seit der Kuba-Krise, als sich 1962 die USA und die UdSSR in offener Konfrontation mit der Gefahr eines Atomkriegs gegenüberstanden, zeigten Washington und Moskau Interesse an maßvollerem gegenseitigem Vorgehen. Dabei war man sich durchaus klar und auch einig, daß Entspannung nicht mit Harmonisierung der Ost-West-Gegensätze oder gar mit einem Ende des Konflikts verwechselt werden könne. Erst die offenbar unüberwindliche Sehnsucht nach Harmonie ließ es anders kommen.

Für Deutschland liefert das verhängnisvolle Wort Egon Bahrs in Tutzing vom »Wandel durch Annäherung« das erkennbare Datum für jene Verwirrung der Geister und auch der Verschleierung der tatsächlichen Realitäten, die dann weithin das Feld der internationalen Politik in den siebziger Jahren beherrschten und das Fortbestehen des Ost-West-Konflikts außer acht ließen, verdrängten oder schlichtweg leugneten. Schon lange, bevor Bahr vom »Wandel durch Annäherung« sprach, hatten freilich Willy Brandt und führende deutsche Sozialdemokraten hinter dem Rücken des CDU-Bundeskanzlers der Großen Koalition, Kurt Georg Kiesinger, Verbindungen mit der Sowjetunion aufgenommen, um ihre Ostpolitik des Ausverkaufs einzuleiten. Als Vermittler fungierten die italienischen Kommunisten, was auch erklärt, warum noch heute das Verhältnis zwischen SPD und der KPI so eng und herzlich ist.

Wie dem auch sei, die öffentliche Meinung griff die von Harmonie- und Friedenssehnsucht durchzogene Initiative begierig auf und schloß sich bereitwilligst der illusionären Theorie an, Politik sei möglich jenseits des Ost-West-Konflikts. Diese Theorie gründete sich auf eine ideale Sicht der Staatenbeziehungen, für die es zwar einige positive Hinweise aus den Nachkriegsverhältnissen in Westeuropa gab. Die deutsch-französische Aussöhnung ist das Paradebeispiel, aber nicht ein auf die Welt anwendbarer Regelfall.

In den Beziehungen zwischen den Staaten – so ein Wort von Charles de Gaulle – gibt es keine Freunde, sondern nur Interessen. Dieses Wort gilt um so mehr, wenn es sich um Staaten handelt, die von gegensätzlichen gesellschaftlichen Systemen geprägt sind. Und um einen solchen Gegensatz handelt es sich im Ost-West-Verhältnis. Der Ost-West-Konflikt dauert an und ist von der Ideologie des Ostens her darauf angelegt, daß die eine Seite vor der anderen Seite kapituliert.

Alexis de Tocqueville hat bereits vor 150 Jahren darauf hingewiesen, daß es demokratischen Systemen von ihrer Struktur her schwerfällt, Außenpolitik mit langfristiger Kontinuität zu betreiben. Der Vorteil demokratischer Systeme, nämlich ihre Erneuerungsfähigkeit, die auf dem Wechsel der Regierungspartei beruht, kann so durchaus zur Ursache des Mangels an Kontinuität in der Außenpolitik werden: Gerade in der Auseinandersetzung mit dem Osten aber ist Kontinuität unerläßlich, handelt es sich doch um einen Konflikt, der seiner Natur nach einen Kompromiß ausschließt. Demokratischer Pluralismus und totalitäre Herrschaftsstrukturen lassen sich nun einmal nicht in Einklang bringen. Zwar sind unter bestimmten Umständen in Einzelfragen Übereinstimmungen zu erzielen, aber die fundamentalen Positionen werden davon nie berührt. In Anlehnung an die These von Alexis de Tocqueville stellt sich die Frage, ob die westliche Demokratie überhaupt in der Lage ist, dem Expansionsstreben der kommunistischen Ideologie zu begegnen, zumal diese Ideologie heute mit einem gewaltigen Arsenal militärischer Macht kombiniert ist.

»Afghanistan« war kein Unfall

Diese Frage stellt sich um so mehr, als nicht zu übersehen ist, daß die siebziger Jahre bei allen Rückschlägen der Sowjetunion militärisch und damit auch politisch einen ungeheuren Machtzuwachs gebracht haben. In Indochina konnte Moskau den Triumph der vietnamesischen Kommunisten, der fast ausschließlich mit sowjetischen Waffen errungen wurde, auch als eigenen Sieg verbuchen. Die Konferenz für Sicherheit und Zusammenarbeit in Helsinki (KSZE) hat zwar in ihren Schlußakten nicht alle Wünsche des Kremls erfüllt. Sie hat aber immerhin den Status quo in Europa festgeschrieben. Die in den Helsinki-Papieren erzielte Übereinkunft muß als westliche Anerkennung und Legalisierung der sowjetischen Oberherrschaft in Osteuropa betrachtet werden. Auch in Afrika hat die Sowjetunion latente Konflikte zu ihren Gunsten entschieden. Kubanische Truppen erfüllten für Moskau Stellvertreterfunktion. Angola, Mozambique, Äthiopien sind die Stichworte. Der in den ersten siebziger Jahren abgeschlossene Beistandspakt mit Indien sollte auf dem asiatischen Subkontinent die Voraussetzungen schaffen, Positionen gegen Amerika wie gegen China aufzubauen. Im Nahen Osten verloren die

Sowjets zwar Ägypten als wichtigen Stützpfeiler ihrer Politik im arabischen Lager, aber die engen Beziehungen zu Libyen, Syrien, dem Irak, der Volksrepublik Süd-Jemen und der »Palästinensischen Befreiungsfront« PLO glichen den Verlust Ägyptens aus.

Diese wenigen Beispiele mögen genügen, um deutlich zu machen, in welchem Ausmaß die sowjetische Außenpolitik in den siebziger Jahren globalen Charakter angenommen hat. Sie versuchte in der Regel, genau dort Fuß zu fassen, wo traditionell westliche Interessen liegen. Und vielfach ist es gelungen. Man wird an das Wort Lenins erinnert, der sagte, Europa könne man nicht von innen, sondern müsse man von außen her in den Griff bekommen. Vor diesem Hintergrund kann man die sowjetische Invasion Afghanistans auch nicht als »Unfall« oder als bloße »defensive« Maßnahme bewerten. Afghanistan ist nichts anderes als ein weiteres Glied einer global angelegten Strategie in der Außenpolitik Moskaus.

Afghanistan signalisiert ganz offenkundig auch einen neuen Stil. Der militärische Einmarsch in den letzten Dezembertagen des Jahres 1979 kann weder mit Prag 1968 noch mit Ungarn 1956 verglichen werden. Schon eher ist die Invasion in ihrer Art und Weise mit dem Überfall auf Finnland und die baltischen Staaten in den Jahren 1939/40 zu vergleichen, nämlich als Ausgreifen über die bisherige Machtsphäre hinaus. Bemerkenswert ist das Vorgehen der Sowjetunion in Afghanistan auch deshalb, weil man in Moskau doch davon Kenntnis haben mußte, wie sehr man mit dieser Stoßrichtung in die gefährliche Nähe westlicher Lebenslinien geraten würde: die Zentren der westlichen Energieversorgung in der Golfregion. Wer da noch zweifeln kann, daß es sich in Afghanistan um einen außenpolitischen Mißgriff des Kremls handeln könnte, und nicht anerkennen will, daß man es hier mit einem langfristigen Konzept zu tun hat, der denkt nicht nur unhistorisch, sondern auch in höchstem Maße unpolitisch. Und so ist es spätestens mit und nach Afghanistan an der Zeit, die Geschäftsgrundlagen der bisherigen westlichen Entspannungskonzepte zu überprüfen und sie mit dem östlichen Pendant, der »friedlichen Koexistenz«, in einen Vergleich zu bringen.

Bei der Betrachtung der sowjetischen Außenpolitik läßt sich nicht selten eine gewisse Ähnlichkeit mit der zaristischen Außenpolitik feststellen. Dies trifft sowohl im Hinblick auf die Sicherung der geopolitischen Interessen als auch auf die Verwirklichung der imperialen Zielsetzung zu. Diese Momente werden nach 1917, der Machtergreifung der Sowjets, um weitere Faktoren ergänzt. Da sind einmal die ideologisch bedingten Expansionszwänge, die dem zaristischen Rußland fremd waren, und da sind zum anderen die totalitären Züge, die einen wesentlichen Einfluß auf die außenpolitische Praxis nehmen. Und da ist drittens der Primat der Ideologie, der die Außenpolitik in den Dienst der Abschirmung des kommunistischen Herrschafts- und Gesellschaftssystems zwingt. Schließlich muß man berücksichtigen, daß auf Grund des ideologischen Sendungsbewußtseins die Sowjetunion stets als Macht auftritt, die den revolutionären Strukturwandel der bestehenden Staatenwelt nie aus dem Auge verliert. Der hier verankerte universelle Herrschaftsanspruch reduziert von vornherein die Dauerhaftigkeit zwischenstaatlicher Koexistenz.

»Friedliche Koexistenz« ist so gesehen also nichts anderes als der Ausdruck eines »antagonistischen Weltgleichgewichts«. Einerseits ist sie ein Instrument des Klassenkampfes zwischen Sozialismus und Kapitalismus, ein Vehikel zum Kampf gegen die kapitalistische Welt; andererseits unterstellt sie gegenseitiges Verständnis und Vertrauen, Nichteinmischung und strikte Achtung der Souveränität und territorialer Integrität. »Die Sowjetunion«, so formulierte es Boris Meissner, »gebärdet sich wie ein Marathonläufer, der voll übertriebener Siegesgewißheit seinen Gegner zu einem Wettkampf herausfordert, zugleich aber einen großen Teil der zurückgelegten Strecke als Vorgabe beansprucht . . . Die Sowjetunion hat die Möglichkeit, ihre Ideen fast in den meisten Staaten der westlichen Welt auf verschiedenen Wegen offen zu vertreten und damit die Öffentlichkeit im Sinne ihrer Vorstellungen zu beeinflussen. Sie ist aber nicht bereit, ihren ideologischen Konkurrenten die gleichen Möglichkeiten in ihrem eigenen Machtbereich einzuräumen.«

Schon allein auf Grund des janusköpfigen Charakters der »friedlichen Koexistenz« ist dies keine dauerhafte Basis für ein Gleichgewicht der Kräfte, weder im regionalen noch globalen Bereich. Die Gefahr einer Auseinandersetzung ist dadurch nicht gebannt. Die Erfahrungen des Westens in den vergangenen zehn Jahren stimmen darin überein, daß »friedliche Koexistenz« im besten Falle vorübergehend einen stabilen Gleichgewichtszustand herzustellen vermag, nie aber einen solchen von Dauer.

Der Begriff »friedliche Koexistenz« hat im Westen sein Gegenüber in dem Begriff Entspannung. Es soll hier nicht der Versuch unternommen werden, eine Definition der Entspannung zu geben. Dazu ist der Begriff zu vieldeutig und zu schillernd. Während die einen in der Herstellung guter Beziehungen zu den kommunistischen Staaten eine unerläßliche politische Priorität sehen wollen, sind andere davon überzeugt, daß der sogenannte Kalte Krieg die dominierende Grundgegebenheit in den Ost-West-Beziehungen ist und diese Betrachtungsweise im Interesse westlicher Selbsterhaltung auch konserviert werden muß. Die einen verniedlichen die kommunistische Herausforderung und glauben, daß Wandel durch Annäherung möglich sein könnte, die anderen bleiben davon überzeugt, daß der Westen sich nur aus der Position der Stärke und dem ungebrochenen Selbstbewußtsein einer liberalen und freiheitlichen Grundposition heraus mit den kommunistischen Staaten einlassen kann. Es besteht kein Zweifel, daß die Entwicklung der jüngsten Vergangenheit den Realisten recht gegeben hat und die linksliberalen Denkschemen der Bundesregierung ein Gesamtbild der Ost-West-Beziehungen entwarfen, das mehr Wunsch als Wirklichkeit ist. Sie haben ihre Elemente der Entspannungspolitik nicht in erster Linie dahingehend untersucht, ob sie der westlichen Selbstbehauptung dienlich sind, sondern nur, ob sie ihren Utopien entsprechen. Das Ergebnis konnte nicht zweifelhaft sein.

Der Wandel der Entspannungspolitik

Beachtung verdient in diesem Zusammenhang, daß die Entspannungspolitik ein erstaunliches Maß an Wandel und Veränderung aufzuweisen hat. So war die Entspannungspolitik der fünfziger Jahre von dem Gedanken getragen, in einer offensiven Diplomatie ein neues europäisches Staatensystem zu entwikkeln. Die Entspannungspolitiker der sechziger Jahre waren von der Hoffnung beseelt, das innere Machtgefüge des Ostblocks zu lockern, während in den siebziger Jahren die Entspannungspolitik des Westens nur mehr defensiven Charakter hatte, wenn man einmal von der letzten Endes gescheiterten Menschenrechtskampagne absieht. Die Entspannungspolitik der siebziger Jahre war an der Erhaltung des Status quo orientiert. Bei der europäischen Linken dominierte das Bestreben, sich angesichts des Niedergangs der amerikanischen Macht mit der östlichen Weltmacht Moskaus zu arrangieren. Aus der Entspannungspolitik der Stärke in den fünfziger Jahren ist am Beginn der achtziger Jahre eine Entspannungspolitik der Schwäche geworden. Wie anders sind die Reaktionen in den meisten westeuropäischen Staaten nach Afghanistan zu werten als ein Zeichen der Schwäche, der Resignation und des Wohlverhaltens? »Making the world safe for communism«, könnte man dieses Verhalten in Umformung eines Wortes von Wilson umschreiben.

Um so mehr ist ein rasches Umdenken, orientiert an den tatsächlichen machtpolitischen Gegebenheiten, das Gebot der Stunde für die westliche Welt. Wie so häufig seit dem Ende des Zweiten Weltkriegs ist auch heute die Sowjetunion wieder der große Unsicherheitsfaktor. Im Gegensatz zu den fünfziger Jahren, als die USA noch eine eindeutige militärisch-strategische Überlegenheit hatten, ist die Sowjetunion nunmehr eine Weltmacht; noch nie stand uns die Sowjetunion so bis an die Zähne bewaffnet gegenüber wie jetzt; sie verfügt über alle wichtigen militärischen Instrumente, die für eine global operierende Supermacht unerläßlich sind. Die Befürchtung ist angebracht, daß diese Mittel rücksichtslos überall dort angewendet werden, wo sie ohne Gefährdung der eigenen Sicherheit risikolos eingesetzt werden können. In dieser Hinsicht ist die UdSSR schon wieder kalkulierbar. Daß sich die Sowjetunion diese Position sichern konnte, dies ist auch ein Ergebnis der seltsamen »Entspannungspolitik« der sozialliberalen Bundesregierung seit 1969. »Den Frieden sicherer machen« – mit diesem Schlagwort war Willy Brandt im Jahr 1969 angetreten. 11 Jahre später mußte der Bundeskanzler von einer explosiven Sicherheitslage sprechen und den Vergleich mit 1914, mit den Monaten vor Ausbruch des Ersten Weltkriegs, ziehen. Helmut Schmidt hat es damit selbst eingestanden: Der Friede ist nicht sicherer geworden in diesen letzten 11 Jahren.

Viele Unwägbarkeiten liegen aber auch im künftigen Kurs der amerikanischen Außenpolitik. Man sollte nicht soweit gehen und den Vereinigten Staaten einen Abschied von ihrer Position als Weltmacht attestieren. Solche Schlußfolgerungen – nicht selten bei europäischen Politikern zu finden – wären zu kurzsichtig. Sie unterschätzen das ungeheure Kraftpotential, das wirtschaftlich, aber auch politisch in Amerika ruht. Die USA sind nach wie vor eine Weltmacht, sie sind die Weltwirtschaftsmacht Nr. 1, ihre Währung ist nach wie vor die Leitwährung. Es ist nicht die erste Schwächeperiode, die die USA in ihrer 200jährigen Geschichte kennen. Noch immer hat dieser Kontinent seine Kräfte zusammengerafft, wenn die eigenen ideellen und politischen Wertvorstellungen in Gefahr kamen. Die Überzeugung, daß langfristig Freiheit über Diktatur siegen wird, ist im amerikanischen Wertbewußtsein tief verankert. Amerika hat auch weitaus mehr Optionen im Kampf gegen die Sowjetunion als das alte Europa. So ist zum Beispiel die »chinesische Karte« noch längst nicht ausgereizt. Bei einer weiteren Verschlechterung der amerikanisch-sowjetischen Beziehungen könnte Washington durchaus schon sehr bald das chinesische Angebot eines gemeinsamen Verteidigungsbündnisses annehmen. Auch in den Bereichen der strategischen Rüstung muß man davon ausgehen, daß bei einem totalen Zusammenbruch der amerikanisch-sowjetischen Rüstungskontrollpolitik die USA ihren qualitativen Vorsprung in der modernen Technologie im Zweifelsfall zu ihren Gunsten zu nützen wüßten. So gesehen wäre es realistischer, die Europäer sorgten sich mehr um ihre eigene Sicherheit als um die der Vereinigten Staaten.

Mahnung an Europa

In einer Rede in Brüssel im September 1979 hat der frühere amerikanische Außenminister Henry Kissinger harte Kritik an jenen geübt, die Entspannungspolitik »als Übung eifrigen guten Willens« treiben, um »durch Verständnis das Mißtrauen einer Nation zu überwinden, der man unterstellt, daß sie keine Beweggründe zum Angreifen hat. Diese Tendenz, die Entspannung als Übung in Psychotherapie zu betreiben oder als Bemühen um gute persönliche Beziehungen oder als ein Bestreben, in dem einzelne Politiker innenpolitische Unterstützung zu erlangen suchen, indem sie unter Beweis stellen, daß sie einen besonderen Draht nach Moskau haben – all dies ist verhängnisvoll für den Westen.« Es ist unschwer zu erkennen, wer bei so deutlicher Rede gemeint war. Die Entspannungseuphoriker in Bonn hatten genau diesen Ansatz für ihre Ostpolitik gewählt. Mit den Ereignissen in Afghanistan wurde Kissinger mit seiner Schelte an anderem Ort bestätigt.

In derselben Rede entwarf der frühere amerikanische Außenminister das Konzept einer realistischen Entspannungspolitik. Dieses Konzept ist um so bemerkenswerter, als Kissinger sich ja selbst an vorderster Position in amerikanisch-sowjetischer Entspannungspolitik lange Jahre üben konnte. Scharf ging Kissinger nun mit der politischen Praxis der dauernden Vorleistung ins Gericht: Als die USA die Produktion der B-1-Bomber aufgaben, ersuchte Washington die Sowjetunion um eine Geste der Gegenleistung. Bis heute ist sie ausgeblieben! Als der amerikanische Präsident die Produktion der Neutronenwaffe stornierte, signalisierten die Russen, daß sie über die Aufstellung der SS-20-Raketen mit sich reden ließen. Der umgekehrte Fall ist eingetreten. Innerhalb eines Jahres hat die Sowjetunion 200 SS-20-Raketen aufgestellt, jede mit einem Vierfachsprengkopf von der siebenfachen Wirkung der Hiroshima-Atombombe.

In diesem Zusammenhang wird auch die volle Tragweite des Vorschlags von Bundeskanzler Schmidt ersichtlich, den Vollzug des Nachrüstungsbeschlusses der NATO erst einmal auszusetzen, um die Sowjetunion vor weiteren Stationierungen von Mittelstreckenraketen in Europa abzuhalten. Es liegt auf der Hand, daß auf solcher Grundlage nur eine weitere Schwächung der westlichen Verteidigungskraft betrieben, nicht aber ein ausgewogenes Gleichgewicht erreicht wird. Die Sowjetunion käme hier ihrem Ziel gefährlich nahe, einen Keil zwischen Europa und Amerika zu treiben und insbesondere die Bundesrepublik Deutschland von ihren Verbündeten abzukoppeln. »Die Illusion, einige Länder könnten sich eine bevorzugte Position bei der Sowjetunion verschaffen, ist theoretisch richtig, aber sie ist das beste Mittel, das Bündnis zu spalten. Die Illusion, daß einige Punkte für eine individuelle Entspannungspolitik herausgegriffen werden könnten, während in anderen Bereichen der Konflikt weitergeht, verwandelt die Entspannung in ein Ventil für Aggression.« Um noch einmal Kissinger zu zitieren. Damit wird zugleich auch deutlich, daß Entspannungspolitik nicht teilbar sein kann, es sei denn, diejenigen, die sie für teilbar halten, geben sich bereitwillig dem sowjetischen Hegemoniedrängen preis. »Der Verzicht auf Weltpolitik schützt nicht vor ihren Folgen«, schrieb Oswald Spengler in seiner heute wieder aktuell gewordenen Schrift »Weltkriege und Weltmächte«.

Betrachtet man die außenpolitischen Aktivitäten der meisten europäischen Staaten in den letzten Monaten, so sind sie kaum noch von der gemeinsamen Überzeugung getragen, daß nur von der Basis einer erneuerten Solidarität und Mobilisierung aller verfügbaren politischen Kräfte eine glaubwürdige Strategie denkbar ist. Die europäischen Staaten handeln weithin nach dem Motto: Jeder versuche, sich besondere Vorteile zu verschaffen. Das gilt im Verhalten der Sowjetunion gegenüber, das trifft auch für die lebenswichtigen Bereiche der Rohstoff- und Energieversorgung zu.

Über 30 Jahre hat das westliche Bündnis den Frieden gesichert und für die Menschen wirtschaftlichen und sozialen Fortschritt gebracht. Dabei scheint weithin das Gespür verlorengegangen zu sein, daß eine Politik der Wohlstandssicherung und Wohlstandsmehrung nur möglich war, solange man der Außenpolitik Priorität einräumte. Der Westen hat sich in ein selbstgesponnenes Netz verfangen und mit einer falsch verstandenen Entspannung die Illusion genährt, daß man der Wirkung entgehen könnte, wenn man die Ursache leugnet. »Um ja die Entspannung nicht zu gefährden, wagt man kein aktives Auftreten mehr. Die westliche Welt läßt sich von den Ereignissen treiben, anstatt sie zu bestimmen, was auf dem Schachbrett der Weltpolitik zum Verlust der Initiative führen muß«, konstatiert Ferdinand Otto Miksche. Es ist unverkennbar, daß in dem Maße, in dem der sowjetische Einfluß in der Welt wächst, der des Westens abnimmt. Das liegt nicht in erster Linie an der außenpolitischen Fähigkeit der sowjetischen Führung, sondern an der wachsenden Unfähigkeit des Westens, seine Interessen, die Ziele seiner Politik und die Methoden des Vorgehens aufeinander abzustimmen.

Europa ist auf dem besten Weg, sein Schicksal in die Hände anderer zu legen, und es sieht so aus, als wollte man die triviale Erfahrung nicht mehr gelten lassen, daß der Lauf der Geschichte nie frei war, sondern immer durch Handeln bestimmt wurde, von Aktion und Gegenaktion. Wenn Europa zu diesem Wechselspiel nicht mehr bereit ist, wenn es nur noch passiv zuschaut im fatalen Glauben, das Errungene durch Wohlverhalten retten zu können, dann wird dieses Europa in Abhängigkeit und Unfreiheit abgleiten. »Wir sind in der Lage zu sagen, daß es weitgehend an uns selbst liegt zu bestimmen, in welcher Art wir leben wollen«, schreibt Henry Kissinger. Und trotz aller düsteren Einschätzung der heutigen Weltlage, hier liegt die Stärke und die Zukunft des Westens, Europas und der Bundesrepublik Deutschland – in der Selbstbestimmung und in der Verantwortung, die wir als Bannerträger der Freiheit haben.

Die »Ostpolitik« und ihre Kosten

Der heute in Bayern lebende sowjetische Dissident Wladimir Maximov erinnert uns daran, wenn er sagt: »Wenn die Entspannung den Verzicht auf alle moralischen und politischen Grundsätze beinhaltet, dann bedeutet dies den Verrat der Freiheit der unter einem Joch lebenden Staaten; wenn Frieden das Vergessen der nationalen und historischen Verantwortung beinhaltet, dann heißt das eine durch einen Vertrag bestätigte räuberische Zerstückelung ganzer Staaten. Und wenn schließlich der ›politische Realismus‹ die schweigende Anerkennung des Rechts der Besetzung fremder Staaten ist, was ist dann eigentlich Protektorat und Kapitulation?«

An der durch »Vertrag bestätigten Zerstückelung ganzer Staaten« hat sich die sozialliberale Bundesregierung in Bonn mit ihrer Ostpolitik beteiligt. Dabei geht diese Ostpolitik, die auf die völkerrechtliche Anerkennung des

Status quo zielt, weit über die Zerstückelung Deutschlands hinaus. Die Ostverträge werden nicht nur von vielen Politikern und Völkerrechtlern als Abschreibung eines Drittels von Deutschland verstanden, sondern führten auch zur Zementierung und Aufwertung der kommunistischen Regime in der DDR und den anderen Satelliten Moskaus. Die Ostpolitik der sozialliberalen Bundesregierung unterstützt und stabilisiert die kommunistischen Regierungen, die nicht nur keine Legitimation durch das Volk haben, sondern von ihren Völkern auch davongejagt würden, sobald diese frei entscheiden könnten.

Diese Unterstützung wird sowohl immateriell wie auch materiell geleistet. Was hat diese Ostpolitik gekostet? Bonn hat an Polen 2,3 Milliarden DM in Form eines Kredits gezahlt, der einen so niedrigen Zins aufweist, daß er praktisch ein Geschenk ist. Trotz Stacheldraht und Mauer hat Bonn der DDR von 1970 bis 1976 rund 2,5 Milliarden DM bezahlt. Der deutsche Steuerzahler mußte allein 1979 für die Transitpauschale 400 Millionen DM aufbringen, für Straßenbauten der DDR 471 Millionen, für ostdeutsche Kanalbauten 95 Millionen DM, für Visa- und Einreisegebühren 71 Millionen DM, für Straßenbenutzung 40 Millionen DM, für Zwangsumtausch 180 Millionen DM, für die DDR-Post 96 Millionen DM. Das macht zusammen 1,4 Milliarden DM, mit denen wir allein 1979 die DDR subventionierten. Und dieser Betrag wird mit keinem Jahr geringer.

Wenn man alles zusammenrechnet, die Zahlungen, die Verluste an deutschem Volksvermögen, dann hat der gesamte Ostblock von Deutschland seit Kriegsende über 2130 Milliarden DM kassiert – gewissermaßen als Aufbauhilfe für den Weltkommunismus. Das hat die Ostpolitik mit ihren direkten Finanzhilfen und den Verzichten gekostet! Und was hat sie gebracht? Ist die Mauer in Berlin durchlässiger, ist der Todesstreifen an der Zonengrenze und am Eisernen Vorhang schmaler geworden? Wo bleiben die Menschenrechte im Ostblock?

Es war und ist eine kurzatmige Politik, die von der sozialliberalen Bundesregierung unter der Bezeichnung »Entspannung« gegenüber dem Osten betrieben wird. Vor einer Fortsetzung kann man nur warnen. Bei allen Versuchen des Westens, den Menschen im kommunistischen Herrschaftsbereich, vor allem in Osteuropa, menschliche Erleichterungen zu ermöglichen, ist einerseits zu sehen, daß man dabei nicht weiterkommt; andererseits ist nicht zu vergessen, daß letztes Ziel die Freiheit und die Unabhängigkeit auch für diesen Teil der Welt bleiben muß. Auch um diese große Option offenhalten zu können, darf der Westen seine Freiheit und Unabhängigkeit nicht aufs Spiel setzen.

Im geteilten Land

»Im Bewußtsein seiner Verantwortung vor Gott und den Menschen, von dem Willen beseelt, seine nationale und staatliche Einheit zu wahren und als gleichberechtigtes Glied in einem vereinten Europa dem Frieden der Welt zu dienen, hat das deutsche Volk . . . dieses Grundgesetz der Bundesrepublik Deutschland beschlossen. Es hat auch für jene Deutschen gehandelt, denen mitzuwirken versagt war . . .«

So steht es in der Präambel zum Grundgesetz für die Bundesrepublik Deutschland. Dem freien Teil Deutschlands hat dieses Grundgesetz seit 1949 ein bislang nie gekanntes Maß an Freiheit gebracht, für den in Unfreiheit unter sozialistischer und kommunistischer Knechtschaft gehaltenen Teil Deutschlands ist dieses Grundgesetz in seinem Inhalt und in seinem Ergebnis eine immerwährende Hoffnung, solange der letzte Satz der Präambel des Grundgesetzes nicht Wirklichkeit geworden ist:

»Das gesamte deutsche Volk bleibt aufgefordert, in freier Selbstbestimmung die Einheit und Freiheit Deutschlands zu vollenden.«

Offenhalten der deutschen Frage

Die Hoffnung von 17 Millionen Deutschen, die heute in der DDR leben und im einzelnen Fall dort leben müssen, weil ihnen die in unserem Grundgesetz als Grundrecht verbürgte Freizügigkeit vorenthalten wird – die Hoffnung von 17 Millionen Deutschen ist für die Bundesrepublik Deutschland einschließlich des freien Teils von Berlin das wohl stärkste Motiv der Verpflichtung, die deusche Frage offenzuhalten; alles zu unterlassen, was dazu führen könnte, daß die Chancen auch der Deutschen in der DDR schwinden, nach den unserem Grundgesetz vergleichbaren freiheitlichen Prinzipien zu leben, und alles zu tun, was diese Chancen fördert und möglich macht. Diese Verpflichtung hat nicht nur völkerrechtliche oder nationalstaatliche Qualität.

Ihre eigentliche Berechtigung erfährt diese Verpflichtung aus der moralischen Kategorie, daß es auf der Basis des Grundgesetzes gelungen ist, in der Bundesrepublik Deutschland einen Staat zu schaffen, der bei allen Mängeln im einzelnen um ein Vielfaches menschlicher als die DDR ist, weil er ein Staat der Freiheit ist.

Offenhalten der deutschen Frage im Interesse der 17 Millionen Deutschen jenseits der Mauer und des Stacheldrahts als Verpflichtung der 60 Millionen Deutschen, die den freien Staat des Grundgesetzes aufgebaut haben! Dies sind gewissermaßen die Grundpfeiler, von denen aus die Herausforderung an die Bundesrepublik Deutschland im geteilten Land bewältigt werden muß. Nachdem die Wiedervereinigung Deutschlands mit Sicherheit ein zeitlich nicht absehbarer Traum ist, gilt es, praktische Deutschlandpolitik zu machen, die den Erfordernissen der Gegenwart entspricht und die Aufgaben und Verpflichtungen für die Zukunft nicht aus dem Auge läßt. Hier ist wahrlich eine Politik des langen Atems und der Beharrlichkeit notwendig, bei der man sich in diesen Kriterien vom Osten nicht übertreffen lassen darf; speziell nicht von der Sowjetunion, bei der allein der Schlüssel für eine Lösung dieser Probleme liegt. Funktionärsspitzen der DDR sind in der Tat Funktionäre Moskaus und als solche auch nicht vom Volk getragen.

Der »psychotherapeutische Ansatz«

Die »Neue Ostpolitik«, wie sie seit 1969 die sozialliberale Koalition in Bonn zu realisieren versuchte, ist den Anforderungen nach Beharrlichkeit und langem Atem mit der Zielrichtung der Präambel des Grundgesetzes nicht gerecht geworden. Der »Wandel durch Annäherung«, den Egon Bahr in seiner Tutzinger Rede kreierte, hat einen völligen Wandel im konzeptionellen Ansatz der Deutschlandpolitik beinhaltet. Hier löste eine Deutschlandpolitik eine andere Deutschlandpolitik ab. Fühlten sich die CDU/CSU-geführten Bundesregierungen Grundsätzen verpflichtet wie Wahrung von Rechtspositionen, Zugeständnisse nur bei Ausgewogenheit von Leistung und Gegenleistung, ein bis auf das römische Recht zurückgehendes Prinzip zur Herstellung tatsächlichen, materiellen Rechtsfriedens, so wählten die SPD und die FDP – es sei einmal so ausgedrückt – einen »psychotherapeutischen Ansatz« für ihre Deutschlandpolitik: Der SED, ihren leitenden Funktionären in der DDR, sollte die »Unsicherheit« genommen, ihre »Verkrampfung« gelöst werden, die sie der Bundesrepublik Deutschland gegenüber hätten. Das sei nur durch Entgegenkommen, durch Überwindung der »Starrheit« der früheren Politik, durch Lockerung, wenn nicht Abschneiden der »juristischen Zwirnsfäden« möglich, wie Willy Brandt das kunstvolle Geflecht der Außenpolitik Konrad Adenauers abqualifizierte.

Als Resümee dieser »Neuen Ostpolitik« seit 1969 und zugleich als Standortbestimmung für eine illusionslose, langfristig angelegte Deutschlandpolitik der Verpflichtung der Bundesrepublik und im Interesse der Menschen in der DDR ein paar Feststellungen, an die sich operative Ansätze knüpfen lassen: Statt der »Neuen Ostpolitik« brauchen wir eine »Neue Deutschlandpolitik«.

Erste Feststellung: Der »psychotherapeutische Ansatz« der »Neuen Ostpolitik« der sozialliberalen Regierungskoalition in Bonn ist gescheitert. Das geht schon daraus hervor, daß die SPD – allen voran Egon Bahr, auch in seiner derzeitigen Position als Bundesgeschäftsführer der SPD – heute noch mit den gleichen Formeln arbeiten muß wie seinerzeit. Dabei sind mittlerweile durch die internationale Aufwertung der DDR, durch den UNO-Beitritt beider deutscher Staaten, durch ihre gleichberechtigte Mitwirkung auf internationalen Konferenzen, den Austausch Ständiger Vertretungen zwischen beiden deutschen Staaten wirklich alle Gründe für eine »Verkrampfung« und »Unsicherheit« der DDR beseitigt. Die Bundesregierung hat dies systematisch betrieben. Aber – weil das Resultat ausblieb – beschwört man nach wie vor den psychotherapeutischen Ansatz. So war vom SPD-Bundesvorstand nach dem Urteil der DDR-Justiz gegen den mittlerweile abgeschobenen marxistischen Gesellschaftstheoretiker Bahro zu hören, es bedürfe einer »weiteren Vertiefung der Entspannungspolitik«, damit die Staats- und Parteiführung der DDR ihre »Unsicherheit und Nervosität künftig nicht noch in härteren Maßnahmen« abzureagieren versuchte. Ähnlich wurde 1979 nach den Maßnahmen der DDR gegen die Berichterstattung durch Journalisten aus der Bundesrepublik argumentiert, ähnliches war auch nach der »Weihnachtsinvasion 1979« der UdSSR in Afghanistan zu hören: Herbert Wehner warb nach dieser Besetzung eines neutralen Landes um Verständnis für die sowjetische Haltung, und Willy Brandt forderte nicht nur eine Vertiefung und Verbreiterung der Entspannungspolitik, sondern erklärte im gleichen Atemzuge auch die Entspannung für »teilbar«.

Der Grund, warum der »psychotherapeutische Ansatz« der »Neuen Ostpolitik« scheitern mußte, liegt auf der Hand: Die Führung der DDR ist nicht »verkrampft und unsicher«, weil sie von der Bundesrepublik nicht genügend beachtet wurde. Der wahre Grund liegt darin, daß die DDR-Führung bei der großen Masse der eigenen Bevölkerung nach wie vor auf totale Verachtung stößt. Von einer »Abart asiatischer Despotie« sprach Bahro, als er noch in der DDR lebte. Außerdem: Der eiserne Griff der sowjetischen Militärmacht ist so erbarmungslos, daß er der SED-Führung nicht einmal einen Bewegungsspielraum für einen »National-Kommunismus« nach dem Muster Ungarns oder gar außenpolitische Akzentuierungen wie in Rumänien erlaubt. Nach wie vor haben die Ressortchefs der DDR-Ministerien einmal in der Woche beim zuständigen Botschaftsattaché der UdSSR Bericht zu erstatten.

Versäumte rechtliche Absicherung

Zweite Feststellung: In den Jahren der »Neuen Ostpolitik« ist die Zonengrenze als solche nicht durchlässiger, sondern dichter geworden. Der Metallgitter- und Stacheldrahtzaun ist weiter ausgebaut, die Minenfelder, Selbstschußanlagen, Lichtsperren und Hundelaufanlagen, die Beobachtungstürme und -bunker sind noch vermehrt und noch perfekter geworden. Wenn 1980 von einer gewissen Beruhigung an der Zonengrenze, sogar der Verringerung von Minen gesprochen wurde, dann muß man sich vergegenwärtigen, daß diese »Beruhigung« auf einem seit 1969 wesentlich erhöhten Niveau perfektionierter Todesmaschinerie eingetreten ist. Die groß angekündigten »Verbesserungen« für die Menschen sind ausgeblieben, nachdem es der Bundesregierung nicht gelungen ist, für eine klare rechtliche Absicherung zu sorgen, geschweige denn Vereinbarungen politisch irreversibel zu gestalten. Irreversibel sind nur unsere Gegenleistungen, insbesondere die volle rechtliche und diplomatische Eingliederung der DDR in die internationale Politik. Von der DDR her sind wir weitestgehend auf Goodwill angewiesen, der am Ende in Moskau gemacht wird.

Besonders deutlich wird die geringe rechtliche Absicherung am Beispiel der journalistischen Berichterstattung: Die DDR ging und geht in gewissen zeitlichen Abständen immer wieder gegen einzelne Journalisten der Bundesrepublik vor, ob es sich hierbei um die Ausweisung von Fernsehkorrespondenten, um die Schließung von Redaktionsbüros oder um die Einführung einer Genehmigungspflicht für Interviews und einer Anzeigepflicht für Reisen innerhalb der DDR handelt; ganz zu schweigen von der »Selbstzensur«, zu der bundesdeutsche Journalisten gezwungen werden, um nicht die Ausweisung zu riskieren.

Die Proteste der Bundesregierung sind jedesmal wortgewaltig, aber in ihrem sachlichen Kern matt. Sie müssen es sein, denn die rechtliche Grundlage für die journalistische Tätigkeit, der »Briefwechsel über die Arbeitsmöglichkeiten von Journalisten« vom 8. 11. 1972, eine der begleitenden Erklärungen zum Grundvertrag, sieht eine Berichterstattung nur »im Rahmen der geltenden Rechtsordnung« der DDR vor. Es bleibt – und hierauf hatte die Bayerische Staatsregierung im Prozeß vor dem Bundesverfassungsgericht um den Grundvertrag und in öffentlichen Erklärungen immer wieder hingewiesen – der DDR rechtlich unbenommen, diesen »Rahmen« zu verändern. Es fehlt den Vereinbarungen die Eindeutigkeit!

Ein anderes Beispiel dafür, daß die innerdeutschen Verträge keineswegs »wasserdicht« sind, obwohl von amtlicher Seite immer wieder das Gegenteil erklärt wurde: Die Klausel im Transitvertrag vom 17. 12. 1971. Hier verspricht die Bundesrepublik Deutschland »geeignete Maßnahmen« gegen den »Mißbrauch der Transitwege«. »Mißbrauch«, was ist das? Diese Frage muß hier leider dahingehend beantwortet werden, daß »Mißbrauch« in diesem Zusammenhang meist das ist, was die DDR sagt und behauptet. Und wenn »geeignete Maßnahmen« gewissermaßen angedroht werden, dann darf man nicht außer acht lassen, daß solche Maßnahmen im Licht der Freizügigkeitsgarantie unseres Grundgesetzes für alle Deutschen den Konflikt mit der Verfassung schon in sich tragen.

Es ist nicht zu viel gesagt: Die sogenannten Verbesserungen, die mit dem Grundvertrag und aufgrund des Grundvertrages angeblich erzielt worden sind, hätten auf der Basis der bewährten Politik früherer Regierungen auch erzielt werden können, und zwar ohne den hohen Preis, der schließlich von der sozialliberalen Regierung bezahlt wurde. Im innerdeutschen Handel gab es mit dem Protokoll aus dem Jahr 1957 und im humanitären Bereich mit dem Gefangenenaustausch bereits wichtige Ansatzpunkte. Und im übrigen war die Sowjetunion aus global-politischen Erwägungen im Zuge ihrer speziell verstandenen »Entspannungspolitik« zur Einschläferung des westlichen Sicherheitsbedürfnisses in den siebziger Jahren durchaus an gewissen Zugeständnissen der DDR interessiert.

Dritte Feststellung: Als Folge der »Neuen Ostpolitik«, vor allem mit dem Abschluß des Grundvertrags, dem Austausch Ständiger Vertretungen, der gleichzeitigen Aufnahme beider deutscher Staaten in die Vereinten Nationen, in ihre Unterkommissionen und Ausschüsse, pikanterweise auch den UN-Menschenrechtsausschuß, hat die »deutsche Frage« im Bewußtsein der Weltöffentlichkeit an Bedeutung verloren. Auch im Westen wird die »deutsche Frage« weitgehend als ein von der Weltpolitik und Weltgeschichte »abgehaktes Problem« empfunden. Unsere Verbündeten stellen sich schließlich die Frage, ob sie angesichts der Verzichtspolitik der sozialliberalen Bundesregierung deutscher als die Deutschen sein sollen?

Das hat Konsequenzen! Selbst nach Vertragsverletzungen und einseitigen Maßnahmen der DDR geht die Weltöffentlichkeit – wenn sie es überhaupt zur Kenntnis nimmt – schnell zur Tagesordnung über. Auch die UdSSR konnte im Widerspruch zum Vier-Mächte-Abkommen von 1971 in Berlin einseitig die »Lage in diesem Gebiet« (so der Vertragstext) zu ihren Gunsten verändern. Der Vier-Mächte-Status wurde weiter ausgehöhlt, ohne daß dies – wie es in früheren Zeiten der Fall gewesen wäre – die Beziehungen zu den USA ernstlich getrübt hätte. In diesem Zusammenhang sei an die seit 1979 mit Billigung der Sowjetunion von der DDR vorgenommene Direktwahl der Ostberliner Abgeordneten für die Volkskammer erinnert. Früher waren diese Abgeordneten ebenso wie im Falle Westberlins durch die Legislative ernannt worden. Hier ist aber auch der 1979 von der DDR mit sowjetischer Billigung unternommene Versuch zu nennen, das Gebiet von »Groß-Berlin« durch Einverleibung eines neuen Stadtteils in die Stadtgrenzen der »Hauptstadt der DDR« auszudehnen. Dieser Akt steht im Widerspruch zum Londoner Abkommen von 1944, in dem das Gebiet von »Groß-Berlin« für die Alliierten bindend festgelegt wurde.

So scheint sich in der Deutschlandpolitik das Gewicht von der Waagschale des Rechts auf die Waagschale des Faktischen zu verlagern. In der völkerrechtswissenschaftlichen Literatur wird es zunehmend deutlich, was man mit Erschrecken zur Kenntnis nehmen kann: Immer mehr wird in bezug auf Deutschland von der normativen Kraft des Faktischen gesprochen und damit von der rechtlichen Auflösung Deutschlands und der Aufhebung der völkerrechtlichen Bande zwischen der Bundesrepublik und der DDR. Der »Todestag« des Rechtssubjekts »Gesamtdeutschland« wird dabei meist auf den Tag des Inkrafttretens des Grundvertrags, den 21. 6. 1973, datiert. Es ist das historische Verdienst Bayerns, mit der Anrufung des Bundesverfassungsgerichts dafür gesorgt zu haben, daß es diesen »Todestag« rechtlich nicht gibt.

Deshalb vierte Feststellung: Wenn heute die Deutsche Frage im Rechtssinne noch »offen« ist und damit noch ein Spielraum für eine langfristig auf Wiedervereinigung in Frieden und Freiheit angelegte Politik besteht, dann ist dies weniger ein Verdienst der Bundesregierung von SPD und FPD. Den Spielraum für eine Deutschlandpolitik, die diesen Namen auch verdient, haben in erster Linie die CDU/CSU und die Bayerische Staatsregierung erhalten. Die Bayerische Staatsregierung hat mit der Normenkontrollklage gegen den Grundvertrag erreicht, daß das höchste deutsche Gericht einige verfassungsrechtliche »Pflöcke eingerammt« hat, die der Bundesregierung die Politik einer augenzwinkernden Kollusion mit dem östlichen Vertragspartner unmöglich machen.

So ist es nach den Urteilen des Bundesverfassungsgerichts zum Grundvertrag von 1973 und zum Warschauer und Moskauer Vertrag von 1975 der Bundesregierung verwehrt, gewissermaßen für den »Hausgebrauch«, zur Beschwichtigung der Opposition und der Vertriebenen auf die »Nichtberührklauseln« in den Ostverträgen hinzuweisen; zu argumentieren, daß frühere, die beiden Vertragsparteien betreffende Verträge und Abkommen nicht berührt würden, wie es im Grundvertrag, im Moskauer Vertrag und im Warschauer Vertrag heißt, und daraus zu schließen, im Grunde habe sich rechtlich nichts geändert. Zugleich aber kümmert man sich auf der diplomatischen Ebene gegenüber den östlichen Vertragspartnern um diese Vertragsklauseln kaum. Man stellt sie hinter die Vertragsbestimmungen, mit denen die Nachkriegsgrenzen und damit das sowjetische Nachkriegsimperium anerkannt werden. So geht es in der Tat nicht!

Die Basis einer Deutschlandpolitik

Es ist deutlich geworden: Die Grundlage der Deutschlandpolitik kann nach den bereits erwähnten Verfassungsgerichtsurteilen weiterhin nur im völkerrechtlichen und staatsrechtlichen Fortbestehen von »Deutschland als Ganzem« gesehen werden. Die Bundesrepublik Deutschland ist damit identisch, wenn auch territorial auf den Geltungsbereich des Grundgesetzes beschränkt. Auch die Gebiete jenseits von Oder und Neiße sind bis zum Abschluß eines Friedensvertrages oder eines ähnlichen Abkommens zwischen den Siegermächten nicht aus diesem »Deutschland als Ganzem« entlassen. Polen und die UdSSR üben dort zwar die »Gebietshoheit« aus, besitzen aber nicht die »territoriale Souveränität«. Aus der Fortexistenz von »Deutschland als Ganzem« folgt auch das Vorhandensein eines einheitlichen deutschen Staatsvolks und nicht nur einer deutschen Gefühls- und Kulturnation. Das in der UN-Charta und den Menschenrechtspakten garantierte Selbstbestimmungsrecht der Völker muß deshalb von diesem gesamten deutschen Volk ausgeübt werden; es kann nicht »in Scheiben geschnitten« und für einen Teil des Volkes von den dortigen Machthabern »abgenommen« werden.

Ohne in eine rechtliche Detailanalyse einsteigen zu wollen – die »Kriegs- und Nachkriegserklärungen« der Siegermächte, die sich alle auf Deutschland als Ganzes beziehen, haben weiter Gültigkeit. Es handelt sich um

1. die »Berliner Erklärung« vom 5. 6. 1945. Mit ihr übernahmen die Siegermächte die oberste Regierungsgewalt in Deutschland. In der Präambel wurde darin eine »Annektierung« Deutschlands oder deutscher Gebiete ausgeschlossen.
2. das Londoner Protokoll vom 12. 9. 1944. Es beschreibt die Grenzen »Deutschlands«.
3. das Potsdamer Protokoll vom 2. 8. 1945. Es behält die Regelung der Grenze »Deutschlands« einem Friedensvertrag vor, was auch in dem sowjetisch-polnischen Vertrag vom 16. 8. 1945 ausdrücklich festgelegt ist.
4. den Deutschlandvertrag von 1952, der mit den Pariser Verträgen 1955 in Kraft getreten ist. Er regelt speziell das Verhältnis zu den Westmächten und – hier zeigt sich die Handschrift Konrad Adenauers – legt als politisches Ziel ein in die Europäische Gemeinschaft integriertes, wiedervereinigtes Deutschland fest; ein wiedervereinigtes Deutschland mit freiheitlich-demokratischer Verfassung.

Alle diese Rechtsinstrumente, in den Ostverträgen leider nur pauschal in die »Nichtberührklauseln« eingepackt, hat das Bundesverfassungsgericht erneut in das politische Bewußtsein gehoben. Die Westmächte haben ein weiteres getan, indem sie 1980 zum 25. Jahrestag der Pariser Verträge in getrennten Noten gegenüber der Bundesregierung die Fortdauer der gemeinsamen Zielsetzungen des Deutschlandvertrages bekräftigt haben. Damit sind sie allen Sorgen und Spekulationen entgegengetreten, sie könnten diese Bestimmungen im Laufe der Zeit durch Nichtbeachtung »obsolet« werden lassen.

Mag auch für manche Politiker die deutsche Frage eine »Erfindung« sein, Wiedervereinigung ein Wort, »das nicht in die Entwicklung paßt«, wie es Herbert Wehner 1979 ausdrückte, eine verantwortungsbewußte Deutschlandpolitik hat den Satz des Bundesverfassungsgerichts im Grundvertrags-Urteil zu beachten, in dem es heißt:

»Die Wiedervereinigung ist ein verfassungsrechtliches Gebot. . . . Kein Verfassungsorgan der Bundesrepublik Deutschland darf die Wiederherstellung der staatlichen Einheit als politisches Ziel aufgeben, alle Verfassungsorgane sind verpfichtet, in ihrer Politik auf die Erreichung dieses Zieles hinzuwirken – das schließt die Forderung ein, den Wiedervereinigungsanspruch im Innern wachzuhalten und nach außen beharrlich zu vertreten – und alles zu unterlassen, was die Wiedervereinigung vereiteln würde.«

Der Weg zur Wiedervereinigung wird ohne Zweifel ein langer Weg sein. Und er wird immer ein gewaltloser Weg sein. Die Union und mit ihr die von der Union geführten Bundesregierungen haben immer unmißverständlich deutlich gemacht, daß das Ziel eine Wiedervereinigung nur in Frieden und Freiheit sein kann. Und dabei wird es auch bleiben. Aber daß dieser Weg überhaupt beschritten werden kann, dazu ist es unabdingbare Notwendigkeit, den rechtlichen und auch moralischen Anspruch aufrechtzuerhalten. Auf der Basis des Karlsruher Spruchs darf jedenfalls bis zu einer vielleicht einmal gegebenen historischen Chance »kein im Grundgesetz begründeter Rechtstitel preisgegeben werden, der jetzt oder später ein Argument zur Förderung des Strebens nach Wiedervereinigung bieten kann.« So das Bundesverfassungsgericht.

Zugegeben: Diese Überlegungen sind rechtlicher Art. Aber sie haben zugleich eine eminent politische Bedeutung. Wenn wir »Deutschland« aufgeben, den Anspruch auf Wiedervereinigung, das Festhalten an einem einzigen deutschen Volk preisgeben, dann legen wir damit eine »Langzeitbombe« für unser Staatsbewußtsein, für die Bereitschaft unserer Bürger, sich für diesen Staat zu engagieren. Das Selbstbestimmungsrecht, das Heimatrecht darf nicht nur im Zusammenhang mit den Palästinensern genannt werden, wenn die Deutschen nicht ihre geistig-historisch gewachsene staatliche Heimat verlieren sollen.

Neue Deutschlandpolitik statt »Neuer Ostpolitik«. Entsprechend der dargestellten Ausgangssituation kann die Leitlinie nur lauten: Bewahren und positiv verändern! Zunächst »bewahren« des Wenigen, was wir noch an Resten gesamtdeutscher Staatlichkeit im Rechtlichen und Faktischen gerettet haben. Dann muß versucht werden, in einer nüchternen Politik des langen Atems eine Veränderung in Richtung von »mehr Freiheit im Herzen Europas, Menschenrechte für alle Deutschen« zu erreichen.

Zu bewahren gilt es einmal die Fortexistenz der Vier-Mächte-Verantwortung, wie sie sich vor allem in Berlin darstellt. Es wird oft übersehen, daß bei einer politischen und rechtlichen Hinnahme der Auflösung und des Untergangs von »Deutschland als Ganzem« und einer »Separation« der DDR Berlin rechtlich völlig in der Luft hinge. In diesem Fall bestünden kaum andere Möglichkeiten einer staats- und völkerrechtlichen Einordnung als die einer »selbständigen politischen Einheit«. Demgegenüber ist Berlin heute Symbol und Substrat gesamtdeutscher Staatlichkeit. Dies zeigt sich noch faktisch in der Einteilung Berlins in »Zonen« der einzelnen Besatzungsmächte, der Existenz der alliierten Luftsicherheitszentrale, des Spandauer Kriegsverbrechergefängnisses und vor allem in den Patrouillen der USA auch im Ostteil Berlins als Ausdruck der Gesamtverantwortung als Siegermacht. Wir haben kein Interesse an einer Veränderung dieser Lage in Berlin oder an einem Zurückdrängen der Rechtsposition der Westmächte im Bereich Westberlins. In ihrer sichtbaren Präsenz in der alten Reichshauptstadt kommt zum Ausdruck, daß die deutsche Frage insgesamt ungelöst ist und die Verantwortung der Siegermächte für die endgültige Lösung dieser Frage fortbesteht. Der seinerzeitige Rat Egons Bahrs, als Antwort auf die Direktwahl der Ostberliner Abgeordnetenkammer der DDR auch die Westberliner Bundestagsabgeordneten direkt zu wählen, wäre in Wahrheit der Sprengsatz für die Vier-Mächte-Verantwortung in Berlin gewesen. Glücklicherweise stieß er auch innerhalb der Bundesregierung auf Ablehnung.

Ein weiteres zu erhaltendes Element der Deutschlandpolitik ist der »innerdeutsche Handel«. Es ist daran festzuhalten, daß dieser Handel rechtlich nicht Außenhandel ist und – wie die DDR aus ökonomischen Interessen heraus es sogar in einem Annex zum Grundvertrag eingeräumt hat – »auf der Grundlage der bestehenden Abkommen« abgewickelt wird. Gemeint ist hier vor allem das Protokoll über den innerdeutschen Handel von 1957.

Soweit es in der Macht der Bundesrepublik und ihrer Staatsorgane steht, darf die einheitliche Staatsangehörigkeit aller Deutschen nicht geschmälert werden. Einer begleitenden Erklärung zum Grundvertrag, in der ein Dissens über diese Frage »protokolliert« ist, hat das Bundesverfassungsgericht im Grundvertragsurteil großen Wert beigelegt. Konkret heißt dies, daß etwa jeder deutsche Bewohner, der faktisch in den Einflußbereich der Bundesrepublik gerät, auch von deren diplomatischem Schutz profitiert. So muß er zum Beispiel bei einem Besuch in einer deutschen Auslandsvertretung einen deutschen Paß erhalten können. Die Respektierung dieser Personalhoheit sollte in Konsularabkommen mit Drittländern vereinbart werden. Die Vereinbarung mit Großbritannien von 1976 ist dafür ein Beispiel.

Ein weiterer, oft übersehener Pfeiler deutscher Gesamtstaatlichkeit ist die kirchenrechtliche Einteilung der Bistumsgrenzen in Deutschland. Wir können gerade in neuerer Zeit feststellen, daß in den Ländern Osteuropas, besonders in Polen, aber auch in der DDR das religiöse Bewußtsein wieder erstarkt und die Kirche oft die einzige Bastion gegen den staatlichen Machtanspruch darstellt. Die Kappung kirchenrechtlicher Bande zum anderen Teil Deutschlands würde von den Katholiken dort als Schwächung und nicht als Aufwertung ihrer Position empfunden. So wird auch der Bischof von Berlin als Klammer für Gesamtberlin empfunden. Dies ist enorm wichtig. Durch die Ernennung von »bischofsähnlichen« apostolischen Administratoren sind die pastoralen Notwendigkeiten ausreichend berücksichtigt. Nach Art. 11 des alten Reichskonkordats kann übrigens eine Änderung der gegenwärtigen Bistumsgrenzen, die bei den Bistümern Würzburg, Fulda und Paderborn über die Zonengrenze hinausgehen, nur im gegenseitigen Einvernehmen von Vatikan und Reichsregierung vorgenommen werden. Rechtsnachfolgerin der Reichsregierung ist die Bundesregierung in Bonn.

Die juristischen und politischen Positionen und ihre Bewahrung sind freilich nicht nur eine Aufgabe gegenüber dem Ausland. Wir haben dafür auch im eigenen Hause, im eigenen Rechtskreis der Bundesrepublik Deutschland zu sorgen.

Nachdem die Urteile des Bundesverfassungsgerichts einen »stillschweigenden Verfassungswandel«, einen »Wandel durch Annäherung« auf der zwischenstaatlichen Ebene ausgeschlossen haben, besteht für die Initiatoren der »Neuen Ostpolitik« die Versuchung, auf das »Unterverfassungsrecht«, auf einfache Rechtssätze und Verwaltungsanordnungen, auszuweichen. Man soll sich nicht täuschen. Auf diese Weise kann dem gesamtdeutschen Bewußtsein genausoviel oder noch mehr geschadet werden als durch große »spektakuläre« Akte wie den Abschluß von völkerrechtlichen Verträgen.

Auch aus diesem Grund galt es, den Versuchen von SPD und FPD energisch entgegenzutreten, in der Neufassung des Umsatzsteuergesetzes 1980 ohne Not und in Widerspruch zu einer langen deutschen Gesetzestradition die Gebiete jenseits von Oder und Neiße dem »Ausland« zuzuordnen. Nun kann man natürlich sagen, in einem Umsatzsteuergesetz werde nicht die Schlacht um Deutschland geschlagen. Das ist richtig. Aber der Bewußtseinswandel und damit letztlich auch ein »stillschweigender Verfassungswandel« vollzieht sich eben oft wirksamer über ein Steuergesetz, mit dem die Bürger jeden Tag zu tun haben, als über kaum gelesene Regierungserklärungen zum 17. Juni!

In diesen Zusammenhang gehört auch die Frage der Karten in Schulatlanten. Hier geht es um mehr als um einen Streit um »gepunktete und durchgezogene Linien«, wie von denjenigen gesagt wird, die die Sache ins Lächerliche ziehen wollen. In den politischen Karten sollen die Schüler nicht nur über die machtpolitische Situation in Mitteleuropa unterrichtet werden, sondern auch über die rechtliche und historische Lage, wie sie nach Verfassungs- und Völkerrecht besteht. Wir müssen dafür sorgen, daß die Möglichkeit eines »peaceful change«, einer friedlichen Veränderung der durch die sowjetische Machtpolitik tatsächlich entstandenen Lage nicht von vorneherein aus dem Bewußtsein der nachwachsenden Generationen verschwindet.

Für eine Deutschlandpolitik des langen Atems, der Verantwortung und der Nüchternheit gibt es über die erwähnten Wege zum »Offenhalten« der deutschen Frage hinaus noch eine Reihe operativer Ansätze. Dem Wesen des Politischen entsprechend sind sie keine Schachfiguren auf dem Brett der Diplomatie, sondern gewissermaßen »flüssige Elemente«. Es kommt darauf an, was man daraus macht, in historischer Dimension, jenseits bloßer Tagespolitik.

Zunächst ist die geopolitische Einbettung der Deutschlandpolitik in das gesamte Ost-West-Verhältnis zu beachten. In der gegenwärtigen Phase »Ernüchterung«, nicht zuletzt in den Vereinigten Staaten von Amerika, besteht die Chance neuer Überlegungen in der Ost-West-Politik. Die Entspannung muß so definiert werden, daß die deutsche Frage nicht mehr als Störenfried dieser Entspannungspolitik hingestellt werden kann. Eine Lösung der deutschen Frage, die Gewährung von Freiheit und Selbstbestimmung für alle Deutschen, muß als Voraussetzung für eine dauerhafte Entspannung empfunden werden; für einen auf Gerechtigkeit beruhenden Interessenausgleich mit dem Osten. Eine solche »Neudefinition« des Entspannungsbegriffs setzt auch eine Wiederherstellung des gestörten militärischen Gleichgewichts voraus, doch wäre es falsch, die politische Phantasie in einem Hochschaukeln der Waffenarsenale zu erschöpfen.

Das wichtigste Element dieser Strategie ist es, den Begriff »Deutschland« nicht fallenzulassen. Die Staatlichkeit der Bundesrepublik darf auch nicht durch das gedankenlose Kürzel »BRD« zu einer rechtlich und moralisch im Verhältnis zur »DDR« gleichwertigen Ordnung herabsinken. Würden wir auf den Begriff »Deutschland«, auf die Kontinuität und Identität des Deutschen Reiches mit der Bundesrepublik Deutschland verzichten, würde das zudem über kurz oder lang dazu führen, daß die DDR sich dieses Begriffs bemächtigt und sich als das »wahre Deutschland« hinstellt. Die Art und Weise, wie die DDR mit der deutschen Tradition umgeht und wichtige historische Gedenktage in ihr Staatsverständnis einzubauen versucht, sind eine Warnung.

Im Sinne einer operativen Deutschlandpolitik müssen auch die ökonomischen Interessen in den Gesamtzusammenhang der Außen- und Deutschlandpolitik eingeordnet werden. Die Außenwirtschaftspolitik darf nicht ein isoliertes Eigenleben führen, und zwar gilt dies in mehrfacher Hinsicht: Einmal besteht natürlich die Möglichkeit von wirtschaftlichen Sanktionen bei Vertragsverletzungen der anderen Seite. Die Palette der Möglichkeiten gegenüber der DDR reicht hier von einzelnen Zahlungen aus den öffentlichen Haushalten bis zu den Umsatzsteuervergünstigungen der DDR, von den aus dem sogenannten Swing gezogenen Zinsvorteilen der DDR bis zu Anti-Dumping-Maßnahmen gegen bestimmte östliche Importe. Zum anderen kann das wirtschaftliche Interesse der anderen Seite aber auch positiv nutzbar gemacht werden, als Anreiz zu gewissen Gegenleistungen im menschenrechtlichen Bereich, etwa bei der Familienzusammenführung, der Senkung des Mindestalters für Westbesuche und so weiter.

Neben der Lieferung von Konsumgütern hat die DDR wie die anderen sozialistischen Staaten ein starkes Interesse an der Sicherung ihrer Energieversorgung. Das gilt vor allem für die Versorgung mit Elektrizität, da die Wirtschaft der DDR wegen der geringeren Produktivität einen noch viel höheren Energiebedarf als unsere Wirtschaft hat. Will die Bundesrepublik auf diesem wichtigen Sektor »ins Geschäft kommen«, setzt dies natürlich klare Entscheidungen in der internen deutschen Energiepolitik – sprich Anwendung der Kernenergie – voraus. Stromlieferungen über den Eisernen

Vorhang hinweg können schließlich nicht zu Lasten der eigenen Versorgungssicherheit gehen.

Darüber hinaus kann das Interesse der anderen Seite an wirtschaftlichen Kontakten auch als Hebel dazu dienen, die Luft der Marktwirtschaft und damit ein Stückchen Freiheit über die Grenze wehen zu lassen. So bedürfen normale Handelsgeschäfte einer gewissen Marktpflege, sie setzen das Denken in Kategorien des Weltmarktes, also der Marktwirtschaft und damit der tagtäglichen Abstimmung aller über ihre Bedürfnisse, voraus. Leider hat der Westen und die Bundesrepublik mit der Akzeptierung von »Kompensationsgeschäften« diese Chance oft verpaßt. Bei derartigen Geschäften liegt das Absatzrisiko auf der Empfängerseite, also bei den Unternehmen der Bundesrepublik. Und leider hat die Bundesregierung in den letzten Jahren immer mehr langfristige Wirtschaftsabkommen – mit der Sowjetunion sogar ein Abkommen über 25 Jahre – geschlossen. Hier gilt es vorsichtig zu sein, will man, daß die andere Seite in den Kategorien des Marktes denkt und sich nicht die Partner in der Bundesrepublik dem Fünf-Jahres-Rhythmus östlicher Wirtschaftspläne unterwerfen.

Für ein neues Verständnis der deutschen Frage müssen auch die internationalen Gremien genutzt werden. Es geht um ein Verständnis, das sich vor allem am Schutz der Menschenrechte, am Selbstbestimmungsrecht, an der Meinungs- und Religionsfreiheit orientiert. Damit wird die deutsche Frage abgehoben von einer bloßen »querelle allemande«. Sie wird zu einer Frage, die die internationale Rechtsordnung berührt.

Die Bundesrepublik Deutschland hat auch die Pflicht, zur Meinungs- und Informationsfreiheit in der DDR beizutragen, soweit dies möglich ist. Unsere Instrumente dafür sind die westlichen Hörfunk- und Fernsehsender, die in die DDR hineinreichen. Im Bewußtsein der Deutschen in der DDR sind sie immerhin so stark verankert, daß die SED ihre seinerzeitige Kampagne gegen »Westhörer« einstellen mußte. Die von der Bundesregierung kürzlich aus Furcht vor einem privaten Rundfunk erwogenen Schritte gegen die Ausstrahlungen von Radio Luxemburg auf das Gebiet der Bundesrepublik haben auch eine deutschlandpolitische Komponente. Die DDR könnte dann ähnliche Maßnahmen zur Einschränkung der völkerrechtlichen »Freiheit des Äthers« auch von der Bundesrepublik fordern.

Man sollte es nicht vergessen, man muß es immer wieder sagen: Die Mauer in Berlin hat nicht auch eine geistige Mauer zwischen den Deutschen herstellen können. Die überwiegende Mehrzahl, nach Telefonumfragen sind es vier Fünftel der Bewohner der DDR, empfinden sich bei allem berechtigten Stolz auf ihre eigenen Leistungen als Angehörige einer deutschen Nation. Und sie sind auch genau über die aktuellen politischen Probleme und Entwicklungen in der Bundesrepublik unterrichtet. Die SED mußte deshalb ihre These von den »zwei Deutschen Nationen« modifizieren. Sie war der Bevölkerung absolut nicht »vermittelbar«. Die SED spricht jetzt von einer gemeinsamen »Deutschen Nationalität« beider deutschen »Nationen«, der »sozialistischen« und der »kapitalistischen«.

Hierin liegt Hoffnung. Und es ist vor allem die Hoffnung der Deutschen in der DDR auf Einheit in Freiheit und Frieden, die die »Neue Deutschlandpolitik« anstelle der »Neuen Ostpolitik« bewegen muß. Ein Pole wäre in der Zeit der polnischen Teilungen nicht auf den Gedanken gekommen, der Staatlichkeit seines Landes abzuschwören. Nicht »psychotherapeutische« Ansätze sozialliberaler Anpasserei sind gefragt. Auch die Deutschen tragen die Verantwortung des langen Atems historischer Dimension.

IV. Von Bayern aus . . .

Herausforderungen in Deutschland – Herausforderungen an Deutschland! Die Frage nach der Verantwortung richtet sich an jeden einzelnen. In einem föderativ organisierten Staat richtet sie sich jedoch auch an die Teile dieses Bundesstaates. Bayern hat sich seiner Verantwortung in Deutschland und für Deutschland nie entzogen. Das gilt für die über 1000jährige Geschichte unseres Staates insgesamt und unter dieser Prämisse auch für die Zeit, da der Freistaat Bayern als Bundesland der Bundesrepublik angehört. Und die Bereitschaft, in Deutschland und für Deutschland Verantwortung zu übernehmen, gilt für Bayern auch dann, wenn es wieder das ganze Deutschland sein sollte, gemäß der Präambel des Grundgesetzes von 1949.

Für einen bayerischen Politiker oder einen Politiker aus Bayern ist die Basis seines Wirkens, wo immer sie gefragt ist, sein Land, eben – Bayern! Und dieses Bayern hat nichts zu tun mit den gängigen Klischees, die über den »widerspenstigen Freistaat« existieren und die von schlitzohrigen Bayern, weil dem Fremdenverkehr verpflichtet und durchaus nicht abgeneigt, selbst verbreitet werden. Aber jenseits von Lederhosen und Schnaderhüpfln, Maßkrügen und Sennhütten, Frankenwein und Nürnberger Bratwürstl wird es ernst, wenn es um die Begriffe »liberal« und »konservativ« geht, die kaum irgendwo anders erfolgreicher zu einer Einheit der Toleranz und Festigkeit in Grundüberzeugungen verbunden wurden als in Bayern. Das Selbstverständnis der viel zitierten »Liberalitas Bavarica« schafft die Basis auch für die Bewältigung der Zukunftsaufgaben, die sich in Bayern heute nicht anders stellen als in einem anderen modernen, hochindustrialisierten Staat des auslaufenden 20. Jahrhunderts. Wenn man so will, hat König Ludwig I. von Bayern bereits dem Ausdruck verliehen, was noch eineinhalb Jahrhunderte später gewissermaßen als »moderner Konservatismus« bezeichnet werden kann. Ludwig I.: »Was alt ist und gut, soll bleiben; was alt ist und gleichgültig, mag bleiben; was alt ist und schlecht, will ich stürzen, und wenn es tausend Jahre bestünde.«

»Bayern hat im Laufe seiner Geschichte für das Reich der Deutschen mehr getan, als man es vor allem im 19. Jahrhundert unter dem Eindruck des preußischen Führungsanspruchs wahrhaben wollte – höchstvermutlich mehr getan als jedes andere deutsche Land«, schreibt Bernhard Ücker. Aber hier soll nicht in der Geschichte gegraben werden. Hier soll auch nicht in Musik, Kunst, Kultur, Wissenschaft und Technik geschwelgt werden, wo Bayern zweifellos bis zum heutigen Tag seine Leistungen aufzuweisen hat. Dies ist ein politisches Buch, das sich mit aktuellen Problemen der Politik befaßt.

Beschränken wir uns deshalb auf die Zeit nach 1945, in der Bayern ebenfalls seinen Beitrag zum Aufstieg und Bestand der Bundesrepublik Deutschland geleistet hat. Drei Schwerpunkte bayerischen Wirkens sollen herausgegriffen sein, weil sie unser Engagement auch künftig erfordern: Bayern als Hort des Föderalismus, Bayern als Bewahrer und Offenhalter der deutschen Frage und Bayern als verläßliche Bastion gegen den Sozialismus.

Hort des Föderalismus

Entgegen vielfach verbreiteter Meinung: Bayern war immer für den Föderalismus, es pflegte nie den Separatismus. Und selbst als der Bayerische Landtag in der historischen Nachtsitzung vom 19./20. Mai 1949 nach einer stürmischen und leidenschaftlichen Debatte dem Grundgesetz der Bundesrepublik Deutschland mehrheitlich die Zustimmung versagte, entsprang diese Entscheidung nicht separatistischen Tendenzen, sondern der Sorge um die föderalistische Struktur des künftigen Bundes, zu dem man sich klar bekannte. Der damalige bayerische Ministerpräsident Hans Ehard erklärte zur Abstimmung, entscheidend bleibe für Bayern, wieviel föderalistische Elemente und Sicherungen eine bundesstaatliche Verfassung enthalte: »Die Grundsätze unserer föderalistischen Staatsprinzipien erschöpfen sich nicht in Anmeldung von Länderrechten, sondern erstrecken sich auf den Gesamtorganismus des Bundes . . . Ohne lebensfähige und in ihrer Existenz gesicherte Länder oder Einzelstaaten gibt es keinen Bundesstaat . . .« Und am 2. Juli 1949 begründete Ministerpräsident Ehard das Nein zum Grundgesetz und das gleichzeitige Ja zum Staatsverband Bundesrepublik Deutschland in einer Rundfunkansprache: »Die Schlacht wäre für den Föderalismus verloren gewesen, wenn wir nicht gewesen wären! Da uns das Erreichte nicht genügte, sagten wir am Schluß Nein zum Ganzen . . . ein Nein, das wir für notwendig hielten, damit Bayern im kommenden Bunde die Sache des Föderalismus mit freien Händen vertreten kann.«

In der Tat hat sich Bayern in der Bundesrepublik Deutschland stets als Anwalt des Föderalismus verstanden, wobei Föderalismus immer mehr bedeutete als nur ein Organisationsprinzip. Föderalismus galt und gilt Bayern als Lebensform, die nicht nur die Eigenart und Vielfalt der in der Bundesrepublik Deutschland vereinigten Deutschen ermöglichen und bewahren soll, sondern seine letzte Rechtfertigung als Instrument der Konfliktlösung, des Ausbalancierens der politischen Kräfte in diesem Bund erhält. Ehard beschrieb den Föderalismus als Prinzip des Maßes, des Aufbaues von unten nach oben; eine föderalistische Staatsordnung halte sich an das Überschaubare. Alles was überschaubar sei, solle man zusammenfassen, was darüber hinausgehe, führe zu schematischen Vereinigungen und letztlich zum Zentralismus.

Bittere Erfahrungen der Vergangenheit hatten das Fundament geliefert. Und dabei ging es nicht nur um die Erfahrungen, die man während der Zeit des Nationalsozialismus machen mußte. Die Zentralgewalt in Deutschland hatte schon mit der Weimarer Verfassung eine enorme Stärkung erfahren. Von den Gliedstaaten waren nur noch »Länder« geblieben. Die Weimarer Republik präsentierte sich als dezentralisierter Einheitsstaat und wurde so gewissermaßen zur Vorstufe des zentralen Einheitsstaates der Nationalsozialisten, der die Länder einschließlich Bayerns zu Verwaltungsprovinzen in einem totalitären Staat degradierte. Die Bedeutung einer föderativen Struktur für das neue Deutschland im Sinn einer wünschenswerten Machtbalance und einer Vorsorgegarantie gegen neuerliche Gleichschaltung wurde nach 1945 von Anfang an von Bayern betont. Dies fand Ausdruck nicht nur in der Bayerischen Verfassung, sondern auch im Grundgesetz der Bundesrepublik Deutschland, in dem durch Artikel 79 die föderative Grundordnung jeglicher Verfassungsänderung entzogen ist.

Trotz dieser Grundgesetzgarantie – der Föderalismus ist in der Bundesrepublik Deutschland, obwohl von der überwiegenden Mehrheit der Bevölkerung begrüßt, den Gefahren der Verwässerung und der Aushöhlung ausgesetzt. Die über 30 Änderungen des Grundgesetzes sind in ihrer Mehrzahl zu Lasten der Länderkompetenzen gegangen. Um nur einige Beispiele zu nennen: Der Bund hat seine konkurrierende Gesetzgebungszuständigkeit auf die Gebiete der Besoldung und Versorgung im öffentlichen Dienst, der Luftreinhaltung, der Lärmbekämpfung, der Abwasserbeseitigung, der wirtschaftlichen Sicherung der Krankenhausversorgung, der Ausbildungsförderung, des Waffenrechts und noch einiges mehr ausgedehnt. Im Zusammenhang mit dem Stabilitätsgesetz wurde der Grundsatz der Unabhängigkeit der Haushaltswirtschaften von Bund und Ländern eingeschränkt. Der Bund hat über die Konjunkturpolitik Einfluß auf die Länderhaushalte. Mit der zweiten Finanzreform von 1969 kamen die Gemeinschaftsaufgaben und in ihrem Zuge die Mischfinanzierungen, die eine erhebliche Ausweitung der Einflußmöglichkeiten des Bundes brachten. Über eine Neuordnung speziell in diesem Bereich muß dringend verhandelt werden, wie überhaupt die Finanzverfassung letztlich die Gretchenfrage des Föderalismus ist.

Die Tendenz zur Ausweitung der Bundeskompetenz auf Kosten der Länder hat sich durch die sozialliberale Bundesregierung noch verstärkt. Sozialdemokraten und Freie Demokraten haben schon aus ihrem zentralistischen Selbstverständnis kein oder nur ein gestörtes Verhältnis zum machtteilenden Prinzip des Föderalismus. So hat Bonn damit begonnen, von den sogenannten »ungeschriebenen Zuständigkeiten« zum Beispiel nach dem Grundsatz der »Natur der Sache« ausgiebig Gebrauch zu machen. Im Bundestag fanden plötzlich groß angelegte Diskussionen über Fragen statt, die in die ausschließliche Gesetzgebungszuständigkeit der Länder fallen. Erinnert sei an die großen Anfragen zur Studienreform, zur Wissenschaftsförderung und Wissenschaftsplanung, die Debatten über den Sport und noch einiges mehr. Hier wird auf die öffentliche Meinung eingewirkt, und hier werden Sachzwänge für die Länder geschaffen. Einen kaum zu überschätzenden Einfluß übt der Bund auf die Länder heute auch über mehr als 200-Bund-Ländergremien aus, die in Form von Ausschüssen, Arbeitsgemeinschaften, Arbeitskreisen, Kommissionen alle möglichen Zuständigkeitsbereiche koordinieren.

Die föderalismusfeindliche Handlung der sozialliberalen Bundesregierung zeigt sich in dem permanenten Bestreben, den Ländern die Mittel zu kürzen, die sie zur Bewältigung ihrer Aufgaben brauchen. Sie zeigt sich aber auch in den ständigen Angriffen auf den Bundesrat. Dieses Bundesorgan ist innerhalb der föderativen Ordnung der Bundesrepublik Deutschland das wichtigste Instrument der Mitgestaltung der Bundespolitik durch die Länder. Die sozialliberale Koalition hat vor allem der CDU/CSU und den von der Union geführten Bundesländern wiederholt vorgeworfen, sie benützten den Bundesrat als Blockadeinstrument der Opposition gegen die Bundesregierung. Abgesehen davon, daß eine Bilanz der tatsächlich durch den Bundesrat abgelehnten Gesetze diesen Vorwurf nicht rechtfertigt, der Bundesrat wäre in seiner Funktion tüchtig mißverstanden, sähe man in ihm nur ein Ja-Sager-Gremium für die jeweilige Bundesregierung. Mit seinem Urteil vom 25. Juni 1974 hat das Bundesverfassungsgericht in Karlsruhe das umfassende Prüfungsrecht des Bundesrates und seine volle Entscheidungsfreiheit bei der Mitwirkung an der Bundesgesetzgebung ausdrücklich bestätigt. Der Bundesrat ist keineswegs auf die Wahrnehmung von Länderinteressen beschränkt. Und im übrigen kann wohl von keinem Politiker und auch nicht von einem Mitglied des Bundesrats verlangt werden, daß er seine politische Gesinnung an der Garderobe ablegt, wenn wichtige Fragen zu entscheiden sind, die angesichts der grundsätzlichen Differenzen zwischen Bundesregierung und Opposition vielfach auch Grundwertentscheidungen sind. Wer in unserem föderativen Staat seine Auffassung ungeschmälert durchsetzen will, braucht die Mehrheit in beiden gesetzgebenden Körperschaften.

Und dabei soll und muß es bleiben, nicht aus Gründen falsch verstandener Eigenbrötelei, sondern aus dem übergeordneten Interesse am inneren Frieden in unserem Bundesstaat. Kompromiß und Ausgleich sind notwendige Instrumente der Demokratie, ohne sie würde Demokratie zum Demokratismus verkommen, der die Minderheit in eine hoffnungslose Situation mit allem damit verbundenen politischen Sprengstoff brächte. Föderalismus in Deutschland ist so gesehen nicht nur das Ergebnis bitterer Erfahrungen, sondern auch die zukunftsträchtige Lebensform, die uns auch in einem zu formierenden Europa die Lösung mancher Probleme und Konflikte erlaubt. Bayern bekennt sich zu diesem Föderalismus: »Wir handeln dabei aus einer doppelten Verantwortung zunächst gegenüber der gewachsenen und lebendigen Staatlichkeit Bayerns. Die Staatsregierung wird dafür sorgen, daß Bayern in der Bundesrepublik Staat bleibt und nicht eine gleichgeschaltete Verwaltungsprovinz wird. Die Staatsregierung handelt aber auch aus Verantwortung gegenüber der ganzen Bundesrepublik und ihrer verfassungsmäßigen Ordnung.«

So sagte es der ehemalige bayerische Ministerpräsident Alfons Goppel in seiner Regierungserklärung vom 10. Dezember 1974. Und dies gilt auch heute noch.

Für das ganze Deutschland

Es entspricht nicht zuletzt dem föderalistischen Selbstverständnis Bayerns, daß es konsequent seit dem Neubeginn nach 1945 nicht nur für seine Beteiligung an einem deutschen Bundesstaat eingetreten ist, sondern sich seiner Verantwortung auch für das ganze Deutschland bewußt war. Im Prozeß dieser Verantwortung gibt es zwei wichtige Wegmarken, die in der Deutschlandpolitik und Ostpolitik nicht übersehen werden können. Es handelt sich um die letzte gesamtdeutsche Ministerpräsidentenkonferenz, die 1947 nach München einberufen wurde. Und im geschichtlichen Rang dieser bayerischen Initiative in nichts nachstehend, muß die Klage des Freistaates Bayern beim Bundesverfassungsgericht gegen den Grundlagenvertrag 1973 und der damit erzielte Urteilsspruch gesehen werden. Offenhalten der deutschen Frage – Bayern bewies seine Entschlossenheit.

Die Bayerische Verfassung von 1946, die noch vor dem Grundgesetz da war, enthält den Artikel 178: »Bayern wird einem künftigen deutschen demokratischen Bundesstaat beitreten. Er soll auf einem freiwilligen Zusammenschluß der deutschen Einzelstaaten beruhen, deren staatsrechtliches Eigenleben zu sichern ist.« Wie selbstverständlich auch damals in München die deutschen Aufgabe Bayerns begriffen wurde, zeigte sich in der Einberufung einer Ministerpräsidentenkonferenz aller deutscher Länder.

Ministerpräsident Ehard nahm als Ansatz die wirtschaftliche Lage. Die alliierten Großmächte hatten in Deutschland die oberste Regierungsgewalt übernommen, die oberste Gewalt übte in den vier Besatzungszonen jeder Oberbefehlshaber selbständig aus, eine zentrale deutsche Regierung sollte es auf absehbare Zeit nicht geben, den Deutschen waren Initiativen in dieser Richtung schlechtweg verboten. Nur ein Schlupfloch schien es zu geben. Im Potsdamer Abkommen von 1945 hieß es: »Während der Besatzungszeit ist Deutschland als ein einziges wirtschaftliches Ganzes zu betrachten.« Hier knüpfte der bayerische Ministerpräsident Hans Ehard an, als er am 7. Mai 1947 die Einladung zur Konferenz der deutschen Ministerpräsidenten nach München aussandte. Ehard dachte freilich über die wirtschaftlichen Belange hinaus. Er erinnert sich: »Die letzten Reserven in der Bevölkerung waren aufgezehrt. Es mußte etwas Entscheidendes geschehen. In dieser Situation reifte Anfang Mai 1947 bei mir der Entschluß, den Versuch zu machen, durch eine Konferenz der Ministerpräsidenten der Länder aller vier Besatzungszonen die Kräfte zur Linderung der wirtschaftlichen Not zusammenzufassen sowie gleichzeitig der Sehnsucht des deutschen Volkes nach Einheit Ausdruck zu verleihen.«

Der Mißerfolg ist bekannt. Obwohl alle Eingeladenen gekommen waren, die letzte Ministerpräsidentenkonferenz der Länder aller vier Besatzungszonen platzte, noch ehe sie begonnen hatte. Die Ministerpräsidenten der Mark Brandenburg, von Mecklenburg, Sachsen, Sachsen-Anhalt und Thüringen – damals gab es in der Sowjetzone und heutigen DDR noch Länder – wollten sich nicht mit der Erörterung wirtschaftlicher Fragen begnügen, sondern verlangten als Tagesordnungspunkt die »Bildung einer deutschen Zentralverwaltung durch Verständigung der demokratischen deutschen Parteien und Gewerkschaften zur Schaffung eines deutschen Einheitsstaates«. Gerade dies aber war die Unmöglichkeit, an der angesichts der Verbote und Beschränkungen durch die Besatzungsmächte die gesamtdeutsche Initiative Bayerns scheitern mußte.

Nicht das Ergebnis ist jedoch in diesem Zusammenhang das Entscheidende. Bayern hat als Land der Bundesrepublik Deutschland nie aufgehört, für das ganze Deutschland einzutreten und die Wiedervereinigung in Frieden und Freiheit innerhalb einer europäischen Lösung zu verfolgen. Aus der Überzeugung heraus, daß das Selbstbestimmungsrecht für alle Deutschen gelten muß und die Aufforderung der Präambel des Grundgesetzes an das gesamte deutsche Volk gerichtet ist, die Einheit und Freiheit Deutschlands zu vollenden – diese Überzeugung ließ die Bayerische Staatsregierung 1973 auch den Entschluß fassen, gegen den von der sozialliberalen Bundesregierung in Bonn abgeschlossenen »Vertrag über die Grundlagen der Beziehungen zwischen der Bundesrepublik Deutschland und der Deutschen Demokratischen Republik« Normenkontrollklage beim Bundesverfassungsgericht zu erheben.

Namens der von der CSU getragenen Bayerischen Staatsregierung stellte Ministerpräsident Alfons Goppel am 28. Mai 1973 den Antrag: »Das Gesetz zu dem Vertrag vom 21. Dezember 1972 zwischen der Bundesrepublik Deutschland und der Deutschen Demokratischen Republik über die Grundlagen der Beziehungen zwischen der Bundesrepublik Deutschland und der

Deutschen Demokratischen Republik ist mit dem Grundgesetz nicht vereinbar und deshalb nichtig.«

Mit diesem Antrag genügte man der nötigen prozessualen Form. Der Bayerischen Staatsregierung ging es jedoch von Anfang an vor allem darum, daß im Zusammenhang mit dem Vertragswerk klare Grenzen und der Rahmen abgesteckt würden, in dem die Rechtsbeziehungen zwischen den beiden Staaten in Deutschland ausgestaltet werden können. Und hier haben die obersten Verfassungshüter in Karlsruhe deutliche Worte gefunden. Ihr Spruch beugt bei Anerkennung der Verfassungskonformität des Grundvertrags der bei der sozialliberalen Bundesregierung zu beobachtenden Tendenz vor, deutsche Rechtspositionen im Zug ihrer Ostpolitik als »Formelkram« und »Juristerei« ohne Blick auf die weiteren Konsequenzen abzutun und voll der Viermächteverantwortung der Alliierten zu überantworten.

Konkret wurde das Wiedervereinigungsgebot in seinem vollen Rechtsgehalt bestätigt. Das Bundesverfassungsgericht hielt auch an seiner früheren Auffassung fest, daß verfassungsrechtlich Berlin als Bundesland anzusehen ist. Zugleich wurde bereits spürbaren Aufweichungstendenzen in der Frage der deutschen Staatsbürgerschaft entgegengetreten. Nach der Entscheidung des Bundesverfassungsgerichts gibt es jedenfalls nicht den geringsten Zweifel daran, daß nach unserem Grundgesetz jede Auslegung, mit dem Grundlagenvertrag sei auch die Anerkennung der Zweiteilung Deutschland in zwei Nationen verbunden, einen glatten Verfassungsbruch darstellen würde. Und im übrigen wird der Ermessensspielraum in der deutschen Frage deutlich abgegrenzt durch die Aussage: Kein Verfassungsorgan der Bundesrepublik Deutschland darf die Wiederherstellung der staatlichen Einheit als politisches Ziel aufgeben, alle Verfassungsorgane sind verpflichtet, in ihrer Politik auf die Erreichung dieses Zieles hinzuwirken. Dies schließt die Forderung ein, den Wiedervereinigungsanspruch im Innern wachzuhalten und nach außen beharrlich zu vertreten und alles zu unterlassen, was die Wiedervereinigung vereiteln würde.

Ministerpräsident Franz Josef Strauß hat einmal gesagt: Notfalls müßten die Bayern die letzten Preußen sein! Als CSU-Vorsitzender hat Franz Josef Strauß mit Entschlossenheit und in bayerischer Verantwortung auf die Anrufung des Bundesverfassungsgerichts hingewirkt. Nach dem Spruch in Karlsruhe konnte Franz Josef Strauß denn auch feststellen – mit Befriedigung, aber auch als Auftrag: »Wieder einmal hat der deutsche Süden Entscheidendes geleistet. Daß der Bundesregierung in den Arm gefallen werden konnte, ist eine Tat, deren Folgen in ihrem positiven Ausmaß noch gar nicht abzuschätzen sind. Schade, daß diese Tat nur die Stunde Bayerns war, nicht aber auch die der gesamten Opposition und aller von der CDU regierten Bundesländer. . . . Aber Bayern mußte so handeln. Es mußte auch den Einsatz des Bundesverfassungsgerichts gegen eine gefährliche Politik erzwingen, um weiteren Schaden von unserem Volk und seiner freiheitlichen Ordnung abzuwenden.«

Bastion gegen den Sozialismus

Verankert in seiner Geschichte, ruhend in der gelassenen Verbindung von Tradition und Fortschritt, wägend gegenüber der Zukunft – so ist Bayern heute eine der stärksten Bastionen gegen den Sozialismus in der Bundesrepublik Deutschland.

Seine Menschen in Franken, in Schwaben, in Altbayern besitzen eine tief in sich verankerte Individualität. Sie äußert sich in der ganzen Vielfalt des Brauchtums in Bayern, der Volksmusik, der Lebensart. Wenn es für den Bayern eine Angst zu geben scheint, dann ist es die Angst vor dem Unheimlichen einer alles an sich ziehenden, gleichmacherischen Macht. Dagegen wehrt er sich. Und hier läßt sich ein Bogen spannen von den Anfängen bayerischer Geschichte bis zur Gegenwart, da die Selbstbehauptung immer ein wesentliches, wenn nicht das entscheidende Element gewesen ist.

Der Selbstbehauptungswille, wie er vom bayerischen Staatswesen in einer über tausendjährigen Geschichte bewiesen worden ist, hat sich auch den Menschen mitgeteilt. Und dieser Selbstbehauptungswille hat auch immer verläßliche Partner in der Dynastie der Herrscher gefunden, von den Agilolfingern bis zu den Wittelsbachern. Und es ist der Mentalität, aber auch der Entschlossenheit der Menschen in unserem Land gutzuhalten, daß Bayern nie den Obrigkeitsstaat kennenlernte, wie er in anderen Teilen Deutschlands gang und gäbe war, mit allen unerfreulichen Folgen ausgeprägten Untertanengeistes. Im Selbstbehauptungswillen, im Selbstbewußtsein, in der Bereitschaft zur Verantwortung liegen aber auch die Kraftquellen dafür, daß Bayern und die Bayern Torheiten widerstanden haben, wie sie sozialistische Tendenzen früher und heute darstellen. Der »Stolz vor Fürstenthronen« hatte sich bereits bewährt, als die Räterepublik nur die Chance eines Spuks in Bayern erhielt.

Auf dieser Basis gründete die Christlich Soziale Union ihr Wirken. Seit dem Neubeginn im Jahr 1945 hat die CSU mit nur einer kurzen Unterbrechung in den Jahren 1954/57 in Bayern die Regierungsverantwortung getragen. Der CSU ist es wie keiner anderen Partei gelungen, sich mit Bayern zu identifizieren. Die CSU steht heute für Bayern. Und dies ist gelungen, weil es die CSU wie keine andere Partei verstanden hat, die Identität ihrer Politik mit dem Wollen der Bevölkerung in Einklang zu bringen.

Volksverbundenheit, weiß-blau, bayerisch – das ist das eine. Noch wichtiger aber ist der grundsätzliche Standort der CSU, der in seinem christlichen Ansatz einen wesentlichen Grundton bayerischen Selbstverständnisses getroffen hat. Mit dem »C« in ihrem Parteinamen erhebt die Christlich Soziale Union nicht den Anspruch, daß ihre Mitglieder und Wähler die Christen seien und die anderen nicht. Vor dem Hintergrund der größten Katastrophe, die Deutschland nicht zuletzt im Zusammenhang mit der bewußten Abkehr von den Grundsätzen des christlichen Sittengesetzes erleben mußte, bekannte sich die CSU vielmehr bewußt zu einer Politik aus christlicher Verantwortung. Diese Verantwortung beinhaltet den Vorrang der Person vor der Institution, die Überlegenheit der freien Initiative gegenüber staatlichen Direktiven, die Unantastbarkeit der Menschenwürde, die auch und gerade in den Schwachen und Hilflosen zu achten ist, zum Recht jedes einzelnen auf Anerkennung, Bestätigung und Selbstbestimmung in der Solidarität des Ganzen, zur Vielfalt aller menschlichen Aktivitäten.

Mit ihrem 4. Grundsatzprogramm von 1976 hat die CSU ihre Verantwortung festgelegt. Sie brauchte dazu keine umfassende Neubesinnung. Was in der Einleitung des Grundsatzprogramms als »Selbstverständnis und Auftrag« steht, dokumentiert zugleich die Konstante des politischen Profils der Christlich Sozialen Union von ihrer Gründung bis zur Gegenwart: »Die Christlich Soziale Union ist eine Volkspartei. Sie erfüllt als eigenständige politische Kraft ihren Auftrag für Bayern, für Deutschland, für Europa. Sie arbeitet für den Frieden in der Welt.« Und weiter: »Die Christlich Soziale Union ist eine konservative Partei, weil sie sich einer dauerhaften Wertordnung verpflichtet weiß. Sie anerkennt Fortschritt auf der Basis des Bestehenden. Sie ist eine liberale Partei, weil sie für die Grundrechte des Bürgers und seiner Freiheit eintritt. Sie ist eine soziale Partei, weil sie sich für alle Menschen, besonders die schwächeren, einsetzt. Sie tritt für eine gerechte Gesellschaftsordnung ein.«

Nicht von ungefähr, sondern aus dem christlichen Ansatz und ihrem konservativen, liberalen und sozialen Selbstverständnis her hat die CSU wohl am konsequentesten und beharrlichsten den Kampf gegen den Sozialismus in seinen direkten Erscheinungen im Osten, aber auch in seiner tückisch-schleichenden Form aufgenommen, in der die sozialliberale Koalition seit 1969 der Bundesrepublik ihren Sozialismus aufzwingen will. Nicht von ungefähr kam die Parole »Freiheit oder Sozialismus« zur Bundestagswahl 1976 von der CSU und damit aus Bayern. Der wütende Aufschrei der Brandts, Wehners, Bahrs und Schmidts bewies, daß die Ertappten getroffen waren. Nicht von ungefähr fand die CSU in Bayern bei den Wählern Zustimmung wie noch nie mit Ergebnissen um die 60 Prozent: Erfolge, aber auch Auftrag!

Der Sozialismus war die Antwort auf einen übertriebenen Liberalismus, der den Menschen als Einzelwesen verabsolutierte. Der Sozialismus aber will den vergesellschafteten Menschen, seine Abhängigkeit vom Kollektiv, den Gegensatz der Klassen. Der programmatische Satz der SPD: »Demokratie wird durch den Sozialismus erfüllt« enthält in seiner Gleichsetzung von Sozialismus und Demokratie einen totalitären Anspruch, dessen menschenverachtende Substanz unannehmbar ist. Die Antwort auf diesen Sozialismus ist unsere christlich-soziale Verantwortung, die den Menschen und seine Freiheit in den Mittelpunkt politischen Denkens stellt.

Die Demokratie braucht den freien, selbstverantwortlichen Bürger, nicht den Sozialuntertan. Genosse, Klassenfeind, Proletarier sind Begriffe von gestern! Der Sozialismus ist überholt und unfähig, die Probleme der Gegenwart und der Zukunft zu lösen. Wir bekennen uns zur Überlegenheit der freien Entscheidung gegenüber der staatlichen Lenkung. Und wir sind entschlossen, unsere Freiheit zu verteidigen, die ein Bekenntnis zur Person, zu einer offenen Gesellschaft, zur freiheitlichen demokratischen Grundordnung ist.

Verantwortung für alle – dies ist eine Forderung; eine Forderung an alle! Ohne die Bereitschaft jedes einzelnen, Verantwortung für sich und damit auch für die Gesellschaft zu übernehmen, ist es nicht möglich, daß die Vorstellungen von einem menschlichen Dasein in Freiheit und Würde gültig bleiben.

Jeder Mensch hat seinen Anspruch auf Freiheit und Würde. Daß dieser Anspruch Realität wird und inwieweit er es wird – dies hängt entscheidend auch vom einzelnen und seiner Bereitschaft ab, Verantwortung zu tragen, verantwortlich zu handeln, verantwortlich zu sein. Die Gemeinschaft muß ihn dazu fähig machen. Vor den Herausforderungen in Deutschland und an Deutschland gibt es kein Davonlaufen. Es gibt nur die Möglichkeit, sich diesen Herausforderungen zu stellen, Verantwortung zu übernehmen – jeder an seinem Platz im Interesse seiner und der anderen Freiheit . . .

Staatsminister Max Streibl

Lebenslauf

Geboren am 6. Januar 1932 in Oberammergau, verheiratet, zwei Söhne, eine Tochter. Im mittelständischen Betrieb (Hotel) der Eltern aufgewachsen und tätig gewesen. Nach dem Besuch der Volksschule in Oberammergau Ausbildung am Gymnasium Ettal, Abitur 1950, und Studium der Rechts- und Staatswissenschaften an der Universität München. Erste juristische Staatsprüfung 1955, anschließend Referendar u. a. beim Landratsamt Garmisch-Partenkirchen und beim Bundesrat in Bonn. 1960 Eintritt in den Staatsdienst als Assessor bei der Regierung von Oberbayern. 1961 Berufung in die Staatskanzlei, Arbeit unter den Ministerpräsidenten Hans Ehard und Alfons Goppel, zuletzt als Ministerialrat.

1960/61 Gemeinderat in Oberammergau, 1960 Bezirksvorsitzender der Jungen Union Oberbayern und Landesvorstandsmitglied der CSU. Landesvorsitzender der Jungen Union von 1961–1967. Seit 1962 Mitglied des Bayerischen Landtags. 1967 Generalsekretär der CSU. 1970 Bezirksvorsitzender der CSU Oberbayern. Von Dezember 1970 bis Mai 1977 Bayerischer Staatsminister für Landesentwicklung und Umweltfragen. Aufbau dieses neugegründeten Ressorts. Seit 26. 5. 1977 Bayerischer Staatsminister der Finanzen.